畫史叢書

（三）

畫史叢書 第三册

國朝畫徵錄

五卷

清 張 庚撰

敍

國朝畫徵錄，余友秀水彌伽居士所作也。初，余與居士交，不以畫，亦不知其善畫，余於六法，罔茫然也。及余從妹倩湯子南溪，余從姪潞，相率問業於居士，始知其善畫且佳矣，然究不知其所以佳也。見居士畫，若讀逍遙遊，祇見海、大魚而已。偶與居士共論史漢，乃恍然於畫。夫龍門之紀鉅鹿，若鬨聲出紙上；會鴻門，色色在目；又若信陵之候夷門，荊卿之刺祖龍，與夫蘭臺傳博陸，率羣臣於太后前奏昌邑，無異懸圖而觀，聳神怵目，夫然後恍然於居士之畫果佳矣。即舉似於居士，居士笑曰：「有是哉！」既而讀其所著畫徵錄，其論宗法淵源，造詣深淺，皆確然有據，而評騭不肯輕下一字，非深於是者能乎？至若因人以及畫，或因畫以及人，另具奧旨微意，有遺音矣，蓋深有得於史也。因臆其畫，氣韻不侔耳，然余於六法罔茫然，究祇見海、大魚而已。居士與余交且十年，江山遠隔二千里，盍簪爲難，因與南溪共校而梓之，以慰他年雞鳴風雨之思焉。居士名庚，原名燾，字溥三，既改今名，易浦山爲字，而號曰公之千，又號瓜田逸史，又號白苧村桑者，近自號彌伽居士。居士幼孤，家酷貧，太夫人節母金，鍼黹自活，撫以成立，國家已建坊表，余有張賢母苦節記。雍正十三年，居士以余再從姪湖北學使者椕原薦，應鴻博詔。今年五十有五，與余同康熙乙丑歲生，而月後余有六也。乾隆四年，歲在屠維協洽且月，睢陽濯錦池邊跛者蔣泰敍於雲期書室。

國朝畫徵錄者，錄國朝之畫家，徵其蹟而可信者，著於篇，得三卷。凡畫之爲余寓目者，幀障之外，及片紙尺縑，其宗派何出，造詣何至，皆可一二推識，竊以鄙見論著之。其或聞諸鑒賞家所稱述者，雖若可信，終未徵其蹟也，槪從附錄，而止署其姓氏里居，與所長之人物、山水、鳥獸、花卉，不敢妄加評騭，漫誇多聞。夫畫道亦微矣，必好學心知，虛懷集益，乃能名家垂世，以稱畫祖。玆所錄正附若干人，其業之足與古大家相抗馳者幾人，然其心思之所注，意趣之所在，蓋有不可得而泯沒者。又況傒齋與也之儔，抱節自貞，不能苟祿，而藉以賦伐檀乎？後之論六法者，由其蹟而考之，庶幾爲可徵也夫。雍正十三年，歲次乙卯，八月中浣，白苧村桑者張庚題於鄂渚試院之山樓。

是錄創始於康熙後壬寅，脫稿於雍正乙卯，十餘年間，凡三上京師，一遊豫章，一遊山左，再泛江漢，三至中州，江南則經者數矣。載稿于行笥，凡遇圖畫之可觀者，輒考其人而錄之。无妄蔣君，一見以爲善，卽欲爲余開雕，余自愧所見者窄，未敢也。戊午之夏，復來睢陽，南溪湯子見之，亦以爲當急梓，情甚踴躍，遂與无妄共成焉。於戲！二君之高義，不可沒也，因書之以志感。南溪名之昱，號實齋，文正公斌孫，監丞公沆子，能詩。好畫山水，出入董源、子久兩家，筆極秀穎，以余爲孤竹老馬，常持業商之，虛懷好學，略可見矣；无妄名泰，字宗仁，鄉賢公奇猷孫，中翰公武臣子，博學工詩古文，負氣節，愼交遊，若意合卽比諸金石矣，此古風也。

乾隆四年，歲次己未，五月望日，庚識於蔣氏之雲期書屋。

四

題詞

題國朝畫徵錄

商邱　侯肩復　龍山

畫徵錄就國朝編，眞作瓜田逸史傳；愛殺鴛湖風景好，一樓烟雨駐神仙。

一代名成老畫師，高吟五字賸分題；平生妙擬池塘句，直遡風流晉宋時。

今時選體更誰長？雅調惟君獨擅場；春草吟留佳本在，直令讀者欲焚香。君選體詩，方伯陳密山先生欲焚香讀之。

丹青白苧髮婆娑，蜀錦囊盛粉墨多；收盡名區好山水，端憑居士老維摩。

浮踪十載客西州，愛向雲期書屋留；最好髯翁謂雲期先生同甲子，靑山白社集朋游。

畫松圖贈好盤桓居士曾爲余作松圖，老樹凌霜耐歲寒；記否夷門歌未竟余有畫松歌，秋風回首憶長安。

徵書曾一到瓜田，去住靑門已往年；賦草吟花今未少，好從詩景話江天。

高義刊書名自齊，應推无妄與南溪，一時裝本人爭購，濯錦池邊日正西。

國朝畫徵錄

秀水張　庚　浦山　著
蔣　泰　无妄
睢州湯之昱　南溪　同校梓

卷上目次

卷中目次

卷下目次

男　時敏覆校

國朝畫徵錄

秀水張　庚　浦山　著
睢州　蔣　泰　无妄
　　　湯之昱　南溪　同校梓

卷上

八大山人　朱重容附

八大山人，有仙才，隱於書畫。題跋多奇致，不甚解，書法有晉唐風格。畫擅山水、花鳥、竹木，筆情縱恣，不泥成法，而蒼勁圓睟，時有逸氣，所謂拙規矩於方圓，鄙精研於彩繪者也。襟懷浩落，慷慨嘯歌，世目以狂；及逢知己，十日五日盡其能，又何專也。山人江西人，或曰：「姓朱氏，名耷（擔入聲），字雪個，故石城府王孫也，甲申後號八大山人。」或曰：「山人固高僧，嘗持八大人覺經，因以爲號。」余每見山人書畫，款題「八大」二字，必聯綴其畫，「山人」二字亦然，類哭之笑之字意，蓋有在也。又寧獻王九世孫重容，字子莊，亂後隱居南昌之蓼洲。能詩工書，善蘭竹小品。

白苧村桑者曰：隆科寶記云：「山人書得董華亭筆意。」非是。又云「畫之最佳者，松、蓮、石三品,」然亦不止是也。余遊南昌,裘孝廉曰菊謂余曰,山人畫筆固以簡略勝,不知其精密者尤妙絶時人,第不能多得耳。至若賈人所持贋本之最惡者,不必眼明人始能辨之。 二

王時敏　王　撰

太原王時敏,字遜之,號煙客,太倉人。相國文肅公錫爵孫,翰林衡子也。姿性穎異,淹雅博物,工詩文,善書,尤長八分,而於畫有特慧,少時卽爲董宗伯其昌陳徵君繼儒所深賞。於時宗伯綜攬古今,闡發幽奥,一歸於正,方之禪室,可備傳燈一宗,眞源嫡派,烟客實親得之。先是文肅公以暮年抱孫,鍾愛彌甚,居之別業,以優裕其好古之心,故所得有深焉者。家本富於收藏,及遇名蹟,不惜多金購之,如李營邱山陰泛雪圖,費至二十鎰。每得一祕軸,閉閤沈思,瞪目不語,遇有賞會,則繞牀大叫,拊掌跳躍,不自知其酣狂也。嘗擇古蹟之法備氣至者二十四幅爲縮本,裝成巨册,載在行笥,出入與俱,以時模楷,故凡布置設施,鈎勒斫拂,水暈墨彰,悉有根柢。於大癡墨妙,早歲卽窮閫奥,晚年益臻神化,世之論一峯老人正法眼藏者,必歸於公。以蔭官至奉常,然淡於仕進,優游筆墨,嘯詠烟霞,爲國朝畫苑領袖。平生愛才若渴,不俛仰世俗,以故四方工畫者踵接於門,得其指授,無不知名於時,海虞王翬其首也。卒年八十有九。子撰,傳

其大癡法，亦古秀。孫原祁，世其業而精之，推重於時，自有傳。白苧村桑者曰：余聞公家居時，廉州太守挈王翬來謁，翬方少，公與之論究，歎爲古人復出，爲揄揚名公卿間，至詘已右之。翬家故貧，周恤亦備至，故翬得成絕藝，聲稱後世。吾鄉倦圃曹公，拭拔竹垞（朱彝尊）、秋錦（李良年）於童年，遂成一代名人，美有所先，於此益信。嚮使王翬不遇二王，朱李不遭倦圃，安知不悒鬱風塵而終老也。或謂鹽車之驥，豐獄之劍，其聲光激射，終有不可得而掩者，惟其然，而伯樂、張華，尤令人慨想已。

丁元公

丁元公，字原躬，嘉興布衣。性孤潔，寡交遊，善書，詩有奇思。畫兼山水、人物、佛像，老而秀，工而不纖，寫關壯繆眞像，凜然有生氣。後髡髮爲僧，號曰願菴。蓋其胸懷有不可一世者，而知原躬者祇原躬，原躬隱矣。（靜志居詩話云：「元公書畫俱逸品，兼精繆篆，詩亦不屑作庸熟語。」）

陳洪綬 （陳字附）

陳洪綬，字章侯，號老蓮，甲申後自稱悔遲，諸暨人。工人物。年四歲過婦翁家，見新堊壁，登案畫關壯繆像，長八九尺，婦翁見之驚異，遂扃其室以崇奉之。洪綬畫人物，軀幹偉岸，衣紋清圓細勁，兼有公麟、子昂之妙。設色學吳生法，其力量氣局，超拔磊落，在仇、唐之上，蓋三百年無此筆墨也。少時渡錢塘，搨揚州府學公麟七十二賢石刻，閉戶臨摹，數摹而數變之。又嘗摹周景元美人圖，至再四猶不已，人指所摹者謂之曰：「此已勝元本，猶嗛嗛何也？」曰：「此所以不及也。吾畫易見好，則能事猶未盡；周本至能，而若無能，此難能也。」洪綬嘗爲諸生，崇禎間召入爲供奉，不拜，尋以兵罷。監國中待詔。南都破，爲固山額眞所得，固山慕其名，優遇之，後亡歸，卒於家。時順天崔子忠亦善人物，與洪綬齊名，號南陳北崔。子忠字道毌，府庠生，甲申走入土室而死，已見畫譜。老蓮子字，字無名，號小蓮，亦以人物名於時。

項聖謨　項玉筍　項奎

秀水項聖謨，子京孫也，字孔彰，號易菴，又號胥山樵。善畫，初學文衡山，後擴於宋而取韻於元，其花草松竹木石尤精妙。董文敏跋其畫册云：「孔彰此册，衆美畢臻，樹石屋宇花卉人物，皆與宋人血戰，而山水又兼元人氣韻，所謂士氣作家俱備；項子京有此文孫，不負好古鑒賞，百年食報之勝事矣。」客有以酒餉孔彰者，越數日索其罈，已爲游兵所擊，孔彰遂畫一空罈償之，中作桃柳兩三枝，或斜倚，或倒垂，丰姿婉約，綽有餘妍，上題五言長古紀之；余少時於祖母舅唐明府家見是圖，今不知所歸矣。所著有朗雲堂集。從子玉筍，字嵋雪，知竟陵縣，工墨蘭。兄徽謨，亦善畫。徽謨子奎，字子聚，號東井，邑庠生，山水學元人，好用禿筆，多水墨，兼長蘭竹。

白苧村桑者曰：吾里山水自孔彰後，惟鮑濟其庶乎，萬弘道次之，陳楷山猶有士人氣，然晚年筆疎漫矣，蓋根本薄而功力深也。至若朱球、殷氏之徒，曷足紀哉。近日學者，雖稍知宗傳，力脫浙習，率又議論多而成功少，噫，一藝之微成者，亦如麟角之難乎。

魯得之　諸昇　王崿　俞俊　陳一元附

魯得之，字孔孫，號千巖，錢唐人，僑寓嘉興。善書。工墨竹，發竿爽勁，掃葉淸利，直由仲圭而追踪文蘇矣。李太僕日華稱爲翰墨中精猛之將，知言哉。晚年右臂不仁，以左手畫風竹尤有致。繼起者推仁和諸昇、山陰王崿。昇字日如，號曦菴，筆亦勁利，然失之匀矣。師昇法者，錢唐俞俊，字秀登，頗能出藍。新城有陳一元者，亦善竹，亦有名，蓋國初人也。

白苧村桑者曰：余見梅道人墨竹圖，畫葉皆四五相聚，層疊疎密，自爲間破；惟出梢及起枝處，或以一兩筆取勢，從無虛筆點踢襯貼。又嘗見夏仲昭墨蹟，極疎散瀟灑之致，亦無點踢襯筆。因思今之講孤一、進二、攢三、聚五、重分、疊个、細筆、虛攢者拘矣，蓋欲避勻，而不知失之碎也。墨竹出於雙鉤，唐宋人雙鉤皆長葉疊綴，不用細碎補葺，余所以謂虛筆點踢，爲墨竹之大弊也，附識以質世之工是技者。

張宏

張宏，字君度，號鶴澗，吳人。工山水，蒼勁雅秀，蕭疏淡遠，吳中學者都尊之。余嘗見其滄浪漁笛圖、松柏同春圖，不讓元人妙品。

金俊明 金侃 黄玢附

金俊明，初名袞，字九章，後更今名，字孝章，自號不寐道人，吳人。少從父宦遊寧夏，馳騎游獵，任俠自喜。既歸，始折節讀書，補縣學生，入復社，才名籍甚，兵後隱居市廛。古歡錄：孝章初爲諸生，一日筮焦氏易，得彝之艮曰：「天將欲我高尚其志乎！」遂謝去，杜門傭書自給。善書畫，長於梅竹，嘗畫梅寄新城王阮亭。孝章歿，阮亭賦詩云：「拗取銅坑玉一枝，江南春贈隴頭時；到來已是塵沙劫，賦得瑤華寄阿誰？當年五字寫柴桑，原注：先生曾寫陶淵明詩見寄。又寄孤山世外香；一幅生綃千載意，也應配食水仙王。」卒時年七十四，門人私謚貞孝先生。所著有春草閒房詩集、退量稿。子侃，字亦陶，傳其學，兼長青綠山水，得同里黄玢法。玢字憲尹，號怡谷，有學行，工山水，著聲於吳。

傅山 傅眉 牛樞暐附

傅山，字青主，一字公之他，太原人。少聰慧，博通經史諸子。崇禎間袁臨侯督學山西，爲巡按御史張孫振誣劾被逮，山槖饘左右，伏闕上書，白其冤。馬君常作義士傳，比之裴瑜、魏劭。亂後爲道士裝，以醫爲業。康熙己未徵聘至京，以老病辭，授中書舍人歸。山工詩文，善畫山水，皴擦不多，邱壑磊砢，以骨勝。墨竹亦有氣，兼長分隸書及金石篆刻。子眉，字壽毛，亦工畫，善作古賦，常賣藥四方，兒子共輓一車，逆旅篝燈，課讀詰旦，成誦乃行。時有牛樞暐者，字孝標，順天人，品行淸高，不事趨謁，亦業醫，賣藥自給。善山水，有柴門竹深圖，漁洋山人有詩。

邵彌

邵彌，字僧彌，號瓜疇，吳人。神淸頎瘦，迂癖不諧俗，故梅村詩有「一生迂癖爲人尤，僮僕窺罵妻孥愁，瘦如黃鵠閒如鷗」之句。善山水，學荆關，淸瘦枯逸，閒情冷致如其人，書得鍾太傅法，圓秀多姿。僧彌作畫本矜貴，近日吳下得其蹟者，等諸古人遺墨矣。

鄒之麟 萬壽祺附

鄒之麟，字臣虎，號衣白，萬曆庚戌進士，授刑部主事，未幾歸職。福王起爲尙寶丞，遷都憲，南都破，還里，自號逸老，又自號味菴。善山水，摹法黃子久，觀其勾勒點拂，縱橫恣肆，胸中殆亦有磈礧歟？而用筆自圓勁古秀。徐州萬年少，嘗介任城僧郢子求臣虎畫，上題一偈云：「畫畫者誰寄者誰？一爲居士兩爲僧，江山筆墨渾閒事，何日同參最上乘？」又跋云：「海內如萬道人，不可不爲之畫，傳此畫者，又不可少郢子。」其自矜重如此。萬年少者，名壽祺，讀書有宿慧，工詩文，舉崇禎庚午孝廉。國變，儒衣僧帽，往來吳楚間，世稱萬道人。工畫士女及白描人物，頗自矜惜，非重値不售也。兼精篆刻，書法顏魯公而變之，所著有隰西堂集。

周容

周容，字鄮山，鄞縣人。明諸生，入國朝不試。其詩少卽見知於錢宗伯受之、黃徵君太沖。善書工畫，疎木枯石，自率胸臆，蕭然遠俗，不拘拘於宗法也。容於滄桑之交，嘗渡蛟門脫友人之厄，幾死不悔。康熙己未歲，有欲以博學鴻詞薦之，笑曰：「吾雖周容，實商容也。」遂止。所著有春涵堂集。

徐枋

徐枋，字昭法，號俟齋，長洲人。崇禎壬午舉人。父少詹事汧，乙酉殉難。枋遂隱居上沙，土室樹屋，邈與世隔，人莫得見也。家極貧，非力不食，賣畫賣箬以自存，躬劾老圃，蔬韭外多藝南瓜，夏秋間往往藉以晨炊，卽至藜藿不糁，人終難强以一錢餽也。守約固窮，四十年如一日，潛菴湯文正公撫吳時，重慕其人，兩屏騶從來訪，不得一面，時並高之。山水有巨然法，亦間作倪黃邱壑，布置穩妥，不事奇異，用筆極整飭工緻，墨氣淹潰明淨，不設色；書多草，法十七帖；俱爲世所重。所著有俟齋集。靜志居詩話，「孝廉高蹈者，吳越居多，始終裹足不入城府者，吾郡李潛夫、巢端明及吳中徐昭法，此外不概見。昭法歿最晚，故名尤重，江左得其詩畫，不啻珊瑚鈎也。」

白苧村桑者曰：余聞寧都魏叔子過嘉興，訪李潛夫，潛夫方絕糧，叔子探囊得銀五錢爲之買米，因作書與周靑士，屬其集知交數人，每月爲潛夫給盤餐。昭法見書稿曰：「君意良厚，但李君不肯受人餽，君力量不能，聽其餓死可也！」嗚呼，先生之處李君，與先生平日之自處，俱見之矣。

趙澄 趙申 趙建附

趙澄，字雪江，潁州人。博學能詩。工山水，潑墨細謹，兩擅其長。孟津王宗伯鐸云：「雪江布衣，老畫師也，學宗范寬、李唐、董北苑諸家，尤善臨摹。」王阮亭詩云：「雪江老筆妙入神，臨摹古本幾亂眞，卽教唐宋多能手，未必常逢如此人。」晚年得漢銅章，文曰「趙澂」，凡得意之作，皆用此章。兼長寫照，周櫟園極稱之。子申，字坦公；孫建，俱以畫名。

程　遂

程邃，字穆倩，歙人。自號江東布衣，又自號垢道人，博學工詩文。善山水，純用枯筆，寫巨然法別具神味。邃品行端愨，敦崇氣節，從漳浦黃公（道周）、清江楊公（廷麟）遊，所談論皆國家急要，名公卿多折節交之。其後秀水曹侍郎溶，遇於維揚，作長歌以贈，感慨悲懷，不勝俯仰，末復勉其自重，侍郎蓋心有傷也。邃虛懷善下，尤好獎譽韋布之士，以故人益重之。善鑒別古書畫及銅玉之器，家藏亦夥，非得重直不售。精金石篆刻。

徐柏齡 徐燦心附

徐柏齡，字節之，嘉興人。父弘澤，善山水，名與同里李同卿（日華）、華亭陳徵君（繼儒）相埒。柏齡世其學，兼善花草。舉崇禎庚午孝廉，署永嘉儒學教諭。後南都破，遂自甌閒道入閩，尋匿羅陽之天闕山。亂定歸里，逃禪以自晦。卒年七十二，秀水朱太史（彝尊）誌其墓。

子燦心，字青螺，亦善畫花鳥。

惲本初

惲本初，字道生，後改名向，號香山，武進人。明經，博學有文名，崇禎間舉賢良方正，授中書舍人，不拜。工山水，學董巨二家法，懸筆中鋒，骨力圓勁，而用墨濃濕，縱橫淋漓，自成一派；晚乃斂筆於倪黃。宋漫堂云：「香山畫有二種：一種氣厚力沉，全學董源，爲早年筆；一種惜墨如金，翛然自遠，意興在倪黃之間，晚年筆也。」斯言得之。所著有畫旨四卷，孫阿匯序。

龔賢 樊圻 吳宏 胡造 樊雲 高蔭 鄒坤 高岑 高遇 鄒喆 葉欣 謝蓀 鄒冰附

龔賢，字半千，號柴丈人，家崐山，流寓金陵。爲人有古風，工詩文，有香草堂集若干卷，善書畫。家貧，歿不能具棺殮，會曲阜孔東塘客游金陵，爲經理其後事，撫其孤子，收其遺文。半千畫筆得北苑法，沉雄深厚蒼老矣，惜秀韻不足耳。同時有聲者：樊圻，字會公；高岑，字蔚生；鄒喆，典之子，字方魯；吳宏，字遠度；葉欣，字榮木；胡造，字石公；謝蓀，字□□，號金陵八家。東塘贈會公詩云：「叉頭挑出古雲煙，混入時流乞畫錢；內府收藏君總在，標題半是啓禎年。」觀此可想見其人矣。方魯本吳人，後家金陵。山水工穩而有古氣，兼長花草，鉤勒傅染，有王若水風格。遠度山水亦入能品，華亭錢柏齡題其畫，有「吳君潑墨雄江東，氣格不落丹青中；得名海內三十載，素髯欲改朱顏紅」之句。其見稱於士人如此。石公筆亦雅雋。其餘四人，未見其蹟。會公子雲，字青若；蔚生子蔭，字嘉樹，姪遇，字兩吉；方魯子坤，字子貞；孫冰，字雪度；皆以世業名江淮間。青若筆蒼老有合處。欣無錫人，寓居金陵。

顧知

顧知，字爾昭，號埜魚，錢塘人。善山水，鈎斫拂曳，如作草書，縱恣橫逸，不拘繩墨，六長所謂粗鹵求筆者也。余聞其爲人牢愁抑鬱，蓋欲借畫以發抒者。又於友人處見其所倣米氏雲山小幅，筆情墨趣，瀟灑天眞，氣味極淸古。梅竹亦佳妙。

藍瑛　藍濤

藍瑛，字田叔，號蜨叟，錢塘人。山水法宋元諸家，晚乃自成一格，偉峻老幹，大幅尤長。兼工人物、花鳥、梅竹，名盛於時。畫之有浙派，始自戴進，至藍爲極，故識者不貴。子濤，號雪坪，世其業，余嘗見其衰梧叢菊圖，頗有舊法，而樹石則仍父習也。

白苧村桑者曰：余少時聞鄉前輩論畫，每至宋旭、藍瑛，輒深詆娸之。後見宋所畫輞川圖卷，不襲元本，自出機杼，皴擦則用黃鶴山樵法，恣極淩邃，而一出自然，實爲有明一代作手，不獨不可詆娸，乃學者所當急摹者也，奈何與田叔一例抹倒，前輩之論畫疏矣。吾鄉至今，沿習其說，故當亟辯其寃也。雖然，名人手蹟，恆多贋本，是又在學者善別之。

楊芝　徐人龍　顧升　董旭

楊芝，錢塘人。善人物仙佛鬼判，筆力雄健，縱恣不假思慮，援筆立成。特長於尋丈大體，愈大愈妙，西湖天竺寺壁觀自在像，是其筆也，惜不戒於火。芝嘗自言曰：「安得三十丈大壁，磨墨一缸，以田家除場大帚蘸之，乘快馬以掃數筆，庶幾手臂方舒，而心胸以暢也。」第不善作小幅，故流傳絕少。同里有徐人龍者，亦長仙佛鬼判，力雖遜於楊，然一時罕匹矣。其後有顧升、董旭者，並以善畫大人物名，而升筆稍不俗。升字隅東，生而掌有文成「升」字，遂名升。

王土

王土，字子毛，柘城人也，寓居商邱。善花鳥竹石，多墨筆。余遊梁宋間，見其牡丹桃花圖、竹木睡雅圖，結構不落時蹊，沉厚遒媚，有林以善風格。又見大幅墨竹，勁竿俊葉，夐出風塵，學者所當宗法也。常詢其里人，未聞有稱其畫爲佳者，因慨士之湮沒不彰者多矣，豈獨一善畫之王土子毛也哉。

顧樵　桑豸　宋琬　卜舜年　湯豹處附

顧樵，字樵水，吳江人。有詩名。善山水，學石田翁，與族人茂倫，同里徐松之並稱高人。嘗摘取阮亭詩句，爲圖贈之，阮亭賦詩以答。又嘗以山水小幅過貽竹垞，竹垞集杜詩贈之。阮亭詩名重天下，人思得其篇章。揚州桑楚執豸、宋不揜瑜，皆摘其詩句爲圖以贈，故阮亭答樵詩，有「江淮好事多，圖畫煩好手」之句，蓋謂桑宋也。樵同邑卜舜年，字孟碩，亦工畫，少即見賞於陳眉公、董思白。亂後佯狂，卒年三十一。臨歿之歲，人有乞其書畫者，但題「泥無身」云。舜年家盛澤鎮。盛澤又有湯豹處者，字雨七，特善畫水，窮盡變態，鈕玉樵極稱之。

周燦

周燦，字光甫，號闇昭，吳江人。前崇禎辛未進士，巡按江西，聞京師失守，脫身懷印歸里，以詩書自娛。其族姓多有其蹟，率略疏落，蓋意在白石翁者。所著有西巡政略。白苧村桑者曰：闇昭四世祖恭肅公，諱用，號白川，畫筆高雅，無一點時史氣，今所傳觀泉圖，布置渲染，具有法度，又非御史之寄興比也。

余正元

余正元，字中山，睢州人。前明崇禎癸未進士，官山東清河縣令，僅七日，「流寇」變，懷印去，居州東北郊，署其門曰「青苔日厚」。開鶴林社，造就後學，足跡不入城市，自號雪崖樵者。善草書。山水自寫胸臆，雖不入格，而意趣自雅。

張穆

張穆，字穆之，號鐵橋，東莞布衣也。善詩，著鐵橋山人稿。畫馬爲嶺表好手，歸安韓純玉題其畫馬詩云：「鐵橋年已七十五，醉裏蹁躚拔劍舞，餘勇猶令筆墨飛，迅掃驊騮力如虎。維縶蕭蕭古白楊，四蹄卓立明秋霜，昂然顧盼氣深穩，風鬉霧鬣非尋常；用之疆埸一敵萬，如何閒置荒坰畔？壯心烈士悲暮年，永日披圖發長歎。」蓋惜其老而不遇也。嘗讀書於羅浮山石洞，得其山嵐隱現，故畫山水亦有生氣。善擊劍，身長三尺，年八十餘，步履如飛。

查士標 何文煌

查士標，字二瞻，號梅壑散人，海陽人。前諸生，尋棄舉子業，專事書畫。家故饒裕，多鼎彝及宋元人眞蹟，遂精鑒別。畫初學倪高士，後參以梅華道人、董文敏筆法，用筆不多，惜墨如金，風神懶散，氣韻荒寒，逸品也。見王石谷畫愛之，延至家，乞其潑墨作雲西、雲林、大癡、仲圭四家筆法，蓋有所資取也。晚年技益超邁，直窺元人之奧，嘗作獅子林册，宋漫堂得之爲快。年八十四，卒於維揚。漫堂爲立傳，幷序行其詩。二瞻性疎懶嗜臥，或日晡而起，畏接賓客，蓋有託而逃焉。先時有王額駙者，貴甚，擁高貲，人冀一見不可得，三顧二瞻，終不答，無何王敗，人以是服其先見。生平無疾言危論，見後輩書畫必獎譽之，故名高而人不忌。與同里孫逸、汪之瑞、釋弘仁稱四大家。書法純學華亭，足亂眞本。弟子何文煌，字昭夏，號竹坡。書筆超老，趾及踵矣，書亦得其法焉。

謝彬 郭鞏 徐易 沈韶 劉祥生 張琦 張遠 沈紀 黃谷附

謝彬，字文侯，上虞人，家於錢塘。工寫眞，受學於閩人曾波臣鯨，筆法大進，爲傳神妙手，名聞南北，價重藝林。波臣弟子甚衆，其拔萃者，文侯而外，莆田郭鞏，字無疆；山陰徐易，字象九；華亭沈韶，字爾調；汀州劉祥生，字瑞生；嘉興張琦，字玉可；海鹽張遠，字子游；秀水沈紀，字聿修；皆不問姸媸老幼，靡不神肖，正如養氏之射，百發而不一失也。庚先大父耿愚公遺像爲聿修筆，歲時展挂，藹然之致，如親接矣。子松年世其業。子游無錫人。少學寫眞於冥南黃谷，谷攜至海鹽，遂家焉。後復受法於曾鯨，然子姪至今猶俎豆黃氏，嘗謂前輩稱谷亦寫眞好手，惜未見其業。子游子淮，字得思。

戴思望

戴思望，字懷古，休寧人。能詩詞，工書法。畫宗元人，峯巒林壑，淸疎澹蕩，秀逸膏潤，寖入其室矣。每一藝成，輒自矜爲希世之寶。性狷介，有潔癖，妻死不再娶，扁舟往來三吳兩浙間，遇佳山水，輒留戀不忍去。聞畫家，輒訪友之，然不肯輕許可。能鼓琴，善諧笑，或有時旬日不語，人謂癡絕類虎頭，卒遘風疾而歿。

白苧村桑者曰：余見懷古所臨名蹟稿本，如王摩詰峨嵋雪霽圖，王叔明修竹遠山圖，江貫道秋林孤嶂圖，每於山石林木間必加評語，卽此足以見其好學，亦足以覘其癡癖矣。

文點

文點，字與也，號南雲山樵，長洲人。衡山裔孫，祖相國震孟，父秉承蔭，遭亂家破，不仕。點依墓田以居，遂棄舉子業，肆力於詩古文辭，兼善書畫。嘗舍於城中慧慶寺，賣書畫以給衣食，然人不得以多金迫促也。巡撫湯文正公屛車騎入寺，訪治吳之要，所論皆採行，而未嘗有私瀆，湯公益重之。年七十卒於竹塢，太史朱彝尊誌其墓。所著有詩文集共十四卷。點卒後數年，族人某需次引見於暢春苑，聖祖問曰：「文點是你何人？」

則知點之名早達於宮禁矣。山水用筆細秀，多點染，暈潤迷離，蓋以墨勝也。兼善人物，尤長松竹小品，筆墨極文雅，松身好點苔，故時人戲曰：「文點松，文也文，點也點。」

張風

張風，字大風，上元人。前諸生，亂後棄去。家極貧，居僅容膝，妻亡不再娶。善畫山水花草，無師承，以己意爲之，頗有自得之樂，筆墨中之散仙也。畫尾署眞香佛空四海，或稱昇州道士。嘗遊燕趙間，公卿爭迎致之，大風揮灑以應。有中貴子招飲，欲館之，大風起立，瞪視不答，酒罷引去。後歸金陵，寓居精舍。所著有雙鏡菴詩、上藥亭詩餘、楞嚴綱領、一門反切。其反切法甚簡，只用音和一門，爲生平最得意之作。

蕭雲從　孫逸

蕭雲從，字尺木，號無悶道人，當塗人也。明經不仕。善山水，不專宗法，自成一家，筆亦淸快可喜，與孫逸齊名。兼長人物，嘗於采石太白樓下四壁畫五嶽圖，宋漫堂爲長歌鐫諸石。平生所畫太平景、離騷圖，好事者鏤板以傳，著書等身，藏於家。嘗取杜詩七律中之仄體者，考其字之平仄，聲之出處，悉得文從字順，音律叶和，援引古今，出入經史百家，考據誠精確矣，然亦好奇之一蔽也。善讀杜詩者，豈其然乎。孫逸，字無逸，號疎林，海陽人，流寓蕪湖。山水兼法南北宗各家，人以爲文待詔後身，歙令靳某所雕歙山二十四圖，是其筆也。前與查士標、汪之瑞、釋漸江，稱四大家，其後復稱孫蕭云。

孟永光　黑　壽　赫　頤　張篤行附

孟永光，字月心，山陰人。工人物寫眞，受業於孫克弘，後遊遼東，從龍入燕。性高曠，不樂仕進，以畫祗候內庭爲世祖所眷命。內侍張篤行受其筆法。滿洲黑壽，亦高尚不仕，樂與江浙文士遊，人稱滿洲高士，善畫山水，學董文敏。又有赫頤一作奕，號澹士，山水宗法元人而獨開生面，峯巒渾厚，草木華滋，迥異時流，豪傑士也。官大司空。

程正揆

程正揆，字端伯，號鞠陵，又號靑溪道人，孝感人，崇禎辛未進士，名正葵，選翰林，入國朝改正揆，爲光祿卿，官至少司空。善山水，初師董華亭，得其指授，後則自出機軸，多秃筆，枯勁簡老，設色穠湛，余最賞其水墨木石一圖，作兩枯樹，一濃一淡，極意交插，而疎柯勁榦，意致生拙，脫盡畫習；潑墨作巨石於下，亦有別趣，元人妙品也。端伯論畫，嘗云：「北宋人千邱萬壑，無一筆不減；元人枯枝瘦石，無一筆不繁。」其言最精。其印有「先代一人師」。工法書，查梅壑云：「昔人論書云，既得平正，須追奇險，青溪書得之矣。」

吳偉業

吳偉業，字駿公，號梅村，太倉人。前明崇禎辛未進士，廷試一甲二名，國朝官至祭酒。博學工詩，名滿區宇。山水得董黃法，淸疎韶秀，風神自足，可貴也。與董思白、王煙客等友善，作畫中九友歌以紀之。九友爲董玄宰、王煙客、王元照、李長蘅、楊龍友、程孟陽、張爾唯、卞潤甫、邵僧彌。

王鑑

瑯琊王鑑，字元照，太倉人。弇州先生孫。精通畫理，摹古尤長，凡四朝名繪，見輒臨摹，務肖其神而後已，故其筆法度越凡流，直追古哲，而於董巨尤爲深詣，皴擦爽朗嚴重，暈以沉雄古逸之氣，誠爲先民遺矩，後學指南。元照視太原煙客爲子姪行，而年實相若，互相砥礪，並臻其妙，世之論六法者，以兩先生有開繼之功焉，知言哉。由進士起家，曾爲廉州太守，人稱王廉州。祭酒吳駿公送元照還山詩云：「始興公子舊諸侯，丹荔紅蕉嶺外遊，席帽京塵渾忘却，被人强喚作廉州。」

王鐸 戴明說附

王鐸，字覺斯，孟津人，天啓壬戌進士，入翰林。南都再造，召入內閣。後仕國朝，官至尙書，謚文安。性情高爽，偉軀幹，美鬚髯，見者傾倒。博學好古，工詩古文，有集行世。書法有擬山園石刻，諸體悉備。畫山水宗荊關，邱壑偉峻，皴擦不多，以暈染作氣，傅以淡色，沉沉豐蔚，意趣自別。嘗與戴巖犖書云：「畫寂寂無餘情，如倪雲林一流，雖略有淡致，不免枯乾，尫羸病夫奄奄氣息，即謂之輕秀，薄弱甚矣，大家弗然。」又云：「以境界奇創，然後生以氣暈乃爲勝，可奪造化。」其持論如此。間作花草亦超脫名貴。戴巖犖者，滄洲人。名明說，字道默，巖犖其號也。崇禎甲戌進士，善山水墨竹，國朝官至尙書。

白苧村桑者曰：余於睢州蔣郎中泰家見所藏覺斯爲袁石愚寫大楷一卷，法兼篆隸，筆筆可喜，明季工書者推董文敏，文敏之丰神瀟洒，一時固無有及者，若據此卷之用筆險勁沉着，有錐沙印泥之妙，文敏當遜一籌。

馮源濟　馬頎　方大猷　鄭梁　錢朝鼎　劉體仁　莊同生　王崇簡　鍾謌

張恂　嚴沆　米漢雯　高層雲　法若眞　梁鋐　邵方　趙嗣美　季開生　王含光　朱盧　王有年附

國朝士大夫多好筆墨，或山水，或花草，或蘭竹，各隨其所好而專精之。其宗法或宋或元，或沈董。用筆有枯秀，有淹潤，亦各隨其性，而自成一風裁。以余所見者，馮源濟，字胎仙，涿州人。山水學董黃，布置宏闊，筆墨深厚；馬頎，字頎公，杞縣人，官推官。善山水花草，天姿敏妙，提筆卽象物。嘗畫紅梅一幀，以禿筆作老榦，點破脂於梢爲疎花，古氣渾穆，有八大山人風骨；方大猷，字歐餘，號唵嚂，烏程人，官山東巡撫，以事鐫級爲河道。山水學董，間爲倪黃，多濕筆，嘗畫河灘小景，題曰「十二載河干，只記得者个」。工書善詩，河南考城，最多其蹟；鄭梁，字禹楣，慈谿人，授高州刺史。善山水，暮年右臂不仁，以左手畫，更饒別致。工詩，有曉行詩最佳，人呼爲鄭曉行；錢朝鼎，字禹九，號黍谷，常熟人，官太常卿。善蘭竹及折枝花，得法於孫克弘；劉體仁，字公戫，穎州人，官銓曹。善山水，疎林石迹，寓興天眞。工詩文，爲阮亭所厚；莊同生，號濟菴居士，武進人。山水小景，荒率有筆趣，畫蘭亦秀發；王崇簡，字敬哉，宛平人，官大宗伯。善米氏雲山；鍾謌，字一士，益都人，官觀察。山水宗王右丞。知其名而未見其蹟者，則有秦中張恂；錢塘嚴沆；順天米漢雯，字紫來，官侍講；華亭高層雲，字謖園，官太常卿；膠州法若眞，字黃石，以五經博士通籍，官至布政；三原梁鋐，字子遠，官尙書；吉州邵方，字咸亭；澤州趙嗣美；泰興季開生，字天中，官銓部；

山西王含光，字鶴山，官參政；曹州朱虛，字介菴，官司理；金溪王有年，字硯田，共十有二人，略紀其姓字，以俟訪觀。

章詔

章詔，字廷綸，不知何許人也？爲洪承疇幕中士。工墨竹，長於大幅，整而不匀，繁密而不結，能品也。與黃士並驅爭先，非流輩所及。

王武 張畫 周禮 姜廷幹附

王武，字勤中，吳人。文恪公鏊六世孫。以諸生入太學。工畫花草，多逸筆，點綴流麗多風，王奉常稱之曰：「近代寫生，率有畫院習，獨勤中神韻生動，當在妙品中。」篤論也。名重於時，性樂易，不設城府，平生不趨謁權貴。晚年自號忘菴，卒年五十有九。弟子張畫，字文始，號硏山，長洲人；周禮，字令邑，同里人。時山陰姜廷幹，字綺季，亦工寫生，極有名。廷幹，大宗伯逢元子也。

張漣

張漣，字南垣，華亭人，徙居秀水。少學畫山水，兼善寫眞，後即以其畫意壘石，故畫遂掩，而壘石特名。其所壘之邱壑皆有倣傚，若荆、關、董、巨、黃、王、倪、吳，一一傴背。吳駿公曰，「南垣壘石，人莫能及」，爲立傳傳之。

陳舒　朱絪

陳舒，字原舒，號道山，華亭人，僑居江寧。工花草，設色寫意，荒榦亂叢，若絕不經意者，而結構多姿趣，尤長畫荷。好用熟紙，是其短也。閒作山水小景，亦疎秀閒冷。所題詩句，皆草書，頗有法。周櫟園讀畫錄云：「原舒素豪邁，嘗遊東牟，登蓬萊閣憑欄觀海，獨舉數大白，旁若無人，索筆書『眇乎小矣』四字。一貴客稍以語侵之，原舒攘臂起，欲持投海中，座客驚駭，力勸乃止。」又有朱絪者，不知何許人？亦善花草，寫意多碎筆，亦自有致。

沈治

沈治，字約菴，秀水人，庠生。山水有同里項氏家風，小幅冊頁爲長，造詣雖未能超拔，然亦我鄉前輩之卓卓者，不可沒也。

國朝畫徵錄卷上終

國朝畫徵錄

秀水張庚浦山著
蔣泰无妄
睢州湯之昱南溪同校梓

卷中

王翬

王翬，字石谷，號耕煙外史，常熟人。幼嗜畫，運筆構思，天機迸露，迥出時流。太倉王廉州遊虞山，翬以畫扇倩所知呈廉州，廉州大驚異，卽索見，翬遂以弟子禮見。與談益異之，曰：「子學當造古人。」卽載之歸，先命學古法書數月，乃親指授古人名蹟稿本，遂大進。既而廉州將遠宦，念非奉常勿能卒此子業，卽引謁奉常，奉常叩其學，歎曰：「此煙客師也，乃師煙客耶？」挈之遊江南北，盡得觀摹收藏家祕本。石谷既神悟力學，又親受三王教，遂爲一代作家。奉常每見其業，歎曰：「氣韻位置，何生動天然如古人竟乃爾耶，吾年垂暮，何幸得見石谷，又恨石谷不及爲董宗伯見也。」後廉州見其畫，亦歎曰：「石谷乃能至此，師不必賢於弟子，信然。」聖祖詔作南巡圖稱旨，厚賜歸。朝貴有額以淸暉閣者，因自號淸暉主人。家居三十載，應酬嘗焚膏以繼日，輩樂此不知疲也。間少不愜，則又自訟不置，刻其平生名公卿投贈詩文爲十卷，曰淸暉贈言。又尺牘二卷。卒年八十九。時武進惲壽平亦以山水自負，及見石谷，度不能及，則改寫生以避之。嘗曰：「古今來筆墨之至齟齬不能相入者，石谷則羅而置之筆端，融洽以出，神哉技乎。」曹倦圃、吳梅村皆曰「石谷，畫聖也」。余從伯木威先生曰：「畫有南北宗，至石谷而合焉。」其爲名流推重如此。沒後畫益重，論者第其品，比王阮亭詩云。石谷曰：「畫有明有暗，如鳥雙翼，不可偏廢。」又曰：「繁不可重，密不可窒，要伸手放脚，寬閒自在。」又曰：「以元人筆墨，運宋人邱壑，而澤以唐人氣韻，乃爲大成。」又曰：「皴擦不可多，厚在神氣，不在多也。」又曰：「余於靑綠，靜悟三十年，始盡其妙。」又曰：「凡設靑綠，體要嚴重，氣要輕淸，得力全在渲暈。」又曰：「氣愈淸則愈厚。」嗚呼，觀石谷之論，宜其技之神妙也。

白苧村桑者曰：嘗聞諸吾友朱子漢查曰：「石谷天性孝友，妻某氏，亦篤順德，事其父無不曲體其志，父嘗語人曰：『婦，他人子也，不意亦如吾子之體貼吾也。』」嗚呼！石谷家本寒唆，以藝享盛名，受知聖主，取潤筆致裕，而其根本固如是，此所以爲石谷歟。

惲壽平 馬扶羲 笪重光附

惲壽平，以字行，武進人。名格，一字正叔，號南田，又號白雲外史一作雲溪外史。本世家子，工詩文，好畫山水，力肩復古。及見虞山王石谷，自以材質不能出其右，則謂石谷曰：「是道讓兄獨步矣，格妄，恥爲天下第二手。」於是舍山水而學花卉，斟酌古今，以北宋徐崇嗣爲歸，一洗時習，獨開生面，爲寫生正派。由是海內學者宗之。正叔與石谷爲莫逆交，討究必極其微，石谷畫得正叔跋，則運筆設色之源流，構思匠心之微妙，畢顯無遺。正叔雖專寫生，山水亦間爲之，如丹邱小景、趙承旨水村圖、細柳枯楊圖，皆超逸名貴，深得元人冷淡幽雋之致，然其虛懷，終不敢多作也。嘗與石谷書云：「格於山水，終難打破一字關，曰窘，良由爲古人規矩法度所束縛耳。」正叔寫生，簡潔精確，賦色明麗，天機物趣，畢集毫端，大家風度，於是乎在，石谷推重不置，故正叔懷石谷詩有云：「墨花飛處起靈煙，逸興縱橫玳瑁筵；自有雄談傾四座，諸侯席上說南田。」正叔性落託雅尙，遇知己或匝月爲之點染，非其人視百金尤土芥，不市一花片葉也。以故遨遊數十年而貧如故，對家人未嘗形戚戚於面，惟吟詠書畫自娛。所居有甌香館，唱酬皆一時名士，年六十餘卒於家，其子不能具喪，石谷爲經理之。弟子馬扶羲，字元馭，得其傳授，名於時，逸筆尤佳。

白苧村桑者曰：京口笪侍御入都，王石谷送之，維舟江滸，尊酒話別，討論六法。石谷指隔岸秋林曰：「此參差疎密，丹碧掩映，天然圖畫也，卽爲侍御寫之。」翌晨南田亦至，稱歎不已，題詩八章，侍御爲文記之，一時傳爲勝事。時際昇平，海內豐稔，士大夫得以優游風雅，藝苑增華，其高懷逸興，迄今猶能想見也。侍御名重光，順治壬辰進士，號江上。善山水，著有書筏、畫筌，曲盡精微。

楊維聰　呂佐

楊維聰，字海石，海鹽人。工畫魚，噞喁泳躍，無不入神，渲染鱗次，數四不厭，故能渾滑活脫，隱現於水光荇藻間，簁簁如生也。片鱗半甲，人爭寶之，其臨摹託名者幾徧吳下，眞本今什不得一矣。其後休寧有呂佐者，字西侖，號卓亭，工畫金魚，燦燦欲活，每自珍惜，不輕與人，然日久遂多。其跋語積成數卷，題曰在藻集。

李琪枝　李含渼 含淑　含澤　含涎　周煕載附

李琪枝，字雲連，號奇峯，嘉興人。邑庠生。太僕君實孫，珂雪子。畫傳家學，尤工墨梅墨竹。兄新枝子含渼，字南溟，山水穠郁豐潤，兼長花卉草蟲。壯遊南北，最知名，而於祖法則變矣。嘗與周熙載同應靳文襄聘，畫黃河圖進呈稱旨，靳厚禮之。含渼兄含淑、含澤，弟含涎，皆善畫。熙載華亭人，善山水，世稱能品。

白苧村桑者曰：吾鄉項氏自墨林，李氏自太僕，游心藝苑，考究六法，爲一時領袖。至今兩姓代有聞人，與太倉王氏，鼎足江東矣。

顧大申 陸灝

顧大申，字震雉，號見山，華亭人。進士。工山水，遠師董巨，近法思翁，變通處清和圓潤，綽有風情，尺紙寸縑，爲士林珍重。同里陸灝，字平遠，爲見山畫友。筆墨亦沖潤，而神氣之完足，少遜見山。

華胥 華謙附

華胥，字羲（一作希）逸，無錫人。工畫人物士女，密緻而不傷於刻劃，冶而清，豔而逸，古意猶存。其水墨者直參龍眠之座，青牛老子圖是已。弟謙，字子千，亦善畫。

顧昉

顧昉，字若周，華亭人。工山水，師董巨及元四家，骨氣清雋而高厚，所謂有筆有墨者也，洵爲畫學正宗嫡派。嘗寫徐凝廬山詩意圖，王石谷跋云：「若周畫道，深入古人之室，而筆無纖塵，墨具五色，別有逸致，蓋自骨中帶來，非學習功力可及。此圖高古莽蒼，氣韻溢於紙外，尤近來不多見之傑作也。」可謂知言。

白苧村桑者曰：「華亭自董文敏析筆墨之精微，究宋元之同異，六法周行，實在於是；其後士人爭慕之，故華亭一派，首推藝苑，第其心目爲文敏所壓，點擬拂規，惟恐失之，奚暇復求乎古，由是襲其皮毛，遺其精髓，流而爲習氣矣。蓋文敏之妙，妙能師古，晚年墨法，食古而化者也，學者當求文敏之所以師古，所以變化，則不難獨開生面，而與文敏抗衡，不當株守而自域。文敏論畫云「同能不如獨詣」，至言也，人皆閱而不察何哉？若若周可謂獨詣矣。

羅牧

羅牧，字飯牛，寧都人，僑居南昌。工山水，筆意在董黃之間，（西江志云得筆法於魏石牀。）林壑森秀，墨氣滃然，誠爲妙品。江淮間亦有祖之者，世所稱江西派是也。牧敦古道，重友誼，與徐徵君楡溪（世溥）善。徵君贈詩云：「彩筆常懸夢裏思，十年古道見鬚眉；雲山本是無常主，更寫雲山賣與誰？」巡撫宋牧仲高其人，作二牧說贈之。牧能詩善飲，楷法亦工，又善製茶。卒年八十餘。

葉陶

葉陶，字金城，靑浦人，其先新安籍也。善山水，喜作大斧劈。康熙中祗候內廷，詔作暢春苑圖本，圖呈稱旨，卽命監造。既成，以病賜金乘傳歸。尋復召入，以勞復卒於途。

錢瑞徵

錢瑞徵，字鶴菴，海鹽人。康熙癸卯舉人，仕西安儒學教諭。好畫松石，不事規倣，獨抒性靈，而興趣雅合，筆意圓厚，風致散朗。書得趙吳興法，兼顏平原意，雅雋古樸，皆可珍也。著有忘憂草，朱竹垞太史序。

何其仁　李鏞

何其仁，字元長，海鹽人。由明經就廣文，遷崖州牧。善墨蘭，信手揮灑，花葉恣肆，有縱橫之趣，少淸秀之風，識者短之，然名重於時，爲學者所宗。其能取其長而滌其習者，惟嘉興山濤李先生鏞。先生余受經師也，兼精金石篆刻。

焦秉貞　冷枚　沈喻

焦秉貞，濟寧人，欽天監五官正。工人物，其位置之自近而遠，由大及小，不爽毫毛，蓋西洋法也。康熙中祗候內庭，聖祖御製耕織圖四十六幅，秉貞奉詔所作，村落風景，田家作苦，曲盡其致，深契聖衷，錫賚甚厚，旋鏤板印賜臣工。弟子冷枚，字吉臣，膠州人，尤工士女，康熙五十年與畫萬壽盛典圖，總裁則王原祁也。又避暑山莊圖三十六幅，內務府司庫沈喻畫，與盛典圖皆開雕。喻不知何許人？觀山莊圖，似摹法董巨者。白苧村桑者曰：明時有利瑪竇者，西洋歐羅巴國人，通中國語，來南都，居正陽門西營中，畫其教主，作婦人抱一小兒，爲天主像，神氣圓滿，采色鮮麗可愛。嘗曰：「中國祗能畫陽面，故無凹凸；吾國兼畫陰陽，故四面皆圓滿也。凡人正面則明，而側處卽暗，染其暗處稍黑，斯正面明者，顯而凸矣。」焦氏得其意而變通之，然非雅賞也，好古者所不取。

朱賓占　劉　源　金古良 金可久 金可大附

朱賓占，字仲立，嘉興人。客遊江南三十載不歸，性恬澹，與物無忤。畫工人物，嘗畫凌煙閣功臣圖，蕪關榷使劉伴阮見之，遂攘其名以付雕。伴阮名源，祥符人，善山水人物，超邁古健有奇氣，寫意花草及龍水悉佳，名時垂後宜也。一時雕本人物有無雙譜，山陰金古良畫。先是陳章侯畫水滸傳像，各極意態，妙絕一時，好事者雕行之，功臣無雙，繼其美矣。古良名史，以字行，人物名手也。二子，可久，可大世其學。

顧符稹　吳賓

顧符稹，字瑟如，號小癡，興化人。能詩，善書畫。少從父宦遊，父卒，家貧，賣畫以食。山水人物學小李將軍，工細入毫髮。阮亭贈詩，所謂「丹青金碧妙銖黍，近形遠勢窮毫芒」是也。臨摹託古者俱多。華亭吳賓，字魯公，亦擅工細畫，其界畫，樓閣中寫豆人，鬚眉畢現。有時縱筆作山水，則得之董文敏，人物花鳥寫眞兼善之，博矣，然不若瑟如之專長也。

汪之瑞

汪之瑞，字無瑞，休寧人。氣宇軒昂，豪邁自喜，土苴軒冕，有不可一世之概。善山水，以懸肘中鋒運渴筆焦墨，多麻皮、荷葉等皴。愛作背面山，酒酣興發，落筆如風雨驟至，終日可得數十幅。興盡偃臥，或屢日不起。非其人，望望然去之，雖多金不屑也。嘗言：「畫能疎能密，有奇有正，方爲好手。」又曰：「厚不因多，薄不因少。」皆畫家名言。字學李北海，生勁可喜，不愧爲李周生高弟也。周生，名允昌，新安人。白苧村桑者曰：無瑞自率胸臆，揮灑縱橫，以視世之規規於法者，誠豪矣哉，然非六法正派也，不然古人十日一水，五日一山，又何以稱焉。若無瑞者，所謂不可無一也乎。

周鼐

周鼐，字公調，江寧人。山水師李營邱及董北苑，多濕潤筆。有高秋翫月圖，宋漫堂題詩云：「古來貌夜色，妙手推克恭；卓哉秣陵叟，走筆追前蹤。」余嘗見其山水小册，暈和可觀。

禹之鼎

禹之鼎，字上吉，號愼齋，江都人。工人物，幼師藍氏，後出入宋元諸家，遂成一家法，有王會圖一卷傳世。其寫眞多白描，不襲公麟之舊，而用吳生蘭葉法，兩顴微用脂赭暈之，娟娟古雅。曾爲澤州相國寫水亭翫鵝圖，樹石亭榭，雙鵝細草，色色雋永，時莫能兩。康熙中授鴻臚寺序班，非其好也。嘗愛洞庭山色，欲居之，出都，朱竹垞作詩送之云：「謫官擬向洞庭居，（时竹垞已被劾）此意沈吟六載餘；君去西峯先相宅，小樓容架滿船書。」先是有戚畹策騎來召，急甚，之鼎南人，既不善騎，加以奔促，固已委頓矣，至府拜謁未起，卽傳命寫小照，蒲伏運筆，殊有煎茶博士之辱，遂決歸計。

嚴繩孫 嚴泓曾附

嚴繩孫，字蓀友，峴山人。自號勾吳嚴四。舉宏詞科，以布衣授翰林院檢討，遷春坊。善書法，工繪事，山水、人物、花木、蟲魚靡所不能，尤好畫鳳。歸田後號藕蕩漁人，杜門不出，有堂曰雨青草堂，亭曰佚亭，布以窠石、小梅、方竹，逍遙宴坐，以爲常所。著有秋水集。子泓曾，字人弘，世其學。

賈鉉 胡貞開附

賈鉉，字玉萬，號可齊，臨汾人。工竹石及折枝花，喜用瘦筆乾墨，風味瀟逸，若不火食者。出守黃州，嘗畫竹題識，命工人鐫諸石，置赤壁人所遊歷必經之地，其汲汲於名如此。所畫百石圖，奇詭盡變，見稱藝林。時烏程胡貞開，字循蜚，號耳空居士，亦善畫石，宋漫堂極稱之。所居有末山堂，邱壑皆自綴。以孝廉起家，官至參政。

杜亮采 馮仙湜

杜亮采，字嚴六，華亭人。善山水，有董文敏、趙文度二家法，沖澹潤澤，爲時所稱；馮仙湜，字沚鑑，山陰人。山水學郭河陽，輕淡細秀，亦有雅趣。二人所宗不同，而所造相似。

宋天麟 童原

宋天麟，吳江人。善山水。同里童原，字原山，善花鳥。皆在能品中，各擅名一時。

高簡

高簡，字淡游，號一雲山人，吳人。能詩。工山水，摹法元人，務爲簡淡，而布置深穩，筆墨矜惜，風味淸臞可愛。余從伯木威先生曰：「高君胸有書卷，故腕下露此靜韻，不然亦薄而厭玩也。」平生小品最多，若大幅則不能矣。好畫梅花書屋圖，冷雋可珍。卒年七十餘。

梅庚 梅淸附

梅庚，字耦長，號雪坪，又號聽山翁，宣城人。康熙辛酉舉人，爲竹垞所得士。工詩，善八分書，寫山水花卉皆雅韻，然不多作，唯遇知名士贈之，爲阮亭輩所重。晚年知泰順縣事，尋以老乞歸，有「兒童失學田園廢，也算從官一度回」之句。所著有吳市吟、山陽笛、漫與集。病篤，作詩徧別親舊，至女夫一首，未竟而卒。署曰推枕吟。兄淸，字遠公，舉人。亦善山水，名亞於庚。

佟世晉

佟世晉，字康侯，襄平人。善山水，多黃大癡、高尚書法。布置鄭重，墨暈淋漓，饒有氣概，惜秀逸之致，未能發於腕底也。蝦蟹亦佳。

王犖

王犖，字耕南，號稼亭，又號梅嶠，吳人。與石谷同時，而山水亦純仿石谷，然遠不逮也，蓋貌似耳，恆託其名以專利，石谷深恨之。近時託石谷名者尤多，則又不逮犖筆矣。白苧村桑者曰：石谷畫有根柢，其摹仿諸家，筆下實有所見，非漫然也。至筆姿之嫵媚，蓋其天性，不可以强，學者不察，徒恃其稿本轉輾傳摹，元氣既失，而秀韻淸姿，復不能及，以迄於今，遂流爲匠氣矣，至使論畫者舉石谷爲戒。噫，是誰之過歟！

程功

程功，字又鴻，號柯亭，休寧人。舉孝廉，屢困南宮，遂不仕。善山水，有奇氣，非近日之新安派比也。嘗作白嶽圖卷，峯巒林壑，寺觀村塢，徑術紆迴，橋渡往來，井井有致，而筆墨復能脫去時習，故足貴耳。能詩，有千竿草堂集。

王槪

王槪，字安節，初名丐，本秀水人，家於金陵。工山水，學龔半千筆法，善作大幅及松石等，雄快以取勢，蒼健或過而沖和不足也。好交達官，時人爲之語曰：「天下熱客王安節。」善詩文，有澄心堂紙賦，稱於時。

宋駿業

宋駿業，字聲求，吳人。官兵部右侍郎。篤好山水，受業於王石谷，作宋元人小品，淸韻可挹。

顧銘　顧見龍　沈行　濮璜　鮑嘉　俞培　周杲　王汶　王禧

顧銘，字仲書，嘉興人。工寫眞，小像尤精妙，竹垞嘗贈之序，而舉曾鯨勉之。略云：「謝彬、沈韶、徐易、張遠，學曾鯨氏而有得焉者也。方其未得，若膠於中而不釋；及其既得於心，若飛鳥之過目，其形之去我愈疾，而神愈全矣。蓋我之所聞於四人者如此，顧子試由吾說而繹焉，其何必不如曾鯨氏哉！」康熙辛亥春，聖祖召寫御容，賜金褒榮之。時吳江顧見龍，字雲程，亦以寫眞祗候內庭，名重京師。余見所畫湯文正公像，其子姪皆云酷肖，然筆墨未爲拔俗也。銘同郡沈行，字行□；濮璜，字成章；鮑嘉，字公綬；海寧俞培，字體仁；吳江周杲；泰州王汶；丹塗王禧，俱以寫眞名，藝悉亞於兩顧云。

白苧村桑者曰：寫眞有二派：一重墨骨，墨骨既成，然後傅彩，以取氣色之老少，其精神早傳於墨骨中矣，此閩中曾波臣之學也；一略用淡墨，鉤出五官部位之大意，全用粉彩渲染，此江南畫家之傳法，而曾氏善矣。余曾見波臣所寫項子京水墨小照，神氣與設色者同，以是知墨骨之足重也。至竹垞飛鳥之喻，誠爲精論，節之以備學者參究焉。

張子畏

張子畏，武進人。惲南田甥，工花草，得舅氏法。宋漫堂撫吳，得黃筌全樹杜鵑花圖，花約什伯餘，神彩煥發，望若火樹插空，氣蒸蒸欲動，異寶也。思摹一副本，念非子畏不能，延至署，屬以圖，圖成，漫堂賞之，以爲亂眞。

白苧村桑者曰：漫堂鑒別古器及書畫名蹟眞贋，百不失一，嘗自謂暗中摸索，亦能得之；式古堂卞公永譽，亦精鑒賞，刻有書畫彙考，搜羅古蹟無遺，故竹垞論畫詩云：「退翁倦叟（孫侍郎承澤，曹侍郎溶。）嗟淪沒，吳客雌黃詎可憑；妙鑒誰能別苗髮，一時難得兩中丞。」原注：謂宋暨閩撫卞也。

柳遇　徐玫

柳遇，字仙期，吳人。工人物，精密生動，布置樹石欄廊，點綴幽花細草，以及玩物器皿，色色佳妙，亞於仇英。漫堂撫吳，屬員某某謀製屏障獻壽，以漫堂鑒賞名家，乃面請於漫堂，漫堂出南唐顧宏中所畫韓熙載夜宴圖卷曰：「須屬柳仙期展拓之。」某某卽備聘具供饌延仙期，送漫堂署，圖成，漫堂邀某某共賞以宴樂之，一時傳爲韻事。遇同里徐玫，字采若，亦工人物，與遇並挾盛名。兩人凡臨摹古本偪眞處，亦可謂之翻身鳳皇也。

吳求 吳正

吳求，初名俅，字彥侶，休寧人。能詩。善畫人物，學仇英似之。所作豳風圖、十飲圖，思致雋邁，並堪垂久。每一稿成，舉國仿傚，假名以贍厚利，求怡然不怪也，人服其雅度。子正，字瑱臣，能世其學，兼長黃要叔花鳥法，庶幾神韻如生。惜早世，未大就耳。

周之恒

周之恒，字月如，臨淸人。官至江西參政，後移家江浦。工八分書，竹垞詩稱其委曲得宜者也。能詩，善山水。曹侍郎潔躬倦圃十二景，是其所圖，之恒侍郎門下士也。

馬相舜 王式

祕戲圖不知作俑於何人。考後漢書：廣川戴王，坐畫屋爲男女臝交接，置酒請諸父姊妹飲，令仰視畫，廢。則漢時已有畫之者矣。明仇英所畫特工，世遂傳之。人情好淫，莫不欲得一以爲祕賞，以故畫之者多。大同馬相舜，字聖治；太倉王式，字無倪，其最著者也。嘗見一小册八頁，人身僅三寸許，眉睫瑟瑟然欲動，眷戀燕昵之態，如喃喃作聲。至其布置種種，鉤勒點染，悉本宋人法，有嫣媚古雅之趣，無刻劃板實之習。又見手卷一，人身長八九寸，多畫西番北狄之狀，最動蕩人心目，其手筆均不與仇英類，其王馬之徒之作歟？蓋祕戲圖皆不署作者姓名，不可得而知也。余嘗謂祕戲圖不工可不畫，工則誨淫矣。昔山谷好作豔詞，秀師以爲口業，當墮泥犂地獄，況肖其形乎！不畫爲得也。

吳豫杰　姚　宋

吳豫杰，字次謙，繁昌人。工墨竹。新安姚羽京者，山水家能手也，尤長畫石，一日蕪湖富室某具盛饌，邀兩人合作竹石屏障，吳素簡傲，漫視姚，姚銜之，作石多用反側之勢，使難措筆，吳持杯談笑弗顧。酒酣，提筆醮墨橫飛，風馳雨驟，頃刻竹成，悉與石勢稱，而枝葉橫斜，轉輾愈見奇致，姚顧視愕眙，咋舌嘆服，自後每向人稱次謙畫竹爲今時第一手。次謙通音律，善吹洞簫，其先爲富人，家於維揚，好結納，遂至貧困，亦豪士也。有二女，亦能畫。羽京名宋，初名雯，字雨金，寓居蕪湖。山水初學僧漸江，既而泛濫諸家，自山水、人物、花鳥、蟲魚、蘭竹以及指頭、木片、西洋編紙等靡不工。又能於瓜子上畫十八阿羅漢，誠爲絕人之藝云。

鮑濟　鮑蘭　吳謂　姚敏修

鮑濟，字汝舟，秀水人，工花鳥山水，筆既雋秀靈變，又能刻苦力學，駸駸直追前人，浙派習氣，淘汰已淨，深爲新安戴懷古所賞識，惜早世，未得大成。姪蘭，字楚來，世其業。弟子吳謂，字青城，兼善士女寫眞，筆亦穎秀，亦早卒。濟同邑姚敏修，字遜公，亦善山水，亞於濟。

汪樸　戴本存　吳定　韓鑄附

汪樸，字素公，休寧人。善山水，得元人疎散之致。能鑒別古尊罍彝鼎金石古文及名人書畫。性至孝，父失明，樸舌舐三年，遂復明，至行追古人矣。同郡戴本存，號鴈阿山樵，山水以枯筆寫元人法，小幅及册頁頗可觀。吳定，字子靜，宗漸江，用筆稍結，故當遜於汪戴。韓鑄亦有山水名。

薛宣　巢敬

薛宣，字辰令，嘉善人。山水摹法廉州，用筆厚重有氣，一時之能品也。嘗自誇於人曰：「我畫可參二王。」二王，謂麓臺、石谷也。有請業者，輒謂曰：「我畫甚不易講，奈何？」其自矜重如此。弟子巢敬，見釋性潔傳。

周兼

周兼，海寧人，工畫士女，衣紋淸古，設色淡雅，布置俱有來歷，有識者賞之。有南唐小周后圖，意致俱佳，查太史愼行有詩紀之。

白苧村桑者曰：唐吳生設色極淡，而神氣自然，精湛發越，其妙全在墨骨數筆，所以橫絕千古。在宋惟公麟得之。後人無此筆力，憑藉傳染爲工，穠厚則失之俗，輕淡則失之薄。有明若仇唐，善之善者也。陳章侯才力雄大，設色多「吳裝」，與仇唐各擅其長。此三子者，誠爲近代畫人物之冠冕，學者能於三子者之妙蹟，專心致志，而反覆尋究焉，再須讀書考古以副之，不難駕宋而窺唐，又何患二者之失也。

張奇 高駿升 秦函

張奇，字正甫，江都人。山水得巨然法，雲峯石迹，滉瀁多嵐。人物花草亦工。有高駿升者，不知何許人？山水亦宗巨然，氣韻類於奇。又有秦函者，亦不知何許人？筆法似學漸江，豈新安產歟？

李㟧

李㟧，字亦山，安陸人。善山水，多水墨，邱壑作意，而筆墨工整，氣韻淹漬，蓋以墨勝也。性恬靜，好交遊，喜吟詠，爲古鄖聞人。

白苧村桑者曰：麓臺云：「山水用筆須毛。」毛字從來論畫者未之及，蓋毛則氣古而味厚。石谷云：「凡作一圖，用筆有粗有細，有濃有淡，有乾有濕，方爲好手，若出一律則光矣。」石谷所謂光，正毛之反也。錢野堂亦云：「凡畫須毛，毛須發於骨髓，非可以貌襲也。」此皆論畫精言，世人知之者鮮矣，亦山之病，未免坐此。

呂學

呂學，字時敏，號海岳，烏程人。工人物佛像天尊及駝馬，名甚盛，學者宗之。李之芳平臺灣，爲作奏凱圖，千軍萬騎，陳師案屯，騈部曲列校隊，鎧甲光明，旗仗淸肅，洋洋大觀也。又嘗於吳江平望鎭之城隍廟畫天尊像四軸，神威蕭爽，赫赫偪人。至其畫校獵圖之磬控縱送，鷹擊犬從，曲盡神致矣。第用筆急於見法，未免赤觔露骨，正如米芾書法，强弩射三十里也。性豪華，所得潤筆，多置豔姬孌童，飲饌豐潔，器具精妍，侈矣。

胡鋼

胡鋼，字百鍊，宣城人，儒家子也。生而十指如鳥爪，性穎慧特異。善畫山水，秀韻動人，詩文亦奇古，其塡詞數種，深得元人聲韻。惜嬰疾，二十九歲而沒，人比之李長吉，且呼爲鳥爪仙人云。

郭崑　王樸

郭崑，字良璧，天津人；王樸，字玉樵，保定人。皆以人物士女名於北方。崑尤長臨摹，寫意亦好。

朱繡

朱繡，字綵章，號質村，休寧人，家濡須。山水傳其家學，兼善花草，得南田生法。好遊覽，所至佳山水輒有圖，嘗獨遊黃山，挾策踞蓮花峯頂作黃山全圖，亦韻事也。每入深山，見異花輒貌之，故所畫花卉，人多不識。

瞿潛

瞿潛，字叉陶，華亭人。工花鳥，雅飭幽豔，風神韶亮，其水墨者，望之亦若五采，泠雋淸永，有元人易元吉規範。國朝工翎毛者絕少，若叉陶，不得不推爲妙品也。

尹小野

尹小野，鳳陽人。其先世爲守孝陵官。小野工畫驢，有運糧圖，曲盡形態。先是父名野，以畫驢聞，人呼爲尹驢，至小野能世其業，因名小野，而人亦以尹驢呼之。家極貧，潦倒以歿，可傷也。

吳歷

吳歷，字漁山，吳人。善山水，宗法元人，尤長大癡法，疊嶂層巒，心思獨運，而氣暈厚重沉鬱，深得王奉常之傳。漁山與王石谷初爲畫友，相得最深，後假去石谷所摹黃子久陡壑密林圖不還，遂疎。

白苧村桑者曰：麓臺論畫，每右漁山而左石谷，嘗語弟子溫儀曰：「邇時畫手，惟吳漁山而已，其餘鹿鹿，不足數也。」余見漁山筆墨，功力尙未抵石谷之半，司農之有所軒輊，未免名士習氣，非衷言也。

周銓 周況 周覽

周銓，字巨衡，秀水人。工花鳥，尤長荷鷺，人號周荷。弟況，字叔黨，覽，字玄覽，皆工畫。而覽天姿異羣特起，童時與仲兄況，伺伯兄出，潛取其所臨古圖稿本日焚之，曰：「畫須自出手眼，何蹈襲前人爲？」每畫必對花寫生，曲盡娟妍秀冶之致，亦復大雅不羣，所以可貴，蓋本超曠之識，而運以精思，故能不受束縛，而矯矯自立也。惜其年止二十九而夭，使天假以年，加之學力，恐南田氏不能專美藝林矣。今所傳南瓜圖、荷汀白鷺圖、瓶蓮圖、霜倒半池蓮圖、雛鷄圖、蘆洲鴻鴈圖、果品雜花册，皆妙絕一時。覽歿後十餘年，郡守秦公，夙慕覽名，莅任數月，徧覓遺蹟不可得，後於天寧寺僧賺去荷花一幀，不啻獲異寶云。

萬弘衜　金學堅

萬弘衜，字正思，秀水人。山水摹法董巨，筆意亦不落浙習，庶幾吾禾近日之秀起者也。惜其少覽古，局於一隅耳。同里金學堅，字成峯，初宗元人，後參宋法，而私淑王石谷之渲暈，器識校正思稍大，秀韻不及也。學堅極貧而能守，不爲勢豪所眩：里中有僧明慧者，爲玉琳禪師法孫，雍正十一年引見，賜號悟修，敕居錢塘聖因寺。將之寺，過故居，守令送迎極恭，有某者，以學堅畫扇遺，明慧大加賞，欲令一見，某急趨學堅曰，「先生時運至矣」，欣然語其故，促之往且力，學堅笑謝之。未踰年，明慧以不安淸修，敕還京，旋卒，人稱其高識。

王　鐟

王鐟，字魯公，太康人。父輔運荆南觀察。鐟性聰慧，多藝能，好畫人物士女，沉穠而雅雋，布置悉佳妙，其賦色一本諸宋人，時史莫及也。

王巘　胡湄

董文敏謂：「不讀萬卷書，不行萬里路，不可作畫祖。」蓋言讀書多則心通而理明，能別邪正雅俗是非，不至惑於異說；行路遠則廣見博聞，以擴我之心胸，而發其氣，故日進不已，而超凡入聖也。余童時聞吳江王補雲巘以山水名；平湖胡飛濤湄以花鳥名；其畫皆可於質庫質金，庫人惟恐其取贖也。而筆墨之俗惡邪異，誠無若兩人之甚者。後見其少作，王則全學董巨，胡亦本宋法，未嘗不雅正，而其所就竟如此，由是知理不明，見聞隘者之易於自足，又不幸而暴得虛聲，遂任率胸臆，以汩其聰明，不大可惜哉。竹垞嘗贈王巘詩云：「近來山水尙元人，南渡諸公法漸淪，獨有王郎好奇古，將無馬遠是前身？」蓋譏之也。（畫家以馬遠爲北宗，其流日就狐禪，衣缽塵土者。）二人本不必記，欲學者知所儆，故著之。

陸癡　嚴怪　朱承錫

陸癡，名鳴，字日爲，華亭人。性狷癖，故人以「癡」呼之。善山水，自成一局，其法用挑筆密點，由淡及濃，不惜百遍，林巒崖石間，烟雲糺縵，墨氣絪縕，亦可喜也。其布置務求奇僻，不屑作常蹊，能爲尋丈大幅。浙江巡撫屠公館之西湖，踰年而卒，屠公爲歸其喪。同里有嚴怪者，山水亦好立奇境，嘗畫一古藤，蔓延糾結，蟠兩山頭，一人崎嶇攀援而下，凡畫多類此。爲人亦癡絕，家極貧，不能以多金眩之，勢亦不可屈也。人目爲「怪」，怪聞之喜，遂自名怪焉。曬弟子朱承錫，字九思，號香山，秀水人，兼工人物寫眞，行於華亭。補：嚴本名載，字滄醕，兼長花鳥。

國朝畫徵錄卷中終

國朝畫徵錄

秀水張　庚　浦山　著

睢州　蔣　泰　无妄
湯之昱　南溪　同校梓

卷下

王原祁　華鯤　金明吉　唐岱　王敬銘　曹培源　李爲憲　王昱附

王原祁，字茂京，號麓臺，太倉人。奉常公孫。康熙庚戌進士，由知縣擢給諫，改翰林，補春坊。天子嘉其畫，供奉內廷，鑒定古今名書畫，晉少司農，充書畫譜總裁，萬壽盛典總裁官。卒年七十。公童時偶作山水小幅，黏書齋壁，奉常見之，訝曰：「吾何時爲此耶？」詢知，乃大奇曰：「是子業必出我右。」間與講析六法之要，古今異同之辨。及南宮獲雋，奉常曰：「汝幸成進士，宜專心畫理，以繼我學。」於是筆法遂大進，而於大癡淺絳，尤爲獨絕，熟不甜，生不澀，淡而厚，實而淸，書卷之氣，盎然楮墨外。是時虞山王翬以淸麗之筆名傾中外，公以高曠之品突過之，世推大家，非虛也。琅玡元照見公畫，謂奉常曰：「吾兩人當讓一頭地。」奉常曰：「元季四家，首推子久，得其神者，惟董宗伯，得其形者，予不敢讓；若形神俱得，吾孫其庶乎。」元照深然之。聖祖嘗幸南書房，時公爲供奉，卽命畫山水，聖祖憑几而觀，不覺移晷。嘗賜詩，有「畫圖留與後人看」句，公鐫石爲印章，紀恩也。每作畫，必以宣德紙，重毫筆，頂煙墨，曰：「三者一不備，不足以發古雋渾逸之趣。」客有舉王石谷畫爲問，曰：「太熟。」復舉二瞻爲問，曰「太生。」蓋以不生不熟自處也。嘗自題秋山晴爽圖卷，略云：「不在古法，不在吾手，而又不出古法吾手之外，筆端金剛杵，在脫盡習氣。」觀此語，其所至可知矣。

公官京師時，每歲秋冬之交，予門下賓客畫人一幅，以爲製裘之需，好事者往往緘金以俟；平時以應詔不遑，凡求者，屬賓客及弟子代筆而自題其名，大率十之七八，鑒者若徒憑款識則失矣。弟子華鯤、金明吉、唐岱、王敬銘、黃鼎、趙曉、溫儀、曹培源、甥李爲憲、族弟昱。鯤字子千，無錫人，官州同知；明吉，吳人；岱字毓東，號靜巖，滿洲人，以蔭官參領；敬銘字丹思，嘉定人，癸巳進士，廷試第一，官翰林院修撰；培源字浩修；爲憲字巨山；昱字日初。日初筆尤佳，公極稱之，鼎、曉、儀自有傳。補：公晚年好作梅華道人墨法，最得神味。

白苧村桑者曰：庚生也晚，嘗恨未獲從公遊，聆公講論，觀公用筆，每見公手蹟，輒愛玩不釋，至忘寢食思之，其筆精墨妙，自謂得其概矣。後於弋陽道中，邂逅山陰聞人克大，出公秋山晴爽圖卷倣大癡法者，於是歎觀止焉。圖長五尺餘，邱壑止一開一闔，而宏闊無際，神味蕭爽，元氣淋漓，沖融黯宕之致，既奕奕怡人，濈彩晬盎之精，復晶晶眩目，蓋筆力沉貫紙背，而光氣發越於上，誠如自題所云「筆端金剛杵」也。克大曰：「此卷尤公愜意作也，先君官京師時，與公望衡而居，情好甚洽，而未有請也。每遇良辰，輒潔酒肴邀公，暨公素所厚者，作竟日歡，若是者五六載。值克大將歸婚，公謂先君曰：『嗣君歸婚，當寫一圖爲贈。』先君頓首謝之。翌晨折簡招克大過從曰：『子其看余點染。』乃展紙審顧良久，以淡墨略分輪廓，既而稍辨林壑之概，次立峯石層折，樹木株粽，每舉一筆，必審顧反覆，而日已夕矣。次日復招過第，取前卷少加皴擦，卽用淡赭入藤黃少許，渲染山石，以一小熨斗貯微火熨之乾，再以墨筆乾擦石骨，疎點木葉，而山林屋宇，橋渡溪沙瞭然矣。然後以墨綠水，疎疎緩緩，渲出陰陽向背，復如前熨之乾，再鈎再勒，再染再點，自淡及濃，自疎而密，半閱月而成。發端混侖，逐漸破碎，收拾破碎，復還混侖，流浩氣，粉虛空，無一筆苟下，故消磨多日耳，古人十日一水，五日一石，洵非誇語也。後又贈先君一幀，不便於行笥，不得飽子之目。」然庚得覩此卷，詳聞克大所述，不啻親見公之磅礴矣，所得不既多乎，因詳記之，以備私淑之助，且俾後之有志斯道者，知公作畫之匠心有如是云。

沈宗敬

沈宗敬，字恪庭，號獅峯，華亭人。文恪公荃子。康熙戊辰進士，史館編修，官至太僕卿。山水師倪黃，兼巨然法，筆力古健，名重士林。水墨居多，青綠亦偶爲之。其布置山巒坡岫，雖有格而不續之處，而欲到不到，亦自有別趣也。小幅及册頁尤佳。性情瀟灑恬雅，無達官氣，而風裁頗峻，有故相家人某富盛，諸名士多與之遊，嘗乞畫於獅峯，不與；復屬所厚言之，終不與也。獅峯明音律，善吹洞簫。雍正三年卒於官。

翁嵩年　徐煥然

翁嵩年，字康貽，錢塘人。康熙戊辰進士，廣東學道。善山水，以枯瘦之筆作林巒峯岫，氣味古雅疏拙，畫家習氣，苗髮不能犯其筆端，洵士人之高致，藝苑之別調也。海鹽徐煥然，字晉叔，號桐村，山水學倪迂，雍正甲辰進士，改翰林，授編修。

許遇

許遇，字不棄，侯官人。官陳留縣知縣。善畫松石，其祖父皆以畫松名，不棄尤勝，所畫多巨障。

遲煓

遲煓，閩陽人。善花鳥草蟲，細鈎淡染，淸蒨婉約。惜氣韻稍薄弱，只宜小幅及册頁，施之屛幛，或不稱耳。官辰州太守。其妾亦善畫，筆與煓類，或云「煓畫皆出於妾手」，大抵然也。

白苧村桑者曰：花鳥有三派：一爲鈎染，一爲沒骨，一爲寫意。鈎染，黃筌法也，沒骨，徐熙法也，後世多學黃筌，若元趙子昂、王若水，明呂紀，最稱好手；周之冕略兼徐氏法，所謂鈎花點葉是也。王勤中始法徐熙，學者多宗之，而黃筌一派遂少，及武進惲壽平出，凡寫生家俱却步矣。近日無論江南江北，莫不家南田而戶正叔，遂有常州派之目，賦色非不淨而冶，而甌香之精意不傳，亦猶山水之貌淸暉老人也。余於睢陽蔣氏，見所藏梨花一大枝，無作者姓名，籤題元人折枝梨花圖，不知出自何人手？花瓣傅粉甚濃，葉之正者著石綠，以苦綠染出，反者以苦綠染，以石綠託於背，味甚古茂，而氣極輕淸，其枝榦之圓勁，皴法至佳嫩芽之穎秀，均非今人所曾夢見，安得有志者振起，俾花鳥一藝，重開生面也。其寫意一派，宋時已有之，然不知始自何人？至明林良，獨擅其勝，其後石田、白陽輩，略得其意，若其全體之妙，非大有力者學之必敗。

金質

金質，太和人。初字某，性簡樸不飾。或戲之，呼爲「野君」，質喜曰：「若乃能知我！」遂改字野君。善山水，筆意樸穆，好爲層巒疊嶂。詩專學少陵，五言律句，所著甚富，六安楊希洛，擇其尤雅者三百餘篇，雕板行之。

曹岳

曹岳，字次岳，號秋崖，泰興人。善山水，師董文敏法，疎秀淹潤，峯嶺多嵐氣。北遊最邀聲譽，朱竹垞、王阮亭皆稱之。性豪邁，好奬譽同學，以故名益重。

楊晉 胡竹君附

楊晉，字子鶴，常熟人。山水清秀，爲王石谷高弟。兼工人物，寫眞花草悉精妙，洵是名家。尤長畫牛，多寫意，或降或飲，或寢或臥，夕陽芳草，郊牧之風宛然。常從石谷出遊，石谷作圖，凡有人物、輿轎、駝馬、牛羊等，皆命晉寫之。石谷弟子最多，有胡竹君，極有名，惜未見其筆墨。

呂猶龍

呂猶龍，字雨村，三韓人。福建巡撫，調撫浙江，三日卒於任。善山水，得元人倪黃兩家法，而師少司農麓臺之氣韻，邱壑峻邃，有意趣。每接筆墨之士，輒談論忘倦，其所好者蓋深也。

許維嶔

許維嶔，字蒼風，太康人。以事隸於旗下，康熙己卯，卽以旗籍舉孝廉，官樂昌縣知縣。天資穎敏，詩文書畫俱可觀。畫山水，宗董巨法。

蔣廷錫

蔣廷錫，字楊孫，號西谷，又號南沙，常熟人。康熙癸未進士，入翰林。以逸筆寫生，或奇或正，或率或工，或賦色，或暈墨，一幅中恆間出之，而自然洽和，風神生動，意度堂堂，點綴坡石水口，無不超脫，擬其所至，直奪元人之席矣，士大夫雅尙筆墨者，多奉爲模楷焉。嘗於海昌查氏見扇上畫拒霜一枝，以率筆鉤花及跗，渲以淡色，而以工筆點心，纍纍明析，葉用墨染，亦工緻；旁發一穉枝，以焦墨染三蕊於上，蒂用雙鉤，筆筆名貴，非識超膽大而筆有仙韻者，烏能辨之。其流傳有設色極工者，皆其客潘□代作也。性恬雅愛士，凡才藝可觀者，卽羅致門下，指授以成其材，而公之畫，遂多贋本矣。官至大學士，雍正十年薨於位，年六十餘，謚文肅。

黃鼎

黃鼎，字尊古，號獨往客，常熟人。山水受學於王少司農，兼得石谷意，筆墨蒼勁，其臨摹古人，咄咄逼眞，而於黃鶴山樵法爲尤長，嘗客漫堂第，故梁宋間其遺蹟獨多。

趙曉

趙曉，字堯日，太倉人。善山水，受王少司農法，虛懷好學。每作一圖，稍不愜意，輒中止，卽有成幅，亦不署名，曰：「再需三十年，或可題款。」時年已四十矣，其刻苦猶如此。畫多小幅，平淡古雅，設色亦渾樸冲潤，第力量稍歉，故不能副其心志耳。兼善墨竹，風神蕭爽，迴拔時流。

祝昌

祝昌，字山嘲，廣德人（一云舒城人）。山水學於漸江，略得其技，後擴於元季諸家。性孤介，或遇之，不以禮，雖餅金購尺幅，終不許也。

楊恢基　蔣深　孫綠

楊恢基，字石樵，山西人。官睢寧令。山水花卉學石田氏，所居有融心齋。蔣深，字樹存，號蘇齋，吳人。工詩文，有集。由太學生入武英殿纂修，議敘授餘慶令，陞朔州牧。善蘭竹，花草學陳白陽，而用筆稍放。孫綠，字亘青，常熟人。庠生。善花草，氣俊雅，率筆居多。三人皆余亡友周子象益交好，家多其筆。象益名耒，朱竹垞外孫，吳江人。氣節膽智，藻鑒人倫，振淹出滯，成人之美，士林之望也，鑒賞筆墨，其餘事耳。雍正五年引見，交貴州巡撫，以知州用，未之官而歿。其師檢討陸奎勳哭之以詩，有曰：「如何僂指虧中壽，不得監臨斗大州。」蓋哀其命也。

徐溶

徐溶，字雲滄，號杉亭，吳江人。自號白洋散人。工山水，初亦泛學無宗主，中歲得師王石谷，遂大變其積習，由其天資高，銳於振刷，亦鑒戒者多也。筆墨蒼秀沉着，水墨中小幅及淺絳尤妙，蕭疎閒冷，直偪元人，青綠未爲深詣也。應酬既多，遂好醜雜陳爲累耳。余恐鑒者以彼掩此，故特表之。好爲斷句，亦秀韻。

白苧村桑者曰：余亡友賀子經三見杉亭設色山圖，曰：「筆甚老，氣亦深厚，第看去似有惟恐不盡之概，意作者未能悠然物外，而猶有逢世之見歟？」經三本不知畫，而測杉亭頗不爽，蓋學遂則心清，心清故明自生焉耳。然則欲操筆作畫者，可不慮有經三之目哉。經三，名光烈，號芋園，秀水人，籍桐鄉。沉潛經籍，深入理窟，不爲宋儒所拘，著有理氣篇，首引一陰一陽之爲道以發明之。尤長三禮，嘗曰：「學以根柢爲主。」爲文清矯有眞氣，人不知也。雍正四年科試，同考官西江羅爀得經三卷，奇之，卽首薦。薦者共六卷，主司取五卷而置經三卷，羅薦再四，不可，乃索所取五卷盡抹之曰：「惟此卷爲得題意，既不可，五卷惡乎可？」主司大駭，然尚猶豫，欲取定於二三場文。羅曰：「得之矣，斯人古學必佳。」閱之果然，遂中高第，而進呈其表。嗚呼！明勇若羅公者，世蓋少矣，惜經三未及中壽而歿，厚其學而靳其年，天乎何意！

周　璕

周璕，字崑來，江寧人。善人物、花草、龍、馬。其畫龍最有名，嘗以所畫龍張於黃鶴樓，標曰：「價銀一百兩」，有臬司某者登樓見之，賞玩不已曰：「誠須一百兩。」璕卽卷贈之曰：「璕非必得百金也，聊以覘世眼耳，公能識之，是璕知己也，當爲知己贈，璕非必得百金也。」由是遂知名，然惟達官稱之。其畫龍烘染雲霧，幾至百遍，淺深遠近，蒸蒸靄靄，殊足悅目。畫龍以雲勝得矣，第烘染太過，非大雅也。平生結納，多非端人，卒犯法被逮。

高其佩

高其佩，字韋之，號且園，遼陽人。善指頭畫，人物、花木、魚龍、鳥獸，天姿超邁，奇情異趣，信手而得，四方重之。余曾見扇上筆畫散仙數種尤妙，有如王初平叱石成羊，作亂石一攢，或已成羊而起立者，或將成而未起者，或半成而未離爲石者，神采熠熠，風趣横生；他如龍虎等，亦各極其態。世人秖稱其指墨，而不知筆畫之佳也。人旣重其指墨，加以年老，便於揮灑，遂不復筆，故流傳者少。官刑部侍郎。

馮景夏

馮景夏，字樹臣，桐鄉人。徙居秀水，康熙癸酉舉人。好畫山水，得董宗伯墨意，疎曠淡雋之致，邈然以遠。頗自矜重，不輕作也。官刑部侍郎。年七十餘，猶能作蠅頭小楷。

杜曙

杜曙，字旭初，杞縣人。鄉飲大賓。善水墨花草，灑落自適，有徐天池風，名聞梁宋間。兼長山水，偶寫白衣大士，亦稚秀。性孤高狷癖，善飲，醉後落墨不肯休，遇他客則趨避掩面卧，一顧不可得，客率索然去。年八十餘，飲啖如少壯，所養有得矣，

吳應棻

吳應棻，原名應禛，避世宗諱，改今名，字小眉，號眉菴，又號靑靈山人，歸安人。康熙乙未進士，入翰林，今官兵部右侍郎。工詩，好寫墨竹。嘗于扇上作竹石小景贈余，錢銀臺主敬見之，題一絕云：「濬煙濃墨掃雲腴，胎脫東坡鳳尾圖；又見蟹爬沙滿紙，千秋一炷屬菱湖。」菱湖，眉菴所居地也。眉菴巡撫湖北，時有巡捕官胡姓者，山陰人，善花草，極工細，其名字惜忘之矣。

馬豫　俞兆晟

馬豫，字觀我，綏德人，家於金陵。丙戌進士，翰林編修，累遷侍讀學士。善墨竹，脫去時習，枯竿新篺，各有風趣，坡石水澗亦佳。爲人天懷高雅，謙和下士，督學浙江時，屬員士子慕墨妙者，無不厭其意云。間作白衣大士、文昌像，淸寂而莊。觀我同年生俞兆晟，字叔穎，號穎園，海鹽人，官至內閣學士。好畫水墨花草，兼白陽、靑山樵兩家之勝，得其筆者，無不珍之。

李世倬　馬昂　馬衡

李世倬，字漢章，號穀齋，三韓人。兩湖總督如龍子，侍郎高其佩甥。善畫山水、人物、花鳥、果品，各劑其妙。少隨父宦遊江南，見王石谷，得其講論；後與馬退山遊，故宗傳醇正，而筆亦秀雋。其人物，自言官晉士時，得吳道子水陸道場圖而閱之，遂悟其法。其花鳥、果品各種寫意，蓋得諸舅氏之指墨，而易以筆，故能各名一家，亦如王甥之善學趙舅也。今官通政司右通政。馬退山，吳人。名昂，以山水名家，青綠尤工。子衡，字右襄，世其業。

錢元昌 張嶔附

錢元昌，字朝采，號野堂，又號一翁，海鹽人。天資穎敏，有雋才，工詩，善書畫，弱冠即以三絕名京師。好作折枝花，其法得自南沙，而獨行己志，能以拙取媚，以生取致，超脫矜貴，饒書卷氣。嘗爲余作折枝牡丹，題云：「像形者失形，守法者無法，氣靜則神凝，意淡則韻到。」誠名言也。平生少有許可，惟推張石樓爲知畫理者。石樓名嶔，初名崟，泰州人。美丰姿，雅好古玩器，名公卿多折節交之。以貲爲郎，當授州牧，後竟不仕，畫筆最有聲。野堂於山水雖不畫，然論六法能入微妙，中康熙壬午乙榜，今官貴州糧道，筆墨應酬，多倩手矣。

鄒元斗

鄒元斗，字少微，號春谷，婁縣人。工寫生，受業於南沙，尤長桃花，設色華滋，風致嬋娟，洵爲樂安高弟。康熙中以畫供奉內庭，拜中書舍人。蔣學使蔚曰：「春谷寫花草，天趣物趣，能兩有之，所以佳也。」

吳振武　王德普

吳振武，字威中，秀水人。朱竹垞之姊之子。善花卉草蟲，筆意雅秀，識者重之。官坻令，解任後賣畫以給。間作山水，自謂嘗受麓臺指訓。兼長指頭墨，竹垞有長歌紀之。

同里王德普，字長民，庠生，亦善指頭墨，兼長墨竹。

崔　鏏

崔鏏，字象州，三韓人。工人物，士女學焦秉貞法，傅染淨麗，風情婉約，雖未能方駕古人，而翩翩足雋一時矣，墨梅亦佳。今官州牧。

白苧村桑者曰：古人畫士女，立體或坐或行，或立或臥，皆質樸而神韻，自然娬媚；今之畫者，務求新豔，妄極彎環罄折之態，何異梨園子弟登場演劇與倡女媚人也，直令人見之欲嘔。昔桓溫納李勢之妹爲妾，置諸齋中，其妻操刃襲之，李情辭悽惋，妻釋刃曰：「我見猶憐，何況老奴。」夫李當危急驚懼時，猶令妬婦易妬爲憐，卽此以思，風韻所生，固不在生嬌作態也。

溫儀

溫儀，字可象，號紀堂，三原人。康熙壬辰進士。受業於王少司農，謹守其法，用筆沉實，綽有師風，而沖融駘宕之妙，尙未及也。儀少嗜畫，見解獨超，每恨西陲無宗法，竊慕司農而未得其因，後以計偕入都，旣獲雋，乃謁司農，數月以畫學請。司農笑曰：「子亦志畫耶？」已而命進几席，俾觀用筆起止，濃淡先後，又授以古圖縮本，於是遂大進。嘗述其師訓曰：「鈎勒處筆鋒須若觸透紙背者，則骨幹堅凝，皴擦處須多用乾筆，然後以墨水暈之，則厚而有神。」又曰：「用墨如設色，則姿態生；設色如用墨，則古韻出。畫家習，不掃自除矣。」署中潔小齋爲畫室，絹素縱橫，筆墨淋漓，公暇入此室處，點染不輟，曰：「吾非好勞，恐荊棘生手耳。」初仕進賢縣，卓異入都，授保定府，遷霸昌道，罣誤鐫三級，旋復。

張鵬翀

張鵬翀，字天飛，號南華，嘉定人。雍正丁未進士，翰林編修。善山水，師元四家，尤長倪黃法，雲峯高厚，沙水幽深，筆清墨潤，設色沖淡，兼有麓臺、石谷之風。嘗曰：「近來畫道，非庸卽俗，日就淩澌矣，不極力振刷，安繼前徽？」觀其筆力，足副其言，洵畫苑之後勁也。

沈　鳳

沈鳳，字凡民，江陰人。山水多乾筆，瀟灑縱逸，志在元人者也。嘗臨倪元鎭小幅，鑒者莫能辨，遂得厚値。

白苧村桑者曰：古來畫家，名於一時，傳於千載，而稱之爲祖者，其襟懷之高曠，魄力之宏大，實能牢籠天地，包涵造化。當解衣磅礴時，奇峯怪石，異境幽情，一時幻現，而榮枯消息之機，陰陽顯晦之象，卽挾之而出，蓋有莫知其所以然者。今觀董北苑之萬木奇峯圖、溪山行騎圖、夏山行旅圖、風雨出蟄圖，僧巨然之蕭翼賺蘭亭圖、夏山欲雨圖，李營邱之風雪運糧圖，范華源之秋山行旅圖，黃大癡之浮嵐暖翠圖、良常山館圖、天池石壁圖、沙磧圖、夏山圖、富春大嶺圖，王叔明之丹臺春曉圖、夏日山居圖、層巒秋霽圖、林泉清集圖，倪雲林之溪山無盡圖、惠山聽雨圖，吳仲圭之溪山圖、煙江疊嶂圖，或千巖層疊，或巨嶂孤危，一入于目，心神曠邈，若置身其間而憺然忘反，古有觀輞川圖而病愈，覩雲漢圖而熱生者，非神其說也。至若一邱一壑，片石疎林，不過偶爾寄懷，其筆墨之趣，閒冷之致，雖挹之無盡，終非古人鉅膽細心之所在，學者豈可得此遺彼，當遜志以求其全也。

上官周

上官周，字竹莊，福建人。善山水，煙嵐瀰漫，墨暈可觀，儻所謂項容有墨者歟。晚年薄遊粵東，名頗盛。善詩，嘗畫羅浮山一峯，題云：「割得天南峯一角，請君展卷看羅浮。」

李鱓　陳撰　張某

李鱓，字宗揚，號復堂，興化人。康熙辛卯舉人，檢選知縣。花鳥學林良，縱橫馳騁，不拘繩墨，而多得天趣。嘗作五松圖，題云：「予以直者比之大臣，禿者比之名將，一側一臥，似蛟似龍，蒲團之松，或仙或佛，爰作長歌紀之。」陳撰，字楞山，儀眞人。寫生與復堂相伯仲，復堂同年生。華亭張□，號寶華，善山水，頗秀韻。雍正十年海水泛溢，室廬盡沒，時寶華與其子客歸德，遂無家可歸，漂泊流寓。

汪繩煐

汪繩煐，字祖肩，一字靜巖，新安人，家桐鄉。工山水，得法於徐白洋，頗似之，筆氣高遠，識力亦超。家富收藏，以資摹法，所至未可量也。于所居構一經堂，鑿池壘石，種竹栽花，居然山林幽致。日哦詩作畫于其中。頗好客，然非素心人不與也。有童子名□□，亦善畫。

釋弘瑜

弘瑜，號月章。善山水，學大癡法，兼長仙佛，法書眞草俱佳。前明中書舍人，姓王氏，名作霖，會稽人。

釋弘仁

弘仁，字漸江，休寧人。本姓江，名韜，字六奇，前明諸生，甲申後爲僧，嘗居齊雲，工詩文。山水師倪雲林，新安畫家多宗淸閟法者，蓋漸師導先路也。沒後友人於其墓種梅數百本，因稱爲梅花古衲云。余嘗見漸師手蹟，層崖陡壑，偉峻沉厚，非若世之疎竹枯株，自謂高士者比也。

釋覺微 虞昌附

覺微，字省也，號白漢，又號眉道人，嘉興人，住杭州西湖之南高峯。善山水，筆意秀整，庚曾祖荆石先生松泉獨坐小照卷，師所補圖，森蔚之致，足以移情。題曰：「以此松壑情，依彼巖壑坐，悠然見素心，靜對松溪悟。」法書亦佳。照爲虞昌寫，精淵有生氣。昌字大生，不知何許人。

釋戒聞　自扃　目存　巨來附

戒聞，字解三，華亭人，客遊於都。善山水，倣元人筆法，風味清逸。其款託名姜容，莫測其意，豈名曰戒聞而懼令聞之彰歟？詩文亦佳。自扃，字道開，結廬於吳之山塘，能詩善書。其寫山水，宗元人法，一邱一壑，多意外趣。目存，不知何許人，號尋濬。工山水花鳥，長於摹仿，其仿唐子畏尤妙，蓋其所得力也。巨來，江寧人，善山水。曹通政寅，鑒賞家也，極稱其能。

釋靈壁

靈壁，號竹憨，吳江人。善山水、蘭竹、花草、果品，多墨筆，自率胸臆，脫略恣肆，逸品之亞也。兼長草書。

釋髡殘

髡殘，號石谿，又號白禿，又自稱殘道者，武陵人。少時自翦其髮投龍三三家菴，旋遊諸名山參悟，後來金陵，受衣缽于浪杖人，住牛首。工山水，奧境奇闢，緬邈幽深，引人入勝。筆墨高古，設色清湛，誠元人之勝概也。此種筆法，不見於世久矣，蓋從蒲團上得來，所以不猶人也。

釋半山　一智

半山，寧國人，俗姓徐。好遊覽，善山水，宣池之間，多奉爲模楷。一智號石峯，休寧人。山水用筆亦疎爽可喜。

釋覆千

覆千，平湖人。善山水，遊京師，見知於聖祖，詔師王原祁，遂爲司農代筆。後居萬壽寺，御書「棲心樹」三字賜之。

釋性潔

性潔，字冰壺，秀水人。善人物寫眞，爲鮑嘉入室弟子。好學嗜古，臨摹舊蹟不倦，山水雖非所長，而鑒賞獨精。嘗曰：「吾鄉山水，鮮能脫浙習者，近復爲王巘之邪說所悞，非眞有志有識者，不能振也。」每見石谷畫，輒命同學臨之。薛宣來禾，悉遺諸畫弟子從其學，年五十餘，歿於天寧寺之寶蓮房，畫弟子巢敬經紀其喪。敬字林可，嘉興人。寫眞得其傳，山水師薛宣冰壺。嘗自寫一小照，趺坐於蒲團旁，畫一鬼撫掌揶揄。處士盛宣山（名遠）題曰：「世上萬緣都是幻，阿師獨要寫其眞；寫來眞亦同於幻，不覺空中鬼笑人。」

道顛道人

顛道人，江寧人，流寓維揚。善飲酒，醉後作畫，任意揮灑，山水花木，皆有奇趣。人問其姓名，不答，因呼爲顛道人，後見乞其畫者漸多，遂去，不知所終。或曰道人姓胡。

閨秀王端淑

王端淑，字玉映，號映然子，山陰人。遂東先生思任女也，適錢塘丁肇聖。博學工詩文，善書畫，長於花草，疎落蒼秀。順治中欲援曹大家故事，延入禁中，教諸妃主，映然子力辭之。卒年八十餘，著有吟紅集。

閨秀黃媛介　吳　氏　倪仁吉附

黃媛介，字皆令，秀水人。工詩賦，善山水，得吳仲圭法。太倉張西銘溥，聞其名往求之，時皆令已許楊氏，楊久客不歸，父兄勸之改字，誓不可，卒歸於楊。乙酉城破家失，乃轉徙吳越間，饔飧於詩畫焉。嘗爲新城王阮亭寫山水小幅，自題詩曰：「懶登高閣望靑山，愧我年來學閉關；淡墨遙傳千載意，孤峯只在有無間。」詩見池北偶談詞旨亦雋永。竹垞明詩綜不錄皆令一字，所錄閨秀詩，悉送別皆令之作，蓋不以皆令爲前明人也。時同里吳氏，字素聞，亦善山水及士女。吳興倪仁吉，亦以畫山水聞。白苧村桑者曰：皆令節高矣，而識亦卓，余聞其辭婚張天如時，謂父兄曰：「字誠不可，然張公才名山斗，以帳窺之可乎？」及見，歎曰：「張誠名士，惜旦暮人耳。」數月張果卒，竟不知其操何術也，此豈尋常閨秀哉。

閨秀顧媚

顧媚，字眉生，號橫波，龔宗伯芝麓妾。工墨蘭，獨出己意，不襲前人法。眉生本伎女，芝麓納爲妾，芝麓仕國朝，當得封典，妻童夫人曰：「我於前朝已受封誥，今讓於顧氏可也。」眉生遂得受封。

閨秀徐粲 方維儀附

徐粲，吳人。海寧相國陳之遴素菴公淑配。善畫士女，工淨有度。晚年專畫水墨觀音，閒作花草。桐城方維儀，同里姚孫□妻，早寡，大歸守志。亦善白描大士像，阮亭嘗稱之。

閨秀李因 胡淨鬘附

李因，字今生，號是菴，會稽人。海寧光祿卿葛無奇妾也。能詩，有竹笑軒吟草續稿。

工花鳥，得陳白陽法，嘗刻沉香爲白陽像奉之。畫多水墨，蒼老無閨閣氣，名甚著，世以因鷹音相類，遂傳以爲專長畫鷹，故假名覘利之徒多鷹松，迄今猶然也。陳洪綬有侍妾胡淨鬘者，亦善花鳥草蟲。

閨秀陳　書

陳書，號上元弟子，晚年自號南樓老人，秀水人。太學生堯勳長女，適海鹽錢上舍綸光。善花鳥草蟲，筆力老健，風神簡古，翁鶴菴先生瑞徵，見中卷。嘗歎曰：「用筆類白陽，而遒逸過之。」間作觀自在、關壯繆、呂洞賓像。上舍家貧而好客，夫人典衣鬻飾以供，嘗賣畫以給粟米，雖屢空，晏如也。課子嚴而有法，長陳羣，康熙辛丑進士，入翰林，今官通政北直學政；次峯，廩生，早卒；次界，寶雞縣知縣，亦善花草。夫人以陳羣官誥封太淑人，卒年七十有七。

閨秀沈彥選

沈彥選，嘉興人，海鹽俞孝廉鴻德配也。善花鳥，分枝布葉，自得異致，筆亦不纖，蓋不以嫵媚爲工也。惜早世，未得大成。

閨秀吳應貞

吳應貞，字含五，吳江人。趙□□妻。工寫生，風神婉約，自是閨房之秀。

閨秀習忍

習忍，武進人。不知誰氏女也。寫生師惲南田法，有折枝花册，娟媚雅潔，枝榦花葉均有意致，非貌似其師也。册後有南田跋。

附妓女倩扶　吳媛　豐質

倩扶，華亭人。善花草，多寫意。工詩，有集。嘗口占一絕，調善書者張星云：「年少翩翩客，風流弱冠初，能將畫眉意，悟入折釵書。」同時有吳媛和云：「風流京兆勝當初，昨夜蛾眉入夢餘；每看晴山渾黛色，倒拈斑管不成書。」媛字文靑，無錫人。自號梁溪女史，亦善畫，有墨荷圖，設色菊花扇。兩人並爲吳梅村東山勝侶，後蘭陽有豐質者，字花妥，妙音律，善演劇，而性度閑雅，焚香鼓琴，好畫墨蘭，學王覺斯法，花葉舒暢瀟灑，絕無拘滯修飾，不得以風塵筆墨忽也。寓居睢州，名甚重，陳其年東侯六叔岱詩云：「聞說睢州女校書，春愁纔妥上頭初；今朝人臥梁王苑，歌板糟牀只欠渠。」忽了悟，卽於睢州從一貧人，勤苦作家，卒年蓋三十云。

白苧村桑者曰：余嘗見馬士英水墨山水一幀，筆法縱逸有別趣，字亦佳，第其人旣自絕於勝國，復獲罪於皇朝，卽欲錄之，從何位置耶？嗚呼！倩扶、吳媛、豐質，妓女耳，士君子猶節錄之；亂臣賊子，大節旣虧，萬事瓦解，畫之工不工，何足挂人齒頰哉。嘗聞諸金陵人云，馬士英畫頗佳，然人皆惡其名，悉改爲妓女馮玉瑛作，噫！使馮玉瑛眞有其人，恐亦不任受也。

國朝畫徵錄卷下終

黎遂球　袁樞

黎遂球，字美周，番禺人。天啓丁卯舉人，名在復社，唐王以爲兵部主事，死贛州之難。善書畫，山石林木，蒼老風秀。嘗爲南昌萬徵君溉園（時華）作山水圖，題云：「萬茂先齋頭得高麗紙一幅，乃姜燕及學士使朝鮮歸所貽，余從陳士業飲，過宿茂先，因爲作畫，并題其上：長白遙遙鴨綠煙，使臣回首別朝鮮；陟釐空在輿圖去，爲補林巒共愴然。」所著有周易爻物當名二卷，蓮鬚閣集，其賦黃牡丹詩最馳名。

袁樞，字伯應，號環中，別號石寯，睢州人。父可立，明大司馬，卽萬曆中直言削籍天啓時忤璫再削籍者也。（吳次尾剝復錄所載不同。）樞以蔭官刑曹，終養在籍，崇禎末流寇犯境，樞破家資，大募鄉民禦寇，保城有功，南都起爲睢陳道，歸之任，未幾復還南都卒。樞博學好古，精鑒賞，家富收藏。工書畫，爲華亭董宗伯、孟津王覺斯所推許。山水出入董巨子久間，光華淸寂，其摹梅華道人所臨巨然蕭翼賺蘭亭圖，氣韻冲澹，綽有古趣，今藏同里蔣郎中泰家。所寫折枝花，有白陽山人風致。余遊睢見先生遺墨及所藏舊蹟，皆精雅，其風期略可想見，而郎中又爲余述先生生平，遂慨慕景仰無已云。

白苧村桑者曰：黎君袁君，皆前明人也，而向之輯譜者未之及，黎君雖爲竹垞朱太史收入詩綜，而不及其畫。余以二君旣不可入是編，又恐或湮沒，故附著之，以備後人採取焉。

國朝畫徵續錄

秀水張庚浦山著
析津胡振組非溪校

卷上目次

卷下目次

國朝畫徵續錄卷上

秀水張　庚　浦山著

析津胡振組　非溪校

黃宗炎

黃宗炎，字晦木，一字立溪，人稱鷓鴣先生，餘姚人。忠端公次子，梨洲先生弟也。崇禎貢生。畫江之役，兄弟步迎監國，事敗，入四明，參馮侍郎京第軍事。軍覆，隱於白雲莊。亂定，遊石門海昌間，賣畫以給，畫宗小李將軍、趙千里。工繆篆，又善製硯。所著有周易象詞、尋門餘論、學圖辨惑。

黃向堅

黃向堅，字端木，吳人。父孔昭，以孝廉作宰滇中姚江，道梗不得歸，向堅徒步往尋，涉歷艱險，周徧於傜僮之地，研足黧面，至白鹽井，始遇二親，蓋自順治八年十二月出門，至十年六月歸里。承歡凡二十年，父母歿，負土營葬，不再期得疾以殉，世稱完孝，好事者譜黃孝子尋親傳奇，至今世多演之。孝子善畫，所寫皆其所歷滇中山水，余於汪念翼收藏見其鶴慶府鳴鳳山圖，乾筆蒼秀，略得黃鶴山人意，畫筆既可賞，又出自至性人之手，尤當珍重矣。

姜實節

姜實節，字學在，號鶴澗，萊陽人。前明禮科給事中埰子。埰崇禎末建言得罪，廷杖謫成宣城衞。鼎革，南都再建，弟行人垓亦奔赴，馬阮羅織，必欲殺其兄弟，亡命浙東，後寄居於吳，遂爲吳人。學在工詩，善書畫山水，摹法雲林，涉筆超雋，爲時所重。晚年建二姜先生祠於虎邱，又築諫草樓於祠後爲棲息所，足不入城市，人稱鶴澗先生。

文從簡　文枏　文掞　文定

文從簡，字彥可，晚號枕煙老人，待詔曾孫，蘇州府學廩膳生。善書畫，傳其家法而少變，書則兼李北海，畫兼雲林、叔明。崇禎庚辰廷試貢士，例得學博，不赴選，後卒於國朝順治五年。子枏，孫掞。枏字文端，號慨菴，長洲學生。畫山水一稟祖法。所著有青氈雜志。掞字日賓，號古香，山水法倪黃兩家，不多作。所著有十二研齋詩集行世。又族人定，字子敬，後名止，字止菴，善花鳥，與王勤中齊名。

宋珏

宋珏，亦作轂字比玉，莆田人，前明國子監生。善畫，其臨李伯時輞川圖長卷，不設色，山石繼筆作摺帶皴，不拘拘於法，余不得見李原本，比玉所摹，或稍變通未可知，因所曾見李書無此種筆法也。至圖中諸景，位置前後，與右丞原本不同，大抵伯時先有變通矣。然比玉能脫盡畫史習氣，自是士人高致，其寫松樹尤秀絕。比玉工詩，錢牧齋稱之，王阮亭漁洋詩話亦歎其小詩工絕。

陳應麟

陳應麟，字璧山，江陵人。父□□，死明季難。應麟入國朝，孑然終身，賣畫以給，專工蘆雁，遂成絕藝。

趙甸

趙甸，字禹功，會稽人。家極貧，學爕以養親，藝絕工，時稱趙孝子。長遊蕺山劉氏之門，丙戌後立高節，隱於緇，賣畫以活，世所稱璧林高士畫者也，晚年講學於僞山，生徒甚盛。

呂潛

呂潛，字孔昭，號半隱，遂寧人。崇禎癸未進士，官行人。善花草，用筆放縱而不越矩矱，神氣清朗可賞。性曠達，淡於仕，入國朝遂不出，以詩畫娛老，有懷歸草堂、守閒堂、課耕樓三集。

郭士瓊 李華國 徐鼎 姚學灝 陳景附

郭士瓊，字非赤，號滌山老人，江陵人。善山水，筆力蒼勁，長於巨幛長卷。爲人閒靜寡營，卒年九十餘。同里李華國，字西池，號竹溪老人，康熙初年武探花及第，不能挽强，放歸。善山水，名於時。性情樂易，與人無迕，卒年亦九十餘。兩人皆師徐鼎，鼎國初官司馬。又姚學灝、陳景，亦以畫名。學灝字天如，善墨蘭，工詩，有詠竹百首；景字借山，善畫牛，人爭稱之。

王樹穀 游士鳳 蔡澤附

王樹穀，字原豐，號無我，又號鹿公，又自號文外布衣，仁和人。題其所居曰粟園。工人物，筆法出於陳洪綬而得其清穩，所謂善學柳下惠也。衣紋秀勁，設色古雅，一時工人物者無能出其右也。乾隆十六年余遊武林，於友人齋見其團扇士女圖，按所題作圖歲月，余年已三十有九，可及見其人而不得見。又二十八年，始見其遺筆，而想見其爲人，因急錄之。後又見一册，風致俱不同，其圖章有「慈竹君」、「笨凷」、「一笑先生」。時有游士鳳者，號雲子，沔陽人。亦善人物，聲聞楚中，有呂仙像、關夫子像石刻行世。

與郭天門交好，蓋有學行者。又江寧蔡澤，字蒼霖，善人物，兼長山水花草，亦國初好手。

周荃

周荃，字靜香，號花溪老人，長洲人。大兵下江南，荃首爲嚮導，以功授開封府知府，遷觀察使。善山水花草，俗得大意，小幅及册頁，筆趣尤敏妙動人。題句書法，皆有生氣。其圖章有「齊楚觀察」。

宋犖 毛奇齡附

宋犖，字牧仲，號漫堂，商邱人。相國文康公權子，以蔭入仕，官至大冢宰。博學工詩古文，有西陂類稿行世。嗜古精鑒賞，嘗自言「暗中摸索，可別眞贋」，收藏甚富，一時以畫名家者，悉羅致於家，出其所藏，屬摹副本，極爲盛事，耳濡目染，遂得畫法。嘗寫水墨蘭竹小幅，疎逸絕倫，非丹青家所能窺也。湯西崖題詩云：「竹箭美必採，澤蘭香宜紉；公乎鎭東南，空谷無幽人。偶然託墨妙，寫此平生親；咨嗟魏公傳，小筆乃爾神。」公前撫豫章，後撫江蘇，拭拔名士，禮遇而資之，湯詩假圖頌德，洵實錄也。同時蕭山毛檢討奇齡，亦善畫，嘗爲姚士重作梅，又爲駱明府夫人作蔴姑，見西河集詩及跋，筆墨末之見。

黃甲雲

黃甲雲，字唱韓，河南人。有異才，學不甚富，而於所誦習者必潛心搜討，弗徹弗休。工書善畫，圖繪寶鑑稱其用筆不亞唐宋。余嘗見其所寫山水，不專宋法，純以天行，當其合處，機趣橫生矣。順治間以拔貢授樂安縣知縣，莅任後相其土田，作邱田法，繪邱法圖，若干畝爲一邱，內除川陸墳墓道路若干，餘田若干比邱，以盡一邑之田，庶田無隱而賦可均，上之大府，大府以聞，天子奇之，圖留覽，特設屯田御史，依法盡畫山左地。會世祖晏駕，御史以才長性刻，遂罷歸，屏居城東之班城，親督耕桑，暇以筆墨遣興。所作邠風、盛衰循環諸圖，多依理道。工詩，有楚遊草。

文命時　吳秋聲　黃筠菴

文命時，江都人。工墨蘭，以瘦筆乾墨，運以中鋒，秀勁拔俗，花蕊疎朗，別具神韻，展玩時令人有世外之思，洵士人之高致也。同里吳秋聲，號同柏，工墨竹，得梅道人法，一遵成範，而不流於板，當與命時伯仲。又有黃筠菴者，工畫石，嘗見其小方幅，以淡墨作瘦石，不用渲染而凹凸自具，題云「宋高宗御題石」，蓋有所本也。

白苧村桑者曰：水墨蘭竹之法，至近日不可問矣，然操管者人人自謂蘭出鄭趙，竹出文吳，世亦從而和之，不知蘭葉柔弱而光滑，竹葉散碎而欲脫，至其襯貼坡石，一味杜撰，卽或時目可蒙，而欲邀賞家一盼，斷不能也。因思三家之法，能會而出之，不必誇詡仿古，已足成一家法矣，故彙記之。

顧文淵　姜漁

顧文淵，號雪坡，常熟人。能詩文，善山水，與華羲逸同學，筆墨亦相類。同里姜漁，字松山，畫山水得元人意，最宜小幅及册頁，疎秀可喜。

虞沅　高翔

虞沅，字畹之，江都人。善花草翎毛，鈎染工整，賦色姸雅，得古人遺法，至今賞鑒家爭重之。同郡高翔，字鳳崗，號西唐，甘泉人。善山水，摹法漸江，又參石濤之縱恣，亦善於折衷者。能詩，工繆篆，刀法師程穆倩。諸藝均可觀，惜皆於近人問途徑，不若畹之之肯摹古耳。

武丹　左楨　朱虛

武丹，字衷白，左楨、朱虛三人，不知何許人？皆善山水，丹筆淸韻自喜，楨筆有郭河陽風味，虛筆結構緊密。

程　涝

程涝，字箕山，號岸舫，北平人。順治己丑進士。善山水，老筆灑落，布置整而厚。

邵　點　邵應闈

邵點，字子與，一字初菴，吳縣人。善山水，能詩，有四可齋集。子應闈，字斯熊，號澹園，工山水，閎其世業而深之以學力，居然參作家之座，蓋王翬之亞也。又善寫眞。

錢　黯　徐本潤附

錢黯，字長孺，號書樵，嘉善人。順治間進士，池州府司李。山水學大癡，不落畫史臨摹習氣而自具眞意。其同里徐白峯，名本潤，號松溪，邑諸生，亦以山水名。

卞久　卞祖隨　徐璋　余穎

卞久，字神芝，號大拙，婁縣人。子祖隨，字處逸，工寫眞，神芝爲之補圖。同郡徐璋，字瑤圃，寫眞不獨神肖，而筆墨烘染之痕俱化，補圖亦色色可觀，不愧沈韶高弟。遊都門，名甚重，康熙中祗候内廷。時廣東海陽人余穎，字在川，工寫眞，大得曾鯨之妙。

馬世俊　吳穎　宋𢍰同

馬世俊，字章民，號甸臣，溧陽人。順治戊戌狀元。善山水，好作巨障，不專師法而自出杼軸，聳拔奪目。同里吳穎，字見末，號長眉，順治間進士，山水與甸臣同聲於時。又有宋邑同者，歲貢生，寫意花草，筆致天成，兼善法書。

汪文柏

汪文柏，字季青，號柯庭，休寧人，占籍桐鄉。工詩，善墨蘭，雅秀絕俗，點綴坡石，亦落落大方，洵士夫逸致。官司城，頗著循聲，然性好習靜，三載卽致政歸里。晚年手定詩，題曰「柯庭餘習」，蓋所學崇本也，朱竹垞太史序之。又撰杜韓集韻若干卷。其族人（下缺十八字）有聲譽。

白苧村桑者曰：柯庭畫不輕作，故流傳少，其孫念翼，出所藏遺墨小册，僅兩頁，後附宜山所題絕句，屬余跋，始得見之，亟爲著錄。宜山姓盛氏，名遠，字鶴江，號宜山居士，吾里高尙士也。築瓣香菴於南湖之濱，棲息以老，竹垞題其生壙。無子，詩稿散佚，今菴亦毀。念翼嘗過其地憑弔，蓋念先人交好也，可感已。

許慧

許慧，字念因，號笑仙，秀水人，業醫。善寫意花草，其用筆右山泉、舜舉而自成一家者，疏老可嘉。每寫長草葉，好作一轉若結者，頗有別致，點綴草蟲亦生動。

顧藹吉　勞澂

顧藹吉，字晼先，後改字天山，號南原，吳縣庠生。山水宗法先人，遊京師，爲宋駿業、王原祁稱賞。以貢生纂修得官，終於儀徵學博。精繆篆，工八分書，著隸辨行世。同里勞澂，字在茲，亦善山水，與藹吉同稱於時。

程鳴

程鳴，字友聲，號松門。歙人，占籍儀徵，補庠生。善山水，學於苦瓜和尚，乾筆枯墨，運以中鋒，純以書法成之，不加渲染，蒼雅可賞，蓋所學在和尙，又參以程穆倩也，著名江淮間。詩出漁洋山人之門，漁洋嘗云：「松門詩名，爲丹青所掩。」

馬驤

馬驤，江西人，工山水，有元人矩矱，用筆細秀，氣味古逸，不可沒也。驤曾爲揚州司馬，故邗上猶有遺蹟。

程琳　朱山

程琳，字雲來，歙人，徙居嘉興。善花草，尤工水墨牡丹，今遺蹟甚少，前大中丞程元章購之甚切，僅得三四幅。近日烏程朱山，亦工水墨牡丹，用墨朗雋，英英奪目，兼寫山水，亦雅韻。乾隆辛未進士，睢州蔣禮部蔚分校南宮所得士也。

汪泰來 汪繹辰 張永祚附

汪泰來，字陛交，新安人，占籍錢塘。聖祖南巡，試詩賦第一，著聲於吳。康熙辛卯舉人，壬辰欽賜進士，授中書，入內廷纂修。善花草，在白陽、青藤之間，尤長松石。子繹辰，字陳也，杭郡庠生，世其學。同里張永祚，字景紹，善山水，其所學專精天文，入欽天監食俸。

莽鵠立 王斌 王肇基 金玠附

莽鵠立，字卓然，滿州人。官長蘆鹽院。工寫眞，其法本於西洋，不先墨骨，純以渲染皴擦而成，神情酷肖，見者無不指曰「是所識某也」。弟子金玠，字介玉，諸暨人。白苧村桑者曰：寫眞之法，閩中曾鯨氏墨骨爲正，江左傳之，第授受旣久，流落俗工，莫有能心悟以致其功者，故徒法雖存，而得其神者寡，反遜西洋一派矣，猶作文者，偏鋒易勝也。近日吾禾梅會里王斌，字師周，曾爲余寫戴笠小照甚肖，筆意淡遠。子肇基，號鏡香，傳其業，力欲復古，志士也。

朱雝模 王侃

朱雝模，字皋亭，號南廬，錢塘人。善山水，乾隆十九年，年九十有六，猶不倦點染，與王侃均屬熙朝人瑞。侃字聲偉，秀水人，年九十餘，猶能畫龍水大幀。南廬所著有農政證治醫書各若干卷，侃子德普，見前錄。

羅烜

羅烜，號梅仙，又號鋤璞道人，江西人。飯牛後也。山水傳其家法，僑居金陵，年八十餘，猶操筆賣畫，以供晨炊，人皆羨其精力，余獨閔其境遇之窮。

高鳳翰

高鳳翰，字西園，號南村，晚年自號南阜老人，嘗自稱老阜，膠州人。雍正五年以生員舉孝友端方，任歙縣丞，被劾去官。後病痺，右臂不仁，書畫遂以左手，感前人鄭元祐尚左，因更號後尚左生。其畫山水，縱逸不拘於法，以氣勝。善草書，圓勁飛動。性豪邁，不蓄一錢。嗜硯，收藏至千餘，皆自銘，大半手琢，著有硯史。曾遊吾禾，主馮司寇景夏，司寇，牧膠時舊識也。乾隆癸亥年六十一，自爲生壙，誌其銘曰：「知其生，何必知死，見其首，何必見尾，嗟爾生事類如此。」馮景夏見前錄。

沈白　沈廷瑞

沈白，字賁園，華亭人。文恪公荃弟。善山水，運筆縱橫，疏快有別趣。又宣城布衣沈廷瑞，字樗崖，號頑仙，眉生先生孫。山水筆意疏落，其大致似取法於石田者。畫松尤工，詩亦豪放，年八十餘猶能遊。

虞景星

虞景星，字東皋，金壇人。康熙進士，初仕上虞縣知縣，改吳縣教諭，善山水，尤長於松，虬枝密葉，燦然可觀。年八十五六，體氣彌健，爲人古心古貌，士林欽重。兼善法書，有客持扇，一面錢香樹司寇所書，一面爲余畫，東皋見香樹書，假玩良久曰：「用筆深合古法，不獨我吳所少，恐浙中亦不能兩。」語畢轉扇見畫，卽摺之曰：「我且攜去，明日奉還何如？」客諾，越三日不至，往索，東皋手扇出曰：「畫甚佳，我意欲加一二筆，故假歸，及細閱三日，愈見其厚，無可加也。」復指遠山一筆曰：「此眞仙筆，世史安知如此。」收束復曰：「是扇書畫俱佳，當寶藏之。」明年客過我語之，余聞之甚愧，然不能不深知己感也，因識之。

程林　程泰京

程林，字周卜，號青壑，新安人，占籍丹徒。善山水，不喜設色。宗人泰京，字紫晉，號了鹿山樵，占籍浙江，中乙榜。山水學元人，亦不喜設色，兼善草書。

白苧村桑者曰：畫，繪事也，古來無不設色，且多青綠金粉，自王洽潑墨後，北苑、巨然繼之，方尙水墨，然樹身屋宇猶以淡色渲暈，迨元人倪雲林、吳仲圭、方方壺、徐幼文等，專以墨見長，殊不知雲林亦有設青綠者，畫圖遺興，寧有定見。古人云：「墨暈旣足，設色亦可，不設色亦可。」誠解人語也。

佟毓秀　朱方華

佟毓秀，字鍾山，滿洲人。甘肅巡撫。善山水，法元人率筆。又有太醫院吏目朱方華，號雷田，錢塘人。亦以率筆寫山水，各自標其逸趣。

圖清格

圖清格，字牧山，滿洲人。以草書法寫菊花，蓋不屑隨人步趨而自闢一徑者也。官大同府太守，親喪廬墓，築丙舍於西山，孝行可風。

邊壽民　張雨　鮑元方

邊壽民，字頤公，淮安人。善潑墨寫蘆雁，江淮間頗有聲譽。嘗語其友人王孟亭曰：「我以畫爲活，今年六十，老將至矣，爲置一篋，外圓內方，虛其腹，封而鍰之，及吾手能爲時，得佳者入篋而實諸，以備我老，名棄篋。」孟亭爲文記之。其論畫云：「畫不可拾前人，而要得前人意。」名言也。又有張雨者，亦江北人，亦能潑墨。惜兩人用墨，皆滲以膠，不能不減價矣。又有鮑元方者，江寧人，寫生亦豪邁自喜。

張御乘　嚴英　茅麟

張御乘，字駕六，號適園，烏程人。工花鳥，筆有異致。嘗入都，作河清海晏圖，公卿有欲薦之者，謝去，歸老於家。同里嚴英，字臥山，山水得小米法，尤工松竹。爲人性癖，終身不娶，晚歲倦遊，結廬依墓田以老。又有茅麟，亦善山水。三人者皆吳興一時之有聞者。

唐岱　周鯤　余省　陳善　郎世寧　穆信附

唐岱，字靜巖，滿洲人。內務府總管。工山水，用筆沉厚，佈置深穩，得力於宋人居多，能品也。祗候內廷，今上賞之，蒙恩品題最多，詩載樂善堂集，恭錄題千山落照圖一章：「我愛唐生畫，屢索意未已，昨從街市中，購得澄心紙，好趁靜室閒，爲我圖山水。著墨濃淡閒，萬壑秋風起，水亭跨明波，磴道延步履，斜陽映天末，咫尺有萬里。暝對意彌遙，煙浮暮山紫，位置倪黃中，誰能別彼此。」恭讀一過，足以得其畫之佳致矣，而暝對兩言，神味淸杳，更可想是圖落照之妙。又有周鯤，善山水；余省，字曾三，善花鳥；與岱同直內廷，其畫皆藏石渠寶笈。樂善堂集有題郎世寧寫生，題穆僖松石長春、松亭雲岫等圖，兩人筆墨未之見，附記其名訪之。岱弟子陳善，大興人。山水多焦墨，邸壑亦深邃。

湯祖祥　周士標

湯祖祥，字充閭，武進人。康熙間以國子監生充銅版館，編纂古今圖書集成。善畫花卉，得蔣南沙法，賦色姸淨，折枝小幀尤佳。同郡周士標，字豈凡，宜興人。工花鳥，有法度。

朱倫瀚　李山　楊泰基附

朱倫瀚，明宗室，入國朝隸旗籍。善指頭畫，得其舅氏高且園法，一邱一壑，雖奇自正，設色冲淡而氣厚，喜作巨障。近日指墨甚衆，要以倫瀚爲優。官御史。錢塘李山；平湖布衣楊泰基，字瞻岳，號海農，皆擅是藝，亦有佳致。

謝淞洲

謝淞洲，號林村，長洲人。詩宗西崑，畫學倪黃，後兼宋人筆意，疎爽有法則。精鑒別古法書、名繪與金玉磁器。雍正初特旨召入，命其鑒別內府所藏之眞贋，因進所畫山水，世宗嘉之，留一載，以疾罷歸。

沈永年

沈永年，字靑原，號息非，華亭人。善山水，得元人意。精醫學，侍內廷，太醫院使倚重之。旋歸里，年六十七，無疾趺坐而逝。

袁江 陳枚 賀金昆 陳桓 陳桐

袁江，字文濤，江都人。善山水樓閣，中年得無名氏所臨古人畫稿，遂大進，憲廟召入祗候。陳枚，字殿掄，松江人。善人物、山水、花鳥，得宋人法。遊京師，入內務府，供事內廷。又有賀金昆，錢塘人。武解元。善人物花草，召入供事。枚兄桓，號石鶴，山水善用墨。弟桐，號石生，寫意花菓，尤工蟬翼。

李方膺 劉乃大

李方膺，字虬仲，號晴江，南通州人。善松竹梅蘭及諸小品，縱橫排奡，不守矩矱，筆意在靑藤、竹憨之間。雍正間以諸生保舉爲合肥令，有惠政，人德之。去官後窮老無依，益肆力於畫，以資衣食。寓金陵最久。時以諸生保舉者，有劉乃大，字有容，山陽人。知郫縣，遷忠州牧，以征苗軍功提陞成都府，莅任數月卒。善山水，率筆圓勁，豪邁自喜。

帥念祖

帥念祖，字宗德，奉新人。以禮科給事署陝西布政司使。以指頭墨作花草，間寫山水。

張若靄

張若靄，字晴嵐，桐城相國廷玉子。翰林院編修，累遷通政司。工花草，嘗見其折枝荷花，賦色沉穠清豔，而寫葉純以墨染，亦舊法也。惜早世，未得大成。錢坤一云：「晴嵐畫誠佳，第每幅若有未完者，此所以不永其年歟。」

施心傳

施心傳，字結如，寧化人。好學工文詞。善山水，得雲林筆法，頗自矜重，不妄與人作，若富貴人往求，尤嚴謝之。當蒼松白雪、清風皓月之時，償人飲以佳茗，出素紙案上，不自覺其興發，吮筆點拂，亹亹不倦。同里雷翠庭副憲云：「施先生性狷潔，與家君交最善，每同構文，日當亭午，市豆餅充飢而已。」

國朝畫徵續錄卷上終

國朝畫徵續錄卷下

秀水張　庚　浦山著

析津胡振組　非溪校

張雍敬

張雍敬，字珩珮，號簡菴，秀水布衣，家新塍鎭。善草蟲，佈置花草，本宋人勾染法，工細多致。工制舉文，不遇，精究天文曆律之學，著定曆玉衡十八卷，始與吳江王寅旭相稽考，繼證之宣城梅定九，竹垞朱氏序之。其宣城遊學記，稼堂潘氏序，皆極推重。詩有環愁草、靈鵲軒等集，畫筆其餘技也，然猶工細若是，可知其學之專者矣。

方士庶

方士庶，字循遠，號小獅道人，新安籍，家於維揚。能詩，工畫山水，受學於黃尊古，用筆靈敏，氣暈黯宕，早有出藍之目，誠爲近日僅見。惜中壽而歿，使假以年，何難參二王之席。其詩友閔玉井論其畫云：「觀循遠少作，似不得有今日之造詣，其精進在四十以後也。」

白苧村桑者曰：余前過邗江，見循遠筆，已心儀之，然不多見，今重過之，循遠已歿，因徧覓遺蹟觀之，大小幅皆入妙品，當其得意處，墨情筆趣，杳渺難名，令觀者神往。余前錄以南華爲藝苑後勁，蓋未見循遠也。

華嵒

華嵒，字秋岳，號新羅山人，閩人，僑居杭州。善人物、山水、花鳥、草蟲，皆能脫去時習而力追古法，不求姸媚，誠爲近日空谷之音。其寫動物尤佳，山水未免過於求脫，反有失處。能詩，亦古質。客維揚最久，晚年歸西湖，卒於家，年望八矣。

蔣溥 錢載

蔣溥，字質甫，號恆軒，文肅公廷錫長子，（廷錫見前錄）雍正庚戌傳臚。工花卉，得其家法，隨意佈置，自多生趣，供奉內廷，畫幅歲時經進。今官戶部尙書，協辦大學士。門下士錢載，字坤一，號蘀石。前明以貢生劾魏璫十大罪錢嘉徵之裔孫。穎敏好學，工詩，善寫生，遊都門，恆軒爲其子延主師席，因得親其點染，筆法益進。乾隆壬申傳臚，翰林院編修。

鄒一桂

鄒一桂，號小山，無錫人，雍正丁未進士，入翰林，改侍御，今官內閣學士兼禮部侍郎。

工花卉，分枝布葉，條暢自如，設色明淨，清古冶豔，惲南田後僅見也。深邀睿賞，題詩榮之，詩載樂善堂集。一桂嘗作百花卷，每種賦詩，一經進呈，皇上亦賜題絕句百篇，一桂復寫一卷，恭錄御製於每種之前，而書己作於後，藏於家。少司寇錢香樹嘗偕小山遊盤山，時杏花盛放，香樹出藏紙索寫盤山杏花圖，小山卽於花下點染，屋宇垣墉，山嵐花氣，一一入妙，人皆知其花草之工，不知其山水之佳，著之。

董邦達　錢維城

董邦達，字孚存，號東山，富陽人。雍正癸丑進士，入史館。善山水，取法元人，善用枯筆鈎勒，皴擦多逸致，近又參之董巨，天姿既高，而好古復篤，自然超軼，深爲今上所賞。今官吏部左侍郎，侍直內廷。錢維城號稼軒，武進人，乾隆乙丑狀元，官翰林院修撰，累遷工部右侍郎，侍直內廷。山水邱壑幽深，氣暈沉厚，迥不循人，其座主錢香樹云：「稼軒自幼出筆老幹，秀骨天成，通籍後又得力於東山者也。」

袁舜裔　周思濂

袁舜裔，號石生，祥符人。善書畫，其寫山水墨竹，不事摹仿，自成家法。以孝廉官平原令，廉靜愛民，有惠政，以詿誤去，閉戶不與外事，詩畫自娛。桑弢甫主大梁書院講席，不妄交一人，惟石生契合，時余客大梁，因弢甫交之。石生同郡周思濂，字靜夫，儀封人，善山水，曾見其爲余老友襄城劉庶常青芝作江村草堂圖，疏曠雅淡，時官禮曹。

張宗蒼　張述渠

張宗蒼，字默存，一字墨岑，號篁村，吳縣人。善山水，出黃尊古之門，用筆沉着，山石皴法多以乾筆積累，林木間亦用淡墨乾擦，湊合神氣，頗覺蔥蔚可觀。以主簿銜理河工事，乾隆十六年恭遇聖駕南巡，宗蒼以畫册進呈，蒙恩賞錄，卽命入都，祗候內廷。十九年特授戶部主事，時年將七十，踰年以老告歸，卒於家。姪述渠，字筠谷，邑庠生，亦善山水，筆甚老秀。

白苧村桑者曰：黃尊古筆墨老幹，氣味古茂，蓋得法於麓臺也。近日尊古遺蹟，淮揚間甚重，人爭購之，第用筆過重，未免有窒滯處，然甜賴之氣，自不能犯其筆端。余更有說，向見麓臺秋山晴爽圖卷，其自述作法，有「筆端金剛杵」之語，恍然有會，因歎公之祕妙，不惜道出示人，自是頗有進境。後見大癡秋林書屋圖，其鈎勒石骨，運筆極細而軟，皴擦輕淡而簡，若毫不致力者，而設以淺絳，烘以墨青水，其氣暈穠深沉厚，遠觀彌漫，覺嵐光林靄，蒼然欲滴，乃知「金剛杵」之言，不盡然矣。其云「金剛杵」者，蓋言筆力堅重，若魯公書，入木三分也，學者猶有致力之處，秋林書屋則一片神行，無從措手。

昔人題畫詩有云：「吾聞老子能嬰兒，乃是至人神化時。」此之謂矣，爲拈出質諸精於六法者。

又曰：古人畫山水多溼筆，故云水暈墨章，興乎唐代，迄宋猶然，迨元季四家，始用乾筆，然吳仲圭猶重墨法，餘亦淺絳烘染，有骨有肉，至明董宗伯合倪黃兩家法，則純以枯筆乾墨，此亦晚年偶爾率應，非其所專，今人便之，遂以爲藝林絕品而爭趨焉，雖若骨榦老逸，而氣韻生動之法，失之遠矣。蓋溼筆難工，乾筆易好，溼筆易流於薄，乾筆易於見厚，溼筆渲染費功，乾筆點曳便捷，此所以爭趨之也。由是作者觀者，一於耳食，相與侈大矜張，遂盛行於時，反以溼筆爲俗工而棄之，過矣。余嘗見明止仲題畫詩：「北苑貌山水，見墨不見筆，繼者惟巨然，筆從墨間出。」始悟古人授受得力之微，蓋北苑骨藏於肉，巨然於肉透骨，後之學者，以骨易見筆，肉難徵墨，由是肉漸消而骨加出，迄於今有過於尙骨者，幾成髑髏矣，尙得謂之畫哉。余初亦尙乾筆，及知乾溼互用之方，而年邁氣衰，不能復力，深爲悵恨。麓臺晚年深好梅道人墨法，蓋亦有會於董源矣，後之學者，有志復古，當不河漢余言。古詩云「山路元無雨，空翠溼人衣」，杜詩「碧山晴又溼」，皆可悟畫理。又題畫詩「元气淋漓障猶溼」，可知古人用筆用墨之妙，荊浩詩「筆尖寒樹瘦，墨淡野雲輕」，則

又知点綴渲染，
不在多著力矣。

鄭燮

鄭燮，號板橋，乾隆丙辰進士，興化人。工詩詞，善書畫，長於蘭竹，蘭葉尤妙，焦墨揮毫，以草書之中豎長撇法運之，多不亂，少不疏，脫盡時習，秀勁絕倫。書有別致，詞亦不屑作熟語。爲人慨忼嘯傲，曾知山東濰縣事，以病歸，遂不復出。

張棟　張紉茝　張肩　沈永令　沈屺懋　顧卓附

張棟，字鴻勳，號玉川，吳江人。邑諸生，家於鶯脰湖之濱。博學工詩文，畫筆私淑麓臺，專用乾筆，不喜設色。乾隆十六年，兩浙雅中丞聘纂南巡盛典。子紉茝，字芬揚，亦好六法，筆致疏秀，所至正未可限。其先同里以畫名者，有張肩、沈永令、沈屺懋、顧卓。肩善墨竹，堅勁森密。永令字聞人，順治戊子浙江乙榜，官韓城令，調高陵，善寫葡萄松鼠。屺懋，字樹奇，善松竹，好作大幅。卓字爾立，花草得白陽法。康熙初遊京師，爲宗室紅蘭主人所賞，引置賓榻，即從主人學詩。詩情淡逸，主人梓玉池生詩稿，附卓詩一卷，以布衣而與賢王同集，時人榮之。

張乙僧　金勇　汪士慎

張乙僧，字西叉，嘉定人。邑庠生。工花草，取致雅逸，尤長墨梅。時有專工墨梅者，休寧金勇，字達三，號雪圃，筆力老斡，脫去時習。以貿遷往來四方，行笈中貯名人筆墨，暇卽展玩，興至卽畫，遇投契者贈之，非其人不輕與片紙。同郡汪士愼，字近人，亦善墨梅，筆致疎落。家維揚。

白苧村桑者曰：墨梅宋楊无咎、徐禹功皆工。无咎盛稱於後世，然眞蹟流傳絕少，惟轉相摹仿者，千花萬蕊，卽云其法也。元吳仲圭、倪元鎭亦善之，倪則獨以瘦枝疎花見意，深得梅之神韻，而仿之者反無人，明沈石田常爲之。近日工是藝者甚夥，無論其法楊法吳，皆以古榦屈盤爲主，枝則過於橫斜交加，花必繁縟以爲能，不知劍拔弩張之槪，大失淸寒瘦逸之致矣，我故有取於倪沈也。

錢大年　史嗣彪

錢大年，字松苓，號半舟——嘗渡海遭颶風，桅傾，舟截爲兩，大年棲於後半，遇救得免，因自號半舟。南通州人。雍正壬子舉人。山水筆意，軒爽輕快，學兼天文。其同年生史嗣彪，字班如，號霽岩，金壇人。山水暈潤有氣。善書端楷而敏，一日可書萬字。乾隆丁丑，欽取內閣中書，卒於官。

姜恭壽　史鳴皋

姜恭壽，字靜宰，號香巖，又號東陽外史，如皋人。乾隆丁卯舉人。善花草竹木，縱逸瀟灑，脫去時習。其同里研友史鳴皋，字荀鶴，號歷亭。畫筆與恭壽相上下。以辛未庶常改授昌化知縣，今調象山。

曹源弘　曹相文

曹源弘，字天來，號甫田，嘉善人。工花鳥，好合寫天竹水仙，名天仙圖，索之者衆，應酬旣多，遂獨擅其長，鈎勒賦色得宋人意。子相文，繼之。

戴古巖　吳生附

戴古巖，吳縣人。山水專摹唐六如筆，而未嘗自題其名，一生之畫，皆託六如，以專厚値。余曾於友人齋見所藏六如手卷，小大計三卷，其兄亦藏有兩卷，形色頗類，甚異眞蹟太多，今乃知有戴氏臨摹也，收藏家當具慧眼辨之。然古今於法書，有「買王得羊，不失所望」之諺，則買唐得戴，亦未爲大失也。其同里有吳生者，忘其名，花草仿惲南田，其題款字蹟，亦咄咄逼眞。有骨董客館於家，閉之密室，圖成假名壽平以售，而厚遺吳，吳亦賴之。後有人見之，歎曰：「子有此畫筆，何不自名。」因自題其名以售，竟無售之者，仍託於惲。吳人摹古蹟爲贋本，實能亂眞，米南宮嘗云：「吳中假黃筌者不能辨。」蓋自昔然矣。然此輩但能臨摹，若自運卽惡，於法書亦然。

易祖栻

易祖栻，字張有，湘鄉人。善墨竹，不專師法，頗有瀟灑之趣。館於愼邸，仕爲郡參軍，終於粵西。余曾於武林宗陽宮道院壁間見其小幅，後晤吳興太守沔陽李也升，爲道其爵里錄之。

黃璧

黃璧，號小癡，潮陽人。善山水，意在梅華和尙也，故題款亦作草書。

錢界

錢界，字主恆，號曉村，香樹司寇胞弟，行四。母太夫人陳（見前錄），工寫生。界幼嘗習之，不竟其業。中年見倪雲林細竹怪石，愛而習焉，生硬多逸致，絕無煙火氣，披賞間令人心氣俱靜。雍正七年，以諸生應保舉，知醴泉縣，調繁寶鷄，以內艱歸。服闋補吉安永豐縣，調繁廬陵，以最遷歸州牧，未幾又以最晉施南府同知，所在大有惠政。後以罣誤引見，仍回湖北，以同知用，未及任而歿。無子，貧不能具棺殮，伯兄司寇聞訃，立遺子赴武昌，迎柩歸，以第六子嗣，而經紀其喪焉。香樹有哭弟詩云：「那有胡威絹，惟餘范甑塵。」其清身苦體，實錄也。

朱雲爆 朱雲燀 劉塞翁附

朱雲爆，號尋源，明遼藩分支宜陽後裔，家江陵。善山水，師同里郭士璟（見上卷），用筆爽邁勍健，率性進取，好作小卷，頗有逸致。又善畫馬，古來畫馬尚鈎勒，次渲染，尋源以逸筆灑墨，頃刻成十數匹，而神駿之姿各具，藝苑之獨闢也。尤工畫魚，亦以逸筆灑墨，稀微隱現，與波光荇藻相動蕩，令觀者有濠梁之樂，足以傳矣。平生好遊，凡名山必圖之，於泰山作全圖一，分圖十六并記，梓行之。於黃山每景作一圖，凡四十八圖爲二册。於西湖作長卷，起雲林，終昭慶，後以意綴天台石梁，錢塘江潮，以寄其興。所著有畫鏡一卷行世。從兄雲燀，字天霞，號曙園，善花鳥山水，名聞荊楚。性傲岸，不合時趣，老於布衣。又劉塞翁，濟江人。工翎毛，尋源稱其筆有生氣，大抵不爽，附之。

鮑楷

鮑楷，字端人，號棠村，嘉興人，僑居維揚。少工花草，師法南田，後客沈凡民（凡民見前錄）署，遂事山水，疏朗秀潤，得古人意，惜知之者少。境甚困，然有此造詣，終必有遇，所慮者爲馮唐耳。

金農

金農，字壽門，仁和人。好古力學，工詩文，持論不同流俗。精鑒賞，善別古書畫眞贋。好遊，客維揚最久。年五十餘，始從事於畫，涉筆卽古，脫盡畫家之習，良由所見古蹟多也。初寫竹，師石室老人，號稽留山民。繼畫梅，師白玉蟾，號昔耶居士。又畫馬，自謂得曹韓法，趙王孫不足道也。近寫佛像，號心出家盦粥飯僧。其佈置花木，奇柯異葉，設色尤異，非復塵世間所覩，蓋皆意爲之，問之，則曰：「貝多龍窠之類也。」所著有冬心詩鈔行世。無子，妻亡，遂僑居維揚，不復作歸計矣。

汪溥　胡奕灴

汪溥、胡奕灴，皆不知何許人。溥山水，清潤冷雋，字永思，號芝田，又號問政山樵；奕灴花草賦色仿北宋法，明豔可愛，字覲光。適見二人畫扇，錄之。

沈映暉　沈承煥

沈映暉，字朗乾，號庚齋。歲貢生，華亭文恪公荃之族姪孫。好古工詩文，山水傳獅峯一脈，清矯拔俗，後博覽宏採，超然別有會心。其內兄助教陳楓厓，愛其畫，嘗攜至都，賀之東山董少宰，深加獎賞，謂得宋元大家風度。弟承煥，字文陶，號炳君，善花鳥，古雅秀潤，工詩及詩餘。

釋道濟

道濟，字石濤，號清湘老人，一云清湘陳人，一云清湘遺人，又號大滌子，又自號苦瓜和尚，又號瞎尊者，前明楚藩後也。畫兼善山水蘭竹，筆意縱恣，脫盡窠臼，晚遊江淮，人爭重之，一時來學者甚衆，今遺蹟維揚尤多，小品絕佳，其大幅惜氣脈未能一貫。

釋普荷

普荷（一作通荷），號擔當，雲南晉寧州人。唐氏子，名泰，字大來。年十三，補弟子員，天啓中以明經入對大廷。嘗執贄於董思白之門。過會稽參雲門湛然禪師，回滇未幾，聞中原亂，遂薙髮從無住禪師受戒律，結茅雞足山。工詩，有修園集，儒生時作；橛菴草，則出世後詩也。善畫，取法于雲林，其自題云：「大半秋冬識我心，淸霜幾點是寒林，荊關代降無踪影，幸有倪存空谷音。」又云：「老衲筆尖無墨水，要從白處想鴻濛。」可以得其意矣。

釋輪菴　于宋

輪菴，法名超揆，俗姓文氏，名果中，翰林震亨子，文肅公姪。父歿家落，走京師，佐總戎桑格定滇逆，得官不仕，旋薙髮。善詩文筆札，工書畫。山水多寫平生遊歷之名山異境，故能獨開生面，不落時蹊。聖祖南巡迎駕，召入京，恩賚優渥。年七十餘示寂，賜塔玉泉山，予諡文覺禪師，異數也。又文肅公家曾孫于宋，名本光。生卽茹齋，五歲搦管作大士像，年二十，皈依靈巖繼起和尚。後遊京師，卓錫磐山禪院，前後起建精舍數十楹。善畫山水，守家法，設色淡雋，兼工寫眞。年八十餘，歸葬其父母，卒於竺塢山堂，卽文肅公故廬也。

釋成衡

成衡，善山水，康熙間嘗供事內廷，聖祖賜大臣書扇，後面多衡畫，款題「臣僧成衡謹寫」，筆亦古雅，蓋取法於王少司農。

釋上睿 梵林附

上睿，字目存，號蒲室子。工山水，佈置深穩，氣暈冲和。嘗與王石谷同遊都門，蓋得其指授者，自是能品。詩亦工秀。宗門中工筆墨者，目存其傑矣。梵林山水，有南宗一家卷，一雲林，一梅華道人，爲時所稱。好雲遊，常在禾中，余嘗求其遺蹟，不概見也。

釋明中 名一附

明中，字大恒，號痎虛，俗姓施，桐鄉人。幼薙度于禾中楞嚴寺。雍正間遊京師，得法于無礙永覺禪師，歸住杭州聖因寺，兼攝天竺講席。乾隆丁丑春，移主南屏淨慈，今上南巡，蒙賜紫衣。性好畫，嘗謂「結習未能除」，山水得元人法，信手運綴，氣味淸遠，兼善寫生，人不能求也。善詩，與舒明府雲亭最契合，倡和尤多。白蓮住持僧名一，號雪樵，嘗學其詩畫云。

閨秀金淑修

金淑修，明隨州牧殉難贈太僕卿徐世淳長子肇森配。善山水，局度軒敞，有丈夫氣。不輕作，故流傳甚少。子嘉炎，舉康熙己未博學鴻詞科，入史館，官至閣學。累贈太夫人。

閨秀文俶 趙昭附

文俶，學博彥可女，趙凡夫子婦，靈均妻也。夫婦偕隱寒山，俶善花鳥草蟲，嘗作寒山草木昆蟲百種，曲肖物情，亦能寫蒼松怪石，筆頗老勁，吳中閨秀工丹靑者，三百年來推文俶爲獨絕云。無子，一女名昭，字德隱，字平湖馬氏。寫生工秀，兼長蘭竹，不愧家學。父母歿，昭歸瘞之，乞錢牧齋誌其墓。志語無子而有子，善昭也。

閨秀馬　荃

馬荃，字江香，扶羲孫女。扶羲見前錄附工花草，妙得家法，一葉一花，人爭珍之。適常熟□氏，以節重於里。江香曾祖父眉，父南平，皆善寫生，蓋四世矣。白苧村桑者曰：余素聞扶羲寫生，而未之見，故前錄附著於惲南田後。乾隆二十三年冬，薄遊太倉，於居停見其畫册，自題謂得包山、石田遺意，觀其超縱處，誠有陸氏風概，而老健遠遜石田，蓋能品也，世人詩重，未免過情。

閨秀蔡　含　金曉珠

閨秀蔡含，字女羅，吳縣人。如皋冒辟疆姬也。生而胎素，性慧順，好畫，兼善山水花草禽魚，長於臨摹。嘗作松圖巨障，辟疆作長歌題其上，一時名人和之。又嘗爲墨鳳圖，題者頗衆，詩俱刻入同人集。辟疆姬人又有金曉珠，名玥，崑山人，居染香閣。亦善畫，曾臨高房山小幅，得其氣韻，時稱冒氏兩畫史。女羅歿，汪懋麟爲之銘墓，而諸名士錫以輓詩，亦可以不沒矣。

閨秀王　正　卞氏附

閨秀王正，字端淑，江都人。善花草，佈置工穩，能詩，受業於徐少宗伯倬。後入都，馬相國齊延教其女。又三韓卞氏，大中丞永譽女。善花草，賞家稱其工。中丞好古精鑒，著有書畫彙考行世，宜其女之工筆墨矣，惜未之見，附錄俟訪。

閨秀俞光蕙

俞光蕙，字滋蘭，海鹽人。少司農穎園孫女，（穎園見前錄）于殿撰敏中字耐圃淑配，以覃恩封宜人。性好畫，年七歲，寫折枝花於壁，司農見而異之。長受法於錢太夫人陳書，（太夫人見前錄）太夫人子司寇，司農姪女倩也，以親串往來指授，自是益進，筆致清穎古秀，佈置亦大雅。乾隆戊辰，耐圃視學浙江，庚午春，宜人卒於官舍。

閨秀惲　冰

惲冰，字清於，南田之女。善花草，得其家法，名於吳中。適同里某，子四人，皆傳其學。

閨秀孔素瑛

孔素瑛，字玉田，聖裔毓楷女，占籍桐鄉。適烏程貢生金某。善寫花鳥，有機趣，能詩，有飛霞閣詩集、蘭齋題畫詩跋，共十三卷。

閨秀丁　瑜

丁瑜，字懷瑾，錢塘人。父允泰，工寫眞，一遵西洋烘染法，懷瑾守其家學，專精人物，俛仰轉側之致極工。適同里張鵬年，亦善畫。

閨秀姜　桂

姜桂，字芳垂，號古研道人。孝廉本渭季女，行人垓曾孫女也。父母許張氏子，聘未婚，張卒，桂時年十九，聞訃欲自經，父母許其守節，乃不死。未幾翁姑相繼歿，無可歸，矢志於室，貞女也。通經書，善畫山水，乾筆疏秀，嘗見其小幅，自題云：「暖風晴日値良辰，窗外梅花數點新，更想林泉清淑致，山光樹色寫初春。」又記云：「仿元人惜墨法，惟舊紙得墨，始有氣韻。佳紙難覓，大幅更罕，茲幀細潔，又平拓者再，而紙性猝難融化，淺深濃淡，頗費經營，而筆不達意，欲貌似古人而不可得，多愧。」觀此，足以知其學力有所得矣。

閨秀汪　亮

汪亮，字映輝，號采芝山人，柯庭孫女。（柯庭見卷上）幼喪父，聰穎好學，多藝能，留心典籍，善詩。尤好六法，私淑清暉老人，輕雋秀潤，設色淡雅，其一種清逸之致，頗覺出塵自得。適吳興費氏，今移家嘉興。

閨秀鮑　詩

鮑詩，字令暉，平湖人，別駕怡山次女，怡山有四女，皆知書善畫能詩。徽州老諸生程立巖名之廉者，善山水花草，來遊東湖，姊妹從之，專學花草，傳白陽法也，令暉筆尤長。適余族姪徵士雲錦，有鶴舞堂小稿一卷，在家時作吾亦愛吾廬詩鈔二卷，乃與徵士倡和詩，造句幽秀，攸縣彭湘南採入國朝詩選。

國朝畫徵續錄卷下終

書評

〔浙江採集遺書總錄〕國朝畫徵錄三卷，續錄二卷，刊本。右國朝秀水張庚撰，敍述畫家源流師法，各加評論。

〔四庫全書總目提要〕國朝畫徵錄三卷，續錄二卷，國朝張庚撰。庚有通鑑綱目釋地糾繆，已著錄。是編記國朝畫家，每人各爲小傳，然時代太近，其人多未經論定，不盡足徵。

〔鄭堂讀書記〕國朝畫徵錄三卷，續二卷，原刊本，國朝張庚撰，四庫全書存目。是書錄國朝之畫家，徵其蹟之可信者，人各一傳，或合傳之。凡畫之爲瓜田所寓目者，其宗派所出，造詣所至，皆可一二推識，則以己見論著之。其或聞諸鑒賞家所稱述者，但附錄其姓氏里居與所長之畫，不加品評。所論宗派淵源，造詣深淺，皆確然有據，而評騭不肯輕下一字。至若因人以及畫，或因畫以及人，別具奧旨微意，其得于史深矣。

〔方薰山靜居畫論〕張浦山徵君，畫師徐白洋，能出於藍。工古文，著國朝畫徵錄，評論繪事，曲盡其筆。友人朱君仲嘉謂其不及備載，欲補錄之。惜不永年，而其事未果。嘗聞仲嘉曰：「士之懷才不彰者多，豈獨書畫，卽以畫士論，山陰馮仙湜續圖繪寶鑑，評論多不識畫理，然國初諸老出處，約略可稽，未可沒其功也。彌伽居士畫徵錄，論畫頗不爽，惜其所載，未及詳備。耳目所及，爵里可知，如嘉興之何蕤，石門之許自宏、徐玉熊、鍾仁、蔣逕、葉子健，海鹽之徐令，平湖之高詹事士奇、沈岸登、沈玉山，海寧之陳璵，錢塘之汪壽、康燾，松江之張司寇照，虞山之徐甡，宜興之周復，丹山之吳培，休寧之徐楝，畫皆傳賞藝林，尚遺其名，況地隔千里，僻處蓬牖之士，可勝計哉。」

〔墨香居畫識例言〕馮金伯曰：撰著得之傳述，每多舛錯，如畫徵錄中葉金城名洮而誤作陶；周洽字載熙，誤作熙載而逸其名；陳桐陳桓之雁行失序；徐璋於乾隆初供奉內廷而誤入康熙；吾郡如此，其餘可知。

〔余紹宋書畫書錄解題〕是編紀清初至乾隆初年畫家，卷上得一百十七人，大半爲明代遺逸；卷中得一百四人；卷下得四十五人，方外十五人，閨秀十六人，又附錄明人二人，則以向之輯譜所遺，特附此以免湮沒者。續編卷上得一百一人；卷下得四十二人，方外九人，閨秀十五人，各爲之傳。其合傳附傳，具有斟酌，頗合史裁。凡畫家有名論精言，多摘入傳，亦不乖於史法，非任意撏撦者可比。其評論得失，雖覺有所偏，如推崇麓臺過當，而詘漁山太甚之類，然大體尚不失其平。偶於傳後作論贊，亦俱不苟，發揮畫理處，尤見精到，自非精於斯道者不能爲也。四庫列是書於存目，謂其時代太近，不盡足徵，未爲定論。方蘭坻記其友朱仲嘉言，謂多遺漏；馮冶堂作畫識，指其錯誤。然浦山原以畫徵爲名，則遺漏原所不諱；一人之見聞有限，則錯誤亦難保其必無；不得以此遽議是書之失。至胡敬作國朝院畫錄序，謂其誤稱王時敏爲畫院領袖，今按原文，實爲畫苑，畫院、畫苑，一實一虛，浦山固未嘗誤也。

作者事略

張浦山徵君庚，一號瓜田，又號彌伽居士，少與稼軒尙書、籜石侍郎俱從南樓太夫人受畫法。浦山故錢氏近戚，爲猶子行，稼軒、籜石皆族子，是時太夫人次嗣曉村司馬亦好筆墨，正如四家之宗衞夫人，各得其妙，悉臻厥成，此千載藝林佳話也。浦山幼孤貧，不樂爲舉子業，年二十七，始研究經史及唐宋大家之文，入江西志局，已而歷游魯、燕、梁、楚，丙辰以布衣應鴻博薦，試罷復佐蔣檢討校士於蜀。平生著作等身，爲文簡樸精當，詩各體兼擅，尤長五古，著有强恕齋詩文集、瓜田詞鈔。徵君論畫，嘗言「不讀萬卷，不行萬里，不可作畫」，其所著畫徵錄，洞參宗旨，言皆中肯。曩在嘉禾，曾見其水墨山水數幀，洵能乾濕互用，氣韵深厚。又有仿大癡秋山林木圖一箑，澹色輕蒨，尤得天趣，評者謂幾及麓臺，余則謂不亞廉州矣。陳太夫人嘗畫歷代帝王道統圖及白描大士像，故浦山又善白描工細人物；其寫意花卉亦宗白陽山人；嘉興曹種水曾見其雙馬便面；可見徵君於繪事兼擅衆妙，不徒以山水名時也。（墨林今話卷三）

國朝畫徵錄校勘記 掃葉山房刻本 用有正書局排印本與積古山房掃葉山房兩石印本互校。

敍「荆卿之刺祖龍」，掃葉本及兩石印本並作慶卿，從有正本改荆。

目錄 蔣氏序，睢縣蔣泰同校梓。掃葉本無梓字。按此書卽蔣氏爲雕版行世，不應脫梓字，從有正本補。

李岙——有正及石印本岙並作𢍰，惟積古本作岙。按掃葉刻本卷內亦作岙，據改。

溫儀以下七人，次序皆倒置，依卷內改正。

又閨秀顧媚以下六人，次序皆倒置，均按卷內次第改正。

卷上

洪綬——末「老蓮子字無名」。掃葉刻本及石印本並衍一「字」字，從有正及積古兩本刪一「字」字。

謝彬——末「然子姪至今猶俎豆黃氏。」各本姪均誤作姓字，改正。

馮源濟——鄭梁字禹楣，慈谿人，授高州刺史。掃葉本無授字，依有正、積古並掃葉石印補授字。

卷中

焦秉貞——「作婦人抱小兒爲天主像。」有正及掃葉石印兩本並誤主爲子，掃葉刻本及積古本同作主。

卷下

王原祁——御賜詩「畫圖留與後人看。」掃葉刻本、石印本並積古三本皆脫後字，依有正本補。又「氣粉虛空，無一筆苟下，」各本同，疑粉字或爲氛之誤。

吳應棻——「原名應某，避世宗諱改今名，」則應字下自爲禎字，此補禎字。

釋覺徵——末「法書亦佳，照爲虞昌寫，精湛有生氣。」按精字他三本皆作眞。以精爲是。

釋戒聞——「其款託名姜容」，他三本均作客，惟掃葉刻本作容。

李因——「能詩」。有正本作「能詩詞」。

明人附錄——有正本冠於卷前，按既名附錄，不宜置前，要以附後爲妥。

續錄

卷上

汪文柏——「杜韓集韻若干卷」後有脫文，掃葉各本有「其族人」三字，朱刻本更有

「有聲譽」三字。
李方膺——「以征苗軍功題陞成都府」各本同。按題應爲提，改正。
鄒一桂——末句「不知其山水之佳，著之。」積古本同掃葉石印本無著之二字，
但末有也字。

八

益州名畫錄

三卷

宋 黄休復撰

益州名畫錄序、

虞曹外郎致仕　李畋述

大凡觀畫而神會者鮮矣，不過視其形似，其或洞達氣韻，超出端倪，用筆精緻，不謂之功；傅采炳縟，不謂之麗；觀乎象而忘象，意先自然，始可品繪工於轂中，揖畫聖於方外，有造物者思，維是得之。江夏黃氏休復，字歸本，通春秋學，校左氏公穀書，暨摭百家之說，鬻丹養親，行達於世，恬如也。加以游心顧陸之藝，深得厥趣，居常以魏晉之奇蹤，隋唐之懿迹，盈縑溢帙，類而珍之。適値博雅之士，款扉求見，則敞茅屋，拂榻塵，架而陳之，娛賓賞心；萬慮一泯，及其僧舍道居，靡不往而玩之，環歲忘倦。蓋益都多名畫，富視他郡，謂唐二帝播越及諸侯作鎭之秋，是時畫藝之傑者，游從而來，故其標格模楷，無處不有。聖朝伐蜀之日，若升堂邑，彼廨宇寺觀，前輩名畫，纖悉無圮者。洎淳化甲午歲，盜發二川，焚劫略盡，則牆壁之繪，甚乎剝廬，家秘之寶，散如決水，今可覿者，十二三焉，噫！好事者爲之幾鬱矣。黃氏心鬱久之，又能筆之書，存錄之也，故自李唐乾元初，至皇宋乾德歲，其間圖畫之尤精，取其目所擊者五十八人，品以四格，離爲三卷，命曰益州名畫錄。書來，謂余有陶隱居之好，恨無畫之癖，首覎讀之，序以見託。且曰：「畫之神妙功格，往躅前範，黃氏錄之詳矣；至如蜀都名畫之存亡，繫後學之明昧，斯黃氏之志也。」故其書婉而當，博而有倫，體而不亂，信夫學者得意忘象，觀前賢之逸軌，然後考黃氏之四格，則思過半矣，非獨鳴圖畫之譽于坤維者哉。時景德二年五月二十日序

益州名畫錄品目

江夏　黃休復纂

畫之逸格，最難其儔，拙規矩於方圓，鄙精研於彩繪，筆簡形具，得之自然，莫可楷模，出於意表，故目之曰逸格爾。

逸格一人

孫　位

大凡畫藝，應物象形，其天機迥高，思與神合，創意立體，妙合化權；非謂開廚已走，拔壁而飛，故目之曰神格爾。

神格二人

趙公祐　范　瓊

畫之於人，各有本情，筆精墨妙，不知所然，若投刃於解牛，類運斤於斫鼻，自心付手，曲盡玄微，故目之曰妙格爾。

妙格上品七人

陳　皓　彭　堅　張　騰　趙溫奇　趙德齊　盧楞伽　張素卿

妙格中品十人

辛澄 李洪度 左全 張南本 高道興 房從眞 趙德玄 常粲 常重胤

黃筌

妙格下品十一人

李昇 張玄 杜齯龜 刁光胤 蒲師訓 趙忠義 黃居寶 黃居寀 李文才

阮知誨 張玫

能格上品十五人

畫有性周動植，學侔天功，乃至結嶽融川，潛鱗翔羽，形象生動者，故目之曰能格爾。

呂嶤 竹虔 周行通 孔嵩 石恪 杜措 杜宏義 杜子瓌 杜敬安

蒲延昌 趙才 程承辯 邱文播 阮惟德 楊元眞

能格中品五人

陳若愚 張景思 麻居禮 僧楚安 滕昌祐

能格下品七人

姜道隱 禪月大師 張詢 宋藝 李壽儀 僧令宗 丘文曉

四

益州名畫錄卷上

江夏　黃休復纂

逸格一人

孫　位　景朴附

孫位者，東越人也。僖宗皇帝車駕在蜀，自京入蜀，號會稽山人。性情疎野，襟抱超然，雖好飲酒，未嘗沈酩。禪僧道士常與往還，豪貴相請，禮有少慢，縱贈千金，難留一筆，惟好事者時得其畫焉。光啓年，應天寺無智禪師請畫山石兩堵，龍水兩堵，寺門東畔畫東方天王及部從兩堵；昭覺寺休夢長老請畫浮漚先生松石墨竹一堵，倣潤州高座寺張僧繇戰勝一堵。兩寺天王部衆，人鬼相雜，矛戟鼓吹，縱橫馳突，交加戛擊，欲有聲響。鷹犬之類，皆三五筆而成，弓弦斧柄之屬，並掇筆而描，如從繩而正矣。其有龍拏水洶，千狀萬態，勢欲飛動，松石墨竹，筆精墨妙，雄壯氣象，莫可記述，非天縱其能，情高格逸，其孰能與於此邪。悟達國師請於眉州福海院畫行道天王、松石龍水兩堵，並現存。不知其後有何所遇，改名遇矣。景朴者，蜀人也，蜀廣政年輒於應天寺門西畔畫西方天王及部從兩部，以對孫遇筆，識者比之跡涔巨浸，未萬分之一焉，慮誤後人，因附而正之。

神格二人

趙公祐

公祐者，長安人也，寶曆中寓居蜀城。攻畫人物，尤善佛像、天王、神鬼。初贊皇公李德裕鎭蜀之日，賓禮待之，自寶曆、太和至開成年，公祐於諸寺畫佛像甚多。會昌年海一作一例除毀，唯存大聖慈寺文殊閣下天王三堵，閣裏內東方天王一堵，藥師院師堂內四天王幷十二神，前寺石經院天王部屬，並公祐筆，現存。公祐天資神用，筆奪化權，應變無涯，罔象莫測，名高當代，時無等倫。數仞之牆，用筆最尙，風神骨氣，唯公祐得之，六法全矣。

范瓊

范瓊者，不知何許人也，開成年與陳皓、彭堅同時同藝，寓居蜀城。三人善畫人物、佛像、天王、羅漢、鬼神，三人同手於諸寺圖畫佛像甚多。會昌年除毀後，餘大聖慈一寺佛像得存。及宣宗皇帝再興佛寺，三人於聖壽寺、聖興寺、淨衆寺、中興寺，自大中至乾符，筆無暫釋，圖畫二百餘間牆壁，天王佛像，高僧經驗，及諸變相，名目雖同，形

二

狀一無同者。自淳化五年、咸平三年，兩遇兵火，得存三寺筆跡：大聖慈寺南廊下藥叉大將和修吉、龍王、鬼子母、天女五堵，謂之十七護神；北廊下石經院門兩金剛、東西二方天王；中寺大悲院門上阿彌陀佛及四菩薩；院門兩畔觀音像、藥師像；石經板上七佛、四仙人、大悲變相；大將堂兩畔南北二方天王；文殊閣下北方天王及天王變相。此寺畫壁，自唐至今，年紀深遠，彩色故暗重，妝損者十四五矣。聖壽寺大殿釋伽像、行道北方天王像、西方變相；殿上小壁水月觀音；浴室院旁西方天王；大悲院八明王、西方變相，并大中年畫。此寺壁畫，年祀亦遠，倒損者十四五矣。聖興寺大殿東北二方天王、藥師十二神、釋迦十弟子、彌勒像、大悲變相，並咸通畫。其中西方一堵，甚著奇工，精妙之極也焉。蒭瑟磨像兩堵，設色未半，筆蹤儼然，後之妙手，絡莫能繼。聖壽、聖興兩寺佛僧，范瓊親描，並現存。

妙格上品六人

陳皓　彭堅附

陳皓、彭堅者，不知何許人也，開成中與范瓊寓止蜀城。大中年府主杜相公悰起淨衆等寺門屋，相國知三人中范瓊年齒雖低，手筆稱冠矣；因請陳彭二公各畫天王一堵，各令一客將伴之，以幔幙遮蔽，不令相見，欲驗誰之强弱。至畫告畢之日，相國與諸府寮徹其幃幕，南畔仗劍振威者彭公筆；北畔持弓奮赫者陳公筆；二公筆力相似，觀者莫能昇降，大約宗師吳道玄之筆，而傅采拂澹過之。畫之六法：一曰氣韻生動是也；二曰骨法用筆是也；三曰應物象形是也；四曰隨類賦采是也；五曰經營位置是也；六曰傳移模寫是也。斯之六法，名輩少該，唯此三人，俱盡其美矣。

張騰

張騰者，不知何許人也。太和末年，偶止蜀川。於諸寺壁圖畫亦多，會昌年除毁皆盡。大中初佛寺再興，於聖壽寺大殿畫文殊一堵、普賢一堵、彌勒下生一堵；浴室院北對范瓊，畫持弓北方天王一堵；大聖慈寺文殊閣下畫報身如來一堵，並騰之筆，現存。

趙溫奇

趙溫奇者，公祐子也。幼而穎秀，長有父風，父歿之後，於大聖慈寺文殊閣内繼父之蹤，畫北方天王及梵王帝釋大輪部屬。大將堂大將部屬并梵王帝釋、普帝釋，中興寺大殿文殊、普賢及天王部衆，並溫奇筆，現存。

趙德齊

德齊者，溫奇子也。乾寧初王蜀先主府城精舍不嚴，禪室未廣，遂於大聖慈寺大殿東廡起三學延祥之院，請德齊於正門西畔畫南北二方天王兩堵。院門舊有盧楞伽畫行道高僧三堵六身，頼德齊遷移，至今獲在。光化年王蜀先主受昭宗勅置生祠，命德齊與高道興同手畫西平王儀仗、旗纛旄麾、車輅法物及朝眞殿上皇姑帝戚、后妃嬪御百堵以來，授翰林待詔，賜紫金魚袋。蜀光天元年戊寅歲，王蜀先主殂逝，再命德齊與道興畫陵廟鬼神人馬及車輅儀仗、宮寢嬪御一百餘堵。大聖慈寺竹溪院釋迦十弟子幷十六大羅漢；崇福禪院帝釋及羅漢；崇眞禪院帝釋梵王及羅漢堂□文殊普賢，皆德齊筆，現存。議者以德齊三代居蜀，一時名振，克紹祖業，榮耀何多。

盧楞伽

楞伽者，京兆人也。明皇帝駐蹕之日，自汴入蜀，嘉名高譽，播諸蜀川，當代名流，咸伏其妙。至德二載起大聖慈寺，乾元初於殿東西廊下畫行道高僧數堵，顏眞卿題，時稱二絕。至乾寧元年，王蜀先主於寺東廊起三學院，不敢損其名畫，移一堵於院門南，移一堵於門北，一堵於觀音堂後。此行道僧三堵六身畫，經二百五十餘年，至今宛如初矣。西廊下一堵馬鳴提婆像二軀，雖遭粉飾，猶未損其筆蹤；餘者重妝，皆昧前跡。蜀中諸寺佛像甚多，會昌年皆盡毁。

張素卿

道士張素卿者，簡州人也。少孤貧，性好畫，在川主譙國夏侯公孜宅，多見隋唐名畫，藝成之後，落拓無覊束，遂衣道士服。唯畫道門尊像，豪貴之家，少得其畫者。乾符中，居青城山常道觀焚修。至中和元年，僖宗皇帝遣使與賜紫道士杜光庭，封丈人山爲希夷公。癸卯歲，素卿上表云：「五嶽既已封王，丈人位居五嶽之上，不可稱公。」是歲勅宜改封五嶽丈人爲希夷眞君，素卿賜紫。素卿有老子過流沙圖、五嶽朝眞圖、九皇圖、五星圖、老人星圖、二十四化眞人像、太無先生像。素卿於諸圖畫而能敏速，落錐之後，下筆如神，自始及終，更無改正。今龍興觀甚有畫壁，年深皆盡頽損。餘張百子堂板龕內門兩畔龍虎兩軀，素卿筆，現存。王蜀先主修青城山丈人觀，請素卿於丈人眞君殿上畫五岳、四瀆、十二溪女、山林溪沼樹木諸神及岳瀆曹吏，詭怪之質，生於筆端，上殿觀者，無不恐懼。又於簡州開元觀畫容成子、董仲舒、嚴君平、李阿、馬自然、葛玄、長壽仙、黄初平、葛永璝、竇子明、左慈、蘇躭十二仙君像，各寫當初賣卜、賣藥、書符、導引時眞。筆蹤灑落，彩畫因循，當代名流，皆推畫手。蜀檢校太傅安公思謙，好古博雅，唐時名畫，人皆獻之，黃筌、滕昌祐、石恪，皆在其門館，賓禮優厚。甲寅歲十一月十一日，值蜀主誕生之辰，安公進素卿所畫十二仙眞形十二幀，蜀主躭玩欣賞者久，因命翰林學士禮部侍郎歐陽炯次第讚之，令翰林待詔黃居寶八分書題之，凡有醮奏，於玉局開懸供養。乾德三年，聖朝克復，吏部侍郎呂公餘慶鎭蜀日，求古畫圖書，並將進呈，斯畫預焉。

妙格中品十人

辛　澄

辛澄者，不知何許人也。建中元年，大聖慈寺南畔創立僧伽和尙堂，請澄畫焉。纔欲援筆，有一胡人云，僕有泗州眞本，一見甚奇，遂依樣描寫及諸變相。未畢，蜀城士女瞻仰儀容者側足，將燈香供養者如驅，今已重妝損矣。普賢閣下五如來同坐一蓮花及鄰壁小佛；九身閣裏內如意輪菩薩，並澄之筆，現存。

李洪度

洪度者，蜀人也。元和中府主相國武公元衡請於大聖慈寺東廊下維摩詰堂內畫帝釋、梵王兩堵，笙竽鼓吹，天人姿態，筆蹤妍麗，時之妙手，莫能偕焉。會昌年諸寺圖畫亦多除毁，後餘此一處。

左全

左全者，蜀人也。世傳圖畫，跡本名家，寶曆年中聲馳闕下，於大聖慈寺中殿畫維摩變相、師子國王、菩薩變相，三學院門上三乘漸次修行變相，降魔變相，文殊閣東畔水月觀音、千手眼大悲變相，極樂院門兩金剛，西廊下金剛經驗及金光明經變相，前寺南廊下行道二十八祖，北廊下行道羅漢六十餘軀，多寶塔下倣長安景公寺吳道玄地獄變相，當時吳生畫此地獄相，都人咸觀，懼罪修善，兩市屠沽，經月不售，王蜀時令雜手重妝已損，惟存大體也。大中初又於聖壽寺大殿畫維摩詰變相一堵，樓閣、樹石、花雀、人物、冠冕、蕃漢異服，皆得其妙，今現存。

張南本

張南本者，不知何許人也，中和年寓止蜀城。攻畫佛像人物龍王神鬼，有金谷園圖、勘書圖、詩會圖、白居易叩齒圖、高麗王行香圖。今聖壽寺中門賓頭盧變相，東廊下靈山佛會，大聖慈寺華嚴閣下東畔大悲變相，竹溪院六祖，興善院大悲菩薩、八明王、孔雀王變相，並南本筆。相傳南本於金華寺大殿畫明王八軀，纔畢，有一老僧入寺蹶仆于門下，初不知是畫，但見大殿遭火所焚。其時孫位畫水，南本畫火，代無及者，世之水火，皆無定質，唯此二公之畫，冠絕今古。僖宗駕回之後，府主陳太師於寶曆寺置水陸院，請南本畫天神地祇、三官五帝、雷公電母、岳瀆神仙、自古帝王、蜀中諸廟一百二十餘幀，千怪萬異，神鬼龍獸、魍魎魑魅，錯雜其間，時稱大手筆也。至孟蜀時被人模搨，竊換眞本，鬻與荆湖人去，今所存，僞本耳。僞本淳化年遭賊燔劫，已皆散失。

高道興

高道興者，成都人也。攻雜畫，觸類皆長，尤善佛像高僧。光化中昭宗勅許王蜀先主置生祠，命道興與趙德齊同手畫西平王儀仗，車輅旌旗、禮服法物，朝眞殿上，皇姑帝戚、后妃女樂百堵以來，授翰林待詔，賜紫金魚袋。及先主殂逝，再命道興與德齊畫陵廟鬼神、人馬兵甲、公王儀仗、宮寢嬪御一百餘堵。今大慈寺中兩廊下高僧六十餘軀，華嚴閣東畔丈六天花瑞像，並現存。

房從眞

房從眞者，成都人也。攻畫甲馬、人物、鬼神，冠絕當時，有寧王獵射圖，羌人移居圖，陳登斫鱠圖，冷朝陽、王昌齡、常建冒雪入京圖。蒲師訓師其筆法。王蜀先主於浣花龍興寺修聖夫人堂，合水滓起通波侯廟，請從眞畫甲馬旂旗，從官鬼神，授翰林待詔，賜紫金魚袋。今寶曆寺五丈天王閣下天王部屬諸神，並從眞筆。後人重妝已損，蒲師訓因再修之。

趙德玄

趙德玄者，雍京人也。天福年入蜀，攻畫車馬人物、屋木山水、佛像鬼神，筆無偏擅，觸類皆長，獨步川中，標名大手；其有樓殿臺閣，向背低昂，代無比者。有朱陳村圖、豐稔圖、漢祖歸豐沛圖、盤車圖、臺閣樣。入蜀時將梁隋唐名畫百本，至今相傳。裴孝源公私畫錄云：「自魏晉以來，終于貞觀，祕府幷人間畫，共集成二百九十八卷：二百三十卷是隋唐官本；十三卷是左僕射蕭瑀進；二十卷楊素家得；三卷許善心進；十卷高平縣書佐女張氏所獻；四卷安福進；十八卷先在祕府，無得處人名，唯有太和年月。」集賢校理張懷瓘云：「昔梁武帝博雅好古，鳩集名畫，令鑒者數人，共詳名氏，兼定品格，供御賞玩。及侯景作亂，江陵府將陷，元帝先焚內庫書畫數萬卷，深可歎息。其後帝王亦有兼愛，人多進之，又盈祕府。天后朝張易之奏召天下名工修諸圖畫，因竊換眞本，私家收藏；僞本，將進納。易之歿後，薛稷所得，稷歿之後，岐王所獲，岐王慮帝忽知，乃盡焚爇，吁！天下重寶，再經灰燼。當時天府所藏，多涉於僞，人間所蓄，或乃是眞，古畫頻經焚燒，積年散失，能祕在者，得非稀世之寶耶。」蜀因二帝駐蹕，昭宗遷幸，自京入蜀者將到圖書名畫，散落人間，固亦多矣。杜天師在蜀集道經三千卷，儒書八千卷，德玄將到梁隋及唐百本畫，或自模搨，或是粉本，或是墨跡，無非祕府散逸者，本相傳在蜀，信後學之幸也。今福慶禪院隱形羅漢變相兩堵，德玄筆，現存。

常粲

常粲者，雍京人也。咸通年路侍中巖牧蜀之日，自京入蜀，路公賓禮待之。粲善傳神雜畫，有七賢像，六逸像，女媧、伏羲、神農像，謂之三皇圖，立釋迦像、五天胡僧像、孔子西周問禮像、名醫下蠱像、樗蒲圖、龍樹驗丹圖；先賢卷軸，至今好事者收得，爲後學師範矣。玉局寺壁畫道門尊像甚多，王蜀時修改後，頽損已換。今大聖慈寺悟達國師知玄眞，粲之筆，現存。

常重胤

重胤者，粲之子也。僖宗皇帝幸蜀，回鑾之日，蜀民奏請留寫御容於大聖慈寺。其時隨駕寫貌待詔，盡皆操筆，不體天顏；府主陳太師敬瑄遂表進重胤，御容一寫而成，內外官屬，無不歎駭，謂爲僧繇之後身矣。宣令中和院上壁，及寫隨駕文武臣僚眞：殿上御容前寫西川節度副大、制置指揮諸道兵馬兼供軍使、太師中書令成都尹穎川郡王陳敬瑄，義成軍節度使、中書令王鐸，門下侍中韋昭度，檢校司徒守太子太保鄭畋，檢校司徒鄭延休，翰林學士承旨、守兵部尙書樂朋龜，翰林學士、守禮部尙書杜讓能，翰林學士、戶部侍郎崔凝，翰林學士、中書舍人沈仁偉，翰林學士、中書舍人侯翮，尙書左僕射裴璩，禮部尙書兼太常禮儀使牛叢，左散騎常侍楊堪，右散騎常侍柳涉，右散騎鄭頊，左諫議大夫李紹鎬，右諫議大夫蕭說，尙書左丞、知中朝御史中丞盧澤，給事中李輝，給事中宋旦，中書舍人鄭欣，比部郎中知制誥蘇循，尙書右丞判戶部張禕，尙書吏部侍郎張讀，尙書刑部侍郎、充集賢殿學士李燠，尙書禮部侍郎、知貢舉歸仁澤，行在十軍司馬、工部侍郎、判度支秦韜玉；御容後寫左神策軍、觀軍容使、護軍中尉田令孜，右神策、護軍中尉、觀軍容使西門思恭，內飛龍使、知內侍省楊復恭，內樞密使田匡禮，內樞密使李順融，宣徽南院使劉景宣，宣徽北院使田獻銖，左衞大將軍石守悰，左金吾大將軍劉巨容，行在諸軍馬步都虞侯趙及；諸司使副一百餘員。尋授駕前翰林待詔，賜緋魚袋。自駕歸京，韋相國昭慶授西川節制，陳太師與監護田軍容令孜拒命據城，王蜀先主時爲行軍司馬，重圍三年，陳太師、田軍容以城降。既克下，王蜀先主拜僖宗御容，于時繪壁百僚咸在，唯不見陳太師、田軍容眞，因問二公何無寫貌？寺僧對云：「拒扞王師，近方塗抹。」先主曰：「某豈與丹青爲參商。」遽命重寫，常待詔曰：「不必援毫。」乃援皁莢水洗之，而風姿宛然，先主嘉賞，賜以金帛。常公自言：「我畫屋爛梁摧之外，雨淋水洗，終無剝落者矣。」衆嘆所謂前無去者，後無繼者。僞通王宗裕性多猜忌，或於媵嬖意欲寫貌，惡人久見，謂常待詔曰：「頗不孰視審觀可乎？」常公但諾之，王曰：「夫人至矣。」立斯須而退，翌日想貌，姿容短長，無遺毫髮，其敏妙皆此類也。玉局寺寫王蜀先主爲使相日眞容，後移在龍興觀天寶院壽昌殿上；大聖慈寺興善院泗州和尙眞、華亭張居士眞、寶曆寺托塔天王、寧蜀寺都官土地，並重胤筆，現存。

黃筌

黃筌者，成都人也。幼有畫性，長負奇能，刁處士入蜀，授而教之竹石花雀，又學孫位畫龍水松石墨竹，學李昇畫山水竹樹，皆曲盡其妙。筌早與孔嵩同師，嵩但守師法，別無新意；筌既兼宗孫李，學力因是博贍，損益刁格，遂超師之藝。後唐莊宗同光年，孟令公知祥到府，厚見禮重。建元之後，授翰林待詔，權院事，賜紫金魚袋。至少主廣政甲辰歲，淮南通聘，信幣中有生鶴數隻，蜀主命筌寫鶴於偏殿之壁，警露者、啄苔者、理毛者、整羽者、唳天者，翹足者，精彩體態，更愈於生，往往生鶴立於畫側。蜀主歎賞，遂目爲六鶴殿焉。尋加至內供奉朝議大夫、檢校少府少監上柱國。先是蜀人未曾得見生鶴，皆傳薛少保畫鶴爲奇，筌寫此鶴之後，貴族豪家，競將厚禮，請畫鶴圖，少保自此聲漸減矣。廣政癸丑歲，新構八卦殿，又命筌於四壁畫四時花竹兔雉鳥雀。其年冬，五坊使於此殿前呈雄武軍進者白鷹，誤認殿上畫雉爲生，掣臂數四，蜀主歎異久之，遂命翰林學士歐陽炯撰壁畫奇異記以旌之。筌有春山圖、秋山圖、山家晚景圖、山家早景圖、山家雨景圖、山家雪景圖、山居詩意圖、瀟湘圖、八壽圖。今石牛廟畫龍水一堵，現存。

蜀八卦殿壁畫奇異記

僞翰林學士　歐陽炯撰述

夫龍圖鳳紀，初宣上古之文；帝室皇居，必蘊非常之寶，是以書美鍾張之翰，畫稱顧陸之蹤，代有其人，朝無乏事。今上睿文英武聖明孝皇帝御極之一十九載，九功惟敍，七政斯齊，化溢升平，俗登仁壽。天惟行健，動則總攬萬機；道法自然，靜則無遺一物。將欲權衡三代，拱揖百王，宸襟所適，諒超化表。嘗於大殿西門創一小殿，藻井之上，輪排八卦，故以爲號焉。其御座几案，圖書之外，非有異於常者，固不關於聖慮。其年秋七月，上命內供奉檢校少府少監黃筌謂曰：「爾小筆精妙，可圖畫四時花木蟲鳥、錦鷄鷺鷥、牡丹躑躅之類，周于四壁，庶將觀矚焉。」筌自秋及冬，其工告畢。間者淮南獻鶴數隻，尋令貌于殿之間。上曰：「汝畫逼眞，其精彩則又過之。」筌以下臣末技，降堦曲謝而已。至十二月三日上御斯殿，有五坊節級羅師進呈雄武軍先進者白鷹，其鷹見壁上所畫野雉，連連掣臂，不住再三，誤認爲生類焉。上嗟嘆良久，曰：「昔聞其事，今見其人。」遽令所進呈者引退，無至搦損茲壁，因目筌爲當代奇筆，乃令宣付翰林學士歐陽炯紀述奇異。微臣拜手，因得敍其事焉。

伊昔大舜垂衣作繪，乃彰於象物；宗周鑄鼎觀形，可禦於神姦；漢號靈臺，唐稱煙閣，圖畫之要，史策攸傳，公私雖見於數家，今古皆言於六法。六法之內，惟形似、氣韻二者爲先，有氣韻而無形似，則質勝於文；有形似而無氣韻，則華而不實，筌之所作，可謂兼之。不然者，安得粉壁之中，奮霜毛而欲起；綵毫之下，混朱頂以相親。而又觀彼白鷹，盼乎錦雉，儼丹靑而可測，狀若偎叢；掣絛鏇以難停，勢將掠地。遂契重瞳之鑒，假以好生；俄回三面之仁，眞疑害物。舉斯二類，兼彼羣花，四時之景堪觀，千載之名可尙。稽諸往牒，少有通神。圖海獸以騰波，秦朝賈譽；畫池龍而致雨，唐室垂名。至於誤點成蠅，徒成小巧；不成似犬，安可勝言。況茲殿也，迴架昭回，高臨爽塏；瑤池水滿，浮鏡裏之樓臺；玉樹風輕，鎖湖中之日月。聖上以動詠墳典，親講政刑，崇制禮作樂之名，極侍問安親之孝。允文允武，無怠無荒，故士有一技一藝，皆升陟褒賞如筌者焉。激東海之波濤，難方聖澤；拱北辰之光耀，永固皇基，誠非末士之常談，可紀至尊之所御。臣職叨翰苑，謦乏儒林，因廣聖謨，聊同畫品，恭承宣命，實愧菲辭。時廣政十六歲，歲次癸丑，十二月記。

益州名畫錄卷上終

益州名畫錄卷中

江夏 黃休復纂

妙格下品十一人

李昇

李昇者，成都人也。小字錦奴。年纔弱冠，志攻山水，天縱生知，不從師學。初得張藻員外（唐時名士善畫山水）山水一軸，玩之數日，云未盡妙矣，遂出意寫蜀境山川平遠，心思造化，意出先賢，數年之中，創成一家之能，俱盡山水之妙。每含毫就素，必有新奇。桃源洞圖、武陵溪圖、青城山圖、峨嵋山圖、二十四化山圖，好事得之，爲箱篋珍；後學得之，以爲無言師。明皇朝有李將軍，擅名山水，蜀人皆呼昇爲小李將軍，蓋其藝相匹爾。悟達國師自京入蜀，重其高手，請於聖壽寺本院同居數年，因於廳壁畫出峽圖一堵、霧中山圖一堵。既而又請於大聖慈寺眞堂內畫漢州三學山圖一堵，彭州至德山圖一堵，時稱悟達國師眞堂四絕：常粲寫眞，僧道盈書額，李商隱讚，李昇畫山水。今現存。

張玄

張玄者，簡州金水石城山人也。攻畫人物，尤善羅漢。當王氏偏霸武成年，聲跡赫然，時呼玄爲張羅漢，荊湖淮浙令人入蜀，縱價收市，將歸本道。前輩畫佛像羅漢，相傳曹樣、吳樣二本，曹起曹弗興，吳起吳暕。曹畫衣紋稠疊，吳畫衣紋簡略。其曹畫，今昭覺寺孫位戰勝天王是也；其吳畫，今大聖慈寺盧楞伽行道高僧是也。玄畫羅漢吳樣矣。今大聖慈寺灌頂院羅漢一堂十六軀，現存。

杜齯龜

杜齯龜者，其先本秦人，避祿山之亂，遂居蜀焉。齯龜少能博學，涉獵經史，專師常粲寫眞雜畫，而妙於佛像羅漢。王蜀少主以高祖受唐深恩，將興元節度使唐道襲私第爲上清宮，塑王子晉爲遠祖於上清祖殿，命齯龜寫大唐二十一帝御容於殿堂之四壁，每三會五臘，差太尉公卿薦獻宮內，殿堂行事，齋宮職掌，並依太清宮故事。又命齯龜寫先主太妃太后眞於青城山金華宮，授翰林待詔，賜紫金魚袋。今嚴君平觀杜天師光庭眞，大聖慈寺華嚴閣東廊下祐聖國師光業眞，並齯龜筆，現存。

刁光胤

刁光胤者，雍京人也。天福年入蜀。攻畫湖石、花竹、貓兔、鳥雀，性情高潔，交游不雜。入蜀之後，前輩有攻花雀者，頓減價矣。有師問筆法者，黃筌、孔嵩二人，親授其訣，孔類昇堂，黃得入室。刁公居蜀三十餘年，筆無暫暇，非病不休，非老不息，卒時八十以來。豪貴之家及好事者，收得其畫，將爲家寶，傳視子孫。大聖慈寺熾盛光院明僧錄房窗旁小壁四堵，畫四時雀竹。廣政中黃居寀重妝雀蝶，精奇轉甚。三學院大廳小壁花雀兩堵，光胤畫，時年已耋矣。

蒲師訓

蒲師訓者，蜀人也。幼師房從眞，畫人物、鬼神、蕃馬。後唐明宗長興年，值孟令公改元，興修諸廟，師訓畫江瀆廟、諸葛廟、龍女廟。及先主殂，畫陵廟鬼神、蕃漢人物、旗幟兵仗、公王車馬、禮服儀式，縱橫浩瀚，莫不周至，授翰林待詔，賜紫金魚袋。甲寅歲春末，蜀王或夜夢一人，破帽故襴，龐眉大目，方頤廣顙，立于殿堦，跂一足曰：「請修理之。」言訖寢覺。翌日因檢他籍見此古畫，是前夕所夢者神，故絹穿損畫之左足，遂命師訓令驗此畫，是誰之筆。師訓對云：「唐吳道玄之筆，曾應明皇夢，云痁者神也。」因令重修此足呈進。後蜀王復夢前神謝曰：「吾足履矣。」上慮爲祟，卽命焚之。青城山丈人觀眞君殿內五嶽四瀆部屬諸神，張素卿筆，廣政中山水泛溢，衝損數堵，蜀王命師訓曰：「素卿之筆，公往繼之可矣。」四堵師訓筆也。今丈人觀，聖朝廣其殿宇，重新興創別畫，無舊蹤矣。王蜀先主祠堂東畔正門東畔鬼神一堵，寶曆寺天王閣下天王部屬，房從眞筆，後人妝損，師訓再修，兼自畫兩堵。大聖慈寺南廊下觀音院門兩金剛，鄰壁托塔天王，並師訓筆，現存。

趙忠義

趙忠義者，德玄子也。德玄自雍𥙿負入蜀，及長，習父之藝，宛若生知。孟氏明德年，與父同手畫福慶禪院東流傳變相一十三堵，位置鋪舒，樓殿臺閣、山水竹樹、蕃漢服飾、佛像僧道、車馬鬼神、王公冠冕、旌旗法物，皆盡其妙，冠絕當時。蜀王知忠義妙於鬼神屋木，遂令畫關將軍起玉泉寺圖，於是忠義畫自運材斸基，以至丹楹刻桷，皆役鬼神疊栱，下榻地㯓一座，佛殿將欲起立。蜀王令內作都料看此畫圖，枋栱有準的否？都料對曰：「此畫復較一座，分明無欠。」其妙如此。授翰林待詔，賜紫金魚袋。先是每年杪冬末旬，翰林攻畫鬼神者，例進鍾馗焉，丙辰歲，忠義進鍾馗，以第二指挑鬼眼睛；蒲師訓進鍾馗，以拇指剜鬼睛，二人鍾馗相似，唯一指不同，蜀王問此畫孰爲優劣？佺以師訓爲優，蜀王曰：「師訓力在拇指，忠義力在第二指，二人筆力相敵，難議昇降。」並厚賜金帛，時人謂蜀王深鑒其畫矣。今衙北門大安樓下天王院，自濮陽吳公行曾鎭蜀之日創興，其中有唐時名畫數堵及高道興、杜齯龜、房從眞、趙德齊畫佛像羅漢、經驗變相。

廣政初，忠義與黃筌、蒲師訓合手畫天王變相十堵以來，各盡所能，愈於前輩。淳化五年甲午，兵火焚盡，今餘王蜀先主祠堂正門西畔鬼神，大聖慈寺正門北牆上西域記，石經院後殿天王變相，中寺六祖院傍藥師經變相，並忠義筆，現存。

黃居寶

黃居寶，字辭玉，筌之次子也。畫性最高，風姿俊爽。前輩畫太湖石，皆以淺深黑淡嵌空而已，居寶以筆端擻擻，上七賞反，下七葛反。文理縱橫，夾雜砂石，棱角峭硬，如虬虎將踴，厥狀非一也。其有畫松竹花雀，變態舊規，皆如湖石之類。授翰林待詔，賜紫金魚袋。不幸早亡，秀而不實者也。

黃居寀

居寀，字伯鸞，筌少子也。畫藝敏贍，不讓於父。蜀之四主，崇奢宮殿，苑囿池亭，世罕其比，居寀父子入內供奉迨四十年，殿庭牆壁，門幃屏幛，圖畫之數，不可紀錄。授翰林待詔、將仕郎、試太子議郎，賜金魚袋。淮南通好之日，居寀與父同手畫四時花雀圖、青城山圖、峨嵋山圖、春山圖、秋山圖用答國信，使命將發，秋山全未及畫，蜀王令取在庫秋山圖入用，居寀與父奉命別畫，經月方畢工，更愈於前者，翰林學士徐光溥進秋山圖歌以紀之。廣政甲子歲，蜀王令居寀往葛仙山修蓋仙寺，回至彭州，棲眞南軒，畫水石一堵，自未至酉而畢，敏而復妙者也，今現存。居寀有四時野景圖、湖灘水石圖、春田放牧圖，當時卿相及好事者，得居寀父子圖障卷簇，家藏戶寶，爲稀世之珍。今衙廳餘理毛、啄苔鶴兩堵，水石兩堵，龍門圖一堵，武侯廟龍水一堵，並居寀筆。現存。聖朝克蜀之後，居寀赴京，頗爲翰長陶尙書穀殊禮相見，因收得名畫數年，請居寀驗之。其中秋山一圖，是故主荅淮南國信者，畫絹縫之內，自有銜名。陶公云：「此是淮王所遺。」看之果符其說。聖朝授翰林待詔、朝請大夫、寺丞、上柱國，賜紫金魚袋，淳化四年充成都府一路送衣襖使。時齒六十一，於聖興寺新禪院畫龍水一堵，天台山圖一堵，水石兩堵，工夫雖少，大體宛存。

秋山圖歌　　僞學士　徐光溥

天與黃筌藝奇絕，筆精迴感重瞳悅；運思潛通造化工，揮毫定得神仙訣。秋來奉詔寫秋山，寫在輕綃數幅間，高低向背無遺勢，重巒疊嶂何孱顏。目想心存妙尤極，研巧褻能狀不得；珍禽異獸皆自馴，奇花怪木非因植。崎嶇石磴絕游蹤，薄霧冥冥藏半峯，娑蘿掩映迷仙洞，薜荔纍垂繳古松；月檻參差錦鱗出，星壇斑駁翠苔封，傍岸牛羸行嚼草，過橋僧老坐揩筇；屈原江上嬋娟竹，陶潛籬下芳菲菊，良宵祇恐鷓鴣啼，晴波但見鴛鴦浴；暮煙冪冪鎖村塢，一葉扁舟橫野渡，颯颯白蘋欲起風，黯黯紅蕉猶帶雨；曲沼芙蓉香馥郁，長汀蘆荻花蔌蔌，鴈過孤峯帖遠青，鹿傍小溪飲殘綠。秋山秀兮秋江靜，江光山色相輝映，雪迸飛泉濺釣磯，雲分落葉擁樵逕。張藻松石徒稱奇，邊鸞花鳥何足窺，白旻鷹逞淩風勢，薛稷鶴誇警露姿，方原畫山空巉巖，峭壁枯槎人見嫌；孫位畫水多洶湧，警湍怒濤人見恐。若教對此定妍媸，必定伏膺懷愧悚。再三展向冕旒側，便是移山回磵力，大李小李滅聲華，獻之愷之無顏色。髣髴垂綸渭水濱，吾皇覩之思良臣，依稀荷臿傅巖野，吾皇覩之求賢者，從茲㕑扆復懸旌，宵衣旰食安天下。才當老人星應候，願與南山俱獻壽，微臣稽首貢長歌，丹青景化同天和。

李文才

李文才者，華陽人也。攻畫人物、屋木、山水，善寫眞，罕及，周昉之亞也。蜀廣政中，荆南高太王令邸務丁晏入蜀，請文才寫興義門兩雙石笋，兼徵其故實，將歸本道。文才告道士范德昭，皆云眞珠樓基，或云是海眼，未審孰是？德昭曰：「吾聞諸至人，斯乃蠶叢啓國鎭蜀之碑，中以鐵柱貫之，下以横石相連，埋于地際，上有文字，言歲時豐儉、兵革水火之事，諸葛曾掘驗之，眞珠樓基、海眼皆非也。」蜀人少知，云出圓方記，未詳。

廣政末，主置眞堂大聖慈寺華嚴閣後，命文才寫諸親王文武臣僚等眞，授翰林待詔、將仕郎、試太子司議郎，賜緋魚袋。畫未畢，聖朝弔伐，盡已除毀。三學院經樓下西天三藏眞、定惠國師眞，華嚴閣迎廊下奉聖國師眞，應天寺無智禪師眞，並文才筆，現存。

阮知誨

阮知誨者，成都人也。攻畫女郎，筆蹤妍麗，及善寫眞。王氏乾德年，寫少主眞於大聖慈寺三學院經樓下。孟氏明德年，寫先主眞於三學院眞堂內，寫福慶公主眞、玉淸公主眞於內庭。知誨兩朝多寫皇姑帝戚，渥澤累遷，授翰林待詔、銀青光祿大夫、檢校尚書左僕射兼御史大夫上柱國。

張玫

張玫，成都人也。父授蜀翰林寫貌待詔，賜緋。玫有超父之藝，尤精寫貌及畫婦人，鉛華姿態，綽有餘妍，議者比之張萱之儔也。孟先主明德年，於大聖慈寺三學院置眞堂，玫曾與故東川董太尉璋寫眞，先主惡之，不爲寫已，乃命阮知誨獨寫已眞，文武臣僚，玫之筆也。今並塗抹，無畫蹤矣。授翰林待詔，賜紫金魚袋。玫有自漢至唐治蜀君臣像三卷。

能格上品十五人

呂嶤 竹虔附

呂嶤者，京兆人也。唐翰林待詔，自京隨僖宗皇帝車駕至蜀，授將仕郎，守漢州雒縣主簿，賜緋魚袋。今大聖慈寺華嚴閣上天王部屬諸神，及王波利眞，並嶤之筆，現存。竹虔者，雍京人也。攻畫人物佛像，聞成都創起大聖慈寺，欲將吳道玄地獄變相於寺畫焉。廣明年隨駕到蜀，左全已在多寶塔下畫竟，遂于華嚴閣下後壁西畔畫丈六天花瑞像一堵。

周行通

周行通者，蜀人也。攻畫人物鬼神、蕃馬戎服、器械氈帳、鷹犬羊雁之類，及川原放牧，盡得其妍。有李陵送蘇武圖、奪馬圖、三困圖、射鵰圖、陰山七騎圖。蜀人皆傳周胡蕃馬爲妙，行通多髯故也。

孔嵩

孔嵩者，一名京，京，一作景。蜀人也。幼攻花雀；長遇刁處士入蜀，師其筆法；至晚年，巾裹衣服，言論動止，俱學刁公。在蜀公侯門四十餘載，圖畫甚多，人皆寶之。黃筌於石牛廟畫龍一堵，黃居寀於諸葛廟畫龍一堵，嵩於廣福院畫龍一堵，蜿蜒怪狀，不與常同。逼視遠觀，勢欲躍躍，時人異之。此三公畫龍宗師孫位，孫宗顧愷之、曹弗興行龍之筆，謝赫古畫錄云：「弗興之筆，代不復傳，祕閣之內，一龍而已。」魏赤烏元年冬十月，（此赤烏是吳大帝年號，非魏武帝。）武帝游青溪，見一赤龍，自天而下，凌波而行，遂命弗興圖之。武帝讚曰：「赤烏孟冬，不時見龍，青溪深淵，奮鬣來空；有道則吉，無德則凶，匪雜雲雨，靡帶雷風。弗興畫畢，未讚奇工；我因披閱，蘊隆忡忡。」至宋文帝時，累月亢旱，祈禱無應，乃取弗興畫龍置於水上，應時蓄水成霧，經旬霶霈。其所畫流落人間，至今相傳。

石恪

石恪，字子專，成都人也。幼無羈束，長有聲名，雖博綜儒學，志唯好畫。攻古體人物，學張南本筆法，有田家社會圖、鼇靈開峽圖、夏禹治水圖、新羅人較力圖，陳子昂、盧藏用、宋之問、高適、畢搆、李白、孟浩然、王維、賀知章、司馬承禎仙宗十友圖、嚴君平拔宅升仙圖，五星圖、南北斗圖、壽星圖、儒佛道三教圖、道門三官五帝圖。雖豪貴相請，少有不足，圖畫之中，必有譏諷焉。城中寺觀壁畫亦多，兵火後，餘聖壽寺經閣院玄女堂六十甲子神，龍興觀仙遊閣下龍虎君，並現存。

杜措

杜措者，蜀人也。幼慕李昇山水，長亦勤學，廿年中晝夕不捨。今大聖慈寺六祖院傍地藏菩薩竹石山水一堵，并院內羅漢閣上小壁翠微寺禪和尚眞，三學院經堂上小壁太子捨身餧餓虎一堵，善惠仙人布髮掩泥一堵，並措之筆，現存。

杜宏義

杜宏義者，蜀州晉原人也。攻畫佛像羅漢。今寶曆寺東廊下一堵文殊，西廊下一堵普賢，及行道高僧十餘堵，現存。蜀人相傳杜老朱羅漢爲妙，老朱，宏義小字。

杜子瓌

杜子瓌者，成都人也。擅於賦采，拂澹偏長，唯攻佛像。王蜀時於龍華泉東禪院畫毗盧佛，據紅日輪，乘碧蓮花座，每誇同輩云：「某妝此圓光，如日初出，淺深瑩然，無筆玷之迹。」現存。

杜敬安

敬安，子瓌子也。美繼父蹤，妙於佛像。今大聖慈寺普賢閣下北方天王，三學院羅漢閣下無量壽尊，並敬安筆。蜀城寺院，敬安父子圖畫佛像羅漢甚衆。蜀偏霸時，江吳商賈入蜀，多請其畫，將歸本道。孟氏明德年授翰林待詔，賜紫金魚袋。

蒲延昌

蒲延昌者，師訓養子也。筆力遒健，甚得師法。廣政中進畫，授翰林待詔，賜緋魚袋。時福感寺禮塔院僧模寫宋展子虔獅子于壁，延昌一見曰：「但得其樣，未得其筆爾。」遂畫獅子圖獻通進，時王昭遠公有嬖妾患痁，是夕懸於臥內，其疾頓減。王公召而問其神異，延昌云：「宋展氏子虔於金陵延祚寺佛殿之內畫此二獅子，患人因坐壁下，或有愈者。梁昭明太子偶患風恙，御醫無減，吳興太守張僧繇模此二獅子，密懸寢堂之內，應夕而愈，故名曰辟邪，有此神驗久矣。展氏古本獅子，一則奔走奮迅，一則回擲咆哮；僧繇後亦繼之，二獅子翻身側視，鬃尾俱就，八分牙爪，似二龍拏珠之狀，其本至今相傳。」延昌於諸葛廟壁畫亦多，兵火後餘聖壽寺、青衣神廟神鬼人物數堵，現存。

趙才

趙才者，蜀人也。攻畫人物鬼神甲馬。廣政中才與蒲師訓父子較敵其藝。浣花廿亭侯廟頗當神廟鬼神人物、旗幟甲馬，及資福寺門南北二方天王。甲午歲兵火，倒損已盡，今存諸葛廟第三門兩畔鬼神兩堵，現存。

程承辯

程承辯者，眉州彭山人也。攻畫人物鬼神。當孟氏廣政中，與蒲師訓、蒲延昌、趙才、遞相較敵其藝，皆推妙手。兼善雕刻機巧人物鬼神、怪異禽獸之類，奇絕當時。今彭山懸洞明觀天蓬黑煞玄武火鈴一堂，存耳山王堂遊變神鬼一堵，現存。

邱文播

丘文播者，漢州人也。後改名潛。攻畫山水人物、佛像神仙。今新都乾明禪院六祖，漢州崇教禪院羅漢，紫極宮二十四化神仙，皆文播筆，現存。其有花雀，文播男餘慶畫。

阮惟德

惟德者，知誨子也。襲承父藝，美繼前蹤，父子同時入内供奉。畫貴公子夜宴圖、宮中賞春圖、宮中戲鞦韆圖、宮中七夕乞巧圖、宮中熨鐵圖、宮中按舞圖、宮中按樂圖，皆畫當時宮苑亭臺花木，皇妃帝后富貴之事，精妙頗甚。授翰林待詔、將仕郎、試太常寺齋郎，賜緋魚袋。蜀廣政初荆湖商賈入蜀，競請惟德畫川樣美人卷簇，將歸本道，以爲奇物。

楊元眞

楊元眞者，石城山張玄外族也。攻畫佛像羅漢，兼善妝鑾。一作黸。當王氏武成中，善塑像者簡州許侯、東川雍中本二人，時推妙手，今聖興寺天王院天王及部屬、熾盛光佛、九曜二十八宿，天長觀、龍興觀、龍虎宮，幷雍中本塑；大聖慈寺熾盛光佛、九曜二十八宿，華嚴閣下西畔立釋迦像，幷許侯塑；皆元眞妝，肉色髭髮，衣紋錦繡，及諸禽類，備著奇功，時輩罕及。今四天王寺壁畫，五臺山文殊菩薩變相一堵，元眞筆。現存。

眞二十二處

蜀自炎漢至于巨唐，將相理蜀，皆有遺愛，民懷其德，多寫眞容。年代既遠，頹損皆盡，唯唐杜相國及聖朝呂侍郎二十二處。現存六處有寫貌人名，一十六處亡失寫貌人姓氏，皆評妙格。

杜相國 鴻漸眞，在大慈寺。

崔相國 宁眞，在龍興寺。

韋太師 皐

高太尉 崇文眞，在大慈寺。

武相國 元衡眞，在聖壽寺。

段相國 文昌眞，在資福寺。兩任護軍從事眞，在大慈寺普賢閣下。

李太尉 德裕眞，在大慈寺。

楊侍中 嗣復眞，在聖壽寺。

李相國 固言眞，在龍興寺。護軍從事眞全。

崔相國 鄲眞，在大慈寺。護軍從事眞全。

杜相國 悰眞，在淨衆寺。兩任護軍從事，眞全，皆陳誂筆。

白令公 敏中眞，在福感寺。

魏相國 謩眞，在中興寺。護軍從事眞全。

夏侯相國 孜眞，在聖壽寺。

吳太尉 行魯眞，在四天王寺。

高相國　駢，護軍從事，眞全。

牛尙書　叢，護軍從事，眞全。

蕭相國　鄴，護軍從事，眞全。

陳太師　敬瑄，常侍詔筆。

韋相國　昭度，常侍詔筆。以上眞在大慈寺。

王司徒　建眞，在龍興觀，常侍詔筆。

呂侍郎　餘慶眞，在聖壽寺，王繼之模寫。

益州名畫錄卷中終

益州名畫錄卷下

江夏　黃休復纂

能格中品五人

陳若愚

道士陳若愚者，左蜀人也。師張素卿畫，遂衣道士服，師事素卿，受其筆法。王氏永平廢興聖觀爲軍營，其觀有五金鑄天尊形明皇御容一軀，移在大聖慈寺御容院供養，餘道門尊像殿堂，皆就龍興觀起立，今精思院北帝殿是也。殿上壁畫有青龍君、白虎君、朱雀君、玄武君四像，並若愚筆，現存。

張景思

張景思者，金水石城山張玄之裔也。思之一族，世傳圖畫佛像羅漢。景思王氏永平年於聖壽寺北廊下畫降魔變相一堵，現存。

麻居禮

麻居禮者，蜀人也。幼師張南本筆法，親得其訣。光化天福年，聲跡已喧，資簡邛蜀州寺觀壁畫甚多。今聖壽寺偏門北畔畫八難觀音一堵，現存。

僧楚安

僧楚安，蜀州什邡人也，俗姓句氏。攻畫人物樓臺，有明皇幸華清宮避暑圖、吳王宴姑蘇臺圖。此二圖皆畫於牆壁圖簇團扇之上，其牆壁圖簇團扇大小雖殊，功夫並無減者，奇巧如此，當時公侯相重，皆稱妙手。今大聖慈寺三學院大廳後明皇帝幸華清宮避暑圖一堵，楚安筆，現存。僧惠堅者，蜀人也，亦好圖畫而最謬焉，廣政中三學院僧請畫姑蘇臺一堵，對句楚安避暑宮圖，識者以爲無鑒之甚也，今亦現存，恐後人誤認，故附而正之。

滕昌祐

滕昌祐，字勝華，先本吳人。隨僖宗入蜀，以文學從事。唯昌祐不婚不仕，書畫是好，情性高潔，不肯趨時。常於所居樹竹石杞菊，種名花異草木，以資其畫，歿時年齒八十有五。初攻畫無師，唯寫生物，以似爲功而已。有蟲魚圖、蟬蝶圖、生菜圖、折枝花圖、折枝果子圖、雜竹樣、造夾紵果子，隨類傅色，並擬諸生。攻書，時呼「滕書」。今大聖慈寺、文殊閣、普賢閣、蕭相院、方丈院、多利心院、藥師院天花瑞像數額，並昌祐筆也。其畫蟬蝶草蟲，謂之點畫，蓋唐時陸杲、劉褒之類也；其畫折枝花，下筆輕利，用色鮮姸，蓋唐時邊鸞之類也。

能格下品七人

姜道隱

姜道隱者，蜀州綿竹人也。年纔齠齔，盡日不歸，父母尋之，多於神佛廟中畫處纔見。及長，爲人木訥，不務農桑，唯畫是好。不畜妻孥，子然一身，常戴一竹笠，布衣草履筆墨而已，雖父母兄弟，亦罕測其行止，人皆呼爲木柔頭。一作猱頭○蜀語，謂其鬢髮蓬鬆。僞相趙國公昊知其性迹，請畫屏風，相公問何姓名？蜀語對云：「姜姓無名。」相國曰：「旣無名，何不以道隱名之？」自此始名焉。宋王趙公廷隱於淨衆寺創一禪院，請道隱於長老方丈畫山水松石數堵，宋王與諸侍從觀其運筆，道隱未嘗回顧，旁若無人。畫畢，王贈之十縑，置僧堂前，拂衣而去。他皆放此。今緜竹縣山觀寺多有畫壁，現存。

禪月大師

禪月大師，婺州金溪人也。俗姓姜氏，名貫休，字德隱。天復年入蜀，王蜀先主賜紫衣師號，師之詩名高節，宇內咸知。善草書圖畫，時人比諸懷素。師閻立本畫羅漢十六幀，龐眉大目者，朵頤隆鼻者，倚松石者，坐山水者，胡貌梵相，曲盡其態。或問之，云：

「休自夢中所覩爾。」又書釋迦十弟子，亦如此類，人皆異之，頗爲門弟子所寶。當時卿相皆有歌詩，求其筆唯可見而不可得也。太平興國年初，太宗皇帝搜訪古畫日，給事中程公羽牧蜀，將貫休羅漢十六幀爲古畫進呈。

禪月大師應夢羅漢歌

僞翰林學士　歐陽炯

西嶽高僧名貫休，高情峭拔陵清秋，天教水墨畫羅漢，魁岸古容生筆頭。時幀大絹泥高壁，閉目焚香坐禪室，忽然夢裏見眞儀，脫下袈裟點神筆。高握節腕當空擲，窣窣豪端任狂逸，逡巡便是兩三軀，不似畫工虛費日。怪石安排嵌復枯，眞僧列坐連跏趺，形如瘦鶴精神健，骨似伏犀頭骨粗。倚松根，傍巖縫，曲錄腰身長欲動，看經弟子擬聞聲，瞌睡山童欲成夢。不知夏臘幾多年，一手搘頤偏袒肩，口開或若共人語，身定復疑初坐禪。案前臥象低垂鼻，崖裏老猿斜展臂，芭蕉花裏刷輕紅，苔蘚文中暈深翠。硬節筇杖矮松牀，雪色眉毛一寸長，繩開梵夾兩三片，線補衲衣千萬行。林間落葉紛紛墮，一印殘香斷煙火，皮穿木屐不曾拖，筍織蒲團鎮長坐。休公休公逸藝無人加，聲譽喧喧遍海涯；五七字句一千首，大小篆書三十家。唐朝歷歷多名士，蕭子雲兼吳道子，若將書畫比休公，只恐當時浪生死。休公休公始自江南來，入秦于今到蜀多交親，詩名畫手皆奇絕，覷你凡人事事精。瓦官寺裏維摩詰，舍衞城中辟支佛，若將此畫比量看，最是人間爲第一。

張詢

張詢者，南海人也。爰自鄉薦下第，久住帝京，精於小筆。中和年隨駕到蜀，與昭覺寺休夢長老故交，遂依托焉。忽一日，長老請於本寺大慈堂後留少筆蹤，畫一堵早景，一堵午景，一堵晚景，謂之三時山，蓋貌吳中山水頗甚工。畫畢之日，遇僖宗駕幸茲寺，盡日歎賞。王氏朝，皇太子簡王欲要遷於東宮，爲壁泥通枋移損不全，乃寢前命，今現存。

宋藝

宋藝，蜀人也。攻寫眞。王蜀時充翰林寫貌待詔，模寫大唐二十一帝聖容及當時供奉道士葉法善、禪僧一行、沙門海會、內侍高力士於大聖慈寺玄宗御容院上壁，今現存。

李壽儀

道士李壽儀者，邛州依政人也。壯年慕道，於本縣有德觀爲道士，齋醮之外，專精畫業，人呼爲李水墨。多畫道門尊像，往來青城山丈人觀，宗師張素卿筆法，每點簇五嶽四瀆部屬，歸家習學之，如此數年。簡州開元觀有張素卿畫十二仙君一堂，乾德四年遭火所焚。廣政中壽儀往彼焚香齋潔模寫，將歸邛州天師觀西院上壁。其畫但窮精粹，筆力因於素卿，神彩氣韻，有過時流。一堂六堵，現存。

僧令宗

僧令宗，丘文播異姓弟也。攻畫山水人物、佛像天王。今大聖慈寺三學院下、經樓院下兩畔四天王兩堵，放生池揭帝堂內六祖，並令宗筆，現存。

丘文曉

丘文曉，播弟也。攻畫花雀人物佛像。今淨衆寺延壽禪院天王、祖師及諸高僧、竹石花雀二十餘堵，廣政癸卯歲文曉與僧令宗合手描畫，今現存。

有畫無名

大聖慈寺六祖院羅漢閣上，峨嵋山、靑城山、羅浮山、霧中四堵，中和年畫，不留姓名。評妙格中品。

三學院舊名東廚院，門兩畔畫東北二方天王兩堵。王蜀先主修改後，移在院內北廊下，亡失姓名。評能格上品。

多寶塔下南北二方天王、彌勒佛會、獅子國王、菩薩，普賢閣外北方天王：不記畫人名姓。評能格中品。

聖壽寺東廊下維摩詰堂內，畫居士方丈花竹芭蕉、山水松石、風候雲氣三堵，景福年畫，不留姓名。評能格中品。

昭覺寺大悲堂內四天王兩堵，堂外觀音一堵，寺門後兩畔東西天王兩堵，並中和年畫，不知畫人名姓。評能格中品。

無畫有名

益州學館記云：「獻帝興平元年，陳留高眹爲益州太守，更葺成都玉堂石室，東別創一石室，自爲周公禮殿。其壁上圖畫上古盤古李老等神，及歷代帝王之像，梁上又畫仲尼七十二弟子、三皇以來名臣。」耆舊云：「西晉太康中，益州刺史張收筆古有益州學堂圖，今已別重妝，無舊迹矣。劉瑱。齊永明十年成都刺史劉悛，再修玉堂禮殿，靈宇嚴肅。悛弟瑱，性自天眞，時推妙手，畫仲尼四科十哲像，并車服禮器，今已重妝別畫，無舊蹤矣。」

辥少保者，名稷，天后朝位至太子少保，文章學術，名冠當時，而好圖畫。畫品錄云：「祕書省有辥少保畫鶴，時稱一絕。」又聞蜀郡多有公畫，盧求成都記云：「府衙院西廳，少保畫鶴與靑牛，幷少保自眉州司馬遷移文記。」今改舊制，無畫蹤矣。

王宰者，大歷年家于蜀川。善畫山水樹石，意出象外，故杜甫歌云：「十日畫一水，五日畫一石，能事不受相促迫，王宰始肯留眞跡，壯哉崐崙方壺圖，掛君高堂之素壁。巴陵洞庭日本東，赤岸水與銀河通，中有雲氣隨飛龍。舟人漁子入浦溆，山木盡亞洪濤風。尤攻遠勢古莫比，咫尺應須論萬里；焉得幷州快翦刀，翦取吳淞半江水。」今蜀中寺觀亦無畫蹤，唯好事者收得，畫品錄定爲妙格。

韋偃者，京兆人也。寓止蜀川，善畫馬，韓幹之亞也。故杜甫歌云：「韋侯別我有所適，知我憐君畫無敵；戲拈禿筆掃驊騮，欻見騏驎出東壁。一匹齕草一匹嘶，坐看千里當霜蹄，時危安得眞致此，與人同生亦同死。」蜀中寺觀亦無筆蹤，唯好古者收得，畫品錄定爲妙品。

浣花龍興寺，成都記云：「本正覺寺內有前益州長史臨淮武公元衡，幷從事五人，具朝服繪于中堂。」淳化五年兵火後，無畫蹤矣。

成都記云：「府衙西北前益州五長史眞，李太尉德裕文記。」今無畫蹤，唯文字相傳爾。

重寫前益州五長史眞記

益州草堂寺（成都記云，寺在府西七里，去浣花亭三里。）列畫前長史一十四人，（節度使職不帶尹則帶長史，非分貳佐也。）代稱絕跡。余嘗於數公子孫之家獲見圖狀，乃知草堂續事，靡不造眞。昔巖野旁求，徒聞審像；稽山高謝，唯止鎔金。孰若托之丹青，妙畫神照。然楚國祠廟，魯王宮室，暨北邦文翁舊館，皆圖歷代卿相，粲然可觀，唯有慕於前良，曾莫究於形似。與夫年代旣遠，遺像猶存，入虛室而煙霞暫披，拂浮埃而瑤林斯覩。余以精廬甚古，畫壁將傾，乃選其功德尤著五人，模於郡之廳所。追惟二漢臺閣，皆有圖寫，黃霸、于定國，雖宰相名臣，不得在畫像之列；卓子師德行君子，而居功臣之右，今之所取，其在茲乎。采色旣新，光靈可想；儼若神對，吾將與歸。因敍其事，以貽來哲。太和四年閏十二月十八日，劍南西川節度副大使、知節度事、銀青光祿大夫、檢校兵部尚書兼成都尹、御史大夫、贊皇縣開國伯李德裕記。

胡氏亭畫記

檢校尚書、司空員外郎、賜緋魚袋郭圓撰

藝遊而至者，則神傳焉，神傳者，國寶矣。墨妙之於藝，又加貴焉。浮圖惔梁（果）熾，今國力不能迨也。故藝之至者，雖鴻德巨儒，亦伍於工徒矣。唐故宰相辪公稷，畫入神品，以名之重，時加貴之。成都靜德精舍有壁二堵，雜繪鳥獸人物，態狀生動，乃一時之尤者也。吾后帝宇之五年，汙（討）叛帖夷，萬方無事，於是大去蠱人之疾，以浮圖氏爲最，詔走御史監毀域內之祠，凡雲構山峙之宇，一時而壞，百工之名跡隨去焉。胡氏璩文而好古，惜少保之迹不存於鄉，乃操斤挾黨，力剟於頹垔之際，得人三十七頭，馬八足；又於福勝祠獲展氏子虔天樂二十五身，及鄉之名工李氏感天樂十二色，皆神傳異跡，陷于茅亭之壁，長者之車，益滿門矣。任愚子若缺時寓蜀，壯君好事之心，亡於壓覆，於是染醉亳紀其始於石。會昌五年五月三日記。今壁無舊迹，惟存石記在三學山廨院東北。此院是胡璩宅。

益州名畫錄卷下終

書評

〔郡齋讀書志〕益州名畫錄三卷，皇朝黃休復纂。唐乾符初至宋乾德歲，休復在蜀中，目擊圖畫之精者五十八人，品以四格云。

〔直齋書錄解題〕益州名畫錄三卷，江夏黃休復歸本撰。中興書目以爲李畋撰，而謂休復書今亡。案此書有景祐三年序，不著名氏，其爲休復所錄明甚。又有休復自謂後序，則固未嘗亡也。未知題李畋者，與此同異。案文獻通考有益州名畫錄三卷，載陳氏之言，此本脫去，今補入。

〔四庫全書總目提要〕益州名畫錄三卷，宋黃休復撰，前有景德三年李畋序，稱江夏黃氏休復，字歸本，通春秋學，校左氏公穀書，鬻丹養親，游心顧陸之藝，深得厥趣。考休復別有茅亭客話，陳振孫書錄解題亦不詳其里貫，但以所言多蜀事，又嘗著成都名畫記，疑爲蜀人，則此書一名成都名畫記。而舊本與茅亭客話皆未題里貫，故振孫云：「然今本皆題江夏人，疑後人以畋序補書歟。」然畋序作於宋初或沿唐五代餘習題黃氏郡望亦未可知，未必果生於是地也。所記凡五十八人，起唐乾元，迄宋乾德，品以四格：曰逸，曰神，曰妙，曰能。其四格之目，雖因唐朱景元之舊，而景元置逸品於三品外，示三品不能伍，休復此書，又躋逸品於三品上，明三品不能先，其次序又復小殊。逸格凡一人，神格凡二人，妙格上品凡七人，中品凡十人，下品凡十一人，而寫眞二十二處，無姓名者附焉。能格上品凡十五人，中品凡五人，下品凡七人，而有畫無名，有名無畫者附焉。其大聖慈寺六祖院羅漢閣圖畫，休復評妙格中品，而列能品之末，不與寫眞二十二處一例，非妙字誤刊，則編次時偶疎也。畋序又稱：「益都自唐二帝播越，諸侯作鎭，畫藝之傑者多從遊而來。」故是編所集，皆取其事蹟之係乎蜀者，而不盡爲蜀產。考鄧椿畫繼稱：「蜀道僻遠，而畫手獨多於四方。」李方叔德隅齋畫品，載蜀筆居半云云，則休復之詳錄益州非誇飾矣。其書敍述頗古雅，而詩文典故，所載尤詳，非他家畫品泛題高下，無所指據者比也。書錄解題又稱：「中興書目以爲李畋撰，休復書今亡。此書有景德三年序，不著姓名，而敍休復所錄明甚。又有休復自爲序，則固未嘗亡也。」云云，據其所說，則別本但題李畋之名，不以序文出李畋，今本直作畋序，又與宋時本不合，然諸刻本皆作畋序，故姑從舊本，仍存畋名焉。

〔鄭堂讀書記〕益州名畫錄三卷，宋黃休復撰，四庫全書著錄，崇文目、讀書志、書錄解題、通考、宋志俱載之。唯宋志作李畋撰，本于中興書目，見陳氏引，蓋誤以景德三年作序之李畋爲撰人，猶何超晉書音義之誤楊齊宣也。歸本以益都多名畫，富視他郡，故自唐乾元初至宋乾德間，圖畫之尤精，取其目擊者五十八人各爲列傳，品以四格。曰逸格，曰神格，又曰妙格，曰能格，則各以上中下三品分隸，其例與朱景元唐朝名畫錄同。其移逸格于神格前，則又小異。蓋朱氏以逸品居三品外，是錄以逸格居三格上也。其書博而有倫，體而不亂，學者觀前賢之逸軌，自後考是錄之四格，則思過半矣。

〔善本書室藏書志〕益州名畫錄三卷，江夏黃休復纂，前有景德三年五月虞曹外郎李畋序，自李唐乾元初至皇宋乾德歲，其間圖畫之尤精，取其目所擊者五十八人，品以四格，離爲三卷，命曰益州名畫錄。

〔余紹宋書畫書錄解題〕是編所錄凡五十八人，分逸神妙能四品，與朱景玄唐朝名畫錄略同。而逸神兩種俱不分等，逸品只取一人，神品取二人，亦云審愼矣。書畫品目，自謝赫以來，因革損益，不外此四端，然此四品界說，以前諸書，俱未言及，至此編卷首，始爲論定，此後亦更無異議矣。諸人並系小傳，傳內所述，皆及繪事，其畫蹟存亡皆著於錄，彌足徵信。前有李畋序，與宋本不合，四庫已有辨說。益州當五季時，圖畫極盛，敍述者尙不止黃氏一家，郭若虛圖畫見聞志敍諸家文字篇，中有辛顯益州畫錄，惜其書已亡，未知以校此編得失如何也。

作者事略

黃休復，宋初人，籍貫未詳。李畋序稱爲江夏黃氏，近人沔陽盧氏刻湖北先正遺書，曾收其茅亭客話、郡齋讀書志，僅言唐乾符初至宋乾德歲，休復在蜀中，亦未言爲何許人。中國人名大辭典，亦係採錄李氏序中所敍者。待考。

益州名畫錄校勘記

益州名畫錄卷中脫訛之處，較各書爲多，四川存古書局刻本後有羅元黻勘誤記，據圖書集成藝術典及王氏畫苑兩本校補訂正多處，並稱精當。余復依百川學海及函海兩本再校之，從知百川學海本與圖書集成本大致相同，函海晚出，與存古書局本爲近，自是當時蜀中通行之本。此於羅氏勘誤記仍附書後，惟於羅氏用大字標出字句，而用小字注人名於下之格式，殊覺尋檢費力，不甚淸醒，今特爲改正，先提人名，下記字句，以便對照。至余據百川及函海兩本所校各字，列於各條之後，標〇按字號以示區別。

于安瀾識

序——「今可觀者十二三焉」。觀明王世貞畫苑本名畫錄作覿。據改。〇按百川學海本作覿，函海本作觀。

「至蜀都名畫之存忘」圖書集成藝術典（以下均省稱藝術典）引作亡，據改。〇按百川學海本與函海本並誤作忘。

品目——藝術典目錄作品目。據改。〇按百川學海本亦作品目，函海本缺。

「類運斤於斫鼻。」斫作研，藝術典作斫。據改。〇按百川學海本亦作斫。

「形象生功者。」藝術典同，但功字疑動字之誤。俟考。○按百川本亦作功。

卷上

孫位——「其孰能與於此邪」。熟、孰雖古通，此當作孰。○按百川本、函海本均作熟。

趙公祐——「海例除毀」。藝術典海作一，並存。○按百川本亦作一，函海本作海。「天資神用」。藝術典同，但用字疑雋字之誤。俟考。○按百川函海兩本並作用。

「用筆最向」。向，藝術典作尙。據改。○按百川本亦作尙，函海本作向。

陳皓——「一日氣韻生動」。謝赫古名畫錄，運作韻。據改。下同。○按百川本作韻，函海本殘缺。

趙德齊——「羅漢堂□。」堂下脫空，當是上字。○按百川本不空，下緊接文殊普賢；函海本空一字。

張素卿——「在川主譙國夏侯公孜宅」。「老子過沙圖」。藝術典川作州，又過下有流字。據改補。○按百川函海兩本並作川，又沙上亦無流字。「欲賞者久」。欲，當作欣。○按百川函海兩本並作欲。「呂公餘慶□蜀日」。□，畫苑本作鎭字。據補。○按百川本亦作鎭字，函海本空。

李洪度——「會昌前」。前當作年。改正。○按百川函海兩本並作前。

左　全——○按「大中初入於聖壽寺大殿畫維摩詰變相一堵」。百川本作又，函海本作入。據百川本改又。

張南本——○按最後「鸞與荊湖人去」。百川函海兩本同，疑去爲矣之誤。又篇末小註「遭賊搓刼」。搓疑搆之誤。俟考。○按百川函海兩本同搓。

高道興——「光化年高宗勑許王蜀先主置生祠」。藝術典年作中，無高宗字。按光化爲唐昭宗年號，高亦誤字。改正。○按百川函海兩本並作年與高。

房從眞——「王蜀先生」。生當作主。改正。○按百川本作主，函海本作生。

趙德玄——「元」，畫苑本作玄。據改。○按百川本作玄，函海本作元。「昔武帝博雅好古」。藝術典武上有梁字。據補。○按百川函海兩本均無梁字。

常　粲——「悟達國師知元」。元，畫苑本作玄。據改。○按百川本作玄，函海本作元。

常重胤——「內樞蜜使田匡禮」。「爛梁摧之外」。「並重允筆」。蜜，當作密。匡，避宋諱缺筆。允，當作胤。改正。藝術典爛上有屋字。據補。○按百川本作密、匡、胤。又爛上無字。函海本作密；匡，缺筆；爛上無字。

又「後移在龍興觀□□院」。「大聖慈寺□善院」。龍興觀下原缺二字，大聖慈寺下缺一字。畫苑本作天寶院、興善寺。據補。○按百川本均不空，同畫苑本；函海本空。

黃　筌——「厚禮見重」。藝術典作「厚見禮重」。據改。○按百川本同藝術典、函海本同存古本。「竟將厚禮請畫鶴圖」。竟當作競。改正。○按百川函海兩本同作竟。「御座几按」。按，當作案。改正。○「女畫畢矣，其精彩則人過之」。「因廣聖謨」。畢矣，畫苑作逼眞；人作又；模作謨。據改。○按歐陽烱記，百川本缺，函海本同存古本。

卷中

李　昇——「爲箱篋」。下脫一字，藝術典作珍。「彭州至德山一堵」。山下有圖字。據補。○按百川本亦作珍，函海本缺。又百川函海兩本下均無圖字。

張　玄——元同前作玄。據改。○按「聲跡赫然」。赫，百川函海兩本並作喧。「吳起吳棟」。藝術典棟作暕。據改。○按百川函海兩本並作棟。

蒲師訓——「長興年」藝術典長興上有後唐莊宗四字，但長興乃明宗年號。補正。○按百川函海兩本均無。又按「王蜀先主」。主，百川本作王，函海本作主。

趙忠義——「以母指剜鬼睛」。母，藝術典作拇。據改。○按百川函海兩本並作母。又按「德玄子也」。百川本作玄德。誤。函海本作德元。

黃居寀——「取在庫秋山圖入角」。角疑用字之誤。俟考。○按百川函海兩本同角。「經月方畢工」。存古本月誤作方。依百川函海兩本改正。「徐光溥秋山圖歌」「高位向背無遺勢」。全唐詩位作低。據改。○按百川本無秋山圖歌，函海本亦作位。

張玫——「鉛華姿能」。「議者此之張萱之儔也」。藝術典能作態，此作比。據改。○按百川本作態、比。函海本與存古本同。

呂嶤——「及工波利眞」「已在多寶塔下畫境」。藝術典工作王，境作竟。據改。○按百川本作王，但竟仍誤作境。函海本與存古本同。

孔嵩——「一名京」藝術典京作景，並存。○按百川函海兩本均作景。又小註「此赤烏是具大帝年號」。具大帝當作吳大帝。改正。○按百川本作「此赤烏是吳太祖年號，非魏武帝」。函海本與存古本同。

石　恪——「經閣院玄女堂」（羅未註明，當係玄字，係據藝術典改。）○按百川本有玄字，函海本作元。

杜宏義——「友行道高僧」。藝術典友作及。據改。○按百川本亦作及。函海本與存古本同。

杜敬安——「賜金魚袋」。藝術典賜下有紫字。據改。○按百川函海兩本均無紫字。

蒲延昌——「遂畫師子一圖獻通進王昭遠」。「金陵延作寺」。「故頭曰辟邪」。藝術典師子下無一字，昭遠上有時字，作作祚，頭作名。據改補。○按百川函海兩本均有一字。又王昭遠上均無時字。又百川本作延祚，函海作延作。又兩本均作頭。又「密懸寢堂之內」。百川函海兩本均有密字。

趙　才——「廣政年才與蒲師訓父子較敵」。藝術典年作中，子父作父子。據改。○按百川本與存古本同。

阮維德——「子父同時入內供奉」。○按百川函海兩本與存古本同。依前改爲父子。「竟請維德畫川樣美人」。竟當作競。改正。○按百川函海兩本並作竟。

楊元眞——「兼善妝鑾」。藝術典作鸞。按大明會典有妝鑾匠，鑾鸞雖字異，其實同也。並存。○按百川函海兩本並作鑾。

眞二十二處——「杜相國琮」。新唐書本傳琮作悰。據改。○按百川本無後各目，函海本同作琮。

卷下

張景思——「斯之一族」。斯，畫苑本作思。據改。○按百川本亦作思。函海本作斯。

滕昌祐——「時呼勝書」。勝，畫苑本作滕。據改。「蓋唐時陸果劉裦之類也」。按唐沙門彥悰後畫錄有劉裦，善鳥雀，無陸果，殆卽梁之陸杲。因杲果形近而誤。○按百川函海兩本均作滕。陸杲三本同。

姜道隱——「人皆呼爲木柔頭」。藝術典作猱頭。殆離從犬偏旁而誤爲木柔耶？並存。○按百川函海兩本並同。又存古本脫柔字。

禪月大師——應夢羅漢歌「時幀大綃泥高壁」，「或然夢裏見眞儀」，「悴石安排嵌復枯」，「曲綠腰身長欲動」，「看經弟子擬同聲」，「口問或若共人語」，「硬□筇杖」，「繩關梵夾兩三片」，「皮穿木履不曾拖」，「五七言詩一千首，大小篆字三百家」，「蕭子雲□吳道子」，「覷你凡人事事□」。全唐詩綃作絹。或作忽。悴作怪。綠作錄。同作聞。問作開。硬下有節字。關作開。履作屐。詩作句。字作書。雲下有彙字。事事下是精字。據改補。○按百川函海兩本並作綃。百川本作或，函海本殘缺。並作綠。同，百川本作開，函海本作問。百川本作節，函海本空。百川函海兩本並作關、履、詩、字。雲下不缺。百川本作精。函海本缺。

丘文曉——「合手播畫」。藝術典播作描。據改。○按百川函海兩本並作描。

有畫無名——「評妙閣中品」。藝術典閣作格。據改。○按百川函海兩本並作格。

無畫有名——「陳留高朕」。華陽圖志朕作眹。據改。

胡氏亭畫□——藝術典畫下是記字。據補。「司空員外郎郭圖撰」。圖畫見聞志作司空員外郎郭圓撰。按唐詩紀事圓會昌中檢校司門外郎爲劍南李固言從事，見聞志所引不誤。據改。「浮圖餤梁熾」。「汙叛帖夷」。梁疑作果。汙疑作討。俟考。「今畫無舊迹」。胡氏亭畫舊迹下畫苑本有「猶存」二字。據補。○按百川本至成都記完，無以下各條。函海本至五長史眞記完，亦無亭畫記。

吳郡丹青志

一卷

明 黃穉登撰

丹青志序

吳中繪事，自曹顧僧繇以來，鬱乎雲興，蕭疏秀妙，將無海嶠精靈之氣偏於東土耶！抑亦流風餘韻，前沾後漬耶！癸亥秋日，臥痾齋居，雨深巷寂，掩扉散髮，展焙所藏名畫，纍纍滿壁。丹鉛粉墨，蒼潤淋漓，竹塢寸煙，花林尺靄，圖石疑雲，寫川欲浪，人鬼奪幽明之奥，禽蟲儼飛蠕之色。於是感名邦之多彥，瞻妙匠之苦心，斷自吳郡，肇乎昭代，援豪小纂，傳信將來。若夫四海遼乎，千齡邈矣，編充簡積，我則不暇。嗚呼！蠅染屏間，孫郎舉手，水鳴牀上，唐帝驚心，刺圖而鄰女捧臏，畫鎖而楣龍歛翼。信天機之玄化，非人工之所逮也。嘉靖癸亥七月，病士王穉登序。

二

丹青志目錄

兩陳君　道復　子正

遺者志 三人

黃子久

趙善長

陳惟允

棲旅志 二人

徐先生

張先生

閨秀志 一氏

仇氏

總二十四人一氏

吳郡　王穉登　撰
華亭　陳繼儒
檇李　高承埏　校

神品志一人　附三人

沈周先生　二沈處士　杜徵君

沈周先生啓南，相城喬木，代禪吟寫；下逮僮隸，並諳文墨。先生繪事爲當代第一，山水、人物、花竹、禽魚，悉入神品。其畫自唐宋名流及勝國諸賢，上下千載，縱橫百輩，先生兼總條貫，莫不攬其精微。每營一障，則長林巨壑，小市寒墟，高明委曲，風趣冷然；使夫覽者若雲霧生於屋中，山川集於几上，下視衆作，眞培塿耳。山輿入郭，多主慶雲庵及北寺水閣，掩扉掃榻，揮染不倦，公卿大夫，下逮緇徒、賤隸，酬給無間。一時名士如唐寅、文璧之流，咸出龍門，往往致於風雲之表。信乎國朝畫苑，不知誰當並驅也！先生父恆，字恆吉；伯父貞，字貞吉。沈貞吉、恆吉二處士，並善丹青。風格明秀，塤篪相映，時謂趙文敏同流。恆吉之畫，師杜徵君。

杜淵孝先生名瓊，字用嘉。明經博學，家貧道尊，貞濟醇和，粹然為邱壑之表。畫亦遒麗，效南唐董北苑。

贊曰：休矣煌煌乎，沈先生之作，集厥大成，其諧金聲而玉振之者歟。二父庭聞，杜公私淑，其有以陶育之也夫，然青青於藍矣。允矣，觀於海者難為水也，處士淵孝，固一勺之多也。

妙品志 四人 附四人

宋南宮先生

宋南宮先生克，字仲溫，長洲南宮里人。書學急就章，得古人之妙。尤善寫竹，雖寸岡尺塹，而千篁萬玉，雨疊煙森，蕭然無塵俗之氣。

唐解元

唐寅，字伯虎，更字子畏，吳郡吳趨里人。才雄氣逸，花吐雲飛，先輩名碩，折節相下，庶幾靑蓮之駕，無忝金龜之席矣。中南京解元，坐事廢，逃禪學佛，任達自放。畫法沈鬱，風骨奇峭，刊落庸瑣，務求濃厚，連江疊巘，灑灑不窮；信士流之雅作，繪事之妙詣也。評者謂其畫遠攻李唐，足任偏師；近交沈周，可當半席。

文待詔先生　文嘉　伯仁

文先生名璧，字徵明，後以字行，更字徵仲。金昌世家，奕葉簪組，弱齡雋茂，蜚聲公卿間，好古篤修，大雅君子。書名雄天下；畫師李唐、吳仲圭，翩翩入室。由諸生薦爲翰林待詔，未幾謝歸，逍遙林谷，益勤筆硯，小圖大軸，莫非奇致。晚歲德尊行成，海宇欽慕，縑素山積，喧溢里門，寸圖纔出，千臨百摹，家藏市售，眞贋縱横；一時硯食之士，沾脂浥香，往往自潤，然慧眼印可，譬之魚目夜光，不別自異也。年齡大耋，神明不凋，斷烟殘楮，篝燈夜作，故得者益深保愛，奉如圭璋。子嘉及猶子伯仁，並嗣其妙。嘉竹樹扶疏，伯仁巖巒鬱茂；若或未見其止，足當赤幟繪林。

張靈　朱生　周官

張靈，字夢晉，家與唐寅爲鄰，兩人氣志雅合，茂才相敵，又俱善畫，以故契深椒蘭。靈畫人物，冠服玄古，形色淸眞，無卑庸之氣；山水閒作，雖不由閒習，而筆生墨勁，斬然絕塵，多可尙者。靈性落魄，簡絕禮文，得錢沽酒，不問生業，嘐嘐然有古狂士之風，爲郡諸生，竟以狂廢。同時有朱生、周官，並攻豪素。官畫人物無俗韻，然過爾纖弱，稍不逮靈；朱生樹石，不減唐寅。今官名猶在人間，而朱遂寥寥，足可弔憫。

贊曰：南宮翩翩俠骨，水墨遊戲；唐畫含英咀華，雕繢滿眼；張雖瓊枝早折，然一鱗一角，要足爲珍；文之蹟直能偏四海，流遠夷，非夫所謂以人重者哉。郎君猶子，綽矣門風，美哉！芝蘭玉樹，秀於階庭已乎。

能品志 四人

兩夏君 太卿 中書

夏㫤，字仲昭，崑山人。由進士歷官太常卿。楷書畫竹，爲當時第一。番胡海國，秉金購求，故當時有「夏卿一箇竹，西涼十錠金」之謠，卽一時寶惜可知矣。余見其所作竹枝，煙姿雨色，偃直濃踈，動合矩度，蓋行家也。文皇甚賞其書，眷顧優渥，緣此得薦。其兄㫤，起自戎伍，爲中書舍人。㫤字孟暘，亦善書。畫學高尚書，蕭蕭有林壑之氣，仲氏有所不逮云。

周 臣

周臣，字舜卿，吳郡人。畫山水人物，峽深嵐厚，古面奇妝，有蒼蒼之色，一時稱爲作者。若夫蕭寂之風，遠澹之趣，非其所諳。

仇 英

仇英，字實父，太倉人，移家郡城。畫師周臣，而格力不逮。特工臨摹，粉圖黃紙，落筆亂眞。至於髮翠豪金，絲丹縷素，精麗豔逸，無慚古人。稍或變軸翻機，不免畫蛇添足。

贊曰：鮫人泣珠，龍驤汗血，文豹變而成錢，山雞吐而爲綬。夫人無技能，是蠶不績而蟹不匡也。兩夏瞻依日月，聲華鵲起；美而未善，所乏天機。周之創境，仇之臨移，雖曰偏長，要之雙美耳。

逸品志 三人

劉僉憲

僉憲劉公珏，字廷美，長洲人。寫山水林谷，泉深石亂，木秀雲生，綿密幽媚，風流藹然。高者攀鱗巨老，庶乎升堂，特未入室耳。書宗李北海，詩格清麗，唐中葉響也。掛冠歸田，卜築秀野，花木玲瓏，號小洞庭。

兩陳君 道復 子正

陳太學名淳，字道復，後名道復，更字復父。天才秀發，下筆超異，畫山水師米南宮、王叔明、黃子久，不爲效顰學步，而蕭散閒逸之趣，宛然在目。尤妙寫生，一花半葉，淡墨攲豪，而疎斜歷亂，偏其反而，咄咄逼眞，傾動羣類。若夫翠辨紅尋，葩分蕊析，此俗工之下技，非可以語高流之逸足也。出其餘作草篆，幽勝可觀。仲子栝字子正，飲酒縱誕，有竹林之習。畫雖放浪太過，竟非俗流。

贊曰：僉憲風疎雲逸，淸矣遠矣，太學明泉秀壑，翦伐町畦；所謂牝牡驪黃之外者也。子正箕裘不隕，惜未青冰。

遺者志 三人

黃子久

黃公望，字子久，常熟人。洪武中尙在。

趙善長

趙原，字善長，郡人。畫師王右丞。洪武中召對不稱，賜死。

陳惟允

陳惟允，郡人，爲潘左丞客。有壽左丞仙山樓閣圖，此其畫之精絕者也。

贊曰：松漠亂華，中原左衽，二三君子，遭時不淑。趙陳兩生，或嬰鱗喪元，或僞朝俘虜，蠶絲鳥翠，反爲身殃者耶。黃之年躋大耋，樂覩太平，何其幸歟。

棲旅志　二人

徐先生

徐幼文先生名賁，自蜀徙吳。畫山水林石，濯濯可愛。詩名與高啓並，所謂高、楊、張、徐者也。

張先生

張羽，字來儀，由潯陽徙居吳郡。畫法米敷文，好古博雅，文章有聲。

贊曰：兩賢奕奕，雖楚有材，晉實用之，抑亦南國河山之秀，增其模寫耶。

閨秀志　一氏

仇氏

仇氏，英之女，號杜陵內史。能人物畫，綽有父風。

贊曰：粉黛鍾靈，翺翔畫苑，寥乎罕矣。仇媛慧心內朗，窈窕之傑哉。必也律之女行，厥亦牝雞之晨也。

丹青志終

書評

〔陳繼儒妮古錄卷四〕文待詔自元四大家，以至子昂、伯駒、董源、巨然及馬夏間三出入，而百穀丹青志言先生畫師李唐、吳仲圭，此言似絕不知畫者，且亦何以稱待詔里客也。

〔四庫全書總目提要〕吳郡丹青志一卷，明王穉登撰。登字百穀，吳縣人，嘉靖中布衣，事蹟具明史文苑傳。是編所載，神品一人：曰沈周；附三人：曰周之父恆、伯貞，恆之師杜瓊；妙品四人：曰宋克、唐寅、文徵明、張靈；附四人：曰徵明之子嘉、姪伯仁，曰朱生、周官。能品四人：曰夏㫤、夏昺、周臣、仇英。逸品三人：曰劉珏、陳淳、陳栝。遺者三人：曰黃公望、趙原、陳惟允。棲旅二人：曰徐賁、張羽。閨秀一人：曰仇氏。各爲傳贊，詞皆纖佻，以仇氏善畫，爲牝雞之晨，亦可謂不善數典矣。

〔鄭堂讀書記〕吳郡丹青志一卷，明王穉登撰，四庫全書存目，明史藝文志亦載之。前有嘉靖癸亥自序。蓋是歲百穀抱病家居，因取吳中近時畫家，分神品一人，附三人；妙品四人，附四人；能品四人，逸品三人，遺者三人，棲旅二人，閨秀一人；凡二十五人。或分傳，或合傳，每類又爲總贊。所取不無太濫，而行文亦涉纖佻矣。

〔毛慶臻一亭考古雜記〕王百穀丹青志，謂文待詔畫師李唐、吳仲圭，眉公譏其似絕不知畫者。又以劉廷美、陳道復、子正置逸品，而以文先生畫爲妙品，譏其稱量不平。蓋百穀以詩古文擅時名，於畫理原屬門外，因耳食者每求題識，乃依約相承，自命識者，宜爲人不滿矣。

〔余紹宋書畫書錄解題〕四庫列入存目，謂其傳贊詞皆纖佻是也。然亦一時風尚，明中葉以後之文類如是，不僅百穀爲然。獨惜其爲鄉邦畫人作傳，聞見旣眞且廣，所傳之人，又皆卓絕一時，開來繼往，而傳中仍不詳敍其生平畫派及其作法，又不著錄其作品，而徒以墳砌空泛之詞了之，使後人無由資以考證，爲深可歎息也。自明初迄於嘉靖之末，吳郡畫人甚多，此編除遺者棲旅五人而外，僅錄二十人，狹隘至是，而名曰丹青志，亦嫌名實未符。而此二十人中於周臣、仇英輩尚有貶詞，亦覺苛刻。前有嘉靖癸亥自序。

作者事略

王穉登，字百穀，長洲人。四歲能屬對，六歲善擘窠大字，十歲能詩，長益駿發有盛名。嘉靖末遊京師，客大學士袁煒家，煒試諸吉士紫牡丹詩，不稱意，命穉登爲之，有警句，煒召數諸吉士曰：「君輩職文章，能得王秀才一句耶？」將薦之朝，不果。隆慶初復遊京師，徐階當國，頗修憾於煒，或勸穉登弗名袁公客，不從，刻燕市客越二集，備書其事。吳中自文徵明後，風雅無定屬，穉登及徵明門，遙接其風，主詞翰之席者三十餘年。嘉隆萬曆間，布衣山人以詩名者十數，俞允文、王叔承、沈明臣輩尤爲世所稱，然聲華烜赫，穉登爲最。申時行以元老里居，特相推重，王世貞與同郡友善，顧不甚推之。及世貞殁，其仲子士驌坐事繫獄，穉登爲傾身救援，人以是重其風義。萬曆中詔修國史，大學士趙志皋輩薦穉登及其同邑魏學禮、江都陸弼、黃岡王一鳴，有詔徵用未上，而史局罷。卒年七十餘。子留，字亦房，亦以詩名。明史文苑傳

四

吳郡丹青志校勘記 陳氏寶顏堂秘笈本 用廣百川學海本、續說郛本校

序——續說郛本至「我則不暇」止，無以下句。「非人工之所逮也」，工，廣百川本誤作上，從陳本。

目錄——廣百川本後有「總二十四人一氏」，據補。

神品志——贊詞「其諧金聲而玉振之者歟」。諧，陳本誤作諸，改。「青青於藍」，下青字廣百川本作出。

妙品志——「宋南宮先生克」，廣百川本無南宮二字。「雨疊煙深」，深，陳本作森，依廣百川本改深。

文待詔「斷煙殘渚」，渚，廣百川本改楮。「若或未見其止」，若，廣百川本作雖。

張靈「瓊玖早折」，玖，廣百川本作枝。「流遠夷」，夷，廣百川本缺。

能品志——夏昺「番胡海國」，胡，廣百川本缺。「眷顧優渥」，優，廣百川本作隆。

仇英——「稍或變軸翻機」，變，廣百川本作改。

逸品志——劉僉憲「詩格清麗」，麗，廣百川本作逸。

六

海虞畫苑略

二卷

清 魚 翼 撰

海虞畫苑略序

古之士，逃名於山谷，以筆墨爲性命；今之士，求名於要津，以筆墨爲贅疣，何相戾之遠也。蓋樂乎此者，乃能忘乎彼；而慕乎外者，必至遺其內矣。僚之丸，秋之奕，尙樂之終身不厭，況縱筆潑墨，機與神遇，興會所至，造物爭奇，如僧繇畫龍，道子畫佛，彼且以導引性情，長永歲年，而肯慕乎外耶。吾邑山水之秀，甲於中吳，靈氣所鍾，蔚生人材，仕爲名臣者無論矣，其碩隱鳴高，寄閒情於繪事，雖不過英華外見之餘，而技臻獨絕，要有不可沒者。天池山人魚君振南，負才而隱於市廛，性喜畫，善鑒別古蹟眞贋，構小樓一楹，藏古今人畫，頗夥皆精。與楊西亭、馬棲霞素善，二君之畫尤多，苟非樂乎此而深信篤好，焉能致是？今出其所輯海虞畫苑略見示，益徵其篤志好古，綆長汲深，先哲風徽，指掌可覩，裨益後學之耳目，良非淺尠。惟是吾虞山水之秀，不減於古昔，而筆墨擅長者，遠不逮曩時，豈賦稟之有殊耶？抑外慕者多，而逃名者尠也。魚君望古遙集，手泐是編，以闡揚前烈之盛心，寓慨歎末俗之微旨，其用意遠矣。同里寒靑居士許行健撰。

虞山僻在海濱，而詩畫之盛，甲於江左。顧詩自錢馮以前，未見有卓然成家，爲當世所宗者；而畫則有元四大家，中推黃子久爲冠，自此挾轂而起，世不乏人。蓋畫之開其端也，實先於詩三百年，吸淸煦榮，濫觴獨早，此其所以尤盛耳。同里魚翁天池，以廉吏子孫，而修行立名，不墜家風。生平無他嗜好，唯以畫自娛，所居臨街小樓，收藏古今名跡甚夥，俗子請觀者，輒拔梯不令上，有吾子行之風。暇日集邑中善畫者，自子久以下共得若干人，人撰小傳，以識其凡，名曰海虞畫苑略，鑒賞精，敍次賅，品題當，蓋櫟園讀畫錄之匹也。書未告竣，而翁卽世，令子虞巖續成之，雖小小撰述，而亦姚氏之有思廉焉，洵可謂善繼志者矣。余近者亦有海虞詩苑之輯，意存矜愼，非確然可傳者，不輕入也。而魚氏之書，則以發潛闡幽爲主，故筆墨粗具，便得載入，其用意良厚，有非余所及者。抑余嘗病吾邑之詩，好盡好纖，而未臻絕詣，曾爲今侍郎長洲沈公言之，公深歎爲知言。及觀吾邑之畫，往往能濃而不能淡，能密而不能疎，能近而不能遠，其坐病正與詩等。豈其地之山水秀麗攢簇，無虛無飄渺之觀，無空濛歷落之趣，故發爲圖繪，亦囿於風氣耶。然蕭疎如漁山，淡遠如尊古，已能自闢畦徑，而能脫去吾邑故習矣。獨詩歌一道，未見有能自樹立，破錢馮兩家之範圍，而進於雋永超絕者，故因序畫苑而牽連及之，亦庸以致望於後來之秀云爾。時乾隆戊辰秋八月，柳南居士王應奎拜手題。

二

古人畫各有淵源，如禪家之分南北宗，衣缽授受，不相淆亂，非此則爲旁門外道，直野狐耳。以余所見顧長康女史箴圖，祇畫人物不布景，長康楷書箴於圖上，宋思陵御書馬和之畫幽風圖倣此；王摩詰雪霽捕魚圖，峯巒但勾輪廓，不皴染，今畫家凡雪景層皴疊染，欵必落仿右丞筆；至李營邱畫，世藏者僅讀碑圖一軸，碑中書「李成畫山水，王曉畫人物」，兩行十字，近畫家動輒書摹李營邱法，豈知當米海嶽時，已有無李論行世，拍聾導瞽可笑也。余往在郡城，耕煙老人過余寓齋，同憩閒顧翁與樂全吳翁講論法書名畫，種種眞蹟，鑒賞收藏家流傳寶玩，如渴思飲，如飢思食，或餅金懸購，或巧取豪奪，究之與衰不定，聚散靡常，俯仰今昔，諸老停盃放筯，不禁感慨系之矣。天池魚翁依櫟園周司農畫人傳例著海虞畫苑略示余，余故述所見所聞，書之卷末。若夫恐藝苑之湮晦，表前賢於汗簡，則寒青先生與翁自敘言之詳矣，余又何多焉。同里恕醉弟孫翼飛識。

海虞畫苑略自序：

余性鄙樸無所好，而獨好畫，邑中若石谷、西亭，名重天下，漁山、棲霞，卓絕一時，固素所景仰，其餘各擅所長者，指不勝屈。暇日過從，流連茶話，閒觀其解衣盤礴，落筆點染，意愜飛動，往往爲之叫絕。歲月逝矣，追念少時游好，多爲異物，觸目有山陽之感，故稍詮次其梗概，以誌不忘。自元以來，名家輩出，取冠首簡，以識典型；遊寓、方外、閨秀，均各附見。噫！海疆僻地，翰墨如林，鍾毓才華，蔚乎盛矣，但恐見聞不廣，在前代不無遺漏，卽本朝亦搜羅未盡，故僅稱海虞畫苑略云。乾隆十年乙丑春三月，天池山人魚翼識於閒止樓，時年七十有一。

海虞畫苑略總目

海虞畫苑略姓氏目

張端　顧叔潤　李傑

桑榮　楊廷端　朱士謙

沈某　吳麟　繆元吉

龔立本　李子安子文奎　孫躍　嚴訥

王伯臣子載仕　周之冕　陸昞

趙固　葛溍　蘇先

瞿汝臣　陳某　沈春澤

戈汕　王維烈　張季子儒

張維　徐崍　陸瑞徵

王訪趙欽　瞿式耒　王復昌

錢某　王錫綬　嚴栻姪某

陳煌圖　張繼儒　顧言

沈崙

國朝五十七人附見二十一人

何適 溫裕 宋能　陳帆　侯服 孫冕
錢朝鼎　陳岷　孫繼謨
邱園 姪崧　吳歷　許山 子嶼 永
張延年　汪儒 子泗 維　馬眉 子元馭
楊翥　徐甡　顧文淵
徐稷　王鞏 子疇　徐蘭
余珣　周愷　汪淇
黃彭 子逵 逸　徐方 子鎭　張道浚
虞沅　尤存　沈龢
張珂 子晞 孫韶　王譽昌　楊岫
黃向堅　馮行貞　蔡遠
楊晉 子亭　張遠　彭睿
柯琬　祝芑　唐衮 子伸 俊
榮林　姚匡　徐新

王　烈子畯　　許從龍姪國延　　蔣廷錫

江　聲　　錢　艮　　黃　鼎

錢希仲　　鄒元斗　　袁　溥子椿

吳　山　　沈　峯　　張　景

高　培　　譚　嶸　　戴　樸

游寓

明七人附見一人

吳　偉　　李流芳　　朱治憪

程嘉燧　　宋　珏　　歸昌世子莊

吳　拭

國朝三人附見一人

顧　厚　　汪　癡　　李　檪劉某

方外

國朝五人

釋雪坡　釋嵒　釋恆
釋古　釋照
閨秀
明二人
王垛　翁孺安
國朝五人
瞿覲至　陳璘　吳綃
吳筠　盧璘
校書
國朝一人
文英

三

海虞畫苑略

檮叟魚翼輯

元

黃公望　字子久，號大癡，又號一峯老人，家於小山下。後遊西湖，愛其山水，遂結廬笴箕泉。晚入富春山，年八十六乃終。公望天資孤朗，博極羣書，畫軼關仝，爲有元四大家之冠。嘗於月夜棹孤舟，出西郭門，循山而行。山盡抵湖橋，以長繩繫酒瓶於船尾，返舟行至齊女墓下，牽繩取瓶，繩斷，撫掌大笑，聲振山谷，人望之以爲神仙云。

王　珪　字君璋，博覽載籍，好鼓琴，善畫。嘗以異材辟，辭不赴。得凝神養氣之術，注道德經，撰養生、還原、奧旨等集。築室虞麓，曰「中陽丹房」，因號中陽老人。晚年辟穀，壽九十餘。

謝伯成　筆法俊逸，得北苑遺則。楊廉夫嘗爲題瀑布圖，極嘆賞之。

繆　佚　字叔明，能詩善畫。嘗寫林塘圖，倪雲林、楊廉夫輩並題詠焉。

謝庭芝　字仲和，號雪村，家任陽。工詩善書，畫山水竹石，並臻神妙。

張彥材　工寫照，嘗與楊鐵厓遊。子子明，字蘭雪，號大頑老癡，又號雪山道人，畫山水能世家學，永樂中詔至京，名播公卿間。

湯有吉　工寫生。

明

顧囦　字子囦，至正末嘗爲海道萬戶，洪武初遁跡北山，以繪事自娛。每見佳山水及奇樹怪石，輒注目凝神，輿至縱筆，曲盡其變。初師董源，後出入諸家，尤工設色。號半癡老人。

張宏儒　工畫馬，法趙松雪。

陳珪　字伯圭，號蓍庵，元大孫。不希仕進，好畫山水，得二米法，頗自矜貴，不輕與人。嘗曰：「畫者，無聲詩也，寫自家意思而已。」居邑之河西。子允文，字永文，號寶齋。有隱操，亦善寫生。

張緒　字廷瑞。姿容豐秀，居鄉校，有才名。膺薦爲會昌侯府教授，畫竹匹夏太常。

盧景春　字以和，號燕居。淸修遠俗，居城西，繞屋種梅，以林逋自況。善寫翎毛，梅竹尤佳。

金黼 字用文，自號竹泉生。嗜吟咏，善畫山水，而梅蘭竹石，更有幽致。

朱琪 字孟祺，號拙庵居士。山水兼諸家所長。子佐，字廷輔；次子侃，字廷直，精人物。佐子蒙，亦以畫名。

范禮 字宗嗣。工畫山水，私淑馬遠。

蔣宥 字朝恩。儀觀淸雅，善畫人物，時推高品。巡撫朱瑄薦入京，館閣鉅公皆延致之。有詔圖御容，羣薦宥，宥以草野辭焉。

瞿杲 字炳暘，世居五渠。性坦率，嗜酒落拓，自號醉魚。工畫花鳥，於蘆雁稱神品。錢祖、蕭完，皆其入室弟子。

周庸 字叔常。善畫山水，工吟咏。

陸履謙 字道卿。精繪事，山水尤佳。

張翬 字文翽。山水宗馬夏，年九十二，猶揮灑不倦。李夢陽題其畫云：「張翬有名成化間，大塗小抹成山水，樹石燥硬筆意古，往往人間落片紙。」

王鳳 字舜儀。學畫於蔣供奉，畫得其祕。

孫艾 字世節，號西川，風流儒雅，以任俠聞。父官吏部，累貲鉅萬，西川周人急，揮斥殆盡。畫師石田翁，嘗爲翁寫照，翁自題有「瘦影任君描寫去，百年草木要相思」之句。與文徵仲、吳原博、皇甫子循兄弟輩友善。晚以子貴，封繕部郎。

鄧　歔　字文度，號梓堂，正德丁卯舉人。通經博古，詩文之外，兼工山水，頗秀潤。年八十八而卒。子廷薦，字臺山，善承家學。

陸　文　字汝學。性不耐俗，聞叩門聲，輒逸竹林中。善飲，醉則拈小詩寫意，有閑居一絕云：「薜蘿垂蔓柳垂絲，長日陰陰午色遲；叮囑小童休報事，先生堂上看陶詩。」可想見其風致矣。畫師石田翁，得淋漓瀟宕之趣。

錢仁夫　字士宏，號東湖。宏治己丑進士，任都水主事，逆瑾專政，遽引疾歸，放情詩酒，尤工山水竹石。性好客，名流如沈石田、俞民度輩，時往來其家。著作甚富，納其稿於生壙中，名曰詩冢。卒年八十五。

陳　寰　字原習，號琴溪，正德辛未進士，選庶吉士，入翰林。丰神秀朗，彈琴作畫，觸手便工。又善大書。會母譚淑人喪，寰自繪其像，兄祭時典蜀，奔歸，望而號拜曰：「我母儼在也。」寰後遷南京國子祭酒，致仕。

王舜耕　字于田。與弟舜漁，同榜進士，歷仕御史，巡理鹺政。暇則從事筆墨，工寫山水，蒼老挺拔，仿米尤爲神似。李文安傑有題舜耕畫「七古，爲王太守屬」，其詩曰：「遠山蒼蒼近山綠，山下溪流浸寒玉，煙景溟濛晝不開，一片丹靑圍霧縠，連岡沓沓接孤村，芳樹依依帶平麓，石崖路斷小橋通，高隱誰知結茅屋，居人鮮少游人稀，頗覺幽深類盤谷。王谷筆跡誰能如？位置仿佛高尙書，想當盤礴恣揮灑，胸次直與造化俱。江南風景奇絕地，隨手寫入生綃圖，東萊太守好事者，珍重何啻同珊瑚，黃堂政暇時一覽，恍若置身山水區。我家舊在吳中住，探山釣水都成趣，玉堂十載受君恩，未許翩然拂衣去。松風蘿月久無緣，布襪靑鞋空有具，還君此圖三嘆吁，與在雲山最深處。」

郁勳　字元績，宏治丙辰進士，知華容縣。工畫花鳥，何市管氏藏有勳寫歲寒圖挂幅，老梅寒雀，佐以水仙、山茶，筆致秀發，絕類周少谷，而丰神較勝。

錢復　五渠人，淸逸不羈。畫師董源，入能品，亦善書。

桑琳　字廷貴，宗道孫，居穿山。履行任眞，博涉文史，畫筆淸美。著有蔗卿雜詠、鶴溪集。

秦澄　字叔裕，任都察院照磨，陞紹興府經歷。善畫。

張端　字廷端，號肯堂，官中書舍人。善寫竹石山水，平遠有逸致。

顧叔潤 能詩，畫山水宗盛子昭。

李 傑 字世賢，石城里人，少凝重，長就學，日記千言，年十七領鄉薦，成化丙戌進士，官至禮部尙書，拂劉瑾意，致仕，歸，卒，加贈太子太保，謚文安。詩文淸簡，畫筆遒逸，書法米黃。初號雪樵，又曰石城居士。

桑 榮 字文耀，邑諸生，玘之子。性嗜竹，時畫竹以抒情，有詩曰竹窗集。

楊廷端 數試於鄉不利，壯遊京師，一時若孫太傅、袁錦衣輩，慕其才藝，爭迎致之。每酒酣，輒寫竹石。

朱士謙 畫人物，設色佳妙。

沈 某 字蘆洲，居沈浜。工畫山水，與石田友善，其筆致亦酷似石田。

吳 麟 字瑞卿。性溫愼，善淸言，工花卉，遊石田翁之門。宏治丙辰春，麟寫牡丹于妙智庵，翁賦詩紀事：「雨晴風晴日杲杲，趁此看花花更好；澆紅要盡三百觴，請客不須辭量小。野僧裁蒼要客到，急掃風軒破淸曉；知渠色相本來空，未必直成被花惱。吳生又與花傳神，紙上生涯春不老，靑春展卷無時無，姚家魏家何足道。」又云：「瑞卿能染折枝如活，興發造此，老人惜春之懷，劇于少壯，不覺其娓娓也。」

六

繆元吉　字伯旋，邑諸生，瞿文懿門人。精繪事，年逾九十，猶能點染云。

龔立本　工傳神。

李子安　善寫眞。子文奎，奎子躍，能世其業。

嚴訥　字敏卿，號養齋。以宰輔乞養歸里，優遊林泉者廿餘年。遊戲繪事，寫花卉有奇致。卒謚文靖。

王伯臣　字鑑如，號劍池。花鳥師崔子西，寫意尤勝。子載仕，字浮玉，號鼎卿，邑諸生，隱居白茅。凡山水、人物、花卉俱擅名。與嚴道時投契最密，酬唱無虛日。晚年結茅桃源澗左。

周之冕　字服卿，號少谷，居東徐市，後寓郡中。寫意花卉，最有神韻，設色亦鮮雅，家畜諸禽，詳其飲啄飛止，故動筆具有生意，王弇州嘗論其畫云：「寫花卉者，無如吳郡，吳郡自沈啓南之後，有陳道復、陸叔平，然道復妙而不眞；叔平眞而不妙，之冕能兼二子之長。」

陸昞　字華甫，居畢澤，因號畢淵生。少從文待詔游，書畫得其逸意。

趙固　字某某，以丹青供奉內庭。萬曆八年，神宗召張居正、張元忭等示宣廟所繪玄兔圖，令賦詩進御，書名於軸，幷許得用圖記，特召周摹副本勒石。

葛　澣　字天民，汝寧太守孫也。承藉貴顯，家有園亭花木之勝，與沈雨若、徐于王比鄰而居，流連文酒。沈徐皆與錢宗伯厚，惟天民未嘗一至其門，人尤重其品。畫宗董巨，沈曜樵極稱之。

蘇　先　字子後，號墨莊，少以新柳詩見賞於錢宗伯。工畫仕女，爲時所重。

瞿汝臣　號古村。畫學右丞。

陳　某　字晼公，居芝川。善畫蘭。

沈春澤　字雨若，號竹逸，參政令吾孫也。工詩，善畫蘭竹，近松雪一派。

戈　汕　字莊樂，號豈庵。能詩，工篆籀。畫石紋松針，皴染細密，無院史習。

王維烈　字无競。少遊周少谷之門，畫得其法，筆致似更蒼拙。

張　季　字季奇，奇之言畸，蓋自以爲畸人云。一目恆睨視，嚬笑舉止間，俱有畫思。早年筆，秀潤可喜，已乃出入宋元名家，及吳中先輩，益變而蒼老微遠。性放誕，好從走馬蹴踘之徒游，富貴好事者招延，第以冷語雜調，使人倒座，更強之作繪事，掉頭去矣。惟遇佳山水會心，觀場興至，然後舐墨伸紙，疎疎點染，生動淋漓，自不可及。若伺其突煙不舉，風雨僵臥，持杖頭往而要焉，則長縑短幅，各厭所求。是其最得意筆也，苟缾有儲粟，畫又有贏錢，輒又傲兀不爲應矣。以故手蹟流傳絕少，人亦莫得而贋之。或日斷炊，以所畫淵明像典於魏孝廉叔子，叔子賦詩遺之云：「先生寧以飢乞食，不肯折腰換五斗；豈知遺照能救飢，乞米無門典五柳。四壁兼挂無絃琴，把菊東籬誰載酒？無酒何以供先生，坐令見笑巾空負。少別終當置酒招，勸影揮杯還和否。」於萬曆庚戌年卒，年四十有一。子一，名儒，字師雅，邑諸生。亦工人物。

張維字叔維，季奇弟。少跳盪不羈，愛暱狎客，一旦折節，閉戶飭修，於是第五之名，奕然畫苑矣。尤耽爲詩，淸新秀逸。顧崎刻自好，願爲古人，重根本，父母兄嫂，四棺纍纍，拮据營葬，撫姪儒，不啻父師。所爲詩酒社，皆單寒孤露士，一與交，不喜近富貴人，稍意輕悻然現面，即有故知間爲道地，勸遊賢士大夫闈，所如輒左。平生寓跡，半在西湖，退則歸於虎邱，所至香燈藥爐之側，手一編自哦。好招集四明勝侶，結客伸歡，忘其身之爲貧旅也。筆墨造請，塡案塞几，疲日夜之心力以應之，坐是日尪削。崇禎改元歲，始卜城隅一椽，置酒高會，喟然曰：「何日得竭吾柔翰，償此宿逋，將息影終老於此。」迨庚午年五十，徧索同人詩曰：「及今贈我，勝於他日哭我也。」

時猶未病，人皆韙其言而傷之。至秋客歸，果卒，得年止此。魏仲雪論贊曰：「蔚矣二張，歷落嶔崎，一狂一狷，庶幾近之。夙世詞客，前身畫師，攸萃一門，煙霧結姿。」

徐崍 字石臣，號長卿，性孤介。善書畫，工山水，筆致蒼潤。

陸瑞徵 字兆登，贛州守化淳子。性好讀書，兼通繪事，所居頤志堂，有柳塘花塢之勝，與兄九來時集名流觴詠，人故以二陸稱之。以明經選江寧學博，後知浙之新城。

王訪 字啓道，鼎之子。性行端和，好畫山水，與趙欽敬夫爲遊侶。欽亦善畫，妙有文辭。

瞿式耒 字起周，文懿孫，留守公從弟。精於繪事，寸縑尺素，人盡珍之。性慧巧，善治屋宇。初入其室，蕭然四壁；牀側庋下，忽啓一戶，則巖壑窈窕，竹木蒨葱，入其中者，咫尺猶迷。客至，每流連詩酒，終日不倦。後任涪州同知，卒於官署。

王復昌 字孚美。花卉翎毛，刻畫入細。

錢某 字壽甫，或云名希之。工詩善畫。僧宗乘有壽甫桃源新居詩云：「寂寂閒原上，幽居面草萊；石佳新洗出，樹好遠尋栽。畫就將詩證，謀身以道栽；過從應未識，籬戶不多開。」

王錫綬 字分符，號養虛。工山水人物，筆意粗拙，另具一種別致。

嚴栻　字子張，晚號髻珠頭陀，文靖公孫。第進士，官職方郎，有文武才。畫山水翛然出塵。姪某，字起商，善畫松，蒼鱗古榦，恍若紙上風濤奔撼也。

陳煌圖　字鴻文，中崇禎壬午副榜，授南京翰林院待詔。入國朝徵山林隱逸，以親老不赴。工詩，善篆隸，間作山水墨梅，亦逸品也。

張繼儒　工畫山水，筆墨蒼潤，峯巒秀峭。鹿阿孫氏藏有巨幅，濃皴細染，叠壑層崖，氣韻藹郁。欵誌古虞張某，本里中張氏舊物，嘗典質庫，主人欲爲乾沒，幾搆訟，孫氏以廿金歸之云。

顧言　字行素，善畫菜，非其人不應也。或日斷炊，乃持幾紙質米，稍盈卽取歸。有富家子以多金購之，堅卻不與，或詢故，曰：「彼素不識此，今耳食我畫耶。」自重如此。

沈崙　字子山，寫山水具蒼潤古雅之致，復工詩。畫矜貴不苟作，傳世絕少。楊穀園贈詩，有「得君一筆畫，掃我十年愁」句。

國朝

何適　字達生，號白石道人，居芝川，顏其齋曰陶庵。少從嘉定李長蘅遊，盡傳其法，獨以畫蘭名于時，寫乾蕊枯葉入妙品。門人溫裕，字子裕，遯跡荒村，以筆墨自娛，所寫蘭竹，瘦勁如之。宋熊，字兆吉，亦得其法。

陳　帆　字際園，號南浦。性狷潔，篤學好修。山水師梅道人，與詩書稱三絕。

侯　服　字伯陽，工畫蘆雁，孫冕，字服周，亦工花鳥，兼善寫眞。

錢朝鼎　字禹九，號黍谷，歷官中丞，畫蘭以森發勝，人謂白石山林，黍谷臺閣，畫亦如其人也。

陳　岷　字山民，程孟陽高足也。工畫，蕭蕭數筆，殊有遠韻。作寫意人物，不施眉目，而意態天然。善鼓琴，得虞山正派。間爲小詩，亦有別趣。

孫繼謨　字君承，邑諸生。善畫竹。住映雪山居，享園林之樂，方塘曲沼，有喜聞堂、京對齋、西爽樓諸勝。

邱　園　字嶼雪，東海侯岳之後，居烏邱山，因號烏邱山人。縱情詩酒，尤善度曲，撰蜀鵑啼、歲寒松、雙兒影諸傳奇，有元人風度。所寫山水，潑墨濃重，別自成家。從子崧字廣成，工詩，亦善畫蘭。

吳　歷　字漁山，文恪公裔孫，所居有子游墨井，遂自號墨井道人。清潔自好，不諧於世，彈琴詠詩，蕭然高寄。尤工繪事，王奉常、錢宗伯亟稱之。同時王石谷輩，名滿天下，持縑幣而請者，日塞其門；而漁山跧伏海上，不屑屑爭名，然其山水樹石，荒遠蕭散，氣韻高邁，實埒於石谷云。廣東職方郎程周量有題漁山畫早雪圖歌：「漁山山人不出山，竭來燕市仍鍵關，含毫潑墨自怡悅，爲我披豁開心顏。鵝溪一幅營邱似，積素凝寒半江水，殘條拂地凍欲僵，有客孤舟去如駛。蘆荻蕭蕭風亂飛，千山寒色兼斜暉，此翁掉頭頗解事，天地已閉人當歸。不然訪戴意亦適，歲寒蘭芷應須惜，多謝山人冰雪心，挂帆好向羅浮宅。」

許山字山如，號青浮，兵部員外宸章子。不求宦達，甘貧苦吟詩，畫秋蟲病蜨，落雁寒蟬，以寄其蕭瑟之致。子嵎、永。嵎字暘谷，後改名徹，號蒯庵善吟詠，豐腴工穩，似續丁卯；畫梅法逃禪老人。永字南交，號在野，亦工詩善寫生，色澤鮮妍，神彩飛動，得徐黃遺意。

張延年字長齡，建寧太守孫。善寫翎毛花木，尤工美人。

汪儒字慎爲，休寧籍，僑居邑之北郭。吟咏外兼工濡染，寫古松特妙，性豪善飲，醉輒縱筆揮灑，淋漓滿紙。年八十三卒。子泗、維。泗字姬水，維字虎溪，善承家學，杜門卻掃，有父風。

馬眉　字子白，號雪漁。善寫花鳥，尤工蘆雁。子元馭，字扶羲，號棲霞，又號天虞山人。畫傳家學，而氣韻超逸，突過乃父。賦性落拓，縱酒逞筆，乃益豪放；醒則自以爲神，略爲點染，特開生面。

楊翥　字丹山。工寫仙佛。

徐甡　字行來，號林邱，又曰偶生。形癯而短，長於書法，尤善山水，其松石野仙，更爲擅勝。嘗繪城隍廟兩壁龍虎，極其雄偉，年八十有三。

顧文淵　字湘原，號雪坡，又號海粟居士。淸修絕俗，詩有海粟集。善書畫，尤以墨竹擅名，蕭疎簡逸，對之可以滌塵滓俗。嘗作小幅見貽，題詩云：「畫思原來觸處生，一林寫出若天成，試於葉上潛心聽，可似瀟瀟作雨聲。」其風致可想見云。

徐稷　字稼臣，號稔齋。書妙四體，能詩善畫，山水人物，氣韻高邁，巨幅長卷，才力有餘，卽袖珍小册，具咫尺千里之勢。惜不永其年。

王翬　字石谷，號耕煙散人。生時墨香滿室，三日不散；長好畫山水，王廉州圓照見而奇之，石谷遂師事焉。復從太常煙客遊，太常精繪事，收藏名跡，甲于吳郡，盡出而令其揣摩，於是洗髓伐毛，鉤深致遠，擷唐宋之菁英，潄元明之芳潤，卓然獨絕，遂集大成。晚年徵繪南巡圖，稱旨，欲官之，辭不受。退居里門，四方走金幣求者，屨滿戶外，壽至八十六而終。次子太學生疇，字壽田，號留耕。山水師趙大年一派，亦佳。

徐蘭字芬若，號芝仙。學詩於王司寇阮亭，阮亭極稱之，采其詩入居易錄。精於繪事，花卉實可繼惲南田，其白描人物，幾於李龍眠復生矣。芬若自少遊京師，數十年僅一歸展墓，故邑中罕有知之者。

余珣字恂若，號荊山。善寫生，梅雀草蟲，韻致靈動，蓋師邱度餘而別自成家者。

周愷字長康，號雪航。工寫人物，尤精仕女，有態濃意遠之致。

汪淇字竹里，又號白嶽山人。工詩善書，兼精繪事，寫山水布置疎密，瀟灑出塵。

黃彭字堯臣，號麓隱。山水花鳥，筆致秀發。伯子逵，字石儔，號鴿峯。工詩，揮灑花鳥，尤長水墨點染。晚年潛心內典，人以老佛稱之。季子逸，字菊存。亦善繪事，客山右卒。

徐方，字允平，號鐵山，又曰亦舟。善畫馬，筆致磊落，骨肉停勻。蔣文肅詩云「畫馬獨數東城徐」，其見賞如此。子鎭，字元鼎，亦工此技。

張道浚字庭仙。工書善琴，尤精畫竹，極蕭疎清遠之致。有鶴還堂詩鈔。

虞沅　字滸之。工花鳥，賦色鮮麗，兼有丰韻。

尤存　字古存。少時與單曾傳同爲浮屠，邵無盡惜其英秀，勸令歸儒。曾傳愛琴，後竟以琴著；古存愛畫，而名不甚顯，然筆墨清潤，非俗工可及。

沈鉌　字石民。工書畫，篆刻亞於文三橋。僑居吳門。廷尉李公煦延致幕下，値聖祖南巡，凡牓額畫卷，皆出其手，並邀御覽，名著一時。

張珂　字玉可，號嵋雪。工山水，層巒疊壁，高樹深林，自出新意。子晞，字東扶，號雪帆。善承家學，弱歲宗石田翁，往往作贋本，人莫能辨。後師事耕煙，歸於細膩一派。孫韶，亦能畫。

王譽昌　字露湑，號話山，邑諸生。早棄舉子業，一意於詩，遂以詩名家。閒畫山水，其臨摹名蹟，往往入神。曾借耕煙畫摹之，歸以僞本，耕煙莫之辨。然頗自矜，流傳甚尠。

楊岫　字方生，居周涇口，杜門自好，不妄交接，獨與顧雪坡相與，合寫山水，淸眞秀拔，幽深渾厚，無一點塵俗氣。

黃向堅　字端木。工山水，蒼老秀潤，嫻有古法。父孔昭，明末遠宦大姚，兵戈阻絕，流寓白鹽井，向堅攜一囊一蓋，備歷艱苦，迎歸侍養三十餘年卒。嘗以身所經窮溪斷壑，豺虎蠻箐，悉繪圖以誌。

馮行貞　字服之，號白庵，鈍吟先生次子。膂力絕人，狀貌如河朔傖父，善擊劍擫槊，投石挽强。嘗從康親王南征，有軍功，當得官，貧不克就選，遂策蹇歸里，以筆硯餬口。喜吟詩，善書法，工摹古印。尤精繪事，其松石純用水墨皴染，文秀絕倫，居徐偶生之上。

蔡遠　字自遠，號天涯，閩人，僑居我邑。又曰紫帽山人，誌不忘故邱也。學畫於耕煙，得其指授，筆勢淋漓，然一樹一石，必有所本。惟落拓不羈，往往使酒罵座，竟貧老不遇以沒。

楊晉　字子鶴，號西亭，爲耕煙高弟。長洲宋侍郎堅齋、太倉王相國顓庵奉詔繪南巡圖，並徵子鶴，遂偕其師入都。共事三年，圖成入御，名達九重。堅齋請內府所藏唐宋元明諸名家眞蹟，倩子鶴摹副本進御，幾欲亂眞。而四方士大夫持縑幣求者無虛日，子鶴隨意酬應，略無難色，以故人人得其歡心。子鶴之畫，骨秀天成，山水人物，翎毛花卉，俱臻古人閫奧。而其畫牛，蹄角生動，不減韓太沖戴惟高也。後生末學，沾丐餘潤，以贋筆求欵，欣然拂素，其通懷樂易如此。晚號鶴道人，自繪絳帕蒙頭小照，蓋以「胎仙」自況云。壽八十有五，無疾而逝，如委蛻焉。長君亭，字雲房。紹述家學，工書能畫，嘗侍京邸，得入太學。先子鶴卒。

張　遠　字超然，號無悶道人，侯官人，占籍常熟。書法瘦勁，詩筆清嬌，其點染水墨松枝梅蕊，自有逸致。修髯偉幹，狀貌如羽人劍客。領解闈闈，文名益著，遨遊四方，所至傾其賢豪長者。晚年宰滇之祿豐，卒於官。

彭　睿　字白如，號雲史。居三涇，距塢邱山僅一里，善山水，時與邱嶼雪遊，筆法細潤清逸，與嶼雪迥異。

柯　琬　字素臣，芝川人。善寫人物，筆致娟秀。

祝　芑　字孫貽，又曰嘯嵋。工寫出獵圖，寸人豆馬。至其磐控縱送，飛鷹繫犬，曲盡神致。

唐　袞　字山補，號涔鄉。善畫蘭竹。仲子伸，字鳳逸，號愛廬，諸生，能詩善書。亦工畫蘭，落筆如飛，縱橫中幽致停妥。叔子俊，字石耕。工山水，始師蔡天涯，後盡脫其窠臼，超軼秀拔。其卷子以袖珍小册，邱壑寒雲，摹仿舊跡，無失準繩，直可接武西亭。

榮　林　字上谷，號西園，居南村。山水得耕煙傳。

姚　匡　字石村，山水師耕煙，行筆簡易，風神高古。後遊京師，徵入畫院，海寧查學士聲山極稱之。

徐新　字南村。工寫眞，不問妍媸老幼，靡不神肖，呼之欲出，洵爲能事。

王烈　字揚武，號以齋。工畫人物，無師資授，筆致超詣。子峻，字崇瞻，號墨圃。傳神無不酷肖。其人物，小至寸人豆馬，大而尋丈徑尺，不用稿本，鑿空運意，懸腕疾揮，無不準規合度，停當盡態。惜年止四十四而卒。

許從龍　字佐王，嘉善人。山水花鳥，得法宋元，尤工仙釋神，奇異狀形，匠心而出，不資粉本，自成一家。初以當事薦入南薫殿，繼而需次府通判，適康熙丙戌會試，遵旨許捐職。現在謁選者，以外簾効用，故得充謄錄官，向無此例，亦異數也。後挈家來虞，居迎春門外，卒年八十有二，葬西郊烏目墩右。從子國延，字某，克繼其學。佐王曾爲金方伯繪五百阿羅漢，裝二百軸，歸南昌棲賢寺。

蔣廷錫　字揚孫，號西谷。未第時與馬棲霞、顧雪坡遊，游戲翰墨，天資高邁，落筆超然絕俗，既貴顯，矜重不苟作，今所傳長卷大軸，皆贋本也，雍正戊申入相，卒謚文肅。

江聲　字飛濤，號白沙。工詩，善寫竹，與雪坡友善，頗得其傳。性嗜書，得祕本，輒手錄，丹黃燦然，校勘精確。年五十而卒。予獨記其臨終一絕云：「四十年間愁裏過，從今忽地頓開鎖，撒手懸崖去不回，本來面目見眞我。」

錢　艮　字樂山，居顧涇岸。傳神稱能品，其樹石則近浙派。

黃　鼎　字尊古，號曠亭，又號獨往客，家唐市。工寫山水，邱嶼雪門人也。旣而師王侍郎麓臺，一變舊蹊。嘗言：「畫品超逸，過於沈着；然不沈着，不超逸也。」性好遊覽，足跡幾半天下，杖履所歷，凡詭奇殊絕之狀，一一寄之於筆，前人粉本中所未嘗有也。吳門沈宗伯確士嘗云：「石谷看盡古今名畫，下筆俱有成見；尊古看盡九州山水，下筆俱有生氣。並稱大家。」

錢希仲　字甫嘉，號補庵。畫竹師雪坡，發竿蒼勁，坡石渾厚。

鄒元斗　字少微，號春谷，林屋山人，贅吾邑大義橋周氏，遂家焉。工書，善寫花鳥，賦色精湛。聖祖南巡，獻詩畫於行幄，上善之，留南書房行走，後任中書科掌印中書。

袁　溥　字一源，號益園。工人物花鳥，西亭門人，其傳神可稱入室。次子椿，字大林。能繼其學，甫壯卒。

吳　山　字南陽，號蘊空道人。少學畫于徐稔齋，後變其法，出入二米房山間，氣韻頗秀潤。

沈峯　字衡山，號臥雲。工寫人物，其畫和合四喜，偉幹巨軀，筆致縱放，尤所擅長。
維揚大腹賈不惜重貲購索焉。

張景　字仲若，號雨田，馬棲霞門人。花鳥渲染有法，其寫意粗枝大葉，更為能事。
晚遊蜀，客死。

高堉　字稑原，號西疇，為隱湖毛氏壻。凡汲古所藏秘本，假得之，輒謄錄精好，令
人不敢手觸，蓋深精楷法也。又善畫蘆雁，少得乃兄允中指授，後超軼更勝。

譚嶸　字鶴坡，號吾亭，世居東湖。少卽習山水，筆氣淸佳，臨摹一峯本更善。壯事
遠遊，無所遇合。後歸里，貧老以沒。

戴樸　字莊士。喜畫竹，長竿叢篠，落筆風生，絕似魯得之，更饒縱放。性嗜酒，自
號醉休頭陀，跅弛自負，不修邊幅，人以狂生目之。
游寓

明

吳偉　字小仙，江夏人。齠時流落至虞，錢方伯昕愛其聰慧，俾為伊子伴讀。偉竊弄
筆墨，畫山水人物之狀，方伯見而奇之曰：「若欲作畫工耶。」卽與筆札，厚給養之。

弱冠至金陵，遂致盛名云。

李流芳　字長蘅，嘉定孝廉。工畫山水，嘗語錢宗伯曰：「精舍輕舟，晴窗淨几，看孟陽吟詠作畫，此吾生平第一快事。」宗伯笑曰：「吾卻有二快，兼看兄與孟陽耳。」其風趣如此。

朱治憪　不知何許人。通相宅相墓術，工金碧山水。嘗至半野堂爲作畫册，今邑中尚有流傳者。

程嘉燧　字孟陽，號偈庵，自休寧僑居嘉定。與錢宗伯友善，宗伯築耦耕堂以招之，有詩云：「耦耕舊與幽人約，帶月相看共荷鋤。」畫山水蒼潤渾穆，意浮于景。

宋珏　字比玉，莆田人。少得程孟陽荔支酒歌行，求七年始遇，遂以兄事之。時來虞山，與錢瞿諸公遊。爲人豪放，書妙八分，能詩。善畫山水，其摹仿一峯老人筆，尤傑作也。客死吳門，歸葬故里十餘年，宗伯爲撰墓表，屬興化李少文伐石誌之。

歸昌世　字文休，崑山人，太僕有光孫。善畫竹，嘗依錢宗伯爲居停主人。子莊，字玄恭，文詞書畫，奄有衆長，亦工墨竹。爲人跌宕激昂，酒酣以往，旁若無人，畫亦不輕以與人也。

吳拭　字去塵，新安上山人。爲詩淸古，工畫善琴，尤精製墨。好遊名山水，遇通人文士，傾囊相贈，富人厚價購求，輒不與。過吾邑，遭亂死舟中，毛子晉爲收葬西山。

國朝

顧厚　字虎承，會稽人。善草書，畫工浙派，長卷巨軸，頗見才力。愛吾邑山水，寓居北城，後返故邱而卒。

汪癡　不知何許人。自呼癡丐。嘗担荷一敗籠，徒跣行乞，倏歌倏哭，來市上，兒童競投以瓦礫，笑受置籠，滿則擔至隙地，瘞若冢然，肅拜慟哭之。或食以酒食，則啓籠出畫，具寫蘆雁以答，有平沙蕭颯之致。嘗題宿雁云：「月落平沙迴，江聲帶夢寒；離羣誰復惜，哀響落空灘。」後不知所終。或云歙人，父本素封，來虞少時，揮斥盡耳。

李櫟　字宜中，號大拙，通州人，長身猿臂。少曾客雲間一等侯張氏，後隨父至福山營，以善射入行伍，爲邑東徐市市門卒十餘年。能作淡墨魚蝦草蟲之屬，不求形似，自得天趣。間畫人物，神色飛動，迥異俗工。索多而無不應，欵題老耍子，不名。性嗜茶，有桑苧翁癖。長齋學佛，終老釜峯。又有劉某，白茅汛卒也。工寫葡萄松鼠，曲臻精妙。

方外

國朝

釋雪坡住石梅，善畫竹。寧海令宋培嵒月夜看寫竹有詩云：「澄潭松梵落，恰似虎溪灣；夜靜雲歸壑，談空月在山。淨因兼與可，竹意亦元關；嘯别幾無語，超然會入還。」

釋嵒字蔙堂，又號隨山，仁和郭氏子。初依靈隱，後圓具于三峯漢公，退隱普寧，預告寂。能詩，工畫山水，華滋渾厚，筆底兼收。嘗月夜過湖訪西樵王士祿，西樵有詩云：「湖樓敞清夜，臥對南屏煙，遙思蓮社人，已穩堂中禪。揭來湖南鐘，吹送湖口船，剝啄到高枕，茶話深周旋。涼月映劫波，微風吹水口；吾師嗣宗鏡，久矣祇園賢。了悟契懸解，妙義空凡詮，淸風灑蘭雪，高懷揖魯連，會須謝塵累，相就東林邊。」

釋恆字午月，號雲庵，三峯大樹法孫，住長壽庵。嚴持戒律，留心儒典，旣嫻吟咏，更善山水。楊西亭極推許之，其松竹尤佳。

釋古字是式，其印章曰廊下老僧，住東塔寺。工寫蘆雁，筆致古拙蒼勁，得馬雪漁之傳。

釋照字大宗，又號伊目，薙髮方塔寺。性聰穎，學詩于淩南樓，學琴于單曾傳，學書畫于顧雪坡。俱能得其指授。而諸藝中畫竹尤長。

閨秀

明

王埰　字慧貞，長洲王雅宜女，適吾邑諸生歸士瑨。書倣乃父，工白描人物，寫大士像尤入神。

翁孺安　字靜和，太常兆隆次女。工詩善書，尤精畫蘭，邑中有翁素蘭之稱。

國朝

瞿觀至　臨桂伯式耜女，適吳江楊藝子一寧。工書善畫能詩，詳見吳江志。

陳璘　字結璘，別字曰松曇內史，孝廉瞿元錫室，待詔煌圖伯姊也。工畫山水，蒼厚秀拔，無女史習。胡周鼐有詩云：「莫道李因稱妙手，松曇今日畫中禪。」

吳綃　字冰仙，又字素公，副使許文玉室。工吟咏，有嘯雪庵集，與沈宛君齊名。尤善寫生，楷法亦佳。

吳筠　字湘碧，諸生衛介臣室。工畫山水，用墨有法，青綠亦佳，筆致秀拔不羣，受業姚石村。

盧璘　字鶴鄰。工寫花卉，經馬棲霞指授。矢志不適人，嘗以男子服式裝束。晚年潛心佛乘，寓居壽昌靖中而卒。

校書

國朝

文英工山水，筆意蒼老。嫻吟詠，與許貞服倡和，平湖陸棻贈詩云：「琉璃研匣鎮隨身，芍藥吟成象管新；休擬行雲過巫峽，玉峯十二自嶙峋。」

海虞畫苑略終

海虞畫苑略補遺姓氏目

國朝九十四人

邵　逸　　歸　瑀　　嚴　楷　　華　岱

王　瀛　　程　嵋　　周之楨　　許天牖

劉世楷　　陳　坤 子琛　　秦　漢　　王維寧

陳　翼　　王　渼　　譚企進　　陳　儀

凌　竹　　程兆麟　　余　璜　　顧天祿

陳　道　　尹　耜　　奚　崑　　陳　典 張駿

王　俊　　陳元復　　孫　淥　　陳汝鰲

譚　鶴　　周　璋　　盧　定　　周黃霆

許　濤　　王恩浦　　陳　峯　　吳　舫

岑　恩　　金　思　　馮　學　　吳　鏞

顧　誠　　陸　棟　　王　嶼　　盧應張

許行健　　潘　瓚　　翁王瑾　　蔣于京

徐　誠　　王　猷　　許廷錄　　高商隱
陸　鯤　　劉　坤　　孫　崖　　龔克和
薛　某　　潘　林　　錢　寧　　陳　熙
沈　昂　　李立志　　項世達　　沈陶璋
歸玉立　　吳一麟　　汪　宏　　陳金卓
胡　昭　　周　浦　　劉　楨　　孫從嘉
顧天亶　　張　謙　　姚　銓　　傅　任
顧周瀚　　衞　潢　　高　栻　　王　椵
陳　簡　　錢　淳　　衞蕘宏　　晏　賓
袁　泓　　余　蘅　　戴肇先　　張　翥
殷世安　　林維新　　席士錡　　汪國士
錢秉忠　　唐　恂

游寓

國朝三人

李國寧　嚴宏　呂梁

方外

國朝五人

釋休　釋治　釋琛　釋岳

釋涵

閨秀

國朝九人

歸湘　王蓀　錢湄　孫氏

汪荇　許玠　項氏　蘇蕙

高素

海虞畫苑略補遺

樗叟魚翼輯

國朝

邵逸　字湘民，號竹溪。性孤潔，寄跡多在僧舍。能詩，善畫山水。

歸瑀　字石林，副使霽橋叔子。爲人落拓，人呼爲三癡。工寫山水，亦落落清雅。

嚴楷　字端伯，文靖公孫。善寫蘭竹。

華岱　字一嶽，號九峯。善畫花鳥，兼能傳神。

王瀛　字十洲。工畫蘭。

程嵋　字禹開。工詩善書，兼能繪事，寫花卉有逸致。其畫墨蘭亦秀勁，近松雪一派。

周之楨　字翰臣，號東溪，東倉舊族。讀書不售，從邱嶼雪學畫，日摹所藏宋元名跡，深得其法。與黃尊古居京師數十年，性孤介，竟不得志而歸。

許天牖　字六如，號東瀾。攻詩嗜畫，一邱一壑，甚有法度。惜不多作，傳者絕少。

劉世楷　號雪崖，居李市。工山水，邱嶼雪門人。

陳坤　字載安。工畫人物花鳥，尤善傳神。子琛，字獻其，能承家學，寫縮本翎毛花木蟲介尤勝。

秦漢　字淮夏，號二水，居北郊。善畫花鳥。

王維寧　字古臣，居邑東韓莊，又號寒溪子。好遊山水，而又善畫，所至輒圖其勝以歸。嘗與友人結西湖看花社，歲必一往，計一生凡二十七度云。年七十，營生壙，時歌嘯其間，又作詩倣淵明自祭，人稱其達。

陳翼　字友石，通琴書，兼善寫生。康熙初挾其技以遊京師，時張御史學禮出使琉球，邀與偕往，嘗授琴於其王世子。既還京師，未幾死於逆旅。

王漢　字文筠，號蕚洲，餘姚令曰俞次子，中丙午舉人。工畫蘭。後任溧陽教諭，卒於官。

譚企進　邑諸生。工山水花鳥。

陳儀　字令瞻，居何市。喜作畫，其草蟲尤勝。性嗜茶，每于臭味品別地道，如建溪、龍井、天池、廟後之類，纖悉不爽。嘗遊虎邱，僧亦善品茶，聞陳名，因取二種片析其半共瀹試，陳曰：「此種余未之識，其味當在某某間。」僧爲俯服，亟稱鴻漸復生云。

凌竹　字南樓，號此君。工詩善書，而畫不多作，故人無知者。

程兆麟　居何市。善畫竹，亦工吟詠。

余　璜　字渭徵，珣弟。工寫生，人物亦勝。

顧天祿　字松年。工畫蘭竹。

陳　道　字我庵，居西楊村。教授生徒，能詩善畫。

尹　耜　字耕野，號介邱山人。單寒績學，嘗斷炊僵臥，不受人憐。從里中陳南浦、吳漁山、王石谷輩遊，旣能詩，復善書，兼精圖繪。年僅三十六而卒，顧雪坡有詩哭之：「人言君死盡興悲，在昔凄涼我獨知，抱痾七旬堂上母，啼飢六月褓中兒。雨淋蝸篆荒苔壁，風折烏棲舊樹枝；惆悵無端成永別，一牋空剩落梅詩」君之絕筆也。又凌南樓題畫册云：「介邱尹子能詩客，餘力兼于繪事工，今日披圖人不見，精靈應在釣船中。」

奚　崑　字山輝，居何市。工花鳥翎毛。

陳　典　字玉先，居歸市。善畫水墨牡丹。生一女，能詩。其徒張斆，畫亦善，可亂眞。

王　俊　字晉公。山水學耕煙，得其形似。偃蹇不偶，年逾七十，食貧而卒。

陳元復　字西林，世居西楊村。工山水，有邱嶼雪遺意，或云得漁山指授。

孫　淥　字互清，邑諸生，大同知府魯之孫。善寫花卉，筆氣俊雅，多以指頭戲作，而筆畫甚少，人故目爲草率。居燕日久，里中竟無有知其名者。

陳汝鰲　初名繹，字無逸，邑諸生。善畫竹，亦工寫生，得馬樓霞之傳，一枝片葉，秀潤有致。惜享年不永。

譚鶴　字雲路。寫山水學邱嶼雪，無濃重俗氣，而清秀可觀。

周璋　字瑤賓，又號玉京道人。能畫山水，嘗繪西郊北麓二長卷，爲時所稱。

盧定　字覲揚，號寧齋。長身，美鬚髯，遊武林，遂補仁和諸生。書學董文敏，兼精繪事，山水花鳥，並稱秀潤。

周黃霆　字集山，號墨公，愷之弟，邑諸生。工詩，寫生點染，在有意無意間。

許濤　字巨源，號藕村，家五渠。工詩，書喜作小楷，極秀整。點染花鳥，似其從兄在野。

王恩浦　字渭陽，副使舜漁後，徙居邑東黃沙港，因號海濱逋客，工詩善書，少從馮簡緣遊，得其指授。又精篆刻。畫竹師顧雪坡，亦蒼勁有則。

陳峯　字三石，居何市，工寫蘭，又善畫兔。

吳舫　字蘅皐。書學趙松雪，又喜作山水。

岑恩　字玉方。以畫竹受知於蔣文肅。

金思　字東阿。能畫花卉。晚歲仿佛，直如老僧。

馮學　字悅之，居芝川。畫山水人物。又能傳神，不用質粉，純以脂兼赭色，渲染無不形肖。

吳鏞　字文藻，居恬莊。爲人孤介，愛畫山水，頗自矜貴。

顧誠　字以瞻，自號二癡山人。工寫花鳥人物，天資疎曠，筆亦雄健。性嗜酒，畫具與壺觴雜陳，間有俗子求繪事。輒以酒和色寫之，或詢之，曰：「余畫豈宜落傖父手耶？俾易腐敗也。」

陸棟　字雲松。畫仙佛得丹山指授，傳神尤妙。時北平史容庵以少參督漕四郡，棟默寫其照呈之，丰儀宛然。

王嶼　字三谷。少從邱嶼雪，遂授以畫法。亦能詩，頗有清致。年八十二而卒。

盧應張　字二徵。善花鳥。

許行健　字政夫，號白村，司成石門孫。少卽以詩文名。嘗居西郊故園，與楊西亭比鄰交好，因學作畫，片枝單葉，頗有逸趣。壯遊四方，晚歸舊里，鍵關讀書，惟以詠歌爲事，與王西澗、汪茶圃輩唱利無虛日云。

潘　瓚　字載岳。工山水人物，長于射獵圖。

翁王瑾　字亦懷，侯官人。九歲而孤，依外家翁氏，因蒙翁姓。外王父官京師，値耿逆亂，寄拏常熟，瑾遂家焉。王話山愛其淳謹，妻以女。話山故善山水，瑾得其傳，後復經蔡天涯指授，而學益進。又善篆刻。

蔣于京　字敏士。能琴善書，喜作水墨梅竹。

徐　誠　字大成，太倉人，徙居芝塘里，隱其姓，易徐爲余。工花鳥，得其鄉吳愼修淑所傳。

王　猷　字雪舟，詩人德操孫。德操與毛子晉友善，遂自郡遷吾虞北郊。猷修髯玉立，彬彬儒雅，頗善寫生。

許廷錄　字升聞，號適齋。與馮簡緣爲忘年交，講求字學詩律，兼工塡詞，撰五虎山、兩鍾情諸傳奇。又時畫竹以寄興，頗近雪坡。

高商隱　畫山水。耕煙門人。

陸　鯤　字天池，臨安令穉懷孫。少孤貧，依族祖某，適有喪在殯，鯤就帷燈夜讀達旦。

工帖括，屢試輒蹶，遂習畫，能傳神。雨亭蔣公殁于王事，欲寫照，無有能者，緄
默貌之，儀容儼然。

劉　坤　字大田。繪事師楊西亭。早卒。

孫　崖　字象畫。受業西亭，工人物，頗以界畫見長。又善琴。聖祖南巡，召至行幄，
命之鼓琴作畫，名遂著。

龔克和　字西麓。工畫山水。

薛　某　字周翰，號松崖，居湖田。畫得馬棲霞指授，入都供奉養心殿，病瘵告歸，旋卒。

潘　林　字衡谷，號西疇。花卉翎毛師馬棲霞。蔣文肅招置幕下，凡進御花鳥卷册，多
出其手。

錢　寧　字原裕。與馬棲霞爲忘年交，遂善畫。後又從楊西亭指授，鈎染賦色，遞傳得法。

陳　熙　字文緝。工繪人物，亦善傳神。

沈　昂　字千里，號蒙村。善畫馬，亞於徐鐵山。

李立志　字安禮。善畫竹。

項世達　字孝揚。善畫蘆雁。

沈陶璋　字君牧，號拭之。山水私淑耕煙，唐石耕極稱之。
歸玉立　字二亭。工花鳥，好遠遊，客死西華縣署。
吳一麟　字聖徵，畫花鳥，傳自馬棲霞。
汪　宏　字道可。山水師蔡天涯。
陳金卓　字壽安。花卉翎毛悉工。馬棲霞弟子。
胡　昭　字企南。從楊西亭學畫，偕遊京。歸里，尋卒。
周　浦　字滄漁。工人物山水。
劉　楨　字宸翰。西亭弟子，筆力蒼秀。惜早夭。
孫從嘉　字燕式，號雪崖。從許在野遊，花卉勁拔，絕不類其師。
顧天亶　字仲英。山水筆致超脫，西亭極口激賞。甫壯而卒，未竟其學，咸惋惜之。
張　謙　字益士，號臥雲道人。讀書汲古，詩多警句。家芝川東江村，地僻罕與世接，人無知者。吟詠餘閒，寫墨竹，極蕭疏之致。
姚　銓　字鶚升，號蓮溪。搆思敏巧，能以絹素摺作人物鳥獸，極佳。嘗從江白沙畫竹，間寫花卉。又工篆刻。

傅任　字宏可，江西人。父晉公，善堪輿，愛吾虞山水，徙家焉。任嫻吟詠，善寫生。

顧周瀚　字萬琳，號北涯，邑諸生，居吳市。幼摹從父雪坡小竹，後又師楊西亭山水花鳥，俱能得其大意。

衞潢　字源長，號星涯。能畫花鳥人物。惜早夭。

高栻　字允中，居虹涇。工畫蘆雁，其蒼老少遜其弟，而秀發過之。

王暇　字次霞，太倉人，少贅唐市蘇氏，遂家焉。工寫山水人物，嗜飲，醉後逞筆，尤英英饒致。

陳簡　字奕□。善花鳥人物。

錢淳　字勝文，東湖之後。工畫花鳥，長於鈎染。余荊山門人。

衞蓑宏　字天槎，御史浩之後，中雍正己酉舉人。書課餘力，愛畫水墨花卉。

晏賓　字于王，居何市。工傳神。

袁泓　字佳谷，號雪廬，居廟巷。善寫墨竹。

余蘅　字芳洲，號藥亭。工畫花鳥，私淑其叔荊山。長於潑墨寫意，或醉後放筆，尤縱逸有神。

戴肇先　字伯昌。畫蘭得二趙標格。

張翥　字運南，號北林，家梅李。山水師吳南陽。雍正壬子秋，颶風爲災，海水泛溢，居民死者相枕籍，太守周公欲繪入告，遂屬運南，頗加禮敬。運南性故跅弛，不以軒冕爲意，周公目爲莽畫師。

殷世安　字濟公。工詩，寫墨竹，有煙霏露滴之致。

林維新　字周公。畫山水。蔡天涯弟子。

席士錡　字湘北，號芝房，邑庠生，循例入太學。性聰穎，少而嗜畫，當其興之所極，吮豪潑墨，淋漓瀹蕩，天趣自然。曾于長夏畫山水樹石數十幀，每成一幀，輒題小詩其上，徧貽弟兄戚友。忽無疾遽卒，年逾强仕，士林惜之。

汪國士　字芋堂，號筠軒，翰撰東山子，由諸生入太學。文學餘閒，揮灑花卉，得幽逸之致。

錢秉忠　字愷君，號大川，邑諸生，南樂令春明孫，居周涇口，耕讀自好。能畫墨竹蘭。

唐恂　字懋如，號松門。花卉得纖濃之態。後游湖南德安府幕歸，溺死蕪湖道中。

游寓

國朝

李國寧　字與公，休寧人。善寫泥金人物及大士像，隨其父貞來虞。貞又工蠅頭小楷，書華嚴經塔圖。與許成如友善。後卒，成如擇地葬之北山。

嚴宏　字公偉，餘姚人，官總戎。喬遷我虞，極聲伎之樂。喜畫山水，近董文敏一派。後復購郡中辟疆園以居。

呂梁　字學鴻，號秋巖，長洲人。從虎邱陳必大學畫。少失怙恃，來虞依舅氏以居。性敏，一見輒能。復與白村諸君輩遊，又學詩。年三十二而卒。

方外

國朝

釋休　字東修，俗姓呂氏，出家智林寺梅園。時從石林源公遊，禪誦之餘，兼通書史。間畫山水，亦楚楚俊拔。

釋冶　字雪爐，邑陳氏子，年十九，薙髮于三峯檗庵。歷住揚州、華山、黃山，後還里，住持白雀寺。勤課焚修，復遊心繪事。

釋琛　字天則，少爲雲間諸生。受法費隱，繼住維摩。能詩畫，孤潔有品。

釋岳　字邃嵒，住持白雀寺，淸修自好。嘗繪水墨布袋羅漢像。

釋涵　字鑒淸，姓蔡氏，出家桑林菴，後主智林席。善畫竹，規摹雪坡。年四十餘而示寂。

閨秀

國朝

歸湘　字溶溶，𤅙橋孫女，王友商之室。工山水花鳥。

王蓀　號琴言居士，吳縣人，薛熙副室。熙嘗寓居郡中朱園，日與士人論文唱詠，戶屨充塞，蓀克主中饋，治具無倦。善畫墨竹。

錢湄　後更名珏，字雙玉。受業楊西亭，畫花鳥。性好遊覽。歸太倉貢生沈某，詩篇畫筆，唱酬偕老。

孫氏　什邡令麗公女。幼習畫扶風，適北平史氏，時少參容菴公督漕四郡也。

汪荇　字行芳，許白村繼室。長于花鳥，頗得沒骨法，雅飭幽豔，極有丰神。

許玠　字非玉，適張麗中。能花鳥。

項氏　孝揚女，小字俊。性端淑，父工蘆雁，氏亦幼嫻，兼能辭翰。適非配偶，旋寡，無子，依其夫族氏，毀棄文玩，蓬首垢面，雜羣婢操作，無怨色，聞者哀之。

蘇蕙　字畹香，西田孫女。愛畫秋蟲病蝶，得蕭颯疎瘦之致。甫笄，適某，旋瘵疾卒。

高素　字允潔，江掞庭之室。少從兄稑原學畫蘆雁，亦能詩。

海虞畫苑略補遺終

書評

〔余紹宋書畫書錄解題〕海虞爲晉縣名，隋併入常熟，書名海虞，用古稱也。常熟自元以來，畫人輩出，故天池有此編，而畫史以一地方爲域，則自此編始。所錄元七人，附見者一；明六十一人，附見者十三；清一百五十二人，附見者二十；此外游寓十五人、方外十人、閨秀十六人、校書一人，人繫小傳。自序謂聞見不廣，在前代不無遺漏，卽本朝亦搜羅未盡，故僅稱畫苑略，想見謙抑之誠。其後補遺一編，則全爲清代人，凡九十有五，游寓三人、方外五人，閨秀九人。王應奎序謂其書未告竣而卽世，令子虞巖續成之，則補遺中或有其子所續者。天池生當有淸盛時，爾時海虞一隅，畫家輩出，見聞旣近，記載自足徵信。其淸以前諸人，雖采自他書，而敍次頗見簡潔。王序謂其以發潛闡幽爲主，故筆墨粗具，便得載入，似有微詞；然記一地方之畫人，範圍甚隘，其取材自不能過嚴，亦勢所使然矣。是編首載黃公望，他書有作富春人或常山人者，未加考訂，略嫌疏漏。前有許行健、王應奎、孫翼飛及乾隆十年自序。

作者事略

魚翼，清昭文人，字振南，自號烏目山樵，負才而隱於市。性喜畫，善鑒別古跡眞贋，撰海虞畫苑略。未竣，令子傳續成之。中国人名大辭典

海虞畫苑略校勘記 顧氏小石山房叢書本用美術叢書本校

王應奎序——「自此俠轂而起」俠從美術叢書本作挾。

目錄——盧景春依卷内次序應列在金黼之前，改正。

又張敏政、霍山，胡峻、卷内無其人，删去。

明

吳麟——「澆紅要盡三百觴」，顧本盡誤作晝，從美術叢書本改正。

張季——「性放誕」顧本放作散，從美術叢書本改放。

王復昌——丙本目錄同作昌，卷内昌同作高。按字孚美，於義應爲昌，從目錄改正。

清

吳歷——後半「天地已閑人當歸」。閑，美術叢書本作閉，據改。

江聲——末句「本來面目見眞我」。顧本我作吾，與韵不葉，從美術叢書本作我。

黄鼎——「杖履所歷」。顧本杖上有能字，美術叢書本無，據删。

高培——「爲隱湖毛氏壻」。顧本壻誤作輯，從美術叢書本改。

越畫見聞

三卷　清　陶元藻撰

越畫見聞序

昔范寬善繪，其於前人名蹟，見無不摹，摹無不肖，而猶疑繪事之精能不盡於此也，喟然曰：「吾師人，曷若師造化。」聞終南太華峯巒最奇，遂卜居其間。數年，業大進，名聞天下。吾越千巖萬壑，賞重長康，雖不及終南太華之奇，而蒼秀幽深，實鍾靈於造化，宜生長是邦者，畫自殊於凡近也。如陳閎、孫位、周珏、王冕、徐渭、陳鶴、祁豸佳、陳洪綬、姚允在、馮肇杞輩數十人，軼倫絕羣，姓氏固已赫赫昭人耳目。若其次焉者，或專精水墨，或偏善鉛華，或技雖工而名不出於鄉里，或蹟尙在而人已忘於百年，或別有令聞，而畫筆反爲所掩，或終身流寓，而故國罔知其人；授受模糊，淵源莫考，其湮沒於蓬戶紙窗，豆棚瓜圃，狐兔山邱者不知凡幾，余甚惜焉。爰從魏晉至於我朝，共輯得若干人，析爲三卷，聊慰表揚桑梓之懷焉。祇愧淺見寡聞，尙多挂漏，有同志者，搜剔遺珠，殷然告我，則是編亦發凡起例之意云爾。乾隆乙卯仲冬，鳧亭老人書於衡河草堂。

二

越畫見聞目錄

楊瓚　徐本　周珏　林俊民

執煥　錢昆　錢易　王英孫

鑑湖嬾民

閨秀

楊妹子

方外

釋仲仁

元

王迪簡　毛倫　王麟　閻讓

吳大素　楊維翰　倘雨　鮑敬

張英　鄭彝　王冕

明

張壹民　楊節　孫堪　徐渭

鍾禮　陳鶴　楊榮　俞鵬

國朝

黃宗炎　孟永光　曾益　張振岳

姜廷幹　張學曾　陳洪綬　姚允在

王穀韋　楊之范　王奐　王自越

陳字　馮肇杞　高瑞卿　金古良

呂煥成　陶篕　夏杲　毛奇齡

丁克揆　蔡佩　田賦　張駿

張文達　王國夋　駱度鏞　魯集

商徵說　韓咸　徐易　祝天祺

金玠　劉義林　沈五集　胡懋兟

經綸　來呂謙　謝彬　毛遠公

錢其恒　王彥　嚴湛　司馬霱

章時顯　馮仙湜　陸曾熙　錢禮齋

陸柴　王徐錫　婁光軫　魯鼐

卷下

胡銑　金瓚　王昱　史喻義
劉晉　趙璋　俞聞嘉　姚天虬
楚源　劉廷采　顧安仁　陳起
葉煓　趙昺甲　何士鳳　朱軫
朱嵩　金章　蔣惟夔　董良驌
鄭錫　馬相　鈕元鳳　蔣艮
王智　黃純　陸振宗　章標
來恩錫　鄔希文　章辰　來學棠

閨秀

徐昭華　李素　王端淑　祁修嫣
李因　陳道蘊　胡淨鬘　張孫儆
楊涓　丁二陳　范元坤　王氏
吳小坤　王莊淑　范隆坤　丁完淑
王智珪　倪素坤　湯顧　趙粹貞

越畫見聞卷上

會稽　陶元藻　鳬亭著　孫男軒春田編次
山陰　姚亢宗　緗林參訂
蕭山　何　榕　竹圃校閱

魏

嵇　康

嵇康，字叔夜，上虞人，後徙居銍，家於嵇山。奇才博覽，遠邁不羣，善彈琴，工畫。嘗採藥遊山，意有所得，忽焉忘返。後爲鍾會所害。康仕魏爲中散大夫，故不復仕晉，自唐人著錄諸家，俱編入晉代，殊失康志。

晉

王獻之

王獻之，字子敬，山陰人。工草隸，善丹青，桓溫嘗使書扇，筆誤落，因畫作烏駁牸牛甚妙。又書駁牛賦於扇上，此扇義熙中猶在。名畫錄云：「大令渥洼馬圖一卷，白麻紙本，有梁陳唐宋年月印記。」李嗣眞續畫品，王獻之列中品下，固宜風神超越也。米氏畫史云：

「李公麟云，海州劉先生收王獻之畫符及神一卷，咒小字，五斗米道也。李伯時只一見，求摹不許。其子居金陵，與王荆公連袂，陳元輿帥金陵，余託訪之，云：久爲一貴人取去，竟不知誰何？」按獻之父羲之、祖廙，皆善畫，淵源家學，原非偶然。今據畫錄畫史二說，其畫已屬希世之珍，乃是書先得名，畫爲書掩。後人問其書，雖三尺童子皆知之；問其畫，茫然不曉者十居七八。然則古今來畫之沈淪塵世者，又何可勝道哉！

南北朝

謝靈運

謝靈運，上虞人。玄之孫也。博覽羣書，文稱左江第一。初襲封康樂公，宋受禪，降爵爲侯。少帝卽位，出爲永嘉太守。善畫，浙西甘露寺內有靈運菩薩六圖，在天王堂兩壁。

謝惠連

謝惠連，靈運從弟。十歲能文，以雪賦擅名於世。工書善畫。靈運常稱其文曰：「張華重生，不能易也。」

戴勃

戴勃，剡人。逵子。逵嘗畫南都賦圖，陳留范宣嗟賞不已。張彥遠名畫記：」勃畫綽有父風，殊使人有是父是子之羨。而眞蹟旣無，臨摹亦少。」

戴仲若

戴仲若，愛剡溪幽致，居最久，卒葬剡中。逵子，勃弟。工畫山水，兼能鑄佛像，隱遯林泉，屢徵不起。

唐

陳閎

陳閎，會稽人。爲永王府長史。善畫人物子女等。明皇召寫御容，妙絕當時。又嘗寫肅宗，不惟龍鳳之姿逼眞，而筆之英逸，眞與閻立本並馳爭勝。咸宜觀天尊殿內畫上仙圖，及當時供奉道士等眞，一一工妙。又嘗爲徐侍郎畫本行經幡二口，有女能織，成，妙絕無並，故一時人多從其學。其畫之盛傳於後世者，有揭諦神像、唐列聖像、明皇擊梧桐圖、公子圖、六祖禪師像、內廄龍駒等圖，皆筆法謹嚴，動合程度。時韓幹以畫馬進，明皇怪其無閎筆法，令師事之。畫斷云：「陳閎貌之於前，韓幹繼之於後。寫渥洼之狀，不在水中，移騕褭之形，出于天上。韓故居神品，陳兼寫眞，居妙品上。」

孫位

孫位，會稽人。僖宗西幸之年，隨駕入蜀。曾於應天寺門左壁，畫天王部從鬼神，怪怪奇奇，筆勢狂縱，三十餘年，無有敵者。後景煥亦專精繪事，一日過寺，偶畫右壁天王以對之。適有渤海某公至，作歌行以紀之，總美孫位景煥二畫極光怪陸離淋漓酣暢之致。其譽位則云：「唐朝說著名公畫，周昉毫端善圖寫，張僧繇是有神人，吳道子稱無敵者。奇哉妙手傳孫公，能於此地留神蹤。斜窺小鬼怒雙目，直倚越狠高半胸；寶冠動總生威容，趨蹌左右來傾恭，臂橫鷹爪尖纖利，腰纏虎皮斑剝紅。飄飄但恐入雲中，步驟還疑歸海東；蟒蛇拖得渾身墮，精魅搦來雙眼空。當時此藝實難有，鎮在寶坊稱不朽。」僧夢龜工草書，又請書於廊壁；書畫歌行，一日而就，傾城人看，塡塞寺中。成都號爲應天三絕。自稱會稽山人，後在蜀遇異人，得度世法，遂改名爲遇。夏士良稱其應天畫壁，雲龍出沒，勢若飛動。其傳世之筆頗多，皆用純墨，不以傅彩爲功，最得名者：說法太上像一、天地水三官像三、神仙故實圖四、維摩圖一、三教圖一、四皓圍棋圖一、星官圖一、番部博易圖一、草堂圖三、會仙圖一、王波利圖一、高士圖一、馬融像一、畢卓像一、取性圖二，掃象圖一、高逸圖一、圍棋圖一。尤工畫水，時有張南本善畫火，論者謂孫位之水幾於道，南本之火幾於神。

苗龍

苗龍，隱會稽山中，失其名，因善畫龍，人遂以苗龍稱之，後得道仙去。會稽龍瑞宮東南，一峯崛起，上平如砥，相傳爲苗龍上昇處。

方外

釋辯才

釋辯才，會稽雲門寺僧，姓袁氏，梁司空昂之玄孫也。博學工文，琴棋書畫，皆得其妙。王右軍寫蘭亭敍，辯才所藏一本最佳，唐太宗命蕭翼取去，後殉昭陵。會稽古蹟有辯才香閣，卽其藏蘭亭帖處。

釋道芬

釋道芬，會稽人。工畫山水，眞蹟流傳甚少。顧況有稽山上人道芬畫山水歌云：「稽山眞僧曰道芬，不服朱審李將軍，流汗平鋪洞庭水，筆頭點出蒼梧雲。且看八月十五夜，月下看山盡如畫。」況素以善畫聞，其所賞鑒，諒不同於凡近。甘氏印譜有「道芬」二字，列於漢印，殆未詳所自也。

宋

陳　善

陳善，會稽人。畫猿猱禽鳥學易元吉，亦善花果，意象逼眞，傅色輕倩，過於林吳。畫之傳世者有：淸猿求木圖一、騰猿圖二、羣猿越澗圖二、懸崖戲猿圖二、葡萄圖五、甘瓜圖二、開房石榴圖二、霜橙圖二、折枝文杏圖一。

劉仲懷

劉仲懷，山陰人，元祐徙居諸曁。善畫墨竹，筆法師文湖州，甚有姿致。

丁　權

丁權，字子卿，越人。善畫竹，自述竹譜。

杜　衍

杜衍，字世昌，山陰人。官太子太傅，封祁國公。能詩，工行草書，善畫。

楊　瓚

楊瓚，字繼翁，又自號守齋，恭仁皇后姪孫，太師次山之孫。度宗朝，女爲淑妃，官列卿。好古博雅，善琴。時作墨竹，勁枝森秀，爲世所稱。

徐　本

徐本，山陰人。工雜畫。

周珏

周珏，會稽人。善畫水，得波濤噴薄沙溆瀠洄之妙，雖李思訓吳道玄莫能過也。有瞿塘候水圖一、野水圖一、十八灘圖五傳世。

林俊民

林俊民，諸暨人。畫山水學范寬。官畫院待詔。

執焕

執焕，會稽人。工畫人物故實。爲殿前使臣日，士大夫以其能畫，皆與之交，名遂大振。其畫有堯民擊壤圖一、四皓圍棋圖一、右軍書扇圖二、五王博戲圖二、故實圖十八、人物圖十三、虢國夫人夜遊圖一。皆爲世所珍重。

錢昆

錢昆，字裕之，會稽人。舉淳化中進士，累官諫議大夫，以祕書監老於家。自畫寒蘆沙鳥於紈扇，人競寶之。

錢易

錢易，字希白，昆弟。自畫十六羅漢，極其古怪。按希白先世原籍臨安，自其父吳越王倧爲大將胡進思所廢，始居會稽，而立其弟俶。歸朝羣從悉補官，易與兄昆獨不見錄，遂刻志讀書。年十七舉進士，以文藻知名，累官翰林學士而卒。

王英孫

王英孫，字才翁，號修竹，會稽人。作墨竹蘭蕙，雅潔不凡。富而好禮。唐珏、林景熙築冬青穴，修竹實爲謀主，世罕知者。

鑑湖懶民

鑑湖懶民，姓賀，亡其名，字方回裔孫，會稽人。作平遙細竹，瀟灑可愛。

閨秀

楊妹子

楊妹子，恭聖皇后之妹，會稽人。其畫爲掖廷所重，亦復流播民間。書法類寧宗，故御府多命題咏，如劉松年、馬遠諸畫幅皆是也。而馬遠畫尤多所題，每關情思，人或譏之。題後各有「楊娃之章」一小方印。乾隆初錢塘周少穆於吳淞得馬和之畫一幅，上有楊妹子題咏，厲樊榭有詩紀其事。楊妹子曾畫趙淸獻琴鶴圖傳世，人遂疑爲淸獻之妹與女，殆忘其姓矣。或又疑其子婦，亦非。

方外

釋仲仁

釋仲仁，會稽人，住衡州華光山。畫梅有盛名。性嗜梅，方丈植梅數本，花放時卽移榻其下，吟詠終日。偶月夜見窗間踈影橫斜，蕭然可愛，遂以筆規其狀，因此好寫，得其三昧。往往士大夫有索數十年而未下筆者，亦有不求而自得者。華光每寫時必焚香，禪定意適，則一掃而成。及其臨老，縱心筆墨，愈作愈高。嘗一見黃山谷，出秦蘇詩卷，且爲作梅數枝，及煙外遠山，山谷感而作詩紀卷末云：「雅聞華光能墨梅，幸乞一枝洗煩惱，寫盡南枝與北枝，更作千峯倚晴昊。」又題其平沙遠水圖云：「此超凡入聖之境也。」

元

王迪簡

王迪簡，字庭吉，號蕺隱，新昌人。善畫山水。

毛倫

毛倫，字仲庠，諸暨人。居貧自樂，放情吟嘯，或寫木石，或作墨牛，與遊者多名人。

或勸之仕，則張目不答。

王　麟

王麟，字文明，山陰人。善畫。

閻　驤

閻驤，字仲彬，餘姚人。山水學郭熙。

吳大素

吳大素，字季章，號松齋，會稽人。善畫梅，有梅譜傳世；尤能畫山礬水仙。

楊維翰

楊維翰，諸暨人。維禎從兄。工山水。

尙　雨

尙雨，字仲彬，會稽人。善山水雜畫松石，師郭熙，墨竹有瀟灑出塵之致。

鮑　敬

鮑敬，字原禮，會稽人。善畫花卉禽魚，尤長於人物。嘗爲人寫牡丹，姿態天成。

張　英

張英，字仁傑，諸暨人。有儒行。工畫花鳥。

鄭　彝

鄭彝，山陰人，好學敦行。工畫草蟲蘭蕙。

王　冕

王冕，字元章，諸暨人。喜畫梅，嘗有梅花一卷傳世，自題其上云：「我家洗硯池頭樹，箇箇花開淡墨痕；不要人誇顏色好，只留淸氣在柴門。」其胸襟灑落可見。畫梅不減揚補之，求者肩背相望，以繒幅短長爲得米之差。人譏之，冕曰：「吾藉之以養口體，豈好爲人作畫師耶！」又嘗遊燕都，畫梅以胭脂作沒骨體，燕京貴人爭求其畫，乃以一幅懸於壁間，題詩云：「疎花箇箇團冰玉，羌笛吹他不下來。」或以爲刺時，欲執之。冕覺，亟歸，隱會稽之九里山，築室三間，題曰梅花屋，自號煑石山農。初見元季將亂，故托於佯狂，自負在劉基、宋濂之間。旣見明太祖不用，遂抑鬱而逝。學問深邃，不徒以繪事稱能。

明

張壹民

張壹民，名員，以字行，餘姚人。洪武中以薦爲開化教諭。善畫，貴勢人乞之，不肯下筆。嘗戴笠着高齒屐，嘯傲自適。左目無瞳子，自稱左瞽。又能書工詩，有求者不輕與，亦如其畫云。

楊節

楊節，字居儉，餘姚人。宏治末以懷才抱德舉，已乃以善書直內殿爲序班，後爲高郵判官。書效顏魯公，更加瘦勁。畫菊有草書法。

孫堪

孫堪，字伯子，餘姚人。善菊，得法於舅氏楊節，晚年乃時出新意。王維楨有孫伯子畫菊歌云：「名筆今餘二十年，長安門閾踏將穿；孤芳一出連城賤，尺幅持來萬戶傳。」

徐渭

徐渭，字文清，更字文長，號天池，山陰諸生。工畫，殘菊敗荷，爐瓶彝鼎之屬，皆古質淡雅，別有風致。兼繪山水，則縱橫不拘繩墨。畫人物極其生動，青在堂畫說曰：「文長醉後拈寫字敗筆，作拭桐美人，即以筆染兩頰，而丰姿絕代，轉覺世間鉛粉爲垢，此無他，蓋其筆妙也。」凡求書畫者，須值其匱乏之時，投以金帛，頃刻立就，若囊錢未空，雖以賄交，終不可得。嘗自評云：「吾書第一，詩二，文三，畫四。」余竊謂文長筆墨，當以畫爲第一，書次之，詩又次之，文居下。其書有縱筆太甚處，未免野狐禪，故易於僞作，至其畫高超靜遠，雖慧心人猝難摹仿，是以一展卷而眞贋了然，學步者無從躲閃。朱竹垞云：「文長詩學長吉，間雜宋元派，所謂斐然成章，不知所以裁之者。蓋詩與文皆未免繁蕪，不若畫品，小塗大抹俱高古也。」斯言甚爲確當。文長博學多才，極爲胡宗憲所重，第性誕傲，不合於世，故坎懔終身。晚年尤貧窘，嘗畫葡萄有題句云：「筆底明珠無賣處，閒拋閒擲野藤間。」其淪落無聊之感，已情見乎辭矣。家文簡公言：「文長，修偉肥白，音朗然如唳鶴，嘗中夜呼嘯，有羣鶴應焉。」余嘗見其所遺小影，誠豐腴白皙，文長自爲像贊，亦復云然。

鍾禮

鍾禮，字欽禮，號南越山人，上虞人。善雲山草蟲，嘗自題其居曰：「一塵不到處。」世傳其雨山一幅，雲氣濃郁中，若有天風冉冉，展玩間雖酷暑亦生涼，姜二酉云：「眞令人作一塵不到之想。」

陳鶴

陳鶴，字鳴野，號海樵，山陰人。家本世冑，少年輒研精詞翰，名重一時。又善畫水墨花草，獨出己意，最爲超絕。人求畫者踵相接，然必俟其飲讌與酣，載筆素以進，則振髯握管，須臾爲一揮屢幅，或數十丈，各愜其所乞而後止。其詩五言如：「近海潮迷郡，連山瘴入樓。」「孤月長隨棹，寒潮不到門。」七言如：「細雨殘燈歧路酒，清江紅葉寺門舟。」「薄遊兩見雁歸塞，多病却憎花滿樓。」清雋絕倫，皆堪入畫。著有海樵集行世。

楊榮

楊榮，字時秀，餘姚人。善墨竹。

俞鵬

俞鵬，字漢遠，上虞人。善畫，遊兩京，名重公卿間。性耿介，其畫亦不易得，興至乃寫。

張淑

張淑，字荀仲，晉府左長史鎡之子也。嘗客宣城。工書畫，所畫人物，初無師承，由於心得，神氣生動絕倫。

劉世儒

劉世儒，號雪湖，山陰人。工畫雪梅，曾畫鐵榦回春圖贄胡元瑞，元瑞賦詩以贈，比之爲華光長老及王元章云。

袁子初

袁子初，字叔言，上虞人。善梅，人稱其清老出塵，深得元章法乳。

唐肅

唐肅，字處敬，號丹崖，山陰人。善畫。

史琳

史琳，字元端，餘姚人。工墨竹。

劉鵬

劉鵬，上虞人。精於染翰，嘗作雲山圖，峭壁圓峥，横峯側嶺，備極隱現浮沈之妙。

顧琳

顧琳，號雲屋，上虞人。繪事爲世所重。

劉炤

劉炤，字巢雲，會稽人。善畫翎毛花卉，且喜吟咏。嘗自題蘆雁圖云：「中原澤國稻粱肥，飽啄西風在在宜，回首瀟湘渺何處？蘆花深處暫相依。」余家舊有巢雲花鳥巨幅，精妙絕倫，自余北遊五載而歸，此物遂不知何在，已亡四十餘年矣，今猶惜之。

黄尙質

黄尙質，餘姚人。工菊，尤精傅色。

聞人益

聞人益，字仲璣，餘姚人。繪山水以淸華爲主，雖時喜着色，自瀟灑無俗氣。

朱南雍

朱南雍，山陰人。山水木石法沈周，亦或效倪迂。王篷心云：「見其效倪巨幅，甚淸勁絕俗。」

王鼎

王鼎，餘姚人。工畫竹。

茅寵

茅寵，號赤川漁父，山陰人。爲欒城簿，挂冠以歸，釣赤川上，戴笠披簑，狂歌以嘯，於世所好，一切不顧。獨好畫，畫佳山水處，輒欣然神移者終日。

黄子璧

黃子璧，字白仲，上虞人。工書畫。

季賓

季賓，字汝和，山陰人。善畫菊，能作數十種花樣，使人目眩神移。

王廷策

王廷策，山陰人。性懶散而好游，萬曆初召入畫院，落落不拘，不願授官，上賜號哈仙。其畫得力於梅道人、大癡兩家，書學趙王孫，乃布衣中之高雅者。

王元道

王元道，會稽人。工山水。

諸清臣

諸清臣，字清之，會稽人。善畫，置之趙子昂、黃子久、王叔明、倪雲林之間，幾不能辨。

翁逸

翁逸，字祖石，餘姚人。工山水。

趙仲容

趙仲容，會稽人。以繪事游山海間。

徐　蘭

徐蘭，字秀夫，餘姚人。善水墨葡萄，其枝蔓圓轉處，藏有「天下少，世間無」，六字行書，彷彿松雪。

董　荆

董荆，字宗楚，新昌人。博學好古，長於詩文，尤善畫。

史　旦

史旦，嵊人。畫禽鳥甚精，尤喜爲蘆花羣雁，宛在寒汀荒渚，人咸愛重之。

錢世莊

錢世莊，嵊人。工畫驢，色態飛動如生，人與趙王孫之馬並稱。

陶　訥

陶訥，字世仁，號三洲，會稽人。才韻迥拔，嘗與隱士王野輩爲詩友，縱游山水間。晚歲慕神仙，學道山中，久無所得，嘆曰：「非學仙難，死心難耳。」善鼓琴，繪梅尤稱精妙。

沈學

沈學，字會宇，會稽人。能畫人物花鳥，尤善寫眞，徐天池詩中稱沈樵仙是也。余嘗見天池小影一幅，筆甚工細，乃會宇所繪，其印刻「採樵仙子」四字。

童朝儀

童朝儀，字令侯，山陰人，歷官後軍都督。工書畫。

毛世濟

毛世濟，餘姚人。善畫菊，尤工傅色，英蕊榦葉，各臻其妙。

黃九霄

黃九霄，餘姚人。畫菊能作燈前月下淡煙晴日各種姿態，盡得其神。

陶朗雯

陶朗雯，字天章，會稽人。博覽羣書，詩文不規規摹擬古人，而自成一家。工書善畫。

楊彝

楊彝，字宗彝，餘姚人，別號銀塘生。乘牛出入四明洞天，遇風景林壑之美，卽箕踞長嘯，狀其草木水石，題詩於上，墨光動盪。嘗見松鼠飛鳴，拾瓦礫擲之，應手而墮。時趙考古在旁，疑其偶中，及見其再擲復然。又能掌上置酒，婆娑而舞，不傾涓滴。伎精如此，則畫之入神可想矣。

陶素來

陶素來，字田中，號鹿隱，會稽人。善畫山水，仿元人四家，俱臻其妙，親友得片紙，珍如拱璧。

陳憲章

陳憲章，號如隱居士，會稽人。善畫梅花，與王謙齊名。評者以二家雖格意不同，憲章筆力，實過於謙。子英，亦能寫梅。

沈襄

沈襄，字小霞，沈鍊之子，會稽人。以蔭補官，仕至郡守。寫梅竹稱絕藝。姜二酉謂其霜枝雪幹，風骨崚嶒，自是清華之筆。

吳仲晃

吳仲晃，字仲晦，山陰人。工山水，筆墨淋漓，洵推妙品。

馬時暘

馬時暘，名晅，以字行。幼穎悟，博通經史，最善丹青，兼能篆隸。孝廟初，徵入華蓋殿供御，授錦衣衛鎭撫。

倪元璐

倪元璐，字汝玉，號鴻寶，上虞人。天啓壬戌進士，歷官至戶禮兩部尙書，明亡殉節。書畫俱工，嘗喜寫文石，以水墨生暈，極蒼潤古雅之致。余家舊有山水一幅，僅一角完好，餘絹盡碎裂，不能裝潢，藏於篋中，爲人竊去。又於友人處見其數幅，山皆峻嶒兀奡，林木則蒼莽鬱葱，皴法喜用大小劈斧，總不屑描頭畫角，以取媚於人。王香泉云：「吾生平頗愛天池書法，脫盡俗塵，及置諸倪公行草之旁，便如小巫見大巫，無坐立處。」余謂倪徐二家畫亦然，蓋倪以雄深高渾見魄力，徐以蕭疏古淡見風神，廊廟山林，原不容並列，況倪有忠義之氣，流露毫端，去人自遠。

宋澳

宋澳，嵊人。專寫人物，善於傅色，古峭軼羣，自無匠氣。

王思任

王思任，字季重，又字遂東，山陰人。萬曆進士，官九江僉事，後仕至禮部右侍郎。作畫仿米家數點雲林一抹，饒有雅致。姜二酉謂其寫山水林屋，皴染滃鬱，超然筆墨之外。猶記其評天台云：「孤月洞庭，正爾寂然，忽有天山萬里，一夜飛來。」又云：「恍惚幽玄，不記何代，片時坐對，人化爲碧。」觀此數語，則季重之畫不遠矣。季重舉業與家文簡公齊名，有王山陰陶會稽之稱，第有錢癖，見錢卽喜形於色，爲文特佳，畫亦較勝常時。然其所入，皆諛墓金，又好施不吝，或散給姻族，或讌會友朋，可頃刻立盡，故無鄙之者。

姚沾

姚沾，字惟恩，號墨仙，錦衣千戶，餘姚人。能詩善畫，戲寫竹木古樹，意頗清遠。與吳門諸名士往來久，至今姑蘇多其眞蹟。

張爾葆

張爾葆，字葆生，仕揚州司馬。舅氏朱石門多收藏古畫，朝夕觀摹，甫弱冠，卽有名畫苑。初以寫生入能品，後工山水，與李長蘅董思白齊名。婿陳洪綬，自幼及門，頗得其畫法。

祁豸佳

祁豸佳，字止祥，山陰人。自天啓丁卯鄉薦後，不遇於春官數次，心常怏怏。因自爲新劇，按紅牙教諸童子，或自度曲，或令客歌，自倚洞簫和之，以抒其憤懣不平之氣。雖官吏部司務，非其志也，及兄彪佳懷沙之後，遂隱於梅市。嘗賦詩曰：「青山白社夢歸時，可但前身是畫師，記得西陵風雨後，眞堪圖取大蘇詩。」自負其畫如此。於諸家山水，皆能仿而爲之，尤愛用巨然筆法。曹顧菴曰：「止祥之書，不在董文敏下，畫已入荆關之室。」

閨秀

孟蘊

孟蘊，字子溫，諸暨人。字侍御蔣文旭。蔣死諫，孟以貞女矢志，明宣德間旌表立祠。工詩善畫。

傅道坤

傅道坤，會稽傅氏女。貌麗性慧，自幼工丹青。同郡有范生者，初議婚於傅，惑日者言，別聘他姓女。踰年絃斷，將再娶，而傅尚未字，范生曰：「豈赤繩繫定，留待我耶！」遂續前議。居一二載，不知其工畫也。後元夕張燈街衢，燈帶失繪，衆倉皇覔善手不得，傳聞之，援筆立就，名大振。尤工山水，臨摹唐宋名流之筆，靡不逼肖。款寫范傳或道坤，好事者爭購之，然非妯娌親洽，展轉相求，終不得也。筆墨紙硯，以四婢典之，其風韻咸比之管夫人。

越畫見聞卷上終

越畫見聞卷中

會稽　陶元藻　篁亭著　孫男軒春田編次

山陰　姚亢宗　細林參訂

蕭山　何　榕　竹圃校閱

國朝

黃宗炎

黃宗炎，字晦木，一字立溪，餘姚人。忠端子，黎洲弟。其畫宗小李將軍、趙千里，又工繆篆，善製硯，談經講學，不愧於兄，而義膽忠肝，更同於父。聞懷宗之變，孤憤號咷，時忘寢食，南都破，遂隱白雲莊，或遊石門海鹽諸邑，賣畫以自給。有識其人者，不復呼其姓字，稱曰「鷓鴣先生。」

孟永光

孟永光，字月心，山陰人。工人物寫眞，師孫雪居。後遊遼東，從龍入關，高曠不樂簪纓，以畫祗候內廷，月賜廩祿若干斛。上命內侍張篤行受其法，眷顧甚隆。

曾益

曾益，字謙受，號鶴岡，山陰人。工詩與畫，其畫梅竹松鷹，多縱疾揮毫，絕無拘束；有時一變其習，細密謹嚴，如出二手。嘗註昌谷集傳世，漁洋極賞之。其吟稿散佚，畫亦罕有傳者。順治九年嘗與友朋過新修禹廟，見其後壁細膩光潔，因捉筆畫二梅，并書「梅龍」二字於其上，作禹廟畫梅歌一篇，記其略云：「偶拈禿管畫雙梅，濃處無塵淡無蹟，眠者如龍屈曲蟠，昂者干霄作梅立。是花不藉三郎催，有石都如五丁劈，胎含向背學陰陽，萼吐參差間疏密。由來神物解通靈，此梅寧肯終潛蟄。」

張振岳

張振岳，字崧高，蕭山人，與藍田叔同時。田叔心嘗折服，稱其所畫「晴嵐絕澗，深谷危巖，葦村桃洞，柳岸漁溪」皆詞人難狀之景，氣韻絕佳，非學古何能至此。

姜廷幹

姜廷幹，字綺季，山陰人。大宗伯子。風流倜儻，詩畫文章，無不登峯造極。繪事山水外，尤精寫生。龔半千題其所臨崔白花卉云：「綺季名家子，所藏佳蹟甚富，如崔白、戈宣、丁覎之流，皆極力摹寫，非今人隨意所到，不事章程也。綺季能世其家學，可出而撒鹽和梅，而故效兒女子施朱調粉，此非吾黨所能測。」

張學曾

張學曾，字爾唯，號約菴，會稽人。由中書出仕吳郡太守。自幼好畫，倣董北苑。嘗爲周櫟園作數幅，極爲程青溪所賞，題云：「此道寥寥，得其解者，唯約菴吾友，差足與語，不復多見矣。」曹秋岳題云：「筆勢空蒼，吐納北苑，不作元人佻薄氣。」櫟園則稱爲「眞倪迂畫派，蕭疎簡遠，移入詩中，可入香山蘇州兩廡。」吳梅村畫中九友歌，約菴其一也。詩云：「姑蘇太守今僧繇，問事不省張兩眸，振筆忽起風颼颼，連紙十丈神明遒。」又題其畫云：「請看韋白新詩句，能作蘇州刺史無。」亦傾倒殊甚矣。

陳洪綬

陳洪綬，字章侯，號老蓮，又號老遲，其稱悔遲，則甲申後也。諸暨人。工人物山水，其畫乃天授，非人力所能致。年四歲過婦家，見新堊壁，登案畫關壯繆像，長八九尺，婦翁見驚異，遂扃其室以崇奉之。少長渡江，搨杭州府學李公麟七十二賢石刻，閉戶摹十日，盡得之，出示人曰：「何若？」曰：「似矣！」則喜；又摹十日，出示人曰：「何若？」曰：「勿似也！」則更喜；蓋數摹而變其法，人莫能辨焉。又嘗摹周長史景元美人圖，至再三猶不欲已，人指所摹者曰：「此畫已過周，而猶嗛嗛何也？」曰：「此所以不及者也。」

吾畫易見好，則能事未盡也；長史本至能，而若無能，此難能也。」爲諸生，崇禎間召入爲舍人，使臨歷代帝王圖像，因得縱觀大內畫，畫乃益進，故晚年畫博古牌略示其意。性放誕，好婦人，非婦人在座，不飲，夕寢，非婦人不得寐，有攜婦人乞畫輒應。嘗遊金陵妓家，妓設酒肴相餉，酒酣索畫，欣然命筆。後率以爲常，人欲得其畫者，爭向妓家求之，妓獲金錢無算。生平喜爲貧不得志人作畫，周其乏，凡貧士藉其生者數十百家，若豪貴有勢力者索之，雖千金不爲搦筆也。嘗有一顯者誘之入舟，云將鑒定宋元人筆墨，舟既發，乃出絹素强之畫，章侯科頭裸體，漫罵不絕口，顯者不聽，遂欲自沈於水，顯者拂（怫）然乃自先去，浼他人求之，終一筆不施也，以此多爲人詬詈。懷宗召爲供奉，不拜，尋以兵罷。監國中待詔。南都破，王師下浙東，大將軍固山額眞，從圍城中得章侯，大喜，急令畫，不畫，刃迫之，又不畫，以酒與婦人誘之，畫。久之，請彙所畫署名，大飲，夜抱畫寢，及旦伺之，遁矣。年五十六卒於山陰。曹秋岳曰：「老蓮道友，布墨有法，世人往往怪之，彼方坐臥古人，豈顧餘子好惡。」程翼蒼曰：「老蓮人物，深得古法，不意山水亭榭，蒼老潤潔，亦復不讓古人。」方與三曰：「北宋閻次平，南宋張敦禮、徐改之，專借荆關而入，自脫北傖躁氣，然設境未能如老蓮之高曠。」周櫟園曰：「章侯前身，蓋大覺金仙，曾何畫師足云乎。」毛西河曰：「老蓮初法傳染時，時錢塘藍瑛工寫生，蓮請瑛法傳染，已而輕瑛。瑛亦自以爲不逮蓮，終其身不寫生。」張浦山曰：「洪綬人物，軀幹偉岸，衣紋淸圓細勁，兼有公麟子昂之妙。設色學吳生法，其力量氣局，超拔磊落，在仇唐之上，蓋三百年無此筆墨也。」其爲海內名流推重如此。嘗自題畫竹云：「萬曆己未，洪綬翻經法華山中，作竹有幾種，種種貌其形似。李長蘅曰：小淨名醉墨，後爲權要得之，傳於關中，張道民以白馬易之。此草筆也，何爲人愛惜至此哉？嗚呼！今日者爲人所愛惜，其唯技藝乎！」觀其語，似有負才寡遇之感。時順天崔子忠亦善人物，與洪綬齊名，號「南陳北崔」。

姚允在

姚允在，字簡叔，會稽人。善山水，學荆關家數，筆墨遒勁，思致不凡，小幅愈佳。但自矜其畫，不多爲人作，嘗有人持多金至越購之者，竟不能得其一水一石。周櫟園從友人處得其小册十二幅，皆自江南入北地，紀所見名勝。王新城最愛其秦淮一幀，題云：「余在白門曾有句云：朱樓映水皆成綺，綠柳垂條漸拂波。披此如覩昔遊，因幷書程孟陽詩云：最憶西風長板橋，笛床禪閣雨蕭蕭，而今畫裏猶知處，一抹寒煙似六朝。」陳其年亦題有句云：「紅板橋東白石祠，烏衣巷口綠楊枝；誰人重寫臺城景？愁殺多情老畫師。」櫟園又賦七律四首題其後。爲一時名流推重如此。沈漁莊有一幀，價千金弗肯售，後爲人竊去，至訟累經年。芥子園畫傳稱簡叔畫黍粒大屋三間，亦必前後相通，曲折盡致，有山顧屋，屋顧山之妙。今觀其畫，雖不盡如是，然却位置得宜，會心獨遠，與俗手之點綴屋宇，全無向背照應之法者，迥然不同。

王穀韋

王穀韋，字鄂叔，號雪舟，山陰人。康熙庚戌進士。娶祁忠敏公女修嫣爲配，修嫣工書畫，閨中砥礪若良師友，雪舟遂亦善畫，得一峯老人意。與弟穀振同官部曹，後出爲淮安太守。其在都時，與王麓臺同年友善，討論畫理。然不喜乾墨，專用溼筆，今之爲太倉派者，悞用乾筆，枯燥堆積，全失前輩精神。瓜田老人稱杜詩「元氣淋漓障猶溼」，知古人原不重乾墨，雪舟天資敏妙，又嗜古不倦，其於乾溼之際，辨之眞矣。

楊之范

楊之范，山陰安昌里人。博學工文，與高江村友善，日以典籍講貫相資。康熙己未，以鴻博徵，不赴。少時在京師，每聞善畫者卽往觀之，如是者數載，因得畫中三昧。而歸常坐一室，檻外多植楊柳、芙蓉之屬，輿會旣至，卽渲染，終至於寢食俱忘。然不肯爲人作畫，曰：「吾家貧，豈能枵腹從事哉。」故必厚致金帛，又不相促迫，方得其尺紙寸縑。大似文衡山、唐六如兩家筆墨。年七十，趺坐水中而逝。生平有水竹居圖傳世，千箇幽篁，一灣春漲，深得溪山之勝。余嘗見其畫唐子西山居賦，作十數段分寫，工細絕倫。又畫百果圖，一一逼肖，使人充飢止渴，饞口流涎。

王奐

王奐，字伯倫，山陰人。善畫，其摹擬宋人及青綠者，佳甚，卽佛像人物之衣紋設色，俱極精妙。

王自越

王自越，字子上，柳潭之弟。柳潭旣卒，石衲納側室始生，比長，讀書好畫，每喜於懸崖絕壁處，點綴古松一二樹，從無放筆爲直幹者，鸞翔龍躍，盤結之狀，絕似營邱。

陳字

陳字，號無名，別號小蓮，老蓮子也。其書畫綽有父風。性傲不諧於俗，客遊所至，輒與人忤，而所得亦隨手盡。與許釀川交頗好，故許氏尚多其遺墨。釀川題劉研亭審音圖，是陳無名所畫，詩曰：「劉家有婢善吹篪，腸斷征人北望時，更倩小憐彈一曲，碧筒花下雨如絲。」

馮肇杞

馮肇杞，字幼將，會稽人。工詩畫，如「遠樹皆山色，深雲半雨聲」，「孤枕寒更入，殘燈細雨來」皆佳句也。少時間作人物、山水、花鳥極奇秀，每出人意表，壯歲悉棄去一切，惟寫梅竹蘭石，求者無不應，取適己意，不計工拙也。其竹宗湖州眉山派，嘗爲友人畫徑丈壁，盤礴揮毫，頃刻便如身入茂林，淸風拂拂。又寫數枝於友人齋，燕雀見之，羣飛停宿，至於墮地，斯亦奇矣。又有人捧長幅數丈，乞爲寫蘭，幼將潑墨甫就，香氣滿室，賓客以下，無勿聞者。此與張僧繇畫龍飛去，李思訓畫水有聲，元滄畫兒能夜啼，蘄靑畫猫能逼鼠何異。此所謂通神之筆，能刮造化窟，竊天地工者也。陳老蓮未聞有此，始知老蓮尙屬妙品，必如幼將，纔是神品。世人論國朝越畫，首推老蓮，吾則以幼將爲領袖云。

高瑞卿

高瑞卿，山陰人。流寓京師。善山水。

金古良

金古良，名史，以字行，別號南陵，山陰人。善畫人物，有無雙譜四十小幅，極其工緻，好事者雕行之，足與嘉興朱賓古凌煙閣功臣圖頡頏爭勝。每幀皆製樂府一首，亦琅琅可誦，余最愛其垓下嘆云：「劍非萬夫敵，書足記姓名；身經七十戰，一敗竟無成。烏江之水咸陽火，人事耳，爾乃嘆曰天亡我！生無面目見江東，死去如何見范公，藉乎藉乎空重瞳。」河源槎云「乘槎去，淼難駐，欲覓河源竟何遇，織女來，取得支機石似梅，宜房塞兮決不止，何不徑塞河源回」之句。毛奇齡序云：「南陵與余同學詩，與徐仲山同學書，未爲畫而畫精；是譜名無雙而實具三絕，有書有畫叉有詩也。」子可久、可大，俱能畫。

呂煥成

呂煥成，字吉文，餘姚人。善人物花卉，兼長山水，好作劈斧皴，風格頗似戴文進。

陶篔

陶篔，字小羞，亦字小修，號達夫，會稽人，遷居蕭山。初授江南和州司馬，旋補河南五利令。善畫，與余同九世祖龍泉公。善王香泉家藏有梅花手卷，其繪花有四種：曰攢聚，曰陰陽，曰偏側，曰殘零。繪幹三十六種：曰臥龍，曰橋梁，曰珊瑚，曰老倒，曰懸崖，曰女字，曰弓背，曰鳳翅，曰倒蓮，曰虬龍，曰鵲飛，曰鼠尾，曰單鹿角，曰雙鹿角，曰穿心角，曰雌雄劍，曰鶴膝，曰風燕，曰荆棘，曰鹿茸，曰盤空鶴，曰嵐煙，曰風激浪，曰蚩尤旗，曰醉羅仙，曰玉龍吼月，曰古木撑天，曰中流柱，曰枳棘，曰度奈蟠桃，曰海槎，曰離宮衰柳，曰摺蛇，曰滿弓，曰臨溪，其古木撑天之下，紙片殘缺，失名者一。怪怪奇奇，眞屬匠心天巧。淮陰趙與達題其卷首云：「羅浮寫照」。己丑歲余僑寓滄浪亭，朱松簷觀察出示揚補之畫梅眞蹟，則花幹合寫，亦凡數十種，變化錯綜，無一雷同之筆；此則花幹分寫，各臻工妙，窺其筆法，原從補之脫胎，而善易其貌，遂覺戛戛生新。又能作指頭畫，生動異常，高且園、朱倫瀚，莫能過也，毛西河極賞之，爲作陶篚指頭書畫引。

夏杲

夏杲，字雨亭，上虞人。寫生有虎頭道子之目，卽其游戲點綴，輒皆神似。爲人灑落自在，無一毫鄙吝態，嘗自貌雙輪馭海圖，其友謝玉龍贈以詩云：「雨亭雨亭眞絕倫，胸藏浩氣如雲噴；睥睨世態無一可，舉足直欲超崑崙。欻忽御風駕滄海，劃然長嘯天無痕；

風濤恬息蛟龍靜，平看日月相吐呑。」

毛奇齡

毛奇齡，字大可，號西河，蕭山人。康熙己未應博學宏詞試，授翰林檢討。工山水，王蓬心稱其意到筆隨，妙有天趣。曾畫梅花贈姚士重，又爲駱明府作麻姑圖；則其於花卉人物，俱所擅長。因文章學問，名重海內，故技藝雖工，反爲所掩。

丁克揆

丁克揆，字敍之，蕭山人。善花卉翎毛，多淸峭之致，不事妍媚。譬之文章，是靈均天然幽豔，非子山孝穆輩世俗鉛華可比也。

蔡佩

蔡佩，字子佩，蕭山人。善山水，從董巨二家得力。峯石用雨點及芝蔴皴，無劍拔弩張之狀；樹皆累葉，不作枯枝，彌望芊眠茂鬱，秀色可餐。

田賦

田賦，字公甫，山陰人。善山水，師關九思，筆力蒼古而有致，邱壑深遠而不繁。

張駿

張駿，字亦寓，山陰人。善蘭竹，兼善畫石，筆法縱橫磊落，不拘繩尺。

張文達

張文達，字蜚聞，蕭山人。武進士，未授職。畫學董文敏，墨氣淋漓。

王國夋

王國夋，字子杓，山陰人。旅寓京師，食貧。畫人物甚工緻，然非數日不能竟一幅，人勸其苟且應酬，子杓曰：「寧貧耳，不欲以率筆敗吾名。」人有以多資求畫者，竟歲始成，成則又質之子錢家，非後有以重資索其畫者，前畫弗得也。

駱度鏞

駱度鏞，諸暨人。作畫有好奇之癖，其石盡突兀險峭，樹或孤根蟠地，或勁幹參天，皴擦鈎勒，皆別具手法。以冰雪聰明，發爲雷霆精銳，一筆兩筆，使人心目俱搖，然不墮吳小仙野狐禪，故奇而可貴。

魯集

魯集，字仲集，號瞿菴，會稽人。畫特濃郁，善作雨景，由其胸有書卷，故氣厚而深。

商徵說

商徵說，字雨臣，冢宰公子。工詩文，受業於西河，稱都講焉。畫法老蓮，古峭勁拔，冠絕一時。

韓咸

韓咸，字無我，山陰人。宋忠獻公後裔。畫人物多吳裝，魄力雄渾，卓絕古今，大而尋丈，小而尺幅，精采奕奕射人。遊京師，得青玉一枝，歸築青琳堂，許釀川爲作記，晚年署款多押青琳二字。越中繪事，羣推老蓮，繼武者惟青琳足當一隊，今老蓮畫已如勾漏丹砂，而青琳名不出於越，人固有幸有不幸耶！

徐易

徐易，字象九，山陰人。工於寫眞。畫徵錄云：「徐易，曾波臣弟子，傳神妙手。」朱竹垞曰：「謝彬、沈韶、徐易、張遠，學曾鯨氏而有得者也。」象九子名炎，字公爕，能繼父業。

祝天祺

祝天祺，字希張，會稽人。老蓮弟子，蒼秀有腕力，亦北苑一派。偶見其畫松，枯枝直上八九尺，叉椏處略作針葉，蓋趨新避熟者也。

金玠

金玠，字介玉，諸暨人。善寫眞。嘗遊京師，從學於滿洲莽鵠立。張浦山云：「莽鵠立，字卓然，官長蘆鹽院。畫法本西洋，不先墨骨，純以渲染皴擦而成，神情酷肖，見者無不指曰：是所識某也。介玉得其傳，故筆下較世俗精細十倍」。

劉義林

劉義林，字曉堂，山陰人。重然諾，急交遊，屢困南北試不利，遂棄舉業，專攻繪事。蘭竹最爲擅場，兼及山水，墨瀋淋漓，天機豪放。

沈五集

沈五集，一字采，號梵陵，山陰人。老蓮弟子。山水、人物、花鳥，臨摹殆徧，幾於出藍。

胡懋銑

胡懋銑，山陰張漊人，工寫墨竹，得文湖州法；或兩三竿，或數十箇，興會所到，隨筆爲之，疎密短長，無不各極其妙。

經綸

經綸，字嵩叔，餘姚人。善畫，性狂好飲，醉後落筆畫彌工。所繪人物、美女、花卉、禽魚，無不用粉，或以此輕之，豈知古畫原多用粉，鄭虔專工山水，少陵詩云：「鄭公粉繪隨長夜」，已非水墨是尙矣。又畫鶺行云，「粉墨且蕭瑟」，薛少保畫鶴詩云：「佳此志意遠，豈惟粉墨新。」粉繪歷歷可證，嵩叔亦猶行古之道歟。

來呂謙

來呂謙，字西老，蕭山人。善花鳥，師陳洪綬。

謝彬

謝彬，字文侯，上虞人，寓居錢塘。工寫生，受學於閩中曾波臣，筆法大進，爲傳神妙手，名聞海內，價重藝林。波臣弟子甚衆，以彬爲第一。

毛遠公

毛遠公，字驥聯，蕭山人。孝廉。喜繪設色及水墨牡丹，一花半葉，俱以淡墨爲之，疏斜歷亂，偏其反而，咄咄逼眞。

錢其恆

錢其恆，字子方，山陰人。愛仿大癡山水，筆墨超脫凡軌。家藏名蹟最多，精於鑒賞。

王彥

王彥，字岳宗，山陰人。與藍瑛齊名。專山水，岡巒林麓，人物結束，無不工妙。

嚴湛

嚴湛，字水子，山陰人。善人物花鳥，陳章侯弟子，其技不讓於師。

司馬霱

司馬霱，字子羽，餘姚人。善白描人物，嘗仿李龍眠筆，鑒別之家，幾不能辨。

章時顯

章時顯，字子揚，會稽人。善人物花卉。

馮仙湜

馮仙湜，字沚鑑，山陰人。山水學郭河陽，輕淡細秀，殊有恬雅之致，非一往粗豪者所能窺其門戶。時華亭杜亮采畫亦冲淡秀潤，二人所宗不同，而所造相似。

陸曾熙

陸曾熙，字雍之，山陰人。畫頗瘦勁，然有怪意，書法亦如之，似學老蓮而稍變其體。

錢禮齋

錢禮齋，山陰人，流寓京師。善寫大像。

陸柴

陸柴，字山子，山陰人。善人物花鳥，不越章侯故轍。

王徐錫

王徐錫，字孝伯，山陰人。王季重孫。落筆天趣盎然。

婁光軫

婁光軫，字天輿，山陰人。工寫竹，彷彿諸曦菴而較秀潤；同里朱雯，字天章，工寫梅，法劉雪湖；或呼「婁竹朱梅」。

魯鼐

魯鼐，字式和，山陰人。工花卉草蟲，有宋人之風。

蔣燵

蔣燵，字子蘊，山陰人。善山水人物，其畫多用水墨，以淸曠綿邈爲宗，卽偶施赭靛，亦輕淡絕倫。

陶祁德

陶祖德，字愼先，會稽人。山水清空雅健，法梅道人爲多。

朱瑤

朱瑤，字采昭。諸暨人。善畫花鳥。

蔣謙

蔣謙，字六皆，諸暨人。指畫龍虎，極跳躍吟嘯之態，雖非方家所重，然亦一時無兩。

郭清文

郭清文，諸暨人。工花卉翎毛，生平喜作百蝶圖。

羅坤

羅坤，字宏載，號藕村，會稽諸生。以詩文名世，又精篆刻，見櫟園印人傳。召試鴻博，不赴。偶作竹石，極其蒼秀，筆法仿老蓮。

周曾

周曾，字子炯，世居駟潭，爲諸生，有聲。其山水步趨巨然，晚年乃能運以己意，揮縱自如，不專一格。

馬正信

馬正信，字季友，山陰人。畫山水，緣胸中絕無點塵，故落筆輒清微淡遠，比之詩家韋孟，漸近自然，然非洗鍊功深，何由臻此，眞屬天資學力兼到之技也。

陶紹侃

陶紹侃，字炳南，會稽人，移居蕭山。善寫眞，名盛一時，戶常履滿。

李發

李發，字文錦，山陰人。善墨梅，師朱天章，晚有勝藍之譽。

丁樞

丁樞，字辰所，山陰人。善寫照，曾遊老蓮之門，故瓣香未斷。

王基永

王基永，字濟美，山陰人。畫山水與姚錫元、王子杓同有名於時。

余鋐

余鋐，字子愼，會稽武貞先生之曾孫。畫得元人意，煙籠雲罩，忽隱忽現，別具縹緲之致，譬之秦女乘鸞向煙霧，使人摹擬無從。

吳達

吳達，字行先，會稽人。受業於藍瑛，而一變其習，喜作荷葉皴，氣骨淸雄，所謂「筆端金剛杵」也。嘗於郡中城隍廟壁，畫千巖萬壑二圖，寬二丈餘，爲越城名蹟。

楊　謙

楊謙，字六生，山陰人。善白描人物，仿李龍眠筆法，幷寫花鳥，絕佳。

邵　華

邵華，字蘗聞，山陰人，官縣尉，曾攝令篆。畫山水酷嗜梅道人，能爲尋丈巨幅，密樹層巒，氣勢雄厚，用墨如雨雲四起，滿屋皆黑，對之卽酷暑亦生涼。自號沃焦山人。有時飲醉，卽以硯墨潑於紙上，濃作一堆，將筆鉤勒，數筆便成林壑。人或嘲之曰「邵沃焦乃邵鑊焦也」，蘗聞聞之，笑而不怒。

王雨謙

王雨謙，初名佐，字延密，號田夫，又號白岳山人。山陰孝廉，著廉堂十集、白岳山人詩文等集。以餘技作畫，規摹董巨，淸遠脫俗，與王作霖輩爲方外友，稱「雲門十子」。與蔡子佩諸人爲詩友，結同秋社。家藏一大刀，重百二十觔，暇卽舉舞一囘。年八十餘，猶舉重若輕，神色不變，人皆異之。

朱杰

朱杰，字宸章，山陰人。善寫眞。

馮檀

馮檀，字載煌，山陰人。泄鑑姪。寫照法曾波臣，得阿堵之傳，名重京師；山水得古大家筆，無時尙習氣。

沃叔奕

沃叔奕，號春山，蕭山人。喜畫條山大河，極巒嶂波濤之勝。皴法屢用劈斧，樹多粗枝大葉，而深淺濃淡，綽有風神。嘗語人曰，「落筆無氣岸，無魄力，徒識描頭畫角，縱極工細，吾終當以巾幗遺之」。

王崿

王崿，字小眉，雨謙子，山陰諸生。工蘭竹，每作萬竿煙雨，雅秀絕倫。

越畫見聞卷中終

越畫見聞卷下

會稽　陶元藻　鳧亭著　孫男軒春田編次

山陰　姚亢宗　緗林參訂

蕭山　何　榕　竹圃校閱

吳孟琦

吳孟琦，字伯蘊，山陰人。武孝廉，官都閫。喜墨竹，與同邑金章、李嶧，皆名競一時。

邢嘉會

邢嘉會，字汝禮，號靜山，會稽人。居采蕺山房，詼諧善飲。畫倣南宋，輒將青綠重色而輕用之，如赭靛之法，略施於礬頭坡脚，蒼潤可愛，加以淡墨渲染，滿紙煙雲，眞能使萬壑春，凝爲一氣碧。

汪永祚

汪永祚，字昌年，蕭山人。以孝稱鄉里。善畫山水，寫秋山景物尤佳。

周應宿

周應宿，字研山，山陰人。未遇時所爲制藝，極奥折艱深，人多識之，研山益自喜。乾隆丙辰成進士，由庶吉士授句容令，性愛讀書，惟日事鉛槧，曹務多廢弛，頗類閩中黄莘田、江南鄭板橋。後有盜入其署，刼庫一空，遂被議歸田里。生平不以畫名，殊眈（耽）繪事，縱筆所至，落落大方，不肯搔首轉目，作鴝鵒舞，而姿態自覺有餘。尤精畫松石，蒼老奇倔之狀，往往出人意表。

王起高

王起高，字羽豐，蕭山人。善寫眞，余祖父母像，皆出其手，今棄世四十餘載，神氣如生。羽豐爲家炳南公弟子，炳南授徒甚衆，惟羽豐獨得其祕。羽豐卒，而炳南之法遂無傳。

劉鳴玉

劉鳴玉，字楓山，號鳳岡，山陰諸生。生有異稟，目能視十里以外，纖微畢見。自幼眈（耽）繪事，師北苑，秀潤獨絕。兼善寫梅，時同里傅珏工畫蝶，有「劉梅傅蝶」之稱。行楷法文衡山，又能作八分小篆。其詩語綺情，深得溫李神髓，著有梅芝館集。與劉文蔚、姚大源、沈翼天、陳芝圖、茅逸、童鈺聯吟唱和，稱越中七子。中年夭折，士林惜之。

徐　晉

徐晉，字斐成，諸暨人。舉孝廉。畫山水，落筆瀟灑，旨趣自是不同。

柴蓁

柴蓁，字子宜，山陰人。工山水，學元四家而微參院體，寫春山疊翠，林樹尤工。

蔡元友

蔡元友，蕭山人。字石舟，諸生。工山水，兼能詩，幷工書法。性傲岸，不與俗諧。

王永高

王永高，字聖依，蕭山人。起高弟，專工山水。嘗贈余册頁十二幅，其峯巒大類燕仲穆，林木則法曹雲西，清癯秀勁，脫盡塵氛；及至友人處見其尋丈巨幅，孤嶂壁立，濃雲鬱輿，山麓有粗枝大葉老樹三四本，魄力沈雄，又全似大癡醉墨。蕭邑畫家，子佩以後，一人而已。因其自矜筆墨，不輕於作畫，故流傳絕少，人罕知之。

黃恒

黃恒，字石洲，蕭山人。善作鍾馗像，掃盡鬼怪醜惡之態，當時有如顧升董旭輩，未得肩隨。

錢士璋

錢士璋，字章玉，山陰人。仁和諸生。隱西湖赤霞山，走筆作雲林畫，見者目爲神仙中人。年八十，尙作蠅頭書，詩畫欵各署赤霞子云。

林霖

林霖，字桊木，號潤菴，蕭山諸生。行五，身長七尺，人以林五長呼之，潤菴甚喜，卽鐫五長小印，於畫幅款下用之。其山水於元四家，俱臨摹逼肖，有求輒應，故筆墨流傳日廣。嘗畫北嶺廟關殿四壁，筆力直追洪谷子，每壁林巒變化，無尺寸相同處，識者賞焉。後住持僧以重修殿宇，堊而去之，焚琴煮鶴，良可慨也。余有山行圖橫幅，長一丈有餘，戴德華寫貌，五長補空，碧水一灣，寒山幾疊，映以丹楓雜樹，大似婁公埠至蘭亭九秋風景，筆甚蒼老，於堅凝中細含秀媚。其生平所畫，凡屬傅色，以輕淺者爲佳，水墨以疎淡者取勝，遺蹟猶存，故人安在，蓋不勝黃公酒壚之感云。子炎，所畫山水，以渲染濃郁爲尙。性高潔，家雖屢空，不向人作乞憐一語。孫仁玉，亦善丹青，能世其業。

李嶧

李嶧，字孔巖，山陰人。工畫蘭竹，巨幅小景，俱瀟灑生動，直駕何元長、魯孔孫而上之。兼善花鳥山水，筆意高妙，深得宋元諸名家神境。

李壽朋

李壽朋，初名湘，字敍仁，號霍齋，山陰諸生。詩文妙一世，有桼花樓詩集、越中名勝賦行世。工寫蘭，後專繪山水，獨開生面，戛戛生新，不屑摹倣前人寸縑尺幅，而於古法自胳合無差。嘗謂人曰：「吾文不作唐人語，詩不作宋人語，書不落晉以後，畫不落元以後。」其自負如此。

陸巡

陸巡，字覯東，號海山，晚號松風道人，蕭山人。工墨牡丹，時人稱爲「陸牡丹」。

沈翼天

沈翼天，字式乾，又字雲鵬，號西村，會稽人。諸生。善畫，以蒼老濃鬱爲主，專宗子久，參以梅道人。嘗畫鄰翁驅鴨圖一小幅，頗得村居野趣，自題一絕云：「模糊煙景米家山，密樹疎籬晝揜關；一霎濯枝新雨過，鄰翁催得鴨羣還。」余曾見唐六如有此粉本，西村似從彼脫胎，而稍變其局。爲詩得杜韓氣骨，尤長奏疏，封疆大吏，爭聘無虛歲。歷遊齊、魯、吳、楚、晉、豫、滇、蜀、粵、閩，初在元戎吳進義幕，元戎爲人誣陷，并羅織西村及軍吏包某，包被掠自經。人慮西村亦難久困，西村堅忍赴都，西曹嚴鞫，力爲吳辯，吳寃竟雪，仍節鉞軍門，由是西村義聲震海內。

陶杏秀

陶杏秀，字斐然，號魯壇，會稽人，遷居蕭山，余同高祖之叔氏也。工山水，其論畫以得墨氣爲先，皴法染法，深得董華亭三昧。乾隆戊辰進士，官登州太守，有廉聲。

戴星

戴星，字德華，蕭山人。善寫眞，爲王羽豐所授，而目已得其十之五六，惟坐立態度，尙遜其師。

童鈺

童鈺，字二如，又字二樹，遂自稱二樹山人，會稽人。布衣，績學能文，屢應童子試不利，遂棄舉業，專攻詩古文與繪事。畫梅獨絕，每畫成，必題以詩，故有「萬樹梅花萬首詩」之句。余於王香泉處見其橫斜數筆，殊饒淡雅風神，其自題云：「十丈炎威十丈塵，一枝冰雪墨痕新；莫嫌拂袖多寒氣，我是人間避熱人。」語亦超脫。生平性豪俠，筆耕所入，不下萬金，皆隨手散去，晚歲貧如故。歷遊吳、楚、燕、趙，居洛尤久，卒於邗江。

嘗致札姚芝鄉云：「吾畫梅蒙海內諸君子賞鑒，輒賜詩篇，惟陶篁村無一言之贈，但此老不可無詩，懇吾子力圖之，倘得其一語品題，則吾死可無恨。」芝鄉卽以札示余，余感其意，賦贈七古一首云：「我有庭梅幽且怪，鐵幹撑牆古藤挂；一笑寒柯枉自奇，幾時修得山人畫。山人善畫尤善詩，梅花畫就詩勝之；胸中萬頃香雪海，傾寫縑素煙雲馳。天機所到心膽大，巧與古會何常師，淡疑墨脫乃得墨，骨格瘦硬偏多姿；山空野曠氣蕭瑟，虛際寫照誰能知。毫端有癖指有春，大尋小尺傳紛綸，畫梅如畫化身佛，莊嚴游戲皆通神；原無因想自無着，豈容色相沾微塵，山人性逸畫更逸，前生應是梅花身。春風吹綠揚州境，硯匣書床倍修整，二分月照度江鴻，寄我橫斜一枝影。」仍屬芝鄉轉寄二樹。嗟乎，余詩何足爲二樹增重，二樹乃拳拳不忘若斯，聞其捐館，卽在是秋之杪，魚鴻迢遞，未知賫書人到揚時，二樹猶及見吾詩否？倘書未開函，而人先易簀，則吾詩卽以當徐君塚上之劍可也。

劉文煊

劉文煊，字紫仙，號雪柯，山陰人。諸生。工詩善畫，筆墨絕塵，兼倪黃之勝。年登大耋，神明不衰。昔董元宰謂沈石田、文衡山得煙雲供養，俱享遐齡，雪柯亦復如是。

陳松齡

陳松齡，字喬年，會稽人。諸生。善山水，嘗自題其畫云：「愛絕溪山此結廬，苔花青長屐痕疎，桐陰瑟瑟路幽絕，夜靜月明聞讀書。」其人其畫，可想見矣。

王述

王述，字薪傳，號琴山，蕭山人。善山水，尺幅扇頭，頗類倪雲林、董北苑小景。

陳芝圖

陳芝圖，字崑谷，號月泉，諸暨人。諸生。爲老蓮族孫，得渲染法，畫着色山水甚工。能詩，其古體問津昌黎，近體在錢、劉、郎、李之閒。

史顏節

史顏節，字睿容，山陰人。善畫墨竹，最喜作風雨雪月四種，皆一一逼肖。其形每於山坳浦口，綠篠成叢，煙雲烘鎖，如過渭濱淇澳，使我神移。睿容嘗被繫囹圄，染翰不輟，獄卒多得其畫，迨事白而技益進。

魏湘

魏湘，字幾方，諸暨人。善畫獅鳳。

錢　穀

錢穀，號龍泓，蕭山人。善山水，不拘拘於繩墨，而氣格自高，其疎縱處，近學羅飯牛，沈鬱處，遠師黃吾野。

張德驥

張德驥，字北堂，蕭山人。工墨竹，穠纖新故，風雨陰晴，變態萬狀。嘗見其寫雪竹一叢，中有壓折一本，若斷不斷，非但如覩其形，且如聞其聲，筆墨之妙，幾於化工。子霔，得其所授，骨格已肖，而神韻不如。歷遊天下名山水，曠達不羈，終身勿娶。

胡　銑

胡銑，字律鐘，號笠峯，上虞諸生。善畫山水，出入大癡、北苑之間，偶作米家山，亦極淋漓沈鬱之妙。嘗以排纂之事，客遊於滁，筆墨彌得瑯琊深秀。

金　璜

金璜，會稽人。自稱野外老人，居鏡湖之曲。山水多用斧劈，今馬公祠有其畫壁一，左梅右松，極蒼秀奇古之觀。

王　昱

王昱，字乾生，山陰人。精岐黃之術。能寫蘭，喜作側葉，掩映有姿；石多攢點，亦吳仲圭法。

史喻義

史喻義，字子曉，山陰人。睿容之子。善墨竹，能紹父藝。

劉晉

劉晉，畫山水專法關仝，古茂蒼秀。山陰人。與岳宗同時。

趙璋

趙璋，諸暨人。工山水，兼繪人物，皆清俊有神，故無寒儉之態，人以「射雕手」稱之。

俞聞嘉

俞聞嘉，號淸潭，山陰人。畫多水墨，皴染不肯草草，如練裙縞袂之女，骨相自殊。

姚天虬

姚天虬，字錫元，山陰人。以書畫得名，然畫勝於書。專工山水，元四大家，俱能摹倣。

楚源

楚源，字長倓，號穆山，會稽人。隱於藥肆。畫蘭長於點花，得浥露迎風之致。凡條幅册幀、手卷便面，皆有一定之價，有求者必計值而償，不可以巧取勢奪，然無盤礴之觀，謹嚴合度而已。

劉廷采

劉廷采，字吉士，號澹園，山陰人。瓣香華亭，書畫俱臻逸品，一片迷離秀嫩，莫可名狀。

顧安仁

顧安仁，字滄洲，山陰人。工人物寫眞，高且園宦浙時，聘爲幕客，遂善指畫。今所傳鐵嶺畫，多其代作，人莫能辨。

陳起

陳起，字雪菴，山陰人。繪山水不喜着色，專以水墨爲之。曾避仇嘗匿名，僑寓僧舍，故緇流多習其畫。今師子林老僧，能寫蘭竹，年八十餘矣，猶向人稱吾師雪菴先生云。

葉熇

葉熇，字曉山，會稽人。工花卉，穠麗鮮豔，數十年紙渝墨黯，而精采愈生，儼如初落筆時，其設色妙也。後先競美，有同邑趙斿才曷甲；葉法徐黃尙金粉，而趙則專寫意，法白陽山人，略施淡色。

趙昺甲

趙昺甲，字古餘，會稽人。諸生。精於繪事，花鳥寫生俱工。商質園太史有爲二樹山人題趙秀才花卉遺册詩曰：「天池不作章侯死，碌碌丹青鄙餘子，誰能揮灑仿徐陳，活色生香出腕底？趙生與我同里居，豈惟好畫兼好書，偶然游戲寫花鳥，寸縑尺素珍璠璵。二樹山人平原友，畫花畫石皆高手；奇花忽謝石孤存，遺墨留題傳不朽。玉樹埋來土一層，花前玩畫淚沾膺；應璩初喪傷曹植，孔怛臨終嘆庾冰。作詩慰爾重泉路，人間從此無風露；莫過黃公舊酒壚，苦吟杜甫招魂句。」

何士鳳

何士鳳，字名山，山陰諸生。家饒負郭，讀書游藝，不妄交一人，蓋硜硜自守者，而畫特豪縱。喜作雪景，凡灞橋驢背之吟，剡夜扁舟之訪，江天獨釣之漁，海岸吞氈之使；峯巒刻劃，松竹參差，莫不描摹絕妙。雖從藍田叔入門，而精采實超其上。

朱軫

朱軫，字禹山，山陰人。工書畫，所畫皆高超淡遠，屏絕鉛華，與同邑朱嵩齊名，一時有二朱之稱。

朱嵩

朱嵩，字中峯。少時畫猶設色，晚年已專尙水墨；皴用披痲，得巨然神髓，以臥筆點苔；渲染更妙，山石皆凸；喜畫松，長林茂密中，淸氣撲人眉宇；昔人謂墨能具五采，觀中峯畫，不信然耶。客嶺南最久，彼都尙多其遺墨。

金章

金章，字浩然，山陰人。工花卉。

蔣惟燮

蔣惟燮，字理園，蕭山諸生。畫山水，簡淡爲宗。

董良驌

董良驌，字克封，旡休之子，武進士，官參戎。工山水，又精小楷，筆更古峭，出入蘇黃，無劍拔弩張之態。

鄭錫

鄭錫，字彝章，號雲叟，山陰人。年三十餘，始折節讀書，潛心小學，精篆隸刻印，好書能詩。嘗遊京師，買朝鮮布爲衣，人稱鄭布衣。又於龍山巔書「身到蓬萊」四隸字，手刻於石，仿佛靈芝也。卒葬會稽山麓。無子，預自題墓石曰「鄭布衣墓」。

馬相

馬相，字汝燮，號月樵，會稽人。本世家子，不事生產，日遊於酒旗歌板之間，家遂替。後爲部從事，楚人張震官部曹，勸其學畫。工蘆蟹，以軟筆作蘆必左出，秀拔圓勁，用力在筆尖着紙，又在不着紙，所謂臂如鐵而筆如綿也。又曰，取勢宜峭，結體宜疎，能使黃茅白葦，不啻瑤草琪花，進乎技矣。

鈕元鳳

鈕元鳳，字霞岑，號芥堂，會稽人。生平蹤跡，多在齊魯之郊，卒於濟南。鄉里無知其畫者，師法麓臺，用禿筆乾墨，雖新穎亦必剪去其鋒，層層皴擦，不惜竟日之功，頗覺蒼渾。勾雲繪水，尤爲入妙。

蔣艮

蔣艮，字兼山，蕭山人。潘南田弟子。山水花鳥皆能摹繪，其墨竹尤工。嘗爲梁園賓客，性嗜酒，醉卽狂宕不循禮節，故入世多齟齬。然酒酣時，畫更橫逸。

王智

王智，字愚菴，號二槐，會稽人。修髯鵠立，性廉恪，有長者風。精醫。善花鳥，設色明秀；繼學山水，布置嚴密中偏饒逸氣。

黃純

黃純，字偉然，山陰人。工畫人物，氣韻清雅。

陸振宗

陸振宗，字辛崖，山陰人。善畫山水，以范寬自比；兼工人物，嘗摹吳道子畫至聖先師幷七十二賢像，勒石山陰學宮。

章標

章標，字原本，會稽人。嗜讀古書，晝夜不倦，惟不喜舉子業。父善丹青，標幼卽能之。父遊嶺南，標從。日讀書賦詩作畫，入市見好書名畫，或典衣襦買之。父卒，扶柩歸，居一小園中，以丹靑養母。其於山水人物，花卉翎毛，皆必沈思良久，然後動筆。嘗曰：「余之學不在畫，覺多讀一部書，則畫理一進。」章服制度，博考羣書，一物之微，窮其象態，常入山林看煙霞出沒，雲氣動靜，有得則淡以忘歸。

來恩錫

來恩錫，蕭山人。善山水。

鄔希文

鄔希文，字亦范，餘姚諸生。善琴能畫。

章辰

章辰，字麗江，號雲龍，山陰人。官寧波守備。自少卽能作水墨雲龍，極變化之狀，大爲時賞，人卽以雲龍號之。兼工畫馬。

來學棠

來學棠，號棣園，蕭山人。工書，幷善山水。

閨秀

徐昭華

徐昭華，上虞人，毛西河弟子，同邑駱生配。工詩善畫。

李素

李素，字雪暉，山陰人。少居京師，後隨父官浙之西安尉，師事葉我久，遂工畫，瀟灑多姿，有大家風度，又工寫生。惜中年殂謝，生平所作不多，適同邑諸生董曙霞。

王端淑

王端淑，字玉映，號映然，山陰人。思任女，聰穎絶倫，工詩善畫，父愛憐特甚。嘗曰：「吾有八男，不如一女。」後毛奇齡選越中閨秀詩，不及端淑，乃貽以詩云：「王嬙豈必無顏色，其奈毛君筆下何！」奇齡慚謝不已。順治中欲援曹大家故事，延入禁中教諸妃，映然力辭之。卒年八十餘。有吟紅集詩稿。

祁修嫣

祁修嫣，山陰人，忠愍公女，王穀韋配。工書善畫。

李因

李因，字今生，號是菴，會稽人。海寧光祿卿葛無奇妾也。能詩，有竹笑軒吟草續稿。工花鳥，得陳白陽法，嘗刻沈香爲白陽像奉之。畫多水墨，蒼老無閨閣氣，名甚著。

陳道蘊

陳道蘊，洪綬女。善畫。

胡淨鬘

胡淨鬘，洪綬侍妾。工花鳥草蟲，朱竹垞稱其皆入妙品。惜吾紹章侯眞蹟尙多，而道蘊淨鬘筆墨，見者絶少。

張孫儆

張孫儆，山陰人。訓導孟稱舜室。能詩善畫。

楊涓

楊涓，字碧秋，會稽人。謝茂才室。能詩工畫。

丁二陳

丁二陳，蕭山人。適文學來生。能書畫。

范元坤

范元坤，會稽人。善畫。

王氏

王氏，會稽人。曾錇室。善花卉竹石。

吳小坤

吳小坤，山陰人。琴棋書畫諸技，無不精曉。

王莊淑

王莊淑，山陰人。適張氏。工畫。

范隆坤

范隆坤，即傅道坤之女，適王子邁。會稽人。善畫。

丁完淑

丁完淑，山陰人。龔參戎之室。工山水。

王智珪

王智珪，字履端，山陰人。適陳氏。工山水。

倪素坤

倪素坤，會稽人。適鈕氏。工山水。

湯顧

湯顧，字目雲，會稽進士沈某室。工蘭花。

趙粹貞

趙粹貞，山陰人。善蘆雁。

陳元淑

陳元淑，山陰人。適中翰胡裔。琴書圖畫，無不精好。

方外

釋宏瑜

宏瑜，號日章，會稽人。前明中書舍人，姓王，名作霖，與白岳山人等稱「雲門十子」。法書眞草俱佳，能畫仙佛。尤長山水，學大癡。王香泉云日章亦善高房山法。余見其巨幅山水，又純用乾筆皴擦，崚嶒峭拔，秀不可言，雖巒嶂重重，皆斷而不聯，空白處卽作煙雲觀覽，不復更加烘染。由天資學力並臻其極，故從心所欲，而矩自不踰。

釋照遠

照遠，字可一，住會稽頭陀菴。畫山水得元人筆意。

釋焉文

焉文，山陰人，出家於徑山。畫仿大癡。

釋碧雲

碧雲，會稽人。俗姓趙，名旬，字禹功。善畫山水。九歲時值窮冬大雪，父出古畫令易米，旬掩扉朗吟曰：「吾家有古畫，其價重連城，不易街頭米，歸來雪滿罌。」父聞，欣然曰：「有子如此，雖飢何憾。」學針黹以養親，藝絕工，人稱趙孝子。初爲前明諸生，遊蕺山劉氏之門，究性命之旨，晚而講學侔山，生徒甚盛。鼎革後薙髮爲僧，同時有董旡休、王白岳等共逃禪，爲雲門十弟子。嘗修顯聖寺志。其畫大得雲林筆意。

越畫見聞卷下終

書評

〔余紹宋書畫書錄解題〕越畫見聞三卷，淸陶元藻撰。越，蓋以舊紹興府屬爲限，其地故多才智，歷代精於繢事者頗多。凫亭是編，卽專輯是地畫人而各爲之傳。於魏晉各得一人；於南北朝得四人；於唐得三人，方外二人；於宋得十三人，閨秀一人，方外一人；於元得十一人；於明得五十人，閨秀二人；淸得一百三十二人，閨秀二十一人，方外四人；可謂盛矣。（此專據其標目計算，恐尙不止此數，如王獻之傳云父羲之，祖廙俱善畫，而羲、廙未標目。戴勃傳云子逵，嘗畫南都賦圖云云，逵亦未標目之類。）所輯多采自舊籍，雖未一一注所出，而剪裁敍次，頗見簡當，亦有爲他書所未及者。其同時人亦有收入，固非任意勦襲而成者，可傳也。前有乾隆六十年自序。

作者事略

陶元藻，字龍溪，號篁村，浙江會稽人。諸生，有泊鷗山房集。篁村客揚州時，盧抱孫轉運，大會名士紅橋，即席賦絕句十章，一時傳誦。倦游歸里，於西湖築泊鷗莊，以撰述自娛，有全浙詩話六十卷、鳧亭詩話二卷、越彥遺編考五卷、越畫見聞三卷。（國朝詩人徵略引兩浙輶軒錄）

壬申春，余過良鄉，見旅店題詩云：「滿地榆錢莫療貧，垂楊難繫轉蓬身；離懷未飲常如醉，客邸無花不算春。欲語性情思骨肉，偶談山水悔風塵；謀生消盡輪蹄鐵，輸與成都賣卜人。」末亦無姓名，但書篁村二字。余和其詩，有「好疊花箋抄稿去，天涯沿路訪斯人」之句。隔十三年，勞宗發觀察來江南云：「渠宰良鄉時，見店壁有此二詩，爲館欽差故，主人將圬去，心甚愛之，抄詩請於制府方敏慤公，方亦欣賞，諭令勿圬。」然彼此不知篁村何許人。壬辰在梁瑤峯方伯署中晤篁村，方知姓陶，名元藻，會稽諸生也。以此語告陶，陶感三人之知己，而傷方勞二公之已亡，重賦云：「匹馬曾從燕薊趨，橋霜店月已模糊；人如曠世星難聚，詩有同聲德未孤。自笑長吟忘歲月，翻勞相訪徧江湖；秦淮河上敦槃會，應識今吾即故吾。」「三間老屋夕陽村，底事高軒過此門？飛蓋翠搖新蘸墨，華燈紅照舊題痕。不教畫壁傭奴易，便勝紗籠佛殿尊；惆悵憐才青眼客，幾番剪紙爲招魂。」（隨園詩話卷一）

越畫見聞校勘記

山陰吳氏聚珍本用美術叢書本校

目錄——元代「鮑敬」，鮑，吳本誤作飽。改正。

卷上

王獻之——後半「今據畫錄畫史二說」，錄，吳本誤作綠。改正。

孫位——前半「腰纏虎皮斑剝紅」，斑，吳本誤作班。改正。

執煥——「名遂大振」。吳本作「遂名大振」。依美術叢書本改。

王迪簡——「字庭吉」，吉，誤作告。從圖繪寶鑑及美術叢書兩本改吉。

王冕——「以繪幅短長爲得米之差」，繪，吳本誤作繒。改正。

陳鶴——「細雨殘燈歧路酒」。歧，吳本誤作岐。改正。

唐肅——「號丹崖」，美術叢書本作「丹峯」，查明畫錄亦作丹崖。

卷中

姜廷幹——「所臨崔白花卉」，美術叢書本卉作草，並末句有也字。

陳字——「與許釀川交頗好」。美術叢書本無交字，下「遺墨」。美術叢書本作「墨蹟」。

馮肇杞——「皆佳句也」。美叢本皆字作爲。又「花鳥極奇秀」。美叢本奇秀作精奇。後

「竊天地者工也」。美叢本無竊字。

陶　篔——「與余同九世祖龍泉公𦳢畫」，𦳢畫兩字疑係衍文。中段「穿心角」。美叢本無角字。

邵　華——「密樹層巒」。美叢本樹誤作榭。

王雨謙——「廉堂十集」。美叢本脫此四字。又末句「人皆異之」，皆，美叢本作稱。

王　崿——「工蘭竹」。美叢本蘭作墨。

卷下

史顏節——末句美叢本無迨字。

姚天虬——「字錫元」。美叢本作元錫。「畫勝於書。」美叢本作「書勝於畫」。

馬　相——「能使黃茅白葦」。美叢本無能字。

釋宏瑜——「不復更加烘染」。復，美叢本作及。末句「而矩自不踰。」自，誤作目。從美叢本改正。

釋碧雲——「同時有萇旡休」。美叢本休作修。

南宋院畫錄

八卷

清 厲 鶚 撰

南宋院畫錄序

夫法書珍秘，如搜鐵網之珊；墨妙琳琅，可載淸河之舫。題跋記錄，藻詞洩其菁華；考證品評，賞心識其眞贋。雖雲煙過眼，滄海移時，而殘膏賸馥之留，姓譜名編之列，能令神契，奚啻手摹，此南宋院畫錄所由作也。宋自宣和建五嶽之觀，集畫工如進士科；徽廟題乙覽之籤，藏卷軸成圖書府。瘦金格妙，腕走龍蛇，點漆光濃，淚盈鸜鵒。序十門之譜，萃三品之材，大雅無慚，一朝斯盛已。無何幢上之桂花寫出，地捲金風，夢中之胡蜨描成，聲寒朔雪。朱篆賸一瓢之印，黃羅題半臂之詩。渡江則待詔南奔，互市則榷場北啓。遂使金戈鐵馬，應瑞中興，剩水殘山，偏安半壁。思陵神姿天縱，眞賞風流，奉華簪妃子之花，憲聖曳中宮之練。金跗進御，張于湖稱紫府神仙，檀槵搜珍，畢少董侍紅雲香案。摹棗版蘭亭之帖，硬黃尤擅雙鉤，書香山秋月之詞，飛白先精八法。合鍾王爲一手，恨黃米不同朝。一時林樹罘罳，筆仿元暉之格；桃花款段，篚鈐德壽之宮。談畫派則人傳叔驌仲駒，品畫師則題試海風江月。宸念所注，雅材斯興，建炎以來，臨安爲盛。河陽一老，既振袂於前，淳祐諸賢，復聯鑣於後，四大家以暗門劉爲晚出，六科中惟神佛像爲首推，蘇漢臣日月珠幢，胡彥龍矩羅尊者；並足齊名秘苑，流譽行都。

其餘斧劈痕多，麻皴法備。繪工夏菊，描折秋蘆，荷以於名，梅思官好。或湘（緗）縑巨幅，界畫樓臺；或宮扇流紈，鉤摹金粉；或淋漓墨汁，酒賚三升；或縹渺雲光，山留「一角」。封臂者閤門祗候，賜帶者防禦兼官，歷數朝以迄於咸淳，衍此派遞傳於宣德。蓋畫院之設，自有唐曹韓供奉開先，而著錄之多，惟南宋館閣中興稱最也。論者謂宋業之衰，君臣以文墨相高，將相以收藏自詡。卒至青玗甫埽，竹冷平原，紅沫初乾，香銷楊妹。杜宇叫冬青之樹，黍離迷翠寒之堂。凄涼思肖蘭叢，託根無地，惆悵王孫草色，滴雨酸心。此時琴客之南冠，舊日金門之上選，能不梧桐深院，空吟悽惋秋詞，燈火樊樓，追憶繁華昔夢耶。然其時若耕織成圖，規先勤儉，風林放牧，諷寓偃修；落日大旗，宜激揚其壯志，淩霄四將，更動念夫元戎；以及晉文歸國之規模，孫武教兵之陣式，宮禁觀潮之不忘水戰，征帆冒雪之獨慨轉輸。莫不肖物象形，斷章取義，何異公權譎諫，鄭俠流民。畫以史稱，藝由道進，豈徒逞玩好以娛心目哉。樊榭厲徵君，癸辛街長，丁卯詩人，寄抱湖山，怡情縑素，詠雜事於宋末，訪舊址於園前，畫境荒涼，渺滄波兮何極？苑林寥落，埋幽草而誰尋？于焉書史貽彤，芸編共輯，湖船搖碧，湘錄同甄。萃鑑藏識跋之最精，補董鄧朱張所未備，配宋詩紀事，九十六人之小傳斯存，合遼史拾遺，南北兩朝之軼聞畫在，薈成八卷，事括百年，誌其實也。嗟乎！青綾舊詰，愴懷換帖之人，白玉殘牌，拾句披香之閣；太保圖形，集慶綵椀空悲，光堯鐫墨，甕宮石經已闕。覽斯錄者，其有好古之懷乎，抑有論世之慨乎。章廷彥撰。

南宋院畫錄序

夫以海風江月，畫科頒博士之題，水碧膏金，秘院開園前之址；摹罘罳之筆格，煙樹浮藍，皴斧劈之山痕，雲巒潑翠；鞠心香瀞，草蟲則染碧生綃，蘭葉描工，花鳥則縈紅纖管。由來繪事，盛數武林，比似詩篇，別裁宮體。乃自王孫香草，隨北地以移根；義士冬青，望西興而墮淚。話到傳家御帶，鏽澀金塗，訪來繪壁涼堂，模糊蘚蝕。陳德輝之簿錄，久佚緗芸；朱存理之圖書，重搜鐵網。珠船藝海，孰侈收藏？畫舫淸河，誰工鑒賞？則欲考四大家之流派，廣小朝廷之軼聞，薈萃諸編，蔚成巨帙，如厲徵君南宋院畫錄一書，洵可續宣和御府之藏，補館閣中興之錄已。粵自園開富景，閣建光堯，和議成而銀絹籌邊，孝養隆而玉津駐輦。於以優游翰墨，藻飾湖山，沈檀以黃蠟薰牋，重錦以紫駝標裹。雪明稜絹，七十碑寫暇經腴，花燦洮瓊，百九研儲多文玩。猩毛雞距，屠希之筆價兼金，犀角龍紋，復古之墨光照殿。居奉華而掌翰，劉妃則玉印鈐朱，佐德壽以工書，吳后亦練裙寫款。爰有承明祗候，禁籞傳宣，內廷並召乎琴師，國手齊名乎棋局。營邸兩李，既南北以同名，馬氏一家，尤後先而擅美。宸章揮灑，流紈題扇之詩，御璽分明，繆篆縷塵之體。指桃林而放牧，閉寫春郊，肖月峽之啼猿，最饒秋意。緬想風流於南渡，儘多供奉於思陵。然而捲盡金飆，織成畫桂，準餘墨敕，村尙呼梅，鬬鴿跦跦，和杜鵑而春老，神鷹奕奕，逐鸜鵒以南飛。憶風景於上河，粱炊昔夢識，畫師於吳市，楮抱殘山。瑞應圖中，空詡瑚戈鐵馬，太清樓上，莫尋斷錦殘縑，瘦金仿而腕想垂雲，點漆工而睛惟滴淚。徒使郎君東閣，翡翠裝書，狎客西湖，琉璃貯匣。賈秋壑蟲描蟋蟀，韓平原竹埽琅玕。紅沫鐫華，豔說款題於楊妹，玉顏寫照，偏傳遊讌於閤妃。或江浦觀潮，畫成水戲，或草坪奏凱，繪獻權門。非無「一角」之山青，其柰六更之天碧。披是册者，能不想淩煙顏色，寄慨金陀，惜繪水工夫，限茲衣帶乎。亦有汴京遺老，法得師傳，良史家風，志存忠告。風詩三百，馬侍郎藝播丹靑，屏扆九重，劉待詔儉陳耕織。采世室明堂之製，鳳山之殿閣千門，演赤松黃石之圖，虎帳之弢鈐八變。託官箴於淸獻，琴鶴題詩，貌家慶於汾陽，笙歌寓諷。以是見行都之規制，仰天水之遺謨，比譎諫於公權，等無聲於摩詰，抑亦大雅所尙，君子無譏也。徵君以白石詞仙，作紅亭街長，暗門花柳，重尋前度之劉郎，減筆雲山，如覩偏安之宋室。曾淳甫披香近侍，莫是前身？畢少董淮浦寓公，最饒眞鑒。自李唐而下，著錄者九十六人，溯建炎以來，蒐羅者百有餘載。其於畫學六科之旨，畫家十類之分，儒流雜流之階，南派北派之別，藝雖小道，書集大成。

景賢而譜訂厲溫，竊冇慕先生之補史，展卷而藝傳吳炳，吳炳，毘陵人，紹興間畫院待詔。敢附聯小錄之同名。吳炳撰。

宋中興時，思陵幾務之暇，癖耽藝學，命畢長史開榷場，收北來散佚書畫，而院人紛繪，往往親灑宸翰，以寵異之。故百餘年間，待詔祗候，能手輩出，亦宣政遺風也。顧李唐以下，如晉文公復國圖、觀潮圖之類，託意規諷，不一而足，庶幾合于古畫史之遺，不得與一切應奉玩好等。予家古杭，每樂稽諸人名蹟，考夢梁錄、武林舊事等書，姓氏存者寥寥，豈以其院畫少之歟？暇日因据圖繪寶鑑、畫史會要二書，得如干人，遍搜名賢吟咏題跋，與夫收藏賞鑒語，薈萃成帙，名曰南宋院畫錄。自愧家乏秘册，見聞狹陋，凡有闕略，幸好古君子之助我焉。康熙辛丑小雪日，錢唐厲鶚書。

八

南宋院畫錄目錄

南宋院畫錄卷一

錢唐 厲鶚 太鴻輯

總述

畫學之業：曰佛道，曰人物，曰山水，曰鳥獸，曰花竹，曰屋木。以說文、爾雅、方言、釋名教授。說文則令書篆字，著音訓。餘書皆設問答。以所解義，觀其能通畫意與否，仍分士流、雜流，別其齋以居之。士流兼習一大經，或一小經；雜流則誦小經，或讀律考。畫之等以不仿前人，而物之情態形色，俱若自然，筆韻高簡爲工。三舍試補升降以及推恩如前法。始入學爲外舍，外舍升內舍，內舍升上舍。惟雜流授官，上自三班借職以下三等。宋史選舉志

大觀四年，以算學生歸之太史局，併書學生入翰林書藝局，畫學生入翰林圖畫局，醫學生入太醫局。宋史

宋太祖皇帝開寶七年，詔司天臺學生及諸司伎術工巧人，不得擬外官。文獻通考選舉志

眞宗天禧元年，詔伎術人雖任京朝官審刑院，不在磨勘之例。同上

乾興元年，中書言舊制翰林、醫官、圖畫、琴棋待詔，轉官止光祿寺丞。天禧四年，乃遷至中允，贊善、洗馬同正，請勿踰此制，惟特恩至國子博士而止。同上

御前畫院：馬和之、蘇漢臣、李安中、陳善、林椿、吳炳、夏珪、李迪、馬遠、馬麟。二

周密武林舊事

武林地有號園前者，宋畫院故址也。寶顏堂筆記

宋畫院各有試目，思陵嘗自出新意，以品畫師。妮古錄

宋南渡後粉飾太平，畫院有待詔、祗候、甲庫、修內、司有、祗應官，一時人物最盛。

錢塘縣續志

宋畫院衆工所畫，多有無名者，今國朝內畫水陸及佛像亦然。長物志

宋畫院衆工，必先呈稿，然後上眞，所畫山水、人物、花木、鳥獸，種種臻妙。朱壽鏞畫法大成

臨安北山鮑家田尼菴，梅屏甲京都，高宗嘗令畫院待詔圖進。釋居簡北磵集

壽皇使御前畫工寫曾海野喜容，帶牡丹一枝，壽皇命徐本中作贊，曰：「一枝國豔，兩鬢春風。」壽皇大喜。貴耳集

五月菊花心極大，每一鬢皆中空，攢成一匾毬子，紅白單葉繞承之，每枝只一花，徑二寸，葉似同蒿，夏中開，近年院體畫草蟲，喜以此菊寫生。范石湖菊譜

評者不以院畫爲重，以巧太過而神不足也，不知宋人之畫，亦非後人可造堂室。如李唐、

劉松年、馬遠、夏珪，此南渡以後四大家也，畫家雖以殘山剩水目之，然可謂精工之極。屠隆畫箋

項氏藏宋高宗人參地黃圖贊對幅畫，係院人佳品。眞蹟日錄

李思訓寫海外山，董源寫江南山，米元暉寫南徐山，李唐寫中州山，馬遠、夏珪寫錢唐山。董其昌容臺集

禪家有南北二宗，唐時始分，畫之南北宗，亦唐時分也。北宗則李思訓父子著色山，流傳而爲宋之趙幹、趙伯駒、伯驌，以至馬夏輩。莫是龍畫說

宋南渡畫院諸人，得名者若李唐、周曾、馬賁，下至馬遠、夏珪、李迪、李安忠、樓觀、梁楷之徒，僕于李唐差加賞識，其餘亦不能盡別也。湯垕畫鑒

按：馬賁爲元祐紹聖間人，周曾爲宣和時人，不入南宋，湯氏偶誤爾。

趙千里兄弟，以右丞之精神，布二李之智慧，芳姿勁骨，不啻兼長。至於劉、李、馬、夏，並屬精能，此南宋之再盛也。張泰階寶繪錄

南宋畫師，無甚表表者，劉、李、馬、夏，俱負重名，而李、馬爲最。但較之北宋門庭自別，其風氣使然歟。同上

南宋劉松年爲冠，李唐、馬遠、夏珪次之。張丑淸河書畫舫

畫家各有傳派，不相混淆，如人物白描有二種：趙松雪出于李龍眠，李龍眠出于顧愷之，此所謂鐵線描；馬和之、馬遠則出于吳道子，此所謂蘭葉描也。何良俊四友齋叢說

近世畫手絕無，南渡初尚有趙千里、蕭照、李唐、李迪、李安忠、栗起、吳澤數手，今名畫工絕，惟寫形狀，惜無精神。都穆鐵網珊瑚

北方盤車騾綱，必用李晞古、郭河陽、朱銳。董其昌畫禪室隨筆

畫中山水，位置皴法，各有門庭，不可相通。惟樹木則不然，雖李成、董源、范寬、郭熙、趙大年、趙千里、馬夏、李唐，上自荆關，下逮黃子久、吳仲圭輩，皆可通用。或曰，須自成一家。此殊不能，如柳則趙千里，松則馬和之，枯樹則李成，此千古不易，雖復變之，不離本源，豈有舍古法而獨創者乎。同上

山水，大小李，一變也；荆、關、董、巨又一變也；李成、范寬，又一變也；劉、李、馬、夏，又一變也。王世貞藝苑巵言

馬蝗描，馬和之、顧興裔之類；撅頭描，禿筆也，馬遠、夏珪；折蘆描，如梁楷尖筆細長撇納也；減筆，馬遠、梁楷之類。鄒德中繪事指蒙

大斧劈皴，李唐、馬遠、夏珪；小斧劈皴，劉松年；泥裏拔釘皴，夏珪師李唐。汪砢玉珊瑚網

馬遠、夏珪用禿筆淡描指甲雲，以淡苦綠逐染。同上

畫家界畫最難，如衞賢、馬遠、夏珪、王振鵬，皆以此專門名家。王士正香祖筆記

李思訓風骨奇峭，揮掃躁硬，爲行家建幢；若趙幹、伯驌、伯駒、馬遠、夏珪，以至戴文進、吳小仙、張平山輩，日就狐禪衣鉢。沈灝畫麈

宋畫絹光細如紙，揩磨若玉，更有闊五六尺者，名曰獨梭絹。紙用鵠白澄心堂居多。博物要覽

宋有院絹，勻淨厚密，亦有獨梭絹。有等極細密如紙者，但是稀薄者，非院絹也。明杜浚杜氏畫譜

山水畫自唐始變古法，蓋有兩宗，李思訓、王維是也。李之傳爲宋趙伯駒、伯驌，以及於李唐、郭熙、馬遠、夏珪，皆李派。王之傳爲荊浩、關仝、董源、李成、范寬，以及于大小米、元四大家，皆王派。李派粗硬，無士人氣，王派虛和蕭瑟，此又慧能之禪，非神秀所及也。至郭忠恕、馬和之，又如方外不食煙火，另具一骨相者。偃曝餘談

院體唐以來翰林院諸色皆有，後遂效之，卽學宮樣之謂也。如京師有書藝局、醫官局、天文局、御書院之類是也。卽今畫家稱十三科，亦是京師翰林子局，如德壽宮置省智堂，故有李從訓之徒。赵升朝野類要

南宋院畫錄卷一終

南宋院畫錄卷二

錢唐厲鶚太鴻輯

李唐

李唐，字晞古，河陽三城人。徽宗朝補入畫院，建炎間太尉邵宏淵薦之，奉旨授成忠郎，畫院待詔，賜金帶，時年近八十。善畫人物山水，筆意不凡，尤工畫牛。高宗雅重之，嘗題長夏江寺卷云：「李唐可比唐李思訓。」圖繪寶鑑

李唐，河陽人，亂離後至臨安，年已八十，光堯極喜其山水。畫繼

李唐，字晞古，河南人，宋徽宗曾補入畫院，高宗時在潛邸，唐嘗獲趨事，建炎南渡，中原擾攘，唐遂渡江如杭，夤緣得幸高宗，仍入畫院。山水人物最工，畫牛次之。余家舊有唐畫胡笳十八拍，高宗親書劉商辭，按拍留空絹，俾唐圖寫。亦嘗見高宗稱歎其畫晉文公復國圖，有以見高宗推愛唐畫也。畫繼補遺

李唐山水，大劈斧皴帶披麻頭各筆，作人物屋宇，描畫整齊，畫水尤覺得勢，與衆不同。南渡以來，推爲獨步，自成家數。元饒自然山水家法

政和中徽宗立畫院，召諸名工，必摘唐人詩句試之。嘗以「竹鎖橋邊賣酒家」爲題，衆皆

向酒家上著工夫，惟李唐但于橋頭竹外挂一酒帘，上喜其得鎖字意。（繪事微言）八

李唐山水，初法李思訓，其後變化多，喜作長圖大障，其名大劈斧皴。水不用魚鱗縠紋，有盤渦動盪之勢，觀者神驚目眩，此其妙也。（格古要論）

李晞古樹石，李龍眠人物，畫史中俱到妙品。（珊瑚網）

李唐尤工畫牛，得戴嵩遺法。（清河書畫舫）

喬達之簣成，號中山，所藏李唐晉文公復國圖一卷，又一卷高宗題，并三玉璽，人物樹石，絕類伯時。尋常以李唐爲畫院忽之，乃知名下無虛士也。（周密雲煙過眼錄）

喬仲山家晉文公復國圖，筆意奇古，雖近代人，實有古人之風。行書亦佳。（鮮于樞困學齋雜錄）

王子慶嘗得李唐所畫晉文公復國圖一卷，本有下卷，今止有上卷，乃思陵御題，上有乾卦印，下有「希世藏」小印。其所作人物樹木之類絕似李伯時，所作自成一家，信知名下無虛士，而余則未見也。（周密志雅堂雜鈔）

李唐晉文公復國圖上卷，一名晉公子奔狄圖，趙松雪有詩，附錄于此：「阨隍居蒲日，艱難奔狄時；天方興霸者，數子實從之。歲久丹青暗，人賢簡册悲；至今綿上路，尤憶介之推。」（清河書畫舫）

張丑銘心籍詩：「晞古丹青得正傳，晉文歸國寫前賢；院人雅有昂霄志，何事聲名次大年。」（眞蹟日錄）

郡城楊氏藏李唐春江不老圖小幅，上有雙龍瓢印。（都穆寓意編）

李唐春江不老圖，古松據大石，欲攫峽口，崩灘匯爲怒濤，陵岸直上，百步未已，于諸畫中，最爲獅子吼。（弇州山人續稿）

吳惟遠有李唐風雨歸牛圖大幅，桃源圖。（湲姝由筆）

李晞古陳思王南皮讌集圖。（畫題）

韓君啓藏李唐風雨歸舟圖卷，絹本，淺絳色，烘染極佳，人物差大，後有呂志學、黃鉞二跋，太史存良公之故物也。（眞蹟日錄）

盱眙陳明之藏李唐桃源圖。（同上）

吳新宇藏李唐七賢過關圖，絹本，淺絳色，有樓鑰、黃滑跋尾。收藏得地，精彩煥然，亦南渡奇蹟。（同上）

李唐袁安臥雪圖，宋高宗跋。（南陽名畫表）

尊生齋收桃林縱牧小幅，李晞古筆。不知者謂爲戴嵩，殊可笑也。（清河書畫舫）

李唐梅竹幽禽圖小絹畫一幅，甚剝落，精彩尚在。戊寅春正月二十五日，汪爾張示余。吳其貞書畫記

李唐海山圖絹畫一卷，古雅效李思訓。草橋圖絹畫一卷，畫法逼似夏珪。同上

李唐秋江潮汐圖絹畫，圖之右角畫松風樓閣觀潮之意，左邊皆煙水，潮浪如山奔，舟楫浮沉出沒，使觀者神情震駭。同上

李唐高士鼓琴圖絹畫一幅，一人坐古木下，對泉鼓琴，覺泉音琴聲在耳，神品也。上有項墨林鑒賞圖書。觀于嘉興守李公署中，甲午三月九日。同上

李唐枯木寒雅圖絹畫一卷，畫法荒秀，草中尚有剩雪，蓋得雪景眞意，爲妙品。卷後沈麟題，又附宋昌裔秋風詩一首。在杭州六月望，觀于紹興呂錦城手。同上

李唐風雨歸牛圖絹畫一幅，一株點葉樹，爲風雨將吹倒于地，有一牛乘順風而奔，氣韻如眞，爲神品。惜上而殘破。此圖得之敬慪兒，時己卯正月二十一日。同上

李唐夜游圖大絹畫一卷，畫法高簡，樹木特勝，墨色淋漓，氣韻渾厚，神品也。觀于揚州王晉公寓舍。同上

李唐牧牛圖絹畫一幅，樹下有水牛欲右行，而牧童欲牽左轉，兩下努力相持，使觀者亦

自費力。得于紹興李氏。同上

李唐萬松宮闕圖絹畫一大幅，畫羣松于壑內，兩邊斗立方塊峻峯，左低而右高。左有水流，下松壑而出；右有水流，下宮闕而出。下段石坡，皆爲斧劈皴；上段峯頭，蓋用側筆直皴。畫法淸潤，結構高妙，爲李之神品。在杭城得於紹興王氏家人手，己酉十二月三日。同上

李唐雪溪捕魚圖絹畫一幅，運筆蒼健，氣韻生動，爲宋代神品。觀于紹興朱九老家，辛亥五月之望。同上

李唐雪天運糧圖一小幅，畫法縱橫，草草而成，多得天趣。識三字曰「李唐畫」。同上

李唐問禮圖、放牧圖、雪鴟幽居圖、擊桐圖，四景人物山水，共十一軸。文嘉嚴氏書畫記

李唐高逸圖、采薇圖、晉文公春秋圖、三笑圖、香山九老圖、長江雪霽圖、濟河圖、溪山深秀圖、獨釣圖、歸莊圖、古木寒雅圖，皆手卷。同上

李唐南畝饁耕圖一、長夏江村圖一。繪事備考

李唐長夏江寺圖卷，今在吳郡朱氏，前有高宗御題，後有開封趙與懃印，眞筆，妙品上上。淸河書畫舫

李唐晉文公復國圖卷，在嚴氏，即文休承所謂無名氏晉文春秋者也。按雲煙過眼錄云：「喬達之篔成，號中山，所藏李唐畫晉文公復國圖一卷，欠下卷，其上有思陵題，幷三御璽。所作人物樹石，絕類伯時，尋常以李唐爲院畫忽之，乃知名下無虛士也。」公謹敍次如此，而休承云云，豈亦未見前書耶。同上

李唐三生圖，作牛背牧童，李源欠身揖之。又一卷作船子相對，孕婦錦襠器汲與前合。王世懋澹圃畫品

李唐三生後生圖，元虞伯生等跋。南阳名畫表

李唐長夏江寺圖、晚霞橫月圖、淸曉卷舒圖、煙林春牧圖、江隄呼渡圖、江天暮雪圖、列子乘風圖、采薇圖、賀監游湖圖、雪溪停棹圖、盧仝烹茶圖，宋宗室蘭坡趙都承與懃家藏。書畫彙考

李唐八仙慶壽圖、春夏秋冬四景山水圖，毛良舜臣書畫樓所藏。無聲詩

松郡顧光祿家藏李唐畫月團初碾瀹花瓷對圖。妮古錄

李晞古畫，高宗題：采秦觀詩「月團初碾瀹花瓷，啜罷呼兒課楚詞，風定小軒無落葉，青蟲相對吐秋絲。」書畫彙考

李唐雪山樓閣圖、滄浪濯足圖，文徵仲曾仿之。同上

李唐山陰圖，宋高宗跋；王子猷雪夜訪戴圖、寒江漁艇圖，宋高宗跋；江山勝景圖，前元人跋；雪隝幽居圖，宋高宗題。南阳名畫表

李唐春牧圖，牛欲前行，童子力挽之，勢甚奇。內寫二大樹蒼然。東圖玄覽

明皇擊梧圖一卷，今在歙吳司成遠處。長幾一丈，前四五寸絹損甚，無款，後有虞伯生跋爲李唐，然簡古勁峻似馬遠。同上

戊戌十二月三十日，鬱金堂始挂畫，取李唐雪景。快雪堂集

己亥十二月二十八日，項五官邀敍，閱李唐江南小景，又夷齊采薇圖，所未見者。同上

戊子嘉平月，王仲和憲副出觀李晞古萬松金闕圖。湖石齋筆談

李唐風帆圖團扇，絹本，淡色，江山松石，三舟挂帆，中流乘風。「潮平兩岸闊，風正一帆懸。」宋孝宗對題。描金雲龍圓籤，朱文「御書之寶」。竹居、俠如、士介，三印。珊瑚網

李晞古秋山策蹇圖團扇，絹本，遙山遠水耶？吾望其色浮浮然。玉水題。同上

李唐青林盤礴圖團扇，絹本。同上

李河陽攜琴訪友圖團扇，絹本。傳稱李老筆意不凡，年近八十，猶待詔畫院，是煙雲供養，亦可作地行仙也。樂卿識于藥房。同上

李唐山齋幽話圖團扇，絹本。「竹扉臨澗石，紅樹隔虛亭；危岫如雲壓，離騷對坐聽。」同上

李唐深山避暑圖。寶繪錄

李唐傳巖圖。同上

李晞古村莊圖。「春江溶漾柳絲長，修竹桃花處士莊；征艦何來積成市，馳驅塵土爲誰忙。」「晞古丹青獨擅長，箇中全勝輞川莊；焚香靜對山窗下，忘却長安市裏忙。」李唐爲南宋畫院待詔，冠絕一時，高宗深愛重之，嘗見其畫卷題云：「李唐可比唐李思訓。」在當時已自貴重，況今日乎。至正乙巳八月晦日，從德輔先生齋頭得見此圖，漫題若此，俞和識。余早歲卽寄興繪事，自薊門歸，尤爲究心，而素所嚮往取法者，唯李晞古一人。晞古爲南宋畫院中名人，至晚年筆力益壯，布置更佳，雖松年、馬遠、夏珪稱爲齊名，而亦少遜者。頃從濟之先生齋頭獲覩此卷，筆法高古，景物幽閒，正其晚年用意之作。持歸臨摹浹旬，然終不能得其神似，益信古人之未易模仿也。此不惟賞玩名物，而先生之起發嘉惠，領受良非淺尠，并書于後而復之。時正德己巳冬十月望後一日，蘇台唐寅

識。同上

任士林李唐春牧圖詩：「春風熏人未耕作，江草青青牛齒白；牛饑草細隨意嚼，老翁曲膝睡亦著。蓬頭不計笠拋却，午樹當風夢搖落；夢裏牛繩猶在握，昨夜囤頭牛食薄。」松鄉集

袁桷李唐牛詩：「穲稏原空蟋蟀吟，秋來乞得自由身；平蕪又見鱗鱗綠，復與田翁共苦辛。」清容居士集

張昱題李唐香山九老圖，有宋高宗御題二律詩：「兩疏誰是見機還，始終君臣似此難，宸翰昭囘雲漢上，衣冠仿佛畫圖間。當時九老琴尊會，盡是同朝鴛鷺班，風采拜辭雲陛下，白雲千載在香山。」張光弼詩集

虞集李唐山水跋：後來畫者，略無用筆，故不足觀。此畫乃直如書字，正得古象形之意，甚爲可嘉。元文類

李唐長江雨霽圖跋：李唐山水，落筆老蒼，所恨乏古意耳。然自南渡以來，未有能及者，爲可寶也。子昂。都穆鐵網珊瑚

李唐長江雨霽圖詩：「煙雨樓臺掩映間，畫圖渾是浙江山；中原板蕩誰囘首？只有春隨雁北還。」至正癸亥八月三日，題于破楚門之宴館，蓆帽山人王逢。「幽人避俗老江湖，

誰寫高標入畫圖；安得與君同海上，釣竿和露拂珊瑚。」江邊漁者李應庚。「日暮空林新雨過，茅堂咫尺寄岩阿；攜琴若到王門去，輸與寒江一釣蓑。」張雨。「雨歇江村雲尚溼，翠微深處客方歸；白鷗飛盡漁歌起，小艇冥濛帶落暉。」于庭。「江雨晚初霽，楚天清景秋，林深木葉暗，山遠煙光浮；欹斜露草閣，隱約認漁舟，撫卷北平下，令人思遠游。」顧安。「金銀樓閣擁林花，無數雲山帶晚霞；鐘鼓不聞人境寂，風光都屬釣魚家。」永嘉祁平。「風雨橫江白日昏，寒林飛葉近前村；馬行天際人驚墮，龍起雲中艇欲騰。虛閣不妨閒自倚，牽蘿常在待誰捫？舊游夢斷今看盡，思得新詩寫石根。」吳郡顧敬。「故國江山人暮秋，煙波留得後人愁；古今不預興亡事，只有滄浪獨釣舟。」吳僧妙聲。「斷崖雜樹綠參差，水面軒窗近夕暉；扶策爲誰能遠望，不知秋露溼人衣。」蔣堂。「草草衣冠又渡南，李生飛墨潑煙嵐；晚雲欲雨江天黑，應有蛟龍起碧潭。」遂昌山樵。「一天風雨暗江南，道上行人冒翠嵐；何似滄浪老漁父，蕭蕭蓑笠釣寒潭。」孟栴。「石徑崎嶇客路難，亂山空翠襲衣寒；爭如漁父秋江上，萬頃煙波一釣竿。」雪灘王朝臣。「風雨昨夜作，乾坤終日昏；出山雲似墨，綺第閣爲門。顛木千章亂，驚波萬丈深；扁舟何壯矣，浪吐復還呑。」張遜。「岩阿雨過綠生煙，江闊雲低不夜天；岩石漫鐫元祐字，畫圖猶記紹興年。」朱德潤。「溼雲著樹易爲雨，古樨歙澗不知秋；南山眞意無人領，大海吞天浮釣舟。」鐵邃。「長江雨霽見前山，老樹如雲蒼莽間；景物壯年曾歷覽，白頭奔走未知還。」黃溍。同上

李唐虎溪三笑圖跋：余嘗游匡山，至虎溪，未入東林寺，首見一亭，扁曰「三笑」，因問其故？謂晉遠師以陶淵明、陸修靜，且語且行，握手相忘，遂犯送客不過虎溪之戒，乃相顧各掀髯而去。今觀李唐此圖，千載遺風具存。人生不與路爲讎，一二三子何哂之有！紹興庚午季春十一日，陳壽題。郁逢慶續書畫題跋記

仇遠題李待詔虎溪三笑圖詩：「偶然行過溪橋，正自不值一笑；三人必有我師，不笑不足爲道。」「人生一笑良難，莫問是同是別；青山相對無言，溪聲出廣長舌。」山村遺稿

胡長孺李待詔虎溪三笑圖詩：「元亮纘孔業，修靜研耽玄，遠公學瞿曇，高居著幽禪。人異道豈殊，萬散一冋全，目擊輒有得，參會各囅然。胡爲老緇褐，笑舞喜欲顚，謾道遺其身，襟袖猶蹁躚。彼酣適酒趣，倘不醒者傳，俗史良自苦，窺管持知天。」石塘集

劉崧題李唐牧牛圖詩：「天寒放牛遲，野曠風獵獵；獨來長林下，吹火燒山葉。山氣日夕昏，獨歸愁路遠；猶戀草靑靑，遲回下長坂。」槎翁集

鄭東題李唐秋山圖詩：「萬壑霜飛木葉丹，石橋流水暮春寒；却疑二月天台裏，一路桃花送馬鞍。」鄭氏聯璧集

前人題李唐牧牛圖詩：「羨殺田翁不出村，牛羣坡上散如雲；買牛何日同渠牧，短笛時吹向樹根。」同上

李晞古關山行旅圖，劍閣賦：「咸陽之南，直望五千里，見雲峯之崔嵬，前有劍閣橫斷，倚青天而中開；上則松風蕭颯瑟颸，有巴猿兮相哀；旁則飛湍走壑，灑石噴谷，洶涌而驚雷。送佳人兮此去，復何時以歸來？望夫君以安極，我沈吟兮歎息。視滄溟之東注，悲白日之西匿，鴻別燕兮秋聲，雪愁秦而暝色。若明月出于劍閣兮，與君兩鄉對酒日相憶。」丹丘柯九思書。右李唐所畫關山行旅圖，樹石荒勁，全用焦墨，而布置深遠，人物生動，蓋法洪谷子筆也。唐爲紹興間畫院待詔，高宗雅愛之，嘗題其畫卷云：「李唐可比唐李思訓。」今于姚子章處得見此圖，益信其不謬也。至正甲申，四月朔日，紫芝山人俞和書。南渡畫院中人固多，而惟李晞古爲最佳，體格具備古人，若此卷則取法荊關，蓋可見矣。近來士人有畫院之議，豈足謂深知晞古者哉。一日子章持示，漫書數語于左，爲晞古壯氣。至正九年初冬，梅道人吳鎭識。余早歲卽寄興繪事，吾友唐子畏同志，互相推讓商

推，謂李晞古爲南宋畫院之冠，其邱壑布置，雖唐人亦未易有過之者，若余輩初學，不可不專力于斯，何也？蓋布置爲書體之大規矩，苟無布置，何以成章，而益知晞古爲後進之準。惜予畏已矣，無從商推，吾友某君持示此卷，不勝歎賞，奚啻飢渴之于飲食，欣然援筆，漫書其後。嘉靖癸巳二月五日，文徵明識于晤言室。寶繪錄

于立題李唐牧牛圖詩：「雨足秧田放牧時，溪南溪北草離離；長歌扣角無人聽，閒臥斜陽把笛吹。」玉山草堂雅集

董逌李唐摹刑和璞悟房次律圖跋：畢文簡公得唐本刑和璞房琯前世事，和璞神凝示悟，琯沈思如眞有想者，久之則亦有若晤也。璞悟以怕，琯悟以欲，此其異也。乃掊師得永師還師德書，以信其說。此畫深觀其隱，而能得其趣，決非常工所能知也。崇寧二年，其孫完官于潞，子莆田方宙召畫人李唐摹爲別本以藏，屬余書其後，曰：惟公深達佛慧，得死生說，求入無倪，則變滅起伏，不足論也。觀師德爲唐臣，深功隱德，及物多矣，智如梁公，猶不能知，其善藏深矣，豈世得而窺邪！再出而爲房琯，以名德顯世，任宰柄，此何怪哉。若爲正因者，不遇正果，則非理之常也。永禪師入總持三昧，能爲一切無礙，與世脗合，不離圓融，而後其道爲和璞，知道之所假，果無有二也。世人信羊叔

子探環，而未信永禪師事，豈以非出于史官，而便爲稗說，遽有分邪，此又不求于理者之論也。昔曇彥與玄度同造二塔于會稽，玄度亡後，彥若有待者。異世爲蕭詧，王荆之岳陽，實二十年，來領越州。曰：「許玄度來也！」遂搖手命入室，席地以三昧力加被，王忽悟造塔事，殆如今日也，此豈可誣哉。昔人記崔彥武圓澤再生事，皆謂不忘願力，故以願求者，可坐而待之，誠得以此說者，可以知念力堅固，如精金之不可改，雖百鍊而性存者也。（廣川書跋）

劉因題宋高宗題李唐秋江圖詩：「秋江呑天雲拍水，濤借西風扶不起；斷雲分雨入江村，回首龍沙幾千里。澹菴老筆搖江聲，髣髴阿唐慘淡情；千秋萬古青山恨，不見歸舟一葉橫。」（靜修集）

徐一夔李唐扁鵲授方圖跋：此圖相傳爲李唐規模扁鵲與長桑君授方大意。一人在古樹間南向坐，有授受狀，似是長桑君；一人坐于樹旁，回視坐樹間者頗恭，似是扁鵲。旁有水波沄沄，卽所謂上池水也。太史公紀長桑君授禁方于扁鵲，其事甚祕，世莫得而知，不知唐生千載之下，乃能得其仿佛如此。海昌郭子振氏得此圖，甚加祕重，請余識之。（始豐類稿）

李唐畫，宋高宗題：「恩沾長壽酒，歸遺同心人，滿酌共君醉，一杯千萬春。」賜王提舉，並賜長壽酒。珊瑚網

朱德潤李唐春社醉歸圖詩：「村南村北賽田祖，夾岸綠楊聞社鼓，醉翁晚跨牸牛歸，老婦倚門兒引路。信知擊壤自堯民，季世龔黃不如古，披圖昨日過水南，縣吏科徭日旁午。」存復齋集

熊明遇題李唐敬亭山圖詩：「太白風流采石寒，宣州猶剩敬亭看，樓臺幾換新官主，野䦨時供過客歡。古木依依迷暗草，長橋瀝瀝瀉鳴湍，李唐圖在鮫綃上，萬古誰歌蜀道難。」綠雪樓集

李唐伯夷叔齊采薇圖跋：宋高宗南渡，萃天下精藝良工畫師者亦與焉，院畫之名，蓋始于此。自時厥後，凡應奉待詔所作，總目爲院畫，而李唐其首選也。唐河陽人，在宣靖間已著名，入院後乃遂盡變前人之學而學焉，世謂東都以上作者爲高古，良有以夫。余總角時，見鄉里七八十老人猶能道古語，謂唐初至杭，無所知者，貨楮畫以自給，日困甚。有中使識其筆曰：「待詔作也。」唐因投謁，中使奏聞。而唐之畫，杭人卽貴之。唐嘗有詩曰：「雪裏煙村雨裏灘，爲之如易作之難，早知不入時人眼，多買胭脂畫牡丹。」

可概見矣。至正壬寅，余獲此于沈恆氏，愛其雖變於古，而不遠于古，似去古詳而不弱于繁，且意在箴規，表夷齊不臣于周者，爲南渡降臣發也，嗚呼！深哉！昔米南宮嗜畫，病世無眞李成，乃擬無李論以去其惑。余他日見唐畫太多，率皆抱南宮之憾，而此畫者所謂吾無間然者也。因書顚末于左，且以告夫來者。是歲九月既望，鄉貢進士錢唐宋杞之記。續書畫題跋記

鄒迪光李晞古夷齊采薇圖跋：評繪事者，謂宋之晞古，似唐之思訓，而人物兼擅，畫牛更精。此卷夷齊采薇圖，二人對語，酷有生態，一樹離奇偃蹇，一樹葉欲脫不脫，信腕揮運，自生妙理，眞大匠手也，當時之評，固無虛語。石語齋集

張寧李唐畫卷跋：嘉興通判易公所藏李唐畫卷，山水疏廓，樹石淹爛，峯巒徑路，林橋墅屋，蓊鬱蒼茫，得沿洄起伏近遠之勢。其間人物境界景色，耕樵漁叟，鳧鷺汀沙，上下相映，展玩間欲使人忘其爲畫。但筆意甚遠，而楮墨不周，恐有斷裂不完，非全稿也。予嘗見唐畫淺色山水，皴法有抹斷而無皴紋，用筆甚老簡，人物却甚精到，對面欲語。高宗嘗許其可比李思訓，此則化小斧劈爲皴，泉木皆相等，惟水涘側筆，如飛白狀，殊不侔也，豈自古名家，固多變筆，而不變法耶？珍重珍重。方洲集

謝常題李唐雪景詩：「陰飆萬壑聲吼虎，崖溜懸冰雲擁隖，千株老樹獨槎牙，積雪不消從太古。巢傾凍鵲棲難定，枝溼清猿啼更苦，蟠根瘦幹鐵石堅，豈比羣材畏斤斧。天寒曠野行人絶，尙有懶殘能步武，樓臺縹緲玉芙蓉，梨花散作天花舞。攜琴邀我賦新詩，陡覺淸寒生肺腑，篝燈展玩吸梅香，窗月微明輪半吐。」桂軒詩集

張羽題李唐畫袁安臥雪圖詩：「袁生抱高節，處順以安時，杜門不出仕，自與塵世辭。歲暮多嚴風，積雪盈路歧，擁爐獨高臥，中心還自怡。縣令何所問？下車扣茅茨，問君何不出？答云恒苦飢，愼守固窮志，相干豈其宜。此事復已久，緬焉獨馳思，披圖三歎息，高風如在茲，嗟彼後之人，汲汲徇其私。」靜居集

莫廷韓李唐關山雪霽圖跋：李唐關山雪霽圖一卷，人物樹石，筆勢蒼古，衝寒涉險之態，曲盡其妙，非後人所能仿佛也。題款著枯幹中，甚奇，精密幾不能辨。此卷不經好事賞鑒，猶然泥沙，令入薛米諸人手，必傾囊見珍矣。予嘗見臨本于一都下貴戚家，裝潢絶富，金玉璨璀，意極寶惜，顧非眞蹟，使葉公信好龍，恐此卷終當化去。莫廷韓集

郭礎李唐畫跋：李唐畫法，古厚中自有生氣欲動，不必專以界畫爲工；後人則步步邯鄲，雖以江南第一風流才子爲之，猶有遺恨，況其下焉者乎，吾每欲爲古人解嘲。畫法紀年

宋犖跋李晞古長夏江寺圖卷：南宋李晞古長夏江寺，余凡見三卷：其一爲遷安劉總憲魯一所藏，余曩曾購得，筆墨渾厚，神采奕奕，上有高宗題云：「李唐可比唐李思訓。」乃從來烜赫名蹟也，旋爲有力者負之而趨，迄今悵惘；其一無高宗題，殘缺已甚，余見于梁相國棠村先生座上，所謂「素絲斷續不忍看，已作蝴蝶飛聯翩」，殊無可憶；此卷雄峭幽邃，寫出江山之勝，以泥金點苔，尤爲奇創，流傳有緒，詳董文敏跋中，品在劉氏卷下，梁氏卷上，亦希世之珍也。康熙甲申正月，予從嶺南得之，足以豪矣。裝池竟，漫爲跋尾。西陂類稿

朱彝尊李唐長夏江寺圖跋：康熙乙丑二月，納蘭侍衞容若購得李唐著色山水卷，邀余題籤。唐字晞古，河陽人。宣和中曾直畫院，南渡後入臨安，年已八十，授待詔。觀其畫法，古雅深厚，宜爲思陵所賞，卷首題曰：「李唐可比唐李思訓。」按宋人著色山水，多以思訓爲宗，蓋春山薄而秋山疎，惟夏山利用丹墨，思陵比之思訓，可謂知言也已。曝書亭集

陳廷敬題李唐長夏江寺圖：於大內見之，宋高宗題云：「李唐可比唐李思訓。」「花石綱殘艮岳空，湖山金粉畫難工，那知零落風煙外，却閉金函玉牘中。」午亭文稿

張英題李唐長夏江寺圖詩：「一幅鵝溪絹色陳，祇今書畫兩精神，墨光透紙釵痕字，筆

陣橫秋斧劈皴。」「翠華消息斷河汾，遙望蒼梧隔暮雲；畫譜宣和纔誤却，何堪重話李將軍。」存誠堂集

高士奇觀李唐長夏山寺圖卷詩：「山下深江千頃碧，山腰松栝勢百尺。古寺樓臺杳靄間，濃陰覆地晝掩關。遠岸蒲帆疾如馬，何不此地銷長夏？李唐清興殊激昂，山盤水闊開洪荒。炎風撲面氣蒸鬱，展卷颯颯生微泉。」苑西集

劉宗古

劉宗古，汴人，宣和間待詔，成忠郎。畫人佛(物)山水佛像。靖康亂，流落江左。紹興一年，進車輅式稱旨，復職，除提舉車輅院事。圖繪寶鑑

劉宗古工畫人物，長于傅染，不施背粉，而正面自有神采。繪事備考

劉宗古畫之傳世者，松下弈棋圖一，仕女圖一，詩女圖一。同上

楊士賢 士一作仕

楊士賢，宣和待詔。紹興間至錢唐，復舊職，賜金帶。工畫山水人物，師郭熙，多作小景，山水林木，挺勁似亦可取。峯石水口，雄健之筆，遠不逮熙。圖繪寶鑑

楊士賢山水閒精舍圖一。繪事備考

楊士賢雪景小山水，初見以爲劉松年，然士賢徽廟時人，乃知松年之筆，實師士賢。（東圖玄覽）

予家舊有楊士賢畫一，雪景橫卷，高宗題作溪風飄雪。（寶繪補遺）

楊士賢遙岑煙靄圖團扇，絹本，淡色，江山村嶼，有乘騎者，捕魚者，荷戴（載）度橋者，上方遙岑煙樹，隱隱梵刹。

楊士賢遙岑煙靄圖，坐對終日，方知古人用筆之妙，直擬化工。玄宰。〔習靜軒印〕（珊瑚網）

楊士賢秋山松屋圖團扇，絹本。楊待詔多作小景，勁挺可取，是圖石壁古松，偃蓋屋宇，幽人兩兩對坐，廣除竹樹蕭疏間，懸泉縈階下，而遠山一抹，長空極目無盡，誰云雄偉不逮郭熙耶？玉水。（同上）

陶宗儀題楊士賢風雨歸舟圖詩：「山雨溪風晚未休，蕭蕭落葉滿汀洲；漁船罷釣歸何處？眼底狂瀾正可愁。」（南村集）

前人題楊士賢雪林行旅圖詩：「積雪凝寒晝不消，璚林琪樹聳孤標；寄言逆旅休辭倦，西崦人家路尙遙。」（同上）

朱宗吉楊士賢畫跋：楊士賢愛作小景，寸天尺地，水郭山村，幽思冥搜，神游三昧。（顧炳鑑譜）

李迪 子德茂別見

李迪，河陽人，宣和莅職畫院，授成忠郎。紹興間復職，畫院副使，賜金帶。歷事孝、光朝，工畫花鳥竹石，頗有生意，山水小景不逮。圖繪寶鑑

李迪，亦畫犬。畫史會要

李迪雪禽圖絹畫一幅，雙鉤雪竹，一鳩集于枯木上，作寒冷狀，精俊如生，氣韻絕倫，神品也。識八字曰，「淳熙丁未歲，李迪畫」。吳其貞書畫記

李迪枯木幽禽圖，畫法高古，後有高季迪等四人題識，是南宋大內之物。同上

李迪畫之傳世者，海棠睡起圖一，湖石海棠圖一，帶雨海棠圖一，碧桃垂絲圖二，水仙咏梅圖二，玄圃秋香圖一，折枝杏花圖一，折枝花圖五，遠水圖一，喚渡圖一，溪山圖一。繪事備考

嘉興王庭槐藏李迪猿三幅。寓意編

李迪宣父像，花鳥十二幅，又獐圖、百犬圖手卷。嚴氏書畫記

李迪寒塘瀲灩圖一幅，不甚大，絹精密光滑如紙。東圖玄覽

李迪枸杞鶺鴒圖，方絹本，著色。帶雪枸杞，朱實纍纍，草際鶺鴒翹翹欲起。珊瑚網

李迪古木竹石圖，方絹本，著色。綠陰高樹，石竹叢生。「睿思東閣」、「都省書畫」二

印。同上

李迪鷹熊圖，方絹本，淺色。峭壁荒岩，鷹熊顧盼，隱隱動犄角之勢。圖右古印莫辨。

李迪寫花木鳥獸，尤出人意表，此圖是矣。其昌觀。同上

李迪寒塘鸂鶒圖，方絹本，著色。梅花修竹掩映，山塘上鸂鶒，枝頭小鳥，隱約飛鳴。

丁雲鵬題二印。同上

李迪楓林石壁圖小斗方，絹本。迪在孝、光朝，大有時名，觀此，何山水小景有不逮耶？

汪砢玉。同上

李迪庚元規南樓明月圖。錢江書題

李迪牧羊圖、雪景花禽圖，毛良書畫樓藏。無聲詩

李迪花鳥竹石小品，生意浮動，觀之不覺起濠濮間想也。顧炳書譜

附 李迪竹雀圖，款云：「淳熙丁未李迪畫。」畫著色竹，間以疎梅，枝葉上殘雪炯然。雀立枝頭，下遺枯竹葉二片在地，旁有薺菜一莖，寒秀之氣，撲人衣襟。壬子春人日觀于趙氏小山堂，雲間王氏物也。厲鶚記。

淩雲翰題李迪猿：「抱子攀蘿過別枝，滿身松露溼金絲；冷泉不復聞淸嘯，把燭觀圖有

所思。」柘軒集

平顯題李迪畫：「歷事三朝老畫師，一花半羽擅當時；職聯清署金裝帶，酒賜黃金玉當卮。南渡君臣忘雪恥，西湖歌舞願春遲；誰憐汴水多秋色，山鳥呼風䶉鼠肥。」松雨軒集

劉績題李迪畫蘆雁詩：「遠別胡天趁稻粱，秋風吹斷不成行，夜深獨宿江南渚，夢怯黃蘆葉上霜。」嵩陽集

高啓題李迪畫犬詩：「護兒偏吠客，花下臥晴莎；莫出東原獵，春來兔乳多。」青邱集

附 厲鶚題李迪秋原放牧圖爲旭瞻作：「角⿰角戠⿰角戠，耳溼溼，考牧詩中全物色；天蒼蒼，野茫茫，勅勒歌裏西風涼。西風老樹莽蕭瑟，認得三朝畫師筆，縱橫直是谷量餘，躑躅疑從哇種出。映坡蔽隴下層阿，夕陽滿地沙草多，一人韋裳轉首坐，天晴堆積笠與蓑。從來畜獸圖非易，寧著青紅埽魑魅，今觀此卷態逼眞，令我他年勞夢寐。汪生讀書古人齊，兼金購此索我題，不如長五牸，留二羝，君看富如猗頓貴卜式，無過西河河南兩牧兒。」樊榭山房續集

李安忠 忠一作中 子公茂附見 瑛別見

李安忠，居宣和畫院，歷官成忠郎。紹興間復職畫院，賜金帶。工花鳥走獸，差高於迪，

尤工捉勒，山水平平。圖繪寶鑑

李公茂，安忠之子，世其家學，然不逮父。同上

李安忠逐羊圖小絹畫一幅，氣色佳，維揚江孟明家觀。吳其貞書畫記

李安忠牧羊圖絹畫一幅，精彩如新。羣羊食草于坡上，有一牧童上樹捕八哥，一牧童在樹下張望，意思種種類生。觀于崑下李公繩手，癸卯正月望日。同上

李安忠工畫捉勒，得其鷙攫及畏避之狀。畫繼補遺

虞滮題李安忠猿鵲圖詩：「啼猿靈鵲賦難工，峽月河星思未窮；誰向楚臺愁寂寞，想趨岩殿却如風。」鼓枻集

李安忠畫之傳世者，宜春苑馴獅圖一。繪事備考

馬臻題李安忠雪岸寒鴉圖詩：「北風萬里吹石裂，古樹槎枒擢朽鐵，羣烏啞啞如苦饑，倦飛還向空林歇。孤村荒寒得食遠，日暮沙邊啄殘雪，回情訴意各有態，羨殺畫師心更切。我嘗記得天隨詩，至今讀之心激越，婦女衣襟便佞態，始得金籠曰提挈。老烏，老烏，爾身毛羽黑離離，况復人間厭爾啼，何不飛鳴丈人屋，丈人屋頭春柳綠」。霞外集

吳師道跋李安忠畫鼠盜果圖：徐崇嗣嘗畫茄鼠圖，今李安忠畫鼠啖荔支，蓋同一機軸。

世之可畫物甚多，而彼乃用心于鼠，亦異矣。使觀之者變憎爲玩，豈非筆墨之妙，足以移人也哉。吳禮部集

蘇漢臣 子晉卿附見 焯別見

蘇漢臣，開封人，宣和畫院待詔，師劉宗古，釋道人物臻妙，尤善嬰兒。紹興間復官，孝宗隆興初畫佛像稱旨，授承信郎。圖繪寶鑑

蘇晉卿，漢臣子，工佛像。續圖繪寶鑑

蘇漢臣擊樂圖，絹畫鏡面，一人滿身樂器，一嬰兒撫肩觀其擊樂，用筆淸勁，逼似唐人。此圖得之歙人汪無方。吳其貞書畫記

蘇漢臣嬰兒鬥蟋蟀圖，絹畫一大幅，丹墨如新，畫法工細。同上

至大戊申十一月二十四日，客長興，陳元善來約趙文卿及余至其家，觀蘇漢臣孩兒四幅，具酒三勺。郭天錫日記眞蹟

士女之工，在于得其閨閣之態，唐周昉、張萱，五代杜霄、周文矩，下及蘇漢臣輩，皆得其妙。不在施朱傅粉，鏤金佩玉，以飾爲工。畫鑒

蘇漢臣畫之傳世者，栴檀香佛像一，香積如來像一，熾盛光佛像一，日月珠幢像一，鬘

華菩薩像一，智積菩薩像一，獻花龍女圖一，獻珠龍女圖一，彌勒佛像二，摩睺羅像一，太上像二，青玄圖二，飛仙圖二，仙樂圖三，仙蹟圖十二。繪事備考

蘇漢臣金母臨宴、龍女獻珠、水鉢降龍、仕女圖四軸，嬰戲貨郎八軸。嚴氏書畫記

蘇漢臣貨郎圖手卷。同上

余家藏蘇漢臣貨郎擔，其閨人兩兩妝束，卽宋詞「平頭鞵子雙鸞小」也。又二嬰鬥促織，三孺子放風箏。珊瑚網

蘇漢臣嬰兒戲浴圖，蘇漢臣作嬰兒，深得其狀貌，而更盡神情，亦以其專心爲之也。此幀婉媚清麗，尤可賞玩，宜其稱隆于紹隆間也。梅道人吳鎭題。寶繪錄

蘇漢臣嬰兒鬥蟋蟀圖團扇，絹本，著色。桂樹菊花，石闌外嬰孺四，蹲踞鬥蟋蟀，天機爛漫。書畫彙考

劉宮保子大蘇漢臣戲嬰一卷，長丈餘，絹如新。東圖玄覽

西湖五聖廟有蘇漢臣畫壁，顯應觀舊有蕭照山水及蘇漢臣畫壁，今不復存矣。武林舊事

章允恭蘇漢臣浴嬰圖跋：漢臣制作極工，其寫嬰兒，著色鮮潤，體度如生，熟玩之不啻相與言笑者，可謂神矣。顧炳畫譜

純皇好玩名畫古器，南京西華門舊有一黑漆圓櫝，振之中空有聲，蓋國初巨室之籍入者，以不可啓視，故棄於此。守閣小內史張本，穴而窺之，一爲王維傳色山水，一爲蘇漢臣所繪宋高宗瑞應圖本，以王畫送安寧，蘇畫送黃賜，皆太監坐廠守備者。未幾寧死，賜攫得之，併以獻上，賞賚甚厚。雙槐歲抄

侯恪題蘇漢臣鷸蚌圖詩：「秋風瑟瑟蘆花白，秋山如洗澗泉碧，夕陽遠挂楓樹林，鷸蚌無心相逼迫。蓑衣漁子罷垂綸，却看山趣如有神，人生萬事皆如此，誰爲此圖蘇漢臣。」侯太史詩集

易恆題蘇漢臣水戲圖：「水戲新番小妓精，教坊初進未知名；立機倒運飛丸起，絕勝銀盤弄化生。」陶情集

前人題蘇漢臣水殿擲盧：「楚楚王孫玉雪膚，荷花水殿擲梟盧，當時應奉承宣日，不進豳風無逸圖。」同上

汪砢玉蘇漢臣子卿持節圖跋：開封蘇承信畫師劉宗古，製作極工，人物尤著色鮮潤，體度如生，而有嫌以筆端微滯者，豈未見其寫意草草如此圖者耶。珊瑚網

蘇晉卿畫之傳世者，如意輪菩薩像一，寶檀花菩薩像一，金剛手菩薩像一。繪事備考

陳弈禧題蘇漢臣捕魚圖詩：「十歲嬰兒妙入神，水邊游戲任天眞；翻嫌點爾童心減，冠者何須五六人。」山廬詩選

附　厲鶚金以寧齋中觀蘇漢臣埽象圖詩：「西域乘象利戰攻，南越貢象趨華風，趙家山河已幅裂，欲圖王會誰能同？當年明禋教車象，象院驅來列成兩，吳自牧夢粱錄：明禋年教習車象，車後大象二頭，觀者如堵。開封蘇郎設色殊，寫出突過閻令上。且多樹底風泠泠，蠻奴馭象唯使令，黏香似是孔雀帚，瀉水但用頻伽瓶。高僧侍者狀奇詭，作禮蕃王喻徽旨，蹴踏能將大力馴，埽除不使纖塵累。西域之象南越無，六牙四足蓮花敷，畫院良工具深意，調服强敵如斯夫。君家此圖傳自昔，仍在錢唐睹奇跡，裁詩復共小低頭，香斷空齋山月白。」樊榭山房集

朱銳　弟森附見

朱銳，河北人，宣和待詔。紹興復職，授迪功郎，賜金帶。工山水人物，師王維，尤好寫騾綱、雪獵、盤車等圖，形容布置，曲盡其妙，筆法類張敦禮。圖繪寶鑑

朱森，銳之弟，亦工山水人物，布置行筆，俱不逮兄。同上

朱銳畫之傳世者：溪山秋霽圖一，雪獵圖二，水閣曉寒圖一，騾綱圖二，溪山雪霽圖二，盤車圖一，運糧圖二。繪事備考

程季白齋樓觀朱銳雪中騾綱，種種纖備。珊瑚網

朱銳訪戴圖團扇，絹本，淡色。雪後江山，村莊蕭瑟，一客篷窗引望，若指揮長年發棹。朱銳學圖左右角下長圓朱文印莫辨。「明安國玩」「黔寧王子子孫孫永保之」二印。

王右丞，多雪岡盤車之屬，此圖筆法高簡，非李唐所能夢見。董其昌。書畫彙考

朱銳雪景待渡圖，毛良書畫樓藏。無聲詩

朱銳雪莊養馬圖，絹畫一幅，絹資剝落，與江益明家雪山運糧圖無異。觀于吳門王其長家，甲午四月六日。吳其貞書畫記

朱銳雪山運糧圖，絹畫鏡面一頁，畫二輛車，前車有三牛，後車有二人，共有五車夫。坡上有數株古樹，枝榦垂下，皆爲雪所壓也。山背有村店人家。畫法精細，文秀之甚，爲銳超妙入神之作。同上

朱銳秋山駝車圖，絹畫一幅，氣色佳。同上

朱銳雪莊行騎圖團扇，絹本，淡色，雪中山水，一人乘騎循山莊行，蒼頭後隨，一童子前導，若尋幽探勝者。書畫彙考

宋寧宗楊皇后題朱銳雪景册詩：「雪吹醉面不知寒，信脚千山與萬山；天蟄瓊階三十里，

更飛柳絮與君看。」坤卦圓印。書畫題跋記

趙孟頫題朱銳雪景詩：「塵埃困人恆作惡，開卷驚看雪滿樓；安得眼前有此屋，仍呼陶謝與同游。」松雪齋集

文徵明題朱迪功雪景圖詩：「宣和待詔朱迪功，一時畫雪推精工，筆蹤遠法王摩詰，更說盤車妙無敵。此圖似寫窮途客，僕馬蕭蕭有饑色。凍雲壓岩岩欲沈，喬木封玉寒森森，山根滅沒逕路絕，客子欲行愁雪深。雪深雲寒不可渡，景色蒼茫野陰暮，誰歟擁蓋獨臨淵，豈是行吟覓新句？古來繪事不易言，正在位置經營間，朱君此畫妙有骨，一笑千金豈論值。」珊瑚網

李端

李端，汴人，宣和待詔。紹興間復官，賜金帶。作梨花鳩子得法。圖繪寶鑑

李端，京師人。偏工梨花鳩子，多作扇圖，極形似。亂離後卒於杭。畫繼

李端畫之傳世者，梨花鳩子圖一。繪事備考

王冕題李端秋山圖：「前年放船九江口，秋風獵獵吹蒲柳，買魚沽酒待月明，不知江上青山走。三更吹笛欲喚人，溥溥白露侵衣巾，故鄉迢迢書斷絕，空見過雁如飛雲。去年

却下七里灘，秋水滿江秋月寒，子陵先生釣魚處，荒臺直起青雲端，先生不受漢廷官，自與山水相盤桓，至今高節敦廉頑，淸風凜凜誰能攀？泊舟登岸行復止，小逕分歧通草市，石林掩映樹青紅，正與今年畫相似。茅廬半住林木裏，白狗黃雞小如蟻，翁媼無言童稚閙，可是太平風俗美。淸溪水落魚蟹新，東隣釀熟呼西隣，相牽相把意思眞，親密不異朱陳民。李端筆力能巧妙，寫我舊日徑行到，豈是老夢眩水墨，不覺掀髯發長嘯。殷家大樓滄江頭，留我十日風雨秋，觸景感動客邸愁，便欲卜築山之幽。斷橋流水無人處，添種梅花三百樹，直待雪晴冰滿路，騎驢相逐尋詩去。」竹齋集

張淶 無畫蹟可考

張淶，宣和待詔。人物山水師郭熙。紹興間復官，賜金帶。圖繪寶鑑

顧亮 無畫蹟可考

顧亮，一作諒 宣和待詔。師郭熙人物山水，與張淶同流落江左，宮觀寺院，畫壁餬口。紹興間復官，賜金帶。圖繪寶鑑

郭熙善得煙雲出沒，峯巒隱顯之態，後世楊士賢、顧諒皆學之。畫鑒

顧亮能作大幅巨畫，善布置，好作盤車圖。畫繼補遺

李從訓 子章附見 養子嵩別見

李從訓，宣和待詔。紹興間復官，補承直郎，畫院待詔，賜金帶。工畫道釋人物花鳥，位置不凡，傅彩精妙，高出流輩。圖繪寶鑑

李章，杭人，從訓之後。善畫人物著色山水。同上

李從訓畫之傳世者，宜男圖一，蠲忿圖一，合歡圖一，雀圖四，鳩圖二。繪事備考

閻仲 子次安附見 次于次平別見

閻仲，宣和百王宮待詔。工人物絳色山水，尤工畫牛。紹興間補承直郎，畫院待詔，賜金帶。筆力頗粗俗。圖繪寶鑑

閻次安，仲子。畫山水窠石。同上

周儀 無畫蹟可考

周儀，宣和待詔。善畫人物，謹守法度，清秀入格，承應摹唐畫，有可觀。紹興年復官，賜金帶。圖繪寶鑑

周儀，不知何許人？徽宗朝畫院祗候。善寫人物，世傳千里、晞遠常師之，謹守法度，甚雅潔。畫繼補遺

焦錫無畫蹟可考

焦錫，宣和院人，紹興間復爲畫院待詔，賜金帶。圖繪寶鑑

胡舜臣　張著俱無畫蹟可考

胡舜臣、張著與張浹、顧亮俱善山水，並師郭熙，又同爲畫院待詔，各得熙之一偏。浹善著色，著專精傅染皴法，而重山叠嶂，頗覺繁冗；惟舜臣謹密有法，高出二人。亮能作大幅巨幅，皆未易才也。繪事備考

南宋院畫錄卷二終

南宋院畫錄卷三

錢唐 厲 鶚 太鴻輯

馬和之

按和之官至工部侍郎，夏氏不列于院人之中。考周草窗武林舊事載「御前畫院仅十人，和之居其首焉」。或者以和之艺精一世，命之总摄画院事，未可知也。草窗南渡遺老，必有所據，今從之。

馬和之，錢唐人。紹興中登第。人物佛像山水倣吳裝，筆法飄逸，務去華藻，自成一家。高孝兩朝，深重其畫，每書毛詩三百篇令之圖寫，官至工部侍郎。圖繪寶鑑

馬和之作人物甚佳，行筆飄逸，時人目爲「小吳生」。更能脫去習俗，留意高古，人未易到也。畫鑑

和之畫本工爲平遠，其寫山頭者，百無一二。清河書畫舫

馬和之豳風圖，紙畫一卷十則，畫于澄心堂紙上，畫法工緻而飄逸，如行雲流水，脫盡院體。逐則副頁，宋高宗楷書書其詩，運筆遒勁宗宣示表，上有玉璽。觀于師利兄之南樓。吳其貞書畫記

馬和之後赤壁圖絹畫一卷，畫法簡逸，意趣有餘。後高宗書後赤壁賦一篇，書法宗鍾王二家。同上

馬和之設色山莊圖絹畫一卷，畫法精細而有逸韻，在揚州觀於吳能遠手。同上

馬和之九錫圖絹畫一頁，氣色尙佳，人物衣褶用柳葉法，蓋倣顧長康、吳道子爲之，神品。副紙上有鄧氏題跋，辨爲桓溫圖也。同上

馬和之東山高臥圖，絹畫大幅，運筆飄逸，爲超妙入神之畫。同上

馬和之王右軍小像絹畫一小幅，畫法簡略，上有董思白題。同上

游氏家藏馬和之倚樹觀音二。雲煙過眼錄

莊蓼堂家所藏馬和之一册，畫院十册，皆精。同上

高宗嘗以毛詩三百篇詔和之圖寫，未及竣事而卒。畫之進御者：關雎圖一，桃夭圖一，葛覃圖一，螽斯圖一，漢廣圖一，采蘩圖一，采蘋圖一，甘棠圖一，騶虞圖一，草蟲圖一，伐檀圖一，蒹葭圖一，晨風圖一，衡門圖一，鳲鳩圖一，九罭圖一，鹿鳴圖一，天保圖一，采薇圖一，常棣圖一，鶴鳴圖一，沔水圖一，采芑圖一，鴻雁圖一，白駒圖一，黃鳥圖一，南山圖一，桑扈圖一，鴛鴦圖一，魚藻圖一，白華圖一，隰桑圖一，棫樸圖一，旱麓圖一，靈臺圖一，雲漢圖一，谷風圖一，韓奕圖一，江漢圖一，振鷺圖一，豐年圖一，崧高圖一，淇澳圖一，干旄圖一，考槃圖一，木瓜圖一，蓼蕭圖一，斯干圖一，大田圖一，駉圖一，潛酌圖一，潛圖一。繪事備考

張受益藏馬和之二喬倚樓觀書。（志雅堂雜鈔）

馬和之著色二南圖絹本小册，有趙承旨楷書毛詩對題，在韓廷延家。（眞蹟日錄）

馬和之蓮社圖，宋末人跋。（南阳名畫表）

馬和之陳風十篇圖，宋高宗寫毛詩幷跋。（同上）

甲子十二月十有七日，過項公定，出觀書畫卷，內有思陵書毛詩，馬和之繪圖山有樞等數十章。（六研齋筆記）

馬和之袁山松楊步屧圖。（書畫題）

廣德藏馬和之風雅圖。（眞蹟日錄）

項希憲家馬和之邠風一卷，七月至狼跋，凡七段，皆高宗補書經文。高宗每云：「寫字當寫經書，不惟學字，又且經書不忘。」每書毛詩虛其後，命和之圖焉。（妮古錄）

張丑銘心籍詩：「豳風七月農桑譜，南渡和之描寫精；逸筆興酣時亹亹，斷麻心賞見卿卿。」（眞蹟日錄）

乙未六月四日，過項又新，觀馬和之鶺鴒圖，破斧圖。（太平清話）

馬和之照水圖，絹本立軸，長二尺六寸，闊一尺四寸餘。有「趙氏仲時」「楊氏家藏」

等印。江村銷夏錄

馬和之山水大軸，風雅頌九卷，毛詩圖二册。嚴氏書畫記

馬和之寫桓大司馬九錫小橫幅，有元人跋。東圖玄覽

畫詩意一片，其詩曰：「就船買得魚偏美，踏雪沽來酒更佳。」無款，吾以爲馬和之。清河書畫舫

玄宰有馬和之范蠡五湖小册、米芾小楷記一篇。同上

馬和之著色唐風十二圖，小雅六篇圖，並在嚴分宜家，今歸韓太史處。同上

馬和之毛詩圖，紙畫二小橫幅，在澄心堂紙上，一爲雌雄，一爲無羊，上有「趙松雪」「蓼庵」二圖書。蓼庵卽莊蓼塘也，爲元季大賞鑒人。購於江基手。吳其貞書畫記

丙申九月二十二日，曹仲甫攜示馬和之水墨豳風圖三卷。快雪堂集

項墨林所藏有馬和之毛詩十二段。同上

倪雲林淸祕閣藏馬和之小雅六篇圖。清河書畫舫

馬侍郎二人圖卷，絹本，高八寸，闊二尺，有子昂收藏印記。破斧，美周公也，周大夫以惡四國焉。「既破我斧，又缺我斨，周公東征，四國是皇，哀我人斯，亦孔之將。既

破我斧，又缺我銶，周公東征，四國是遒，哀我人斯，亦孔之休。」破斧。（高宗題）

宋高宗書，余曾以刻戲鴻堂帖中，此檇李項氏家藏，趙集賢補圖于後，惜流傳歲久，只存一章，其餘不知何處。二人如有所指授，筆意高妙，眞希世之珍，恨不得仙人孟岐一問之耳。己未九月，其昌。戊辰二月重觀于眉公頑仙廬，玄宰。（書畫彙考）

吳源博購得馬和之風雅八圖，屬沈啓南鑒定，未幾而源博下世，故無跋語傳後。八圖者：四風、四雅，乃關雎、考槃、葛屨、綢繆、鹿鳴、伐木、鴻雁、無羊也。和之本工設色，八圖獨以白描見長，不知者謂爲粉本，臆度之論也。（清河書畫舫）

馬和之伐木圖斗方，絹本淡色，空山老樹，一客執柯，仰聽黃鳥。圖右古印半方，莫辨。（書蹟彙考）

馬和之柳隄待渡圖團扇，絹本淡色，一人立柳下待渡，童子勒馬臨流，中流一舟揚帆，風勢甚駛。（同上）

馬和之風柳蟬蝶圖團扇，絹本著色，風柳蕭蕭，蟬坐枝間，蝶飛葉底。（同上）

馬和之鶉奔圖絹本。馬侍郎寫衛風鶉奔章，不寫宣姜妷事，但寫鶉奔鵲疆，樹石動合程法，覽之冲然，由其胸中自有風雅也。汪砢玉。（珊瑚網）

馬和之定中圖跋：登邱相度，得文公營徙之狀，子來趨事，得國人悅復之象。其蒼莽攸鬱，則樹之榛栗椅桐梓漆也。定宿在中，於以作室，可想見矣，此眞千古句圖。樂卿。同上

馬和之干旄圖絹横披：孑孑干旄，建于車後，兩服兩驂，而維之正，見衛大夫見賢之勤，而彼姝者子，磬折且前，是欲以畀之之氣象耳。衣摺作馬蝗描，古法昭燦，如覩商周法物。樂卿。同上

馬和之載驅圖絹横披：許穆夫人本無害衞事，故不作驅馬悠悠，惟指其憂心焉而已。乃猶作許大夫來告，則是以夫人意中事，故不妨象外描寫。若馬工部之落筆飄逸，仿吳裝法也。右四册向爲項又新所藏，聞當時價値百鎰。珂玉。同上

馬和之棄瓢圖，陶九成題，眞蹟。同上

南宋馬和之侍郎，嘗寫毛詩進御，戊申在京師，得其畫檜風：羔裘、素冠、萇楚、匪風四章，每幅書本詩于後，楷法殊妙，有御府圖書。池北偶談

劉克莊馬和之覓句圖跋：夜闌人靜，凍鶴先睡，蒼頭奴屈兩髖煨殘火，此翁方假寐冥搜，前有缺唇瓦瓶貯梅花一枝。豈非極天下苦硬之人，然後能道極天下秀傑之句耶。使銷金

帳中，淺斟低唱人見此，必發一笑。后村集

林希逸題馬和之覓句圖詩：「先生隱几奴煨火，斜插疎枝破瓦尊；鶴夢未回更幾轉，吟時應是月黃昏。」竹溪十一集

元王逢題馬和之園有桃詩意圖：「華髮無情賦黍離，何堪盡託魏風詩？漢皇日宴西王母，合賜東方一酒卮。」梧溪集

馬和之春霄鶴唳圖、秋空隼舉圖，皆項氏藏。太平清話

鄧文原題馬和之卷詩：「迴嵐洞壑玉參差，滿地濃陰日影遲；寂寂柴門雲自合，深深灌木鳥仍窺。滄浪唱晚空天地，綠綺尋幽過竹籬；豈是柴桑歸去者，時臨清淺賦新詩。」素履齋集

釋宗泐題馬和之王風揚之水圖：「馬卿獨念宋中微，圖寫詩篇墨采輝；成甫成申都不及，西風淮岸爲沾衣。」全室外集

陳衎馬和之劍仙圖跋：宋思陵寫三百篇，每篇必敕和之作圖，予嘗見采菽以下十四章于新安吳蹇叔家，其筆與此正同。傳稱其吳裝飄灑，務去華藻，不誣也。大江草堂集

馬和之寒岩行旅圖，馬和之嘗畫毛詩三百篇，已得風人之旨矣；今所作寒岩行旅，脫去華麗，而專爲簡淡，誠可貴尙。寶繪錄

李日華馬和之雞鳴風雨圖跋：馬和之毛詩圖，余見鶴鳴、伐檀等篇，此景色似爲風雨雞鳴而設，蘇眈句或南村翁別有爲，而後來諸公，不復置辨，然杜陵詩亦堪入畫，世間事將錯就錯者多矣，但觀筆法以自暢悅可也。恬致堂集

張寧題馬和之邠風圖詩：「后稷肇王業，豳風有遺詞，相彼千畝良，爲我百度資。耕耨信勞止，祭養當來斯，匪直今始然，振古恆在茲。」方洲集

前人題馬和之匏葉圖詩：「匏葉苦未萎，濟水盈瀰瀰；褰裳不可渡，招舟非我儷。鷕雉良足異，鳴雁當何時？周行坦如砥，卻顧安趦趄。」同上

前人題馬和之蔓草圖詩：「蔓草長滿野，良辰何不支？民窮井邑異，豈獨荒閒思。佳人歲年暮，會晤恆苦遲；夭夭桃上花，燕婉當何時？」同上

馬和之學李伯時龍眠山莊圖跋：馬和之學龍眠山莊只此卷，一轉筆作螞蝗勾，便有出藍之譽，然如糟已成酒，其味不及矣。董其昌。晉魏以前，畫家惟貴象形，用爲寫圖，以資考索，故無取烟雲變滅之妙，擅其技者，止于筆法見意。余嘗得古明堂習禮圖、太常彝器圖，其筆皆有捩轉飄瞥之勢，蓋深忌狀物平扁之患，而以筆端鼓舞耳。及荆關董巨一以林麓溪瀨，遠近出沒，生奇擅勝，於是水墨濔淡爲工，而筆法不講矣。余又諦觀馬

和之毛詩諸圖，皆本習禮古圖，其謂用伯時法而轉作螞蝗勾者，宗伯亦別有見乎？試一參之。（六研齋筆記）

文徵明馬和之清谿點易圖跋：右馬和之畫，相傳為清谿點易圖，蓋寫唐人高駢詩意。按荆州記：「臨淮有清谿山，山東有泉，泉側有道士舍，所謂清谿道士也。」此圖一羽人趺坐榻中，一人褰裳回顧，若有所指陳，二從者卻立，一執卷，一捧古鼎，二鶴，一飛一止。初無所謂洞門碧窗，滴露研硃之狀，疑自寫他事，而後人目為清谿耳。若其筆法之妙，則非和之不能。和之紹興間人，畫師吳道子，好用掣筆，所畫多經書故事，思陵尤愛其畫，每書毛詩虛其後，令和之為圖，此或其遺簡，不可知也。（甫田集）

嘗觀馬和之四小景，有楊妹子各題一絕云：「人道中秋明月好，欲邀同賞意如何？華陽洞裏秋壇上，今夜清光此處多。」「石楠葉落小池清，獨下平橋弄扇行，蔽日綠陰無覓處，不如歸去兩三聲。」「清獻先生無一錢，故應琴鶴是家傳；誰知默鼓無絃曲，時向珠宮舞幻仙。」「雨洗東坡月色清，市人行盡野人行；莫嫌犖确坡頭路，自愛鏗然曳杖聲。」（沈津吏隱錄）

附　乾隆八年三月十四日，過吾友周少穆欣託書齋，出觀馬和之小幅，上有楊妹子題，卽「雨洗東坡」一詩也。字畫秀逸，款云楊妹子，下有雙龍小圓印。「和之」二小字在下方，

卽四景之一也。少穆云：得于松江。（厲鶚記）

附　馬和之小幅，上有楊妹子題「雨洗東坡月色新」絕句一首，蓋蘇文忠公作也。予友周君穆門，得于雲間，出以見示，用筆淸逸：楊妹子小楷，秀媚中饒勁致，共爲眞蹟無疑。嘗記沈潤卿吏隱錄載馬和之小景四幅，楊妹子各題一絕句云，（詩不錄）其四卽此幅也。又張泰階寶繪錄載黃子久跋馬和之畫卷云，陳惟寅持秋林曳杖小幅來，景色正與此同，是此幅曾爲船場陳氏所藏，爲吳中舊物，流傳有自，尤可寶也。馬爲錢唐人紹興中登第，官工部侍郎；楊爲寧宗楊后之妹，鑒古者所共知，不多綴云。乾隆丁卯正月二十二日。（厲鶚跋。）

附　厲鶚題楊妹子題馬和之小景二首：「六飛當日駐錢唐，曾畫毛詩馬侍郞，五百年來遺墨盡，秋林曳杖見吳裝。」「便娟小楷媚多姿，似見楊家弄筆時，南渡已無文字禁，宮閣也愛寫蘇詩。」（樊榭山房續集）

馮夢禎觀馬和之商魯二頌圖詩並序：二月初七日新霽，登高深甫閣，望羣山積雪，主人出郭恕先輞川圖本、馬和之商魯頌圖相示，二物俱平生所企尙，會心豁目，喜不可言，退述斯文，以識奇賞：「春霽開玄陰，衆山尙含雪。高閣縱遠眺，林巒遞曲折。賢主富珍玩，郭馬丹靑傑。王維舊輞川，百代護人物。今朝見臨本，有如第二月。洋洋商魯頌，

文章元氣結。名物一以陳，禮樂儼相接。情欣近累解，理契異代合。橫几共披研，寸晷當浩劫。」快雪堂集

張丑馬和之風雅八圖跋：余近購得吳原博尙書家和之風雅八圖，乃宋末莊蓼塘藏，曾經石翁鑒定，雖蕭疎小筆，而理趣無涯。陳仲醇稱其品「極高妙，當與郭忠恕妙蹟雁行，正如方外不食酒火人，另具一骨相者」，亦善比況也。清河書畫舫

又跋：萬歷甲寅十月之望，不腆且得馬和之風雅圖卷于故尙書吳原博四世孫，惜其人不習毛詩，裝潢失次，又念古畫不敢重背，觀者自當略其驪黃，賞其神駿。竊喜妙蹟來歸，堪與李公麟九歌圖卷作配，爲之通夕不寐，因識于卷尾。長洲後學張丑青父篝燈謹跋。同上

馬和之卷：「迴巒洞壑玉參差，滿地濃陰日影遲；寂寂柴門雲自合，深深灌木鳥仍窺。滄浪唱晚空天地，綠綺尋幽過竹籬；豈是柴桑歸去者，時臨清淺賦新詩。」鄧文原題。

錢唐馬和之作此圖，筆法清潤，景致幽深，較之平時畫卷，更出一頭地矣。今年春見陳惟寅持來秋林曳杖小幅，與此正相仿，若鄘風、豳風、小雅等圖，則又出一機軸，豈畫毛詩則爲溫柔高雅之意，畫山水則爲清遠閒逸之情耶？于此正見和之因事設施，而非局于一體者也。且和之生平畫卷甚少，若此卷之在人間，正如荆山之玉，非卞氏知其美，

則幾爲頑石矣，吾不能不爲太樸歎羨，而更爲此卷慶也。天歷新元下元日，大癡學人黃公望跋。

「青松互合若爲羣，中有高人臥白雲；颯颯松風從澗出，蕭蕭竹色過牆分。間來欲覓知音伴，睡起還探頌酒人；一段清幽離塵俗，不禁長笛起前濆。」壬午立夏日，太樸先生出示和之畫卷，淸俊可愛，不謂南渡中有此人物，吾儕當爲之北面矣。梅道人吳鎭識。

「飄飄墨法恍如蘭，指掌煙雲色可餐；千載輞川清絕處，流風今屬畫中看。」

和之畫法多用蘭葉描，此卷獨師右丞，益見古人好學之無倦也。紹興間畫工濟濟，誠未有過于此者，俞和書。

畫家以沖淡勝者爲至，若瘦硬嚴整，則又涉作者氣，知音士人所不貴也。錢唐馬和之，紹興中登進士第，宦游之暇，以繪事寄情，務脫去鉛華豔冶之習，而專爲淸雅圓融，向來畫院一派，至是而爲之一洗矣。此卷更有晉唐人格，又非毛詩等圖所得比倫也，太樸先生尤宜寶之。黃鶴山人王蒙。

余謂南宋畫院中，如劉李馬夏之稱翹楚，下有蘇漢臣、蕭照、李從訓、李嵩輩自成一家，擅美當時，間有以荒勁勝，更有以穠豔勝，然皆倚於一偏，要之淸潤中和之氣，邈乎其未有也。吾友某近得和之畫卷，秀潤閒雅，無所不具，回視劉李諸君，不啻徑庭，元季子久謂其全法右丞，信非虛語，奚俟後人之喋喋也。嘉靖甲午，文徵明題。

嘉靖丁酉孟冬四日，毛純嘏、沈禹文、

陸安道、袁表、許初、陳道通同觀于支硎山居。包山子陸治識。寶繪錄

宋高宗皇帝御書馬和之補圖跋：宋思陵極重經學，而尤留心於詩，每手寫一章，輒令馬和之補圖。余所收者凡八章：一爲魯頌駉，一爲有駜，一爲閟宮，一爲商頌那，一爲烈祖，一爲玄鳥，一爲長發，一爲殷武。字皆端謹有致，大約取法于鐵門限。後補圖亦工，古人宴饗祭祀之儀，禮樂輿馬之制悉備焉，尤非他畫圖所可及也。余又于江右李梅公寓見鹿鳴十章，朱子美寓見節彼南山十章，山西張氏寓見關雎十章，首有夫子及卜子夏小像。高宗又曾手書九經刻石，今臨安文廟，尙有存者，彼時戎馬倥偬，而能神閒氣定，雅意表章，跨有半壁百餘年，非倖也。孫承澤庚子銷夏記

賈師古

賈師古歸去來圖一，筆法古雅，絹素精好，殊可愛玩，亦自龍眠翻出，宋絹中之不易得者。嚴氏書畫記

賈師古，汴人。善畫釋道人物，師李伯時。紹興畫院祗候，其白描人物，頗得閒逸自在之狀。圖繪寶鑑

馬興祖

馬興祖，河中人，賁之後，紹興待詔。工花鳥雜畫，高宗每獲名蹟卷軸，多令辨驗。圖繪寶鑑

劉娘子位並馬興祖謄畫。齊東野語

郡城楊氏所藏馬興祖胡人擊毬圖、胡人雪獵圖。都穆鐵網珊瑚

李瑛 無畫蹟可考

李瑛，安忠子，畫花竹禽獸，紹興年畫院待詔。圖繪寶鑑

馬公顯 弟世榮附見

馬公顯，弟世榮，興祖子。俱善花禽人物山水，紹興間授承務郎，畫院待詔，賜金帶。

世榮二子，逵、遠，世其家學。圖繪寶鑑

馬世榮喬木水鳥圖，絹畫橫披一幅，畫法古雅，與其子遠不相上下。吳其貞書畫記

馬世榮寒林雜鳥一片。又池臺竹樹一片，則爲新退籜二竹，尤妙。東圖玄覽

陸青

陸青，師李唐，作山水，得筆法。喜用濃墨，木葉不分，唯風雨圖最佳。紹興待詔。圖繪寶鑑

陸青畫之傳世者，茂林圖一，江雨圖一，風帆圖二。繪事備考

韓祐

韓祐，石城人。善寫生，花鳥小景，草蟲筆法，可並石橋王。紹興畫院祗候。圖繪寶鑑

韓祐畫之傳世者，草蟲圖五。繪事備考

韓祐山查白鳥圖團扇，絹本著色，山查小樹，垂垂紅顆，白鳥窺枝。書畫彙考

劉思義

劉思義，繪事備考云號青谿紹興間待詔。專畫青綠山水，拙于布景，善于傅色，亦不足觀。圖繪寶鑑

劉思義畫之傳世者，澗底蒼松圖一。繪事備考

朱光普

朱光普，字東美，汴人。南渡補入畫院，學左建畫村田樂及田家迎婦等，亦善山水。圖繪寶鑑

朱光普畫之傳世者，村社賽神圖一，秋山圖一，農家迎婦圖一，秋林圖一，寒山圖一。繪事備考

尹大夫 無畫蹟可考

尹大夫，遺其名，高宗朝畫院待詔。善畫墨竹。圖繪寶鑑

林俊民 無畫蹟可考

林俊民，紹興畫院待詔。習范寬山水。圖繪寶鑑

蕭照，濩澤人。靖康中流入太行爲盜，一日掠至李唐，檢其行囊，不過粉奩畫筆而已。照雅聞唐名，卽隨唐南渡，盡以所能授之。紹興中補迪功郎，畫院待詔。續書史會要

蕭照，以姓名作石鼓文書。趙希鵠洞天淸錄

蕭照畫山水人物，異松怪石，蒼浪古野，書名于樹石間。西湖志錄

蕭照畫得北苑法，而皴法遒勁過之，尤喜爲奇峯怪石，望之有波濤洶湧，雲屯風捲之勢。畫傳

蕭照頗知書，亦善畫。畫史會要

蕭照，盜之工畫者。向記、盧循輩盜賊多工畫，皆可異也。居易錄

宋蕭照遊范蘿山詩云：「蘿翠松靑護寶幢，煙波萬里送飛艭；眞人舊有吹簫事，俱傍明霞照晚江。」照字東生，畫學北苑，而皴法遒細過之。蕭雲從太平山水畫譜

蕭照比李唐筆法，瀟灑超逸，余家舊有照畫扇頭，高宗題十四字：「白雲斷處斜陽轉，幾曲青山獻畫屏。」畫繼補遺

孤山涼堂，西湖奇絕處也，堂規模壯麗，下植梅數百株，以備游幸。堂成，有素堵三丈，高宗翌日命聖駕，有中貴人相語曰：「官家所至，壁乃素耶？」亟命御前蕭照往繪山水。

照受命卽乞尙方酒四斗，昏出孤山，每一鼓卽飲一斗，盡一斗則一堵已成畫，若此者四畫成，蕭亦醉。聖駕至，周行視壁間，爲之歎賞，知爲蕭畫，賜以金帛。蕭畫無他長，唯能使觀者精神如在名山勝水間，不知其爲畫耳。四朝見聞錄

顯應觀祀磁州崔府君，舊有蕭照山水及蘇漢臣畫壁，今不復存矣。武林舊事

西太乙宮，舊四聖觀，今黃庭殿，乃昔涼堂也，兩壁蕭照畫尙存。同上

蕭照中興瑞應圖，凡六段，筆法全師李唐，幾於亂眞。照畫，余惟見此及讀碑圖耳。續雲煙過眼錄

蕭照瑞應圖三卷。嚴氏書畫記

項氏藏蕭照中興瑞應圖，前後共六段，筆法原出李唐，而沈着過之，品在晉文春秋上。淸河書畫舫

蕭照中興瑞應圖卷，絹本，長四丈六尺六寸，高一尺二寸，曹勛贊引。一圖十二幅，著色，圖左各系以贊。臣恭惟光堯壽聖憲天體道太上皇帝陛下，聖文神武，本於生知，天德地業，復緜繼緒。爰自誕聖，以及纘承，上天祥應，皆前代所未見。如靖康改元，離析其字，已符上瑞，夷夏具悉。臣又自□山受徽宗帛書，詔陛下卽大位□顯仁密得符應，皆爲瑞驗，所以擁珍圖，登大寶，居人上，無後艱者，以瑞應昭昭，可考而知。臣比仰

蒙顯仁皇后洎陛下，間□譏宣諭，並夷夏所傳，皆駭心動目，感化人心，遂日靖四方，再造王室，彼餘分閏位，乃欲鴟張一時，遺臭百代，爲可駭笑。今各輯瑞應凡十有二，稽首頓首，繫之以贊，少伸臣子之忠誠。太尉昭信軍節度使提舉皇城司臣曹勛編。第一幅：右列長橋，池荷分布，水亭當中，高宗登盆，顯仁后中立，傍妃扶者侍者十四人；亭左一宮二少，中坐侍妃凡八；亭外妃嬪七、嬰兒一。顯仁皇后在亭中，因徽問康邸祥異，奏曰：「上初誕育□，有金光燦然耀室中，並四聖從行事，似非他兒比，異日必得大位。」臣謹贊曰：「聖人挺生，咸臻上瑞，玉質金相，氣應必貴。榮光曄曄，異色煒煒；所以堯母，期得天位。」第二幅：水亭中開，顯仁后睡夢二神，榻旁坐妃二，簾外立者七妃，亭下荷花布滿，右列竹林。上未出閣，顯仁撫愛，每賜以所食之物，一夕夢神人□顯仁曰：「爾後勿以殘物食上！」戒之甚至。顯仁驚悟，即日嚴語諸御，凡進上之食，必取于庖廚，不得以殘物。臣謹贊曰：「開先奕奕，神化拱極；力悔殘餘，勿繼玉食。母后亦悟，天眞降蹟；曰知至尊，萬靈受職。」第三幅：左閣一座，高宗立于庭中，舉貯米二囊，左右侍挾佩弓矢者十，戟手者二，觀者四人，遠張一的，樹陰下繫鞍馬四。上出閣講學，餘暇喜親騎射，及以二囊各貯斛米，兩臂舉之，行數百步，人皆駭服，以至夷虜聞之，莫不畏仰。臣謹贊曰：「上或燕閒，以力自舉，臂挾兩斛，從容百步。逮挽六鈞，亦不愆素，聲乃四馳，虜畏神武。」第四幅：高宗乘馬出城，先後騎而從者十九人，步者四，旁觀者二十二人。有舍有樓，樹木蔽虧。靖康初金人犯順，大河失守，虜抵京城，廟堂無策，上慨然謂獨有增幣講好，欽宗乃遣上求成，張邦昌副之。見二太子，阿骨打謂其徒曰：上氣貌非常，恐過河爲宋人擁留，不若今易之。乃以他意遣上入城，肅王果代行。臣謹贊曰：「惟聖有作，異表其臧，珠庭日角，鳳姿龍章。虜乃他料，爲謀之長，衆罔勿識，宋德益昌。」第五幅：高宗在宮攬轡，且乘前一奚官，四神後隨；后與宮人送者二十二，女嬰一，宮外執捧攜行具者凡十二人，門外先驅一官，導從者八人，更右人十二，獒一，橐駝二，茂林綠柳，點綴上下。顯仁皇后嘗宣諭曰：靖康初遣親王使虜，所擇或未受命，上慨然請行，欽宗甚悅。啓行日，顯仁懿節送至聽事，小女奴招兒指曰：「有四人甚長大，或執槍戟，或持弓劍，從王馬後。」衆不見也。顯仁曰：「吾事四聖甚謹，必獲保佑。」臣謹贊曰：「帝王有眞，畢彰殊應；天心旣卜，護以上聖。凡目莫觀，母后默敬；至磁無行，不墮虜境。」第六幅：一廟在左，朱碧輝麗，高宗冠袍升立廊上，從臣十六，廊朱羣一，馬一；廊上下人十四；右橫一橋，立者三人，橋外攢集二十四人，共執一人，廟門內外騎者立者凡二十二人。林木青葱，鬱然滿目。上出使金國，王雲副之，至磁州，忽郡民數萬同聲請上謁崔廟。上翼旦至廟，升自東廊，見庭中一老人，青巾秀異，厲聲曰：「王雲不得邀上北去！」時雲從上，卽有數人持雲下，尋爲民所殺。上令捕殺雲者甚峻，顯應勿遣廐子馬，以所乘小朱漆輦令上乘歸。是日非民殺雲，則雲邀上北去矣。臣謹贊曰：「雲不知幾，力邀北驅；應王殺之，天心所如。神民共濟，乘以公輿；天命已兆，是爲寶符。」第七幅：一宮居中，朱碧焜耀，顯仁皇后擲棋子於盤中，侍妃凡七。宮之左右，樹木掩映，間以竹栅。靖康丙午，京城陷虜，盡取二聖及天眷，在南郊□謂守者云，「上領兵河北，旦夕卽至」，且俾守者聞其言，給寬二聖之心。顯仁嘗以象棋黃羅裹，將子書康王字，晨起焚香祝曰：「若擲子在盤，惟康王子入九宮者，上必得大位。」擲下，果如祝，他子皆不入，衆皆稱賀。亟奏，徽宗大悅，且異之。臣謹贊曰：「宗廟大慶，曷論春陵，三十二子，乾吉允升。克應密祝，如叶大橫，再造王室，萬福是膺。」第八幅：左爲金軍人馬，帶甲蜂湧而來，凡五十三，旗幟蔽空；右一茅舍，老婦當門，二騎策馬而去。磁人以王雲欲挾上北去，民乃殺雲廟中，上猶駐磁，而虜騎大集，至郡東問路旁老婦曰，「上在磁否」？婦紿曰：

「前日上已過山東。」虜驚歎追已不及，卽退舍。臣謹贊曰：「上駐滏源，號召忠義；虜如霸府，追以精騎。問媼期實，媼乃左指；軍候不驚，可識天意。」守初 朱文印

第九幅：高閣一座，周以回闌，閣西一臺高峙，高宗持弓將射，從者人十、馬一。宮簷隱見林表，臺外山水可望。上經鄆州，館于州治圃，有榭曰飛仙臺，上意密有所卜，命箭連中榜上三字，無偏無側，箭皆在字形中，上悅。臣謹贊曰：「霸府初建，英雄林林，謀畫雜進，率罄忠忱。上意有卜，三箭叶心，曷求龜筮，赫然有臨。」

第十幅：城郭高峙，郊原平衍，高宗飛馬引弓，射中白兔，騎而從者，遠近凡二十人。上駐磁州，晨起出郊，騎軍從行。馬行，忽白兔躍起，上彎弓一發中之，將士莫不駭服。然兔色之異，命中之的，二事皆契上瑞。臣謹贊曰：「是維狡兔，色應金方，因時特出，意在騰驤。聖人膺運，撫定陸梁，一矢殪之，遂滅天狼。」伯起 朱文連珠印

第十一幅：中橫大河，高宗乘馬既渡，河冰忽解。人凡二十一，馬十七，一沒河中，首露水上。上自磁州北回，時窮冬沍寒，李固渡履冰過大河，上令扈從馬先，獨殿其後，惟高公海一騎從行。上纔及岸，冰作大聲坼裂，回視公海，馬已陷冰中，公海惟持馬籠頭得免。臣謹贊曰：「胡塵濛天，朔方已隔，冰河千里，與雲同色。御驥登岸，冰遽解坼，呼沱謁聖，維德光宅。」松陵崔深 白文印

第十二幅：高宗行營帳殿，夢見欽宗。人凡二十，旗幟輿馬各具。〔家氏守初〕白文印〔懷迂道人〕長方白文印圖左角下

〔口氏翁楚〕白文缺一字印贊右角下 上受命爲大元帥，治兵選將，應援京城，忽夢欽宗如尋常在禁中，脫袍以衣上，上恐懼，辭避之際，遂寤。臣謹贊曰：「靖康之初，上爲愛弟，連將使指，虜畏英睿。解袍見夢，授受莫避，天命有德，中興萬世。」〔群玉中秘〕白文印〔司馬栗氏〕白文印〔賞鑒〕朱文印〔鳳翼〕連珠朱文印

〔都穆〕白文五印贊半印左角下 蕭照中興瑞應圖卷跋：蕭照爲李晞古之嫡冢，更覺古雅，此卷窮工極妍，眞有李昭道風節。題字爲曹勳行書，足爲米敷文優孟，茲所書小楷，乃全學高宗臨虞永興，足稱二絕。董其昌觀并題。不披此圖，不見我輩生長太平之樂，然夢寐之事，憂喜交集，有一段關切，則又偷安者之所不知也，觀之憮然。若夫筆墨之妙，董先輩已不啻詳言之矣。崇禎甲戌淸明後一日，鄒之麟識。

崇禎二年，歲在己巳，春仲三日，再觀于陳生甫之聽躍，時余不到西湖九年矣。同觀者：陳則梁、孫仲魯、馮雲將、雷宸甫、楊彥冲、王見可、王玉煙。其昌書，主人陳階尺收藏。書畫彙考

附 厲鶚蕭照中興瑞應圖詩：自注：曹勳贊并書，明吾杭陳瓢菴故物，今在廣陵吳氏。「趙家九葉承平業，乾坤初換紅羊刼，鑾輿哀痛塵再蒙，自此中原滿兵甲。肅王已去康王留，神人助順先磁州，卽眞當念衣中詔，

避敵翻爲海上游。艱難百戰英雄死，小朝廷在臨安矣，迎得慈寧阿母歸，不負黃羅卜棋子。太平功就稱翁翁，西湖歌舞驕春風，倦勤竟受天下養，瑞應圖呈德壽宮。蕭郎曾畫延祥壁，自注：蕭照奉勅畫四聖延祥觀壁見四朝見聞錄 六百年來撫眞蹟，中間李固渡頭冰，彷彿扶持光武厄。臣勳書贊官職俱，北狩見聞非貢諛，何如元叟浯溪頌，漫比簡子常山符。」樊榭山房續集

明林嵋題蕭照光武渡河圖詩：「此圖不合置之幾案間，刀鳴馬奮勢如山，層冰踏碎神龍寒。神龍颯爽豈頓殊，感君生意寫須臾，蕪蔞亭樹偃風呼，人馬同時絕餔芻。沙礫黯慘不見人，前行後隊各有神，要知駿騎自空塵，飛騰水上直豎身。岩嶅阻折歷霜蹄，金鞭不斷聲驕嘶，陰山片玉埋塵泥，恨不磨刀充佩觿。安得爲我再圖鴻門會，三看寶劍弄腰帶，蹋翼起舞公無害。」彪娸集

柳貫題蕭照江山圖詩：「荻浦楓林宿暮煙，夕陽收盡月浮灣；騷人一曲江南思，彈徹箜篌送雁還。」柳待制集

袁桷題蕭照江山圖詩：「蕭郎解作湖山圖，上皇一見玉色愉，明知此景落歌舞，別灑妙墨爲訐謨。長江呑吐恨無極，突兀金鼇障西北，雞鳴不聞中夜起，零落烽臺候朝夕。蒙衝揚帆去如仰，遙看青徐在吾掌，諸公坐談籌畫疏，年年送使瓜洲上。輪囷米舟踰汚水，

驕將高眠載吳妓，卷蘆吹笛斜陽愁，折箠投江等兒戲。只今承平五十年，蜀荆賈客船相聯，箜篌傳歌賽神舞，不信人間有今古。」清容居士集

蕭照畫之傳世者：赤松黃石圖一，嶽祠漢柏圖一，岣嶁丈人像一，採芝仙女圖一，松化石圖一，清溪圖一，幽澗圖一。繪事備考

蕭照松壑清陰圖團扇絹本。蕭濩澤妙得李唐之神，是圖森松絕壑，梵宇高下其間，遙山在天末如層波，眞景會意先，筆游象外者乎。鴛水松隱子跋于青人巢。珊瑚網

蕭照竹林七賢圖，絹畫一幅，畫法精細，大有唐人風致。觀於許霞遠家，霞遠，文穆公曾孫也。吳其貞書畫記　許国謚文穆

戴表元題蕭照春江煙雨圖詩：「波痕如樹樹如煙，更是春陰小雨天，何處得魚何處醉，筍皮篷底解簑眠。」剡源集

蕭照江山圖。元魯國大長公主書畫記

陳　善　武林舊事載在御前畫院

陳善，紹興間畫手，學易元吉畫獐猿禽鳥花果，頗能逼眞。傅色輕淺，過于林椿、吳炳，堪裝堂壁。畫繼補遺

陳善畫之傳世者：清猿求木圖一，騰猿圖二，羣猿越澗圖二，葡萄圖五，懸厓戲猿圖一，甘瓜圖二，開房石榴圖二，霜橙圖二，折枝文杏圖一。繪事備考

南宋院畫錄卷三終

南宋院畫錄卷四

錢唐 厲 鶚 太鴻輯

閻次平 閻次于

閻次平，弟次于，皆仲之子，能世其學而過之。畫山水人物，工於畫牛。次平彷彿李唐，而蹟不逮意，次于又次之。孝宗隆興初，進畫稱旨，補次平將仕郎，次于承務郎，畫院祗候，賜金帶。（圖繪寶鑑）

閻次平積雪圖，上題「淳熙辛丑，閻次平畫寒巖積雪。」（明豐道生華氏眞賞齋賦注）

閻次平溪山深雪圖手卷。（嚴氏書畫記）

閻次平牧牛圖卷：（凡四段，高尺餘，長三尺，水墨，絹本。）第一段春牧圖，風柳平坡，二牛相間齧草，一牧童左執繩，右握鞭，坐牛背作欲策勢。第二段夏牧圖，叢木蓊翳，淸流汪濊，二童子各跨一牛，先後渡水。第三段秋牧圖，碧水疎林，滿隄落葉，一平頭趺坐戲蟾，母子二牛臥樹底，一牛散覊閒行。第四段冬牧圖，古樹槎枒，漫空風雪，二牛相去暮歸，一童披蓑伏牛背。（書畫鑒考）

閻次平風雨歸莊圖，絹畫鏡面，繪疾風驟雨，有人張蓋而行。畫法簡略，大抵宋人喜寫

此圖也。吳其貞書畫記

閻次平梅林牧牛圖，一牧童在牛背，張口而歌，氣韻如生，用筆亦秀。同上

閻次平小景，高宗題云：「西來白水滿南池，走馬池邊日暮時；橋底荷花無限思，幽情乞與路人知。」「繞池曳杖攜雙鶴，架水澆花課小奴。」汴榮題云：「東風雙鶴啄蒼苔，杖履從容一徑開；分付澆花莫多水，韓郎昨日染根來。」觀汴句，非閻將仕筆明矣，殆石城韓祐耶。祐爲紹興畫院祗候，又善寫生，染色可並石橋王也。珊瑚網

閻次平專借荆關而入，自脫北傖躁氣。周亮工讀畫錄

武衍題次平小景詩：「一拂殘煙暝不收，作成溪上十分秋；空林落日西風急，紅葉無詩水自流。」藏拙餘稿

陳衍閻次平風林放牧圖跋：宋時朱羲、祁序與李唐，皆工畫牛，得荒閒野趣。右樹木筆墨絕似李，而坡石皴法又不類，傳云「次平學李唐，而工畫牛」，得無是耶？凡鳥獸皆迎風立，畫上樹葉離披，老牧掩面支策，牛獨舉首，掀鼻當風，其神情融景會趣，蓋善得物情，非徒粉繪也。大江草堂集

閻次平畫品頗類王詵，而清勁過之。沈氏所藏山水一卷，玉山顧阿瑛之故物也。清河書畫舫

文徵明閻次平畫跋：元季峴山顧仲瑛氏，好文重士，家有玉山草堂，多客四方名流，所蓄書畫，悉經品題。此畫仲瑛物也，自題其後，目爲閻次平筆，詩之者四人：于立彥成，錢惟善思復，袁華子英，釋良琦元璞。彥成，仲瑛特厚之，爲設行窩於家，彥成至如歸焉。思復，錢唐人，號心白道人，嘗領鄉解，以所賦羅刹江有名，稱錢曲江。子英，峴山人，雋敏長于歌詩，楊鐵崖稱爲才子，洪武中被累，卒于京。元璞吳僧，住浙之龍門寺，有禪學，詩筆尤俊。仲瑛後亦以事徙臨濠卒，書畫散落人間甚衆，此爲吾友沈潤卿所藏，眞贋余不能辨，然而諸公品題具在，可愛也。暇日從潤卿借觀，因疏其後而歸之。（甫田集）

閻次平梅林歸牧圖，方絹本，淡色，野梅數樹，牧童拍歌牛背。款書「閻次平筆」，「河東閻氏」印。（書畫彙考）

閻次平小景，嵐頂巉巉，當作叔明鼻祖。其他綠樹豐縟，甚近自然。（弇州山人續稿）

次平松溪別業圖，精勁可愛，乃知唐伯虎、周臣，於此取之不盡。（同上）

胡應麟跋閻次平江潮圖：江潮圖一卷，宋蜀錦裝首，寫吾鄉錢唐江潮。絹素筆墨，絲毫完善，獨卷末無款，識其品格，非前宋斷不能也。董太史定爲閻次平，余未及詳勘宣和諸譜，當亦近之。或以此卷之工，品第神妙，恐次平未易至也。卷首圖江干秋色，蕭寺浮圖，闤闠鱗集，觀潮民庶紛沓往來，而雪山一派，如白龍千仞，卷海而東，噴薄震蕩，宇宙晦冥，漁橈客棹，飄飄數敗葉颺舞虛空，出沒濤浪，一展玩次，心悸魂消，恍惚幾格間十萬軍聲矣。少室山房集

蘇焯 無畫蹟可考 子堅別見

蘇焯，漢臣子。隆興畫院待詔。圖繪寶鑑

毛益 父松附見 子允昇別見

毛益，松子，乾道中畫院待詔。工畫翎毛花竹，尤能渲染，似欲飛鳴。有黃鸝出谷、荷塘柳燕等圖傳于世。方鵬崐山志

毛松，崐山人。善畫花鳥四時之景。張景吳中人物志

侍郎吳公原博，藏毛益聚禽圖，後有「紹興」小印。都穆鐵網珊瑚

毛益黃鸝蒼翠圖、鷺鷥圖，毛良舜臣書畫樓所藏。無聲詩

毛益善作三友圖。吳太素畫梅全譜

毛益畫對幅松，郡顧光祿家藏。妮古錄

毛益柳杏山鳥圖，方絹本，著色，垂柳外紅杏一枝，枝頭山鳥，臨風弄語。圖右角下朱文方印，莫辨。書畫彙考

毛松山茶雙鳥圖團扇，絹本著色，山茶一枝，白花綠葉，雙鳥交棲。圖右，白文古印殘缺。妮古錄

毛益翎毛二軸。嚴氏書畫記

何昌世 無畫蹟可考

何昌世，淳熙畫院人，工花鳥。圖繪寶鑑

林椿

林椿，錢唐人。工花鳥翎毛，師趙昌，傅色輕淡，深得造化之妙。淳熙中畫院待詔。圖繪寶鑑

林椿牡丹四幅。嚴氏書畫記

顧愷之論畫，不及禽鳥，張舜賓謂禽鳥爲下，草蟲次之，不知宋孝武賜何戢彈雀圖，是顧景秀所畫，當時最知名。至宋黃筌、林椿、趙昌、馬世昌輩，及徽宗、子昂，宗姓尤多，惜愷之不及覩耳。畫引

林椿杏實圖，方絹本著色。杏實四枚，紫色爛然，極寫生之妙。書畫彙考

林椿芍藥圖團扇，絹本，著色，紅藥一枝，翠蘤盛映，圖旁項氏四印。同上

林椿戲禽集果圖團扇，絹本，著色，花紅一榦，四實爛漫，山雀啄殘，驚飛欲起。丁雲鵬題。「南羽氏」「丁雲鵬」二印。同上

林椿桂竹翠鳥圖，長絹本，著色。桂花竹葉，遊蜂上下，翠鳥偷窺，振羽欲起。同上

林椿榴花八哥圖，絹畫鏡面一頁。吳其貞書畫記

丁巳四月二日，過宋牧仲刑部，觀宋人翎毛二十幅，多雪景，皆林椿、吳炳、馬遠作。池北偶談

林椿茶花鴿子圖跋：右宋錢唐林椿眞蹟，世不多見，或得片縑寸紙，不啻天球河圖。此卷茶花鴿子圖，經營布置，各極其態，覽之景物生情，宛然欲活，可謂曲盡能事者矣。若後世懶弱柔腕，率意而成者，烏能如是耶？彭城錢良右。白野泰不華觀于持志齋，時元統二年甲戌春仲三日也。梅花道人觀于西湖水濱。眞蹟日錄

劉松年

劉松年，錢唐人，居清波門外，俗呼暗門劉。淳熙畫院學生，紹熙年待詔。山水人物師張敦禮，而神氣過之。寧宗朝進耕織圖稱旨，賜金帶。圖史會要

劉松年居清波門，因呼爲劉清波。繪事備考

劉松年神氣精妙，名過于師，院中人絕品也。圖繪寶鑑

宋駙馬都尉張敦禮，避光宗諱，改訓禮。哲宗之壻。人物樹石倣顧陸，劉松年之師也。居易錄

劉松年多作雪松，四圍暈墨，松針先以墨筆疎疎畫出，再以草綠間點，其榦則用淡赭著半邊，留上半者雪也。畫傳

帘上「酒」字，本劉松年。蕭雲從太平山水畫譜

圓澤三生圖卷，趙千里圖其前生，劉松年圖其悟前生，並屬眞蹟，惜人物皆大，丘壑趣寡。一藏吾郡韓太史家，一藏松江莫雲卿氏。王敬美皆有跋，惜未得合爲一處，亦可歎也。眞蹟日錄

劉松年松亭圖，絹畫斗方，氣色粲然，寫一平坡，二松樹，一亭子，前有歧頭小路，皆爲深草不見路，惟兩頭草分處則徑也，此松年著意妙處。識三字，曰「松年畫」。吳其貞書畫記

北海孫氏所藏劉松年成王問道圖、東山絲竹圖。劉鑾五石瓠

孫承澤劉松年成王問道圖跋：舊稱松年畫傳世者不滿十幅，問道圖尤其得意之作。畫法全似衛賢高士圖，林木殿宇，蒼古精妙，不似南宋人，亦不似畫院人，寧宗當日特賜之

金帶，良有以也。庚子銷夏記

前人劉松年東山絲竹圖跋：東山圖乃松年筆，圖中山岡迴合，美蔭飛泉，掩映噴灑，極其幽勝。安石策杖，同諸佳麗步行橋上，風流蘊藉，可想見也。圖乃晉府物，四隅皆有其印。同上

趙大年、劉松年同作著色杜拾遺春游圖，前元題詠極多，今在項氏。眞蹟日錄

項又新藏劉松年中興四將像，首劉、次韓、次張、次岳，後有俞貞木跋記。同上

宋劉松年中興四將畫像跋：右宋中興四將，世稱張、韓、劉、岳，自王公大人，下至牛童馬走，妾婦稗官之口，無不稱道，其武勇忠義，君子恥沒世而無聞焉，寧不思景仰乎。然以其平生大節較之，則未免使人有慕有憾。自建炎初，至紹興十二年，其戰陣之勇，英謀偉略，功冠三軍；及其晚節末路，先是劉武信罷兵爲萬壽觀使，實紹興十二年六月也，至八月岳鄂王亦爲萬壽觀使，韓蘄王亦罷爲醴泉觀使，繼而鄂王沒，至十二年十一月，張循王始以罪免，充醴泉觀使。嗚呼！建炎紹興之際，諸將竭忠，與金人力戰，十有餘年之間，幾復大業，卒爲秦檜所困。使紹興二年秦檜既免，榜其罪於朝堂，亦不復用，自是而屏之遠方，諸將戮力，恢復可圖矣；繼而再用秦檜，終以誤國，悲夫。然世

稱四將齊名，不復論其優劣，得無憾焉。今以信史考之，蘄王性戇直，勇敢忠義，事關廟社，必流涕極言，嗜義輕財，與士卒同甘苦，深以議和爲不然，抗疏極言檜誤國之罪。既罷，遂杜門以終。鄂王事親孝，家無姬侍，吳玠嘗飾名姝遺之，乃辭曰：「主上宵旰，豈大將安樂時耶。」却而不受。帝欲爲之營第，辭曰：「金虜未滅，何以家爲？」或問：「天下何時太平？」答曰：「文臣不愛錢，武臣不惜死，天下太平矣。」循王嘗問其用兵之術，答曰：「智、信、仁、勇、嚴，缺一不可。」其忠憤激烈，論議持正，卒以得禍。循王初贊檜成和議約，盡罷諸將，獨以兵權歸己，及諸將已罷，和議已定，而居位無求去意，及張浚有言乃求去。吁！循王握兵最早，屢立戰功，惜乎附檜殺鄂王，爲世所鄙薄矣。劉公在諸將爲先進，然而立身不嚴，御軍無法，不能任事，方之韓岳，不逮遠矣。嗚呼！世稱四將齊名，而優劣若此，不容不爲之辨論。今指揮中齋蔡公，得其畫像，慕其忠武，俾貞木識于左方。貞木窮鄉晚進，安敢輕議，謹考事蹟，輒疏于後。中齋好賢禮士，博覽今古，其得是像，宜寶藏之。洪武庚午八月秋日，包山俞貞木敬書。珊瑚網

按汪氏載中興四將畫像，跋中不記畫人姓名，作亡名氏。及考張靑父眞蹟日錄，始知係松年筆。眞蹟日錄作于淸河書畫舫之後，書畫舫近時傳鈔頗多，獨是書在吾郡吳君

尺凫繡谷亭中，乃青父手寫，予得借而編輯，誠厚幸也。

劉松年聽琴圖、子美浣花醉歸圖、西湖春曉圖。（眞蹟日錄）

張丑銘心籍詩：「西湖風景松年寫，秀色于今尚可餐；不似浣花圖醉叟，數峯眉黛落齊紈。」（同上）

劉松年唐子西拾薪煮茗圖。（畫題）

劉松年桃花書屋圖，精品。青綠山水，桃柳爭妍，山巒聳翠。（畫法紀年）

劉松年桃源圖，妙品。黑白石山相間，人物妙趣。（同上）

劉松年登高望遠圖，雲光山容，歷落人面，□聲寂然，覆蓬坐飛，無以移其情也。（同上）

劉松年九老圖，有吳匏庵、邵二泉詩。（豐道生華氏眞賞齋賦注）

劉松年竹居文會圖、雪江獨釣圖、煙雨圖、圓光小景、風晴雨雪四軸，山水、人物二十七軸。（嚴氏書畫記）

劉松年陽關圖、西湖圖、圯橋進履、昭君出塞、九老圖三卷，宮蠶圖三卷，山水、人物各一卷。（同上）

劉松年沉李浮瓜圖，絹本立軸，長三尺五寸，闊一尺九寸。二柳樹下設椅案，石上列冰盤二，中累冰浮瓜果，一童軀瓜其傍。兩人對奕，一人背立，反袖執拂沉想，一人左手

執扇掩口，右手撫樹而觀；一童子捧果盤，倚闌立。案上陳設鼎彝文石，精妙絕倫。（江村銷夏錄）

劉松年畫卷：畫卷四段，布景設色，乃松年得意筆。李西涯題云：「劉松年畫，考之小說，生平不滿十幅。此圖四幅，作寫數年始成。今觀筆力細密，用心精巧，可謂畫中之聖者。」卷在朱子美處。（庚子銷夏記）

余近見廣平侯家有劉松年臨李伯時西園雅集圖，位置頗不同，無文潛、端叔、無巳、旡咎四人，器物亦小異。（茅元儀西峯淡話）

嵇職方藏劉松年西園雅集圖，景物悉倣龍眠居士，居士圖高不滿八寸，長不滿六尺；松年則高一尺五寸，長丈餘，人物服色，形容坐立，一如伯時。後有王叔明、馬文璧、沈民則三跋。（東圖玄覽）

吳水部畫册二十片，蓋得之武林，有松年、馬遠、夏珪數册，佳。（同上）

劉松年臥看南園十里春一卷，約長丈餘，亦宜謙摹來，云「眞本在吳門」。後十餘年于嵇職方見後段，蓋前後拆爲二卷也。（同上）

餘杭方同知相卿藏畫耕織圖四幅，無款，廣尺五寸許，長三寸有奇。傳爲劉松年筆法，却似馬遠，佳。上有高廟行書題詩各四句，句七言。（同上）

劉松年竹裏梅花圖，繪竹裏梅花，路逕委曲，竹木交加，景趣幽雅。吳其貞書畫記

劉松年春亭對弈圖絹畫一幅，工細而有秀色。鄒臣虎先生家藏。同上

劉松年秋江行旅圖大絹畫一幅，畫喬松高山之景，是爲能品。識八字曰「嘉定甲戌，劉松年畫」。此圖在溪南吳子祥家。同上

劉松年耕織圖，絹畫一卷，色新法健，不工不簡，草草而成，多有筆趣。內中五月之圖，屋梁上貼一張天師，是爲張口作法者，使人見此，無不解意。識四字曰「劉松年筆」。此圖觀于榆村程怡之家。同上

劉松年雙鹿圖，絹畫斗方，懸崖石壁，竹樹桃花，有雙鹿立在水口之上。畫法精俊，氣象如生。同上

劉松年羅漢圖，絹畫一幅，丹墨尙新，畫一少年羅漢，坐在禪椅上，手執香，左顧作持呪狀，精神如生，背後有湖石芭蕉。同上

劉松年溪隱圖、山田圖，翠屏削立雲表，孤莊枕清漣，平疇來遠風，各極其致。弇州山人續稿

松年劉崑故實圖，絹本，高一尺五寸，長三尺餘，淺著色。山木古秀，河水淵澄，有虎負子截流而渡，虎子跼蹐昂首，若怖畏。循崖擁觀者一十八人，一人張蓋策騎，一人捧

印馳後，蓋爲劉崑故實云。神氣逼眞，筆力老健，非元人可思議者。書畫彙考

劉松年便橋見虜圖，在絹素上，金碧山水。著色九老圖，在絹素上。同上

誠之叔祖時，世傳劉松年老子出關圖，絹本，青綠短卷。樹石瀟灑，人物古雅，品在聽琴圖上。後題五七言絕各一首，乃吾家舊物也。近日不知何緣流落，爲妄人折去原題，別構啓南、原博二僞跋，至定爲龍眠之筆，良可歎也夫。松年老子出關圖：「不馳駿馬駕青牛，西度函關紫氣浮；文字五千傳道德，僅同釋教讓儒流。」曾孫意拜書。淸河書畫舫

嚴氏藏劉松年西湖春曉圖，筆法秀美，設色古雅，堪與趙千里桃園問津卷相伯仲。同上

劉松年風雨歸莊圖團扇，絹本，淡色。江山風雨，一人檥舟斷岸，一人張蓋渡橋，款書劉松年。初披之以爲北宋范中立，已從石角中得劉松年款，蓋松年脫去南宋本色，作中立得意筆法耳。其昌。「都省書畫印」、「項元汴印」。珊瑚網

劉松年竹樓說聽圖團扇，絹本，著色。松竹茂密，籬落山居，一翁與老衲黃冠圍爐對談，隔溪山樹人家，雲煙晻靄。「小書樓下千竿竹，深火爐前一盞燈；此處與誰相伴宿？燒丹道士坐禪僧。」賜林忽，高宗對題。「明安國玩」、「黔寧王子子孫孫永保之」二印。同上

劉松年田園樂圖二幅。同上

劉松年秋林訪道圖，斗方，絹本。「結廬在山水，訪乘秋氣新；豈知讀易者，抑亦草玄人。」同上

劉松年未央捉塵圖，縑素斗方。劉待詔師張敦禮，工人物山水，精妙過于師。如此圖焉，乃有以劉夢松、劉松老渾之，不知夢松所長，水墨花鳥也，松老所學，東坡竹枝也，二人各自成家耳。同上

陳司空說巖家觀劉松年宮蠶圖。居易錄 曹溶有跋

曹溶跋劉松年宮蠶圖：親蠶載自禮經，成周詩人，率舉以鳴后妃之德；後世踵行者鮮，而女德始淫僻矣。列女關國家何事？蔚宗於東漢特爲一傳，歐陽公論閹人宮妾，謂女禍視閹爲輕，此所見止于五代，非通論也。人君躬行節儉，潔衣服以祀祖考，勸耕織以勤民瘼。然後六宮被其化，而蠶事興，化行于家，則天下馴以治，苟失其序，有不可問者矣。劉松年南渡院中名手，寧宗嬖倖無聞（問），松年此圖，供至尊一擊節嗟賞而已，豈知四五百年後，同于脫簪之諫，雞鳴之詩哉。坦齋善藏之，勿徒以布置設色，辨其優劣可也。靜惕堂集

劉松年春山仙隱圖：「綠柳疎花遶舍栽，長松灌木覆亭臺；雲巒倒影水天迴，蒲葦有聲山雨來。內史幽情觴詠樂，右丞別業畫圖開；何時許我游眞境，野色橋邊踏紫苔。」至大辛亥七月十四日，鄧文原題於寒翠齋之南牖。右劉松年春山仙隱圖，設施布置，皆有格度，

繁柯密葉，蔭翳衡茅，小舟蕩漾于微波中，綽有鴟夷之想。其奇絕處，有崇山高岫，水閣虛亭，長松歷落，短橋映帶，煙雲出沒，仙侶往來，景象幽然，殆非塵境，固知作者爲餐霞茹芝之流矣。松年居清波門，俗呼爲暗門劉，紹熙間待詔畫院。人物山水師張敦禮，而神氣精妙，乃過于師。寧宗朝以進耕織圖稱旨，賜金帶。紫芝俞和鑒定並書。「柳市桃源浪得名，一邱一壑足陶情；無邊樹色連山色，不斷泉聲雜鳥聲。近水漁舟呼晚泊，過門田父課春耕；出塵自是雲中想，豈必天台訪赤城。」黃鶴山樵王蒙。劉松年世家錢唐，供直南宋畫院，體格高雅，綵繪清潤，故當時論者，有劉、李、馬、夏之稱，又有冰清之譽，名實相符，信非謬也。唯此卷脫去本習，而專學右丞，可謂更超上乘者矣。余欲摹之，菑爲精力所限，竊歎曰「不若讓彼一頭地」。秋日默庵邀余賞菊，因得假歸飽觀經月，爲書仰羨之私云。正德己卯暮秋之十八日，蘇臺唐寅題。寶繪錄

大學士兼吏部尚書李天馥赴暢春苑謝恩，回籍守制，因奏前恭遇萬壽節所進書畫等，未蒙俯納，有旨留劉松年溪亭圖一幅。居易錄

劉松年畫團扇絹本，宋高宗題：「南山晴翠入波光，一派溪聲繞路長；最愛早春沙岸暖，東風輕浪拍鴛鴦。」清河書畫舫

劉松年畫團扇，高宗題：「荷葉如錢三月時，幅巾藜杖一追隨；爾來勝事知多少，惟有風標公子知。」同上

楊妹子題劉松年趙清獻琴鶴圖：「清獻先生無一錢，故應琴鶴是家傳；誰知默鼓無絃曲，時向珠宮舞幻仙。」係蘇詩 楊妹子二印，文訛莫辨。絹本，水墨畫。眞蹟日錄

聽琴圖，劉松年眞筆，杜東原鑒定。「仙壇地老丹井渴，塵世心死寒潭空；先生不語對松竹，陶寫天地歸絲桐。」復齋。「夷游夷游夷且愉，滿堂哄耳洗箏竽，遊絲著地墮復起，秋水涵珠有若無。華屋風微春語燕，江城月落夜啼烏，倩君莫鼓荊卿操，自是秦姬善鹿盧。」此予聽大梁劉嘯客琴詩也，句曲外史以爲此詩聽頴師長篇弗能過之，性初出此圖求題，務要得識琴妙句，故爲書之。會稽楊維禎。「裊煙石壁對孤桐，□和長松瑟瑟風；不爲野夫清兩耳，爲君留目送飛鴻。」方外張雨。「琴師傳得太古意，聽琴之趣畫師傳；昔聞善聽鍾期子，今見妙品劉松年。」東原杜瓊。「空著畫裏人，不識琴中意；何許度飛鴻，秋聲滿天地。」有貞。「絃絙繭絲徽黃金，一彈一曲清人心；心涵太古長不死，松風竹韻皆知音。」仁和夏時正。「耳聽不如心聽聰，欲于絃上見飛鴻；鐵崖仙子神游遠，寫得無聲在有中。」朱存理鐵網珊瑚

唐肅題劉松年仙居圖詩：「曾逐大茅君，峯頭臥古雲；鳥靑呼作史，鶴白養成羣。客較丹砂法，童窺玉劵文；近來煙火斷，花氣作爐熏。」丹崖集

庚戌七月，予寓公路浦，萊陽宋荔裳琬北上，過予所，攜名畫甚夥，有劉松年羅漢，上有御府圖書、皇妹圖書各一。池北偶談

劉松年山堂會晤圖。寶繪錄

劉松年焚香圖。同上

僧麟州題劉松年桃花山水小幅詩：「杳無雞犬有人家，夾水山高路不賒；劉阮別來頻甲子，年年春雨送桃花。」桐嶼集

劉松年便橋圖，在絹素上，金碧山水。突厥控弦百萬，鴟張朔野，當時非免胄一見，幾敗唐事，讀史者至此，不覺膚粟毛竪，于以見太宗神武勘定之勳，蠻夷率服之義，千古之後，畫史圖之，凜凜生色。此卷爲宋劉松年所作，便橋流水，六龍千騎，山川煙樹，種種精妙，非松年不能爲也。孟頫以少時曾觀于臨安之睦宗院，茲復瞻對于普花平章之宅，回首三十餘年，感慨係之矣，敬題其後。大德五年秋日，吳興趙孟頫書。珊瑚網

又跋：此劉松年便橋圖，丹靑煥赫，布置閒雅，輦車旌旗，旃裘戎屋，塵沙雲樹，具見

當時景象，良工苦心哉。前有松雪道人遺墨，而絜縫印章，似文曾入裕陵內府者，是可寶也。正德庚辰十月既望，文璧題。（同上）

張昱題劉松年張志和辭聘圖：「長安城中晨鼓響，馬後紅塵高十丈，吳儂爲爾去煙波，臥聽樵青閒蕩槳。醉來卽唱滄浪歌，平生志願今無多，鷦鷯不巢上林樹，嚳斯不啄玉山禾。是身眇焉寓天地，何殊太倉之稊米，野人本乏濟時策，孰謂要君徵不起。所以漢光武不臣嚴子陵，放歸江湖從所志，千年萬年呼客星。聖人在位，麟鳳在野，洛旣出圖，河復出馬，普天率土遂其生，四靈咸集依至化。唐堯垂拱而在上，禹稷憂勤而在下，當時天子所不臣，亦有臨流弃瓢者。」（張光弼詩集）

淩雲翰題劉松年野意圖詩：「野水連村綠，雲山隔岸青，橋低疑礙艇，樹密不遮亭。奇字無人問，淸琴只自聽，百年棲息意，把卷憶曾經。」（柘軒集）

張寧劉松年山水二幅詩：「紅樹青山滿眼秋，江南江北路悠悠；一行歸雁無音信，倚盡斜陽不下樓。」「春色催人不耐閒，危橋曲澗遠躋攀；却嫌昨夜東風雨，飄得桃花滿釣灣。」（方洲集）

高啓題劉松年畫詩：「樵青刺篙勝搖槳，船頭分流水聲響，青山渺渺波漾漾，白鷗飛過時

一兩。載書百卷酒一壺，日斜出遊女兒湖，鄰舟買得巨口鱸，醉拍銅斗歌嗚嗚，此樂除却江南無。」缶鳴集

都穆劉松年盧仝烹茶圖跋：玉川子嗜茶，見其所賦茶歌。松年圖此，所謂破屋數間，一婢赤脚，舉扇向火，竹爐之湯未熟，而長鬚之奴復負大瓢出汲。玉川子方倚案而坐，側耳松風，以俟七椀之入口，可謂妙于畫者矣。夫茶未易烹也，余嘗覽茶經水品，又嘗受其法于隱人，始知人之烹茶率漫浪，而眞知其味者不多見也。嗚呼！安得如玉川子者，與之談斯事哉。都穆鐵網珊瑚

劉松年盧仝烹茶圖：「老屋頹垣洛城裏，綠樹團陰照牕几；石牀散帙有餘清，應是先生睡初起。竹爐火暖蒼煙凝，碧雲浮鼎香風生；白頭老媼不解事，時聞蚓竅蒼蠅聲。柴扃日高爲誰起，有愧鄰僧頻送米；長鬚裹頭始出門，想爲韓公置雙鯉。松年圖此寧無情，似覺七椀通仙靈；何當更盡月初出，仰天涕泗行中庭。絕憐牛李方傾軋，獨羨先生保貞白，孤忠耿耿孰與同？足配能詩杜陵客。」右題指揮張侯所藏盧仝烹茶圖，蓋宋人劉松年筆也。觀其布景蕭散，用意清遠，翛然有出塵之想，張侯寶而藏之，俾諸名公，形之詠歌，觀其好尙，可以知其人焉。趙郡李復。「閉關高咏啜茶時，咫尺蓬山發興奇；爲念顚崖

辛苦者，不同賁雪詫歌姬。」浙河楊彝。「玉川先生多好奇，清才逸韻誇當時，披圖已及數百載，彷彿猶覺親容儀。先生讀書閉柴扉，翛然養道超希夷，烹茶老婢脚不韈，致鯉蒼頭須滿頤。隔牆惡少不解事，側目未免相陵(凌)欺，收縛時蒙縣宰正，長者處置非爾爲。鳳團賁鼎汲清潤，適意啜飲哦清詩；大賢寄蹟良有以，七椀豈必徒規規。丹青模寫不盡意，勁節高風千古垂，嗚呼！先生已遠矣，吾將誰師？」臨川趙果。「鬢絲如織映烏紗，反閉柴門自賁茶；赤脚長鬚是家口，猶勝草石與蛙蛇。」會稽胡惟仁。「玉川先生事幽獨，寂寂茅堂倚林麓，琴書前陳白日靜，雲泛晴光落松竹。平生茶竈爲故人，一日不見心生塵，婢僕烹茶識茶性，火斥老火溪泉新。荒龍躍入春濤底，兔盌飛香白花起，枯腸自是冰雪清，一飲枯腸更如洗。洛陽公侯方醉眠，先生未必無酒錢，要使香風滿天地，可但吹到公侯前。當時先生索高價，徑寸之珠空照夜，千年猶著好茶名，高價于今在圖畫。」四明山人烏斯道。(珊瑚網)

吳寬劉松年三生圖跋：右三生圖，趙松雪鑒爲劉松年筆，其後題咏者二十人，皆近代名僧，蓋亦有慕于澤者歟？(匏翁家藏集)

祝允明題家藏劉松年小方詩：「暗門終日痼煙霞，寫得東南處處佳；湖上煙波志和宅，山

陰風雪戴逵家。老僧引澗穿新竹，童子和雲掃落花，揖客入門如有影，石牆松蓋夕陽斜。」（祝京兆集）

劉松年著色九老圖，在絹上，有馬㒿書九老詩並跋。（珊瑚網）

吳寬爲陸全卿題劉松年香山九老圖詩：「高松大竹生翠寒，密林隱隱攢峯巒，杳然流水出深谷，新鑿山中八節灘。江州司馬不愛官，笑領諸客來盤桓，棋枰詩卷各有適，適意豈在陳杯盤。酒酣耳熱忽起舞，戲折名花斜插冠，趨朝疲薾足非病，在野輕健心偏安。權門赫赫誇牛李，門下黨人分彼此，直氣騰騰逼石樓，甘作香山老居士。劉侯此圖超俗塵，能與九老俱傳神，衣冠雖作山林樣，狀貌終爲臺閣人。孰爲胡杲與吉旼？孰爲鄭據幷劉眞？二盧張狄總預集，居士樂易皆相親；獨憐舊友今何處？禹錫微之嗟失身。」（匏翁家藏集）

張羽書劉松年九老圖卷：右九老圖一卷，定爲宋劉松年所畫，人物、界畫、林木、水石，各臻其妙，今畫者工其一，猶足稱于世，而劉乃兼衆工之所長，可謂難矣。按唐會昌中白居易始爲香山九老會，好事繪而爲圖。宋至道中李文正公昉欲集天下九人繼其事，會蜀有變不果，至和中杜祁公衍退居睢陽，常爲會而止得五老；元豐五年文潞公以太尉留守西都，富韓公以司徒致仕，復爲耆英會。時宣徽使王拱辰留守北京，貽書願與其會；司馬溫公年未七十，潞公重其人，請入會，溫公辭以晚進不敢廁二公後。乃命閩工鄭奐自摹寫其像，又之北京寫公像，自潞公而下，合十又三人。今此圖數與香山合，而衣冠非唐制，然以爲至和之會，則多四人；以爲元豐之會，則少四人，豈劉直工畫，而不知考故實耶？抑當時所傳皆諸公眞像，失其四人者，遂不復補耶？而現在者劉又不識其誰某，使後世不獲因是而想其風采，此尤可惋歎。然一時衣冠人物之華，水竹林亭之勝，朝野昇平之象，髦老康寧之福；藹然見於豪素，使人展卷而爲之歎息企慕，恨不身生其時而目覩其事，蓋有非後世俗史之所能及也。然當時王安石方罷相，而黨類猶盛，新法未除，富、文、司馬諸老皆以碩德重望，不見柄用，而優游散外之地，雖諸老之福，而實非朝廷天下之福也，觀此圖者，又不可不知。此卷舊爲休寧縣令唐棣子華家物，今歸棗陽縣令莘野叔耕，二令皆能畫，故其識鑒皆同。潯張羽跋。張來儀文集

王世貞劉松年大歷十才子圖跋：潘子過余示此卷，乃劉松年繪大歷十才子，其樹石、琴阮、茶竈之類皆精密，人物尤妍雅有韻，與此君所圖西園雅集頗埒，毋論眞蹟臨本，翩翩伯時子昂季孟間矣。十才子爲錢左司、劉隨州、郎員外、獨孤常州、盧郎中、孫舍人、崔集賢之屬，其詩名繪炙人口不已，而流溢丹青，致足羡也。雖然，名者造物所忌，詩

以陶寫性靈，抒紀志事而已，要不必有此名，卽無論鄴中淪謝，而此十才子無一登三事者，豈所遘人人絳灌耶？追今撫昔，不覺㦬然，因而墨池一泓，生小鱗甲也，題後行自悔矣。（弇州山人續稿）

李引昌劉松年畫跋：右錢唐劉松年筆，山皴水痕，皆有格度，繁柯密葉，蔭翳衡茅，小舟蕩漾於微波中，綽有濠濮之想。最奇絕者，遙空雁陣，疎密高下，殆將萬點，圓結似六花，散布似八陣，遠者似游兵，似左右翼紛披。昔聞黃帝阪泉之戰，驅百鳥爲旌旗，玆圖近之矣。（顧氏畫譜）

陸深跋鄭文峯所藏劉松年赤壁圖：右赤壁圖，宋劉松年所畫。按赤壁之勝，具於蘇子二賦，一時景物，復具於此圖，當是一幅，今釐而爲二，爲鄭司徒文峯先生所藏。予家有鮮于伯機行書後賦，因舉而歸之，文峯遂裝成一卷，相與賞歎，以爲物必有合，固龍劍也。予謂合不合無足論，惟物之得其託，似非偶然者，文峯高雅，所至有江山之助，以爲廊廟之儲，竹頭木屑，猶在所錄，況圖書也哉。雖然，黃州赤壁，託東坡以傳；樊口赤壁，亦傳自曹瞞之攻戰，後世忠憤之士，多幸周瑜之有功，至雪堂留滯，皆以爲舒亶李定輩承附時宰，故江漢間兩赤壁，各繫漢宋之事，覽斯圖也，千載之眞，是非定矣，

此卷胡可少哉？文峯其寶之。（陸文裕公集）

明釋守仁題宋高宗跋劉松年畫送別圖詩：「江上風花過雨初，行人上馬復踟躕；千金留得南朝字，萬里誰將朔漠書。」（夢觀集）

沈夢麟題劉松年臨唐閻立本商山四皓圖：「松根老客豈凡才，棋局春深半離臺；羽翼已成王業定，不勞鳩杖出山來。」（花谿集）

汪砢玉劉松年絲綸圖跋：長松覆前，遠山聳後，庭檻綴花石殊幽曠，簷間一嫗拗輪，一嫗治絲，一侍兒捧茶，不襦而露纖紅，故是北妝。筆法細潤有生氣，標題作馬遠，萬歷壬子秋，余在白下，得之潤州吳汝廷，歷三十餘年，無有知其非遠者。今崇禎壬午秋付裝潢，淵兒于松身識其款曰：松年。蠅頭小楷，雜鱗紋墨漬間，不復可辨，有如當時稱之爲暗門劉者，今一旦豁然，恍覩其爲人，可勝撫掌稱快。檇李汪砢玉樂卿甫題于韻石齋。（珊瑚網）

前人劉松年長樂清吹圖跋：錢唐暗門劉，在寧廟時以進耕織圖稱旨，賜金帶。此作宮中鼓吹景，纖悉在目，未識曾經宸覽否？樂卿。（同上）

陳繼儒劉松年便橋會盟圖跋：唐文皇與突厥便橋會盟圖，顏師古創寫以示後世，劉松年復摹丈許，此卷乃眞蹟也。初，隋煬帝征遼，人皆斷手足以避征役，突厥始乘間騷動。唐文皇時年十六歲，應募遞屯衞將軍，從父淵討之。淵復稱臣，借兵突厥，遂問隋鼎。甚則突厥以喪告，舉哀長樂門，輟朝三日，詔百官就館弔，其謹事之如此。已數數犯邊，建成、元吉、裴寂等皆勸亟遷都避之，文皇曰：「霍去病漢庭一將，志滅匈奴，況臣備維藩，願假數年之期，請係頡利之頸，致之闕下。」傳位初年，遂有便橋會盟之役。又五年，遣李靖、李世勣分道破之。突厥內亂，頡利來降，文皇御天順樓，語之曰：「汝自便橋以來，不復大入寇，以是得不死。」頡利不得意，數與家人相對悲啼，容顏羸憊，上憐之，以虢州多麋鹿，封刺史，頡利不受。上皇召文皇貴臣十餘人及諸王妃主置酒凌煙閣，上皇彈琵琶，文皇起舞。七年又置酒漢故未央宮，上皇命頡利起舞，南蠻酋長皆咏詩，此古帝王未始有也。余謂便橋之盟，猶近城下，宜寫未央宮、凌煙閣二圖，鋪張吳越一家氣象，此千古大快事，故識卷末，以俟後之劉松年其人者。白石樵稿

前人劉松年香山九老圖跋：香山九老圖，當年傳寫，已遍京洛，李唐、劉松年又嘗奉旨圖之，載在畫史可證。此卷位置顧盼笑語之狀，覺眉睫間有雲氣，非李河陽不能到也。樂天往來裴晉公、元微之間，絕無左袒，與白敏中反覆二李黨人者不同，此公眞可生入

虎穴，何止遊戲九老會耶？臨卷三歎。同上

劉松年世掌絲綸圖，乃畫一漁者，手捧一釣綸。郭元釪一鶴菴集

卓爾堪劉松年海島圖詩：「中華百貨資百蠻，海國紛紛估客船，扶桑之東羅煙島，島中人習機杼巧，一歲能織幾船絲，絲選七里春蠶好，橫海鼓吹樓船過，賣絲市上排衙坐，島人爭看大唐官，日中曾無人易貨。」近青堂詩集

朱彝尊藍秀才示劉松年風雪運糧圖詩：「潞河十月櫓聲絕，連檣如薺啼饑烏，層簷炙背苦岑寂，有客示我運糧圖。遙峯隱隱露積雪，村原高下紛盤紆，千年老樹風怒黑，寒葉脫盡無纖枯。人家左右僅茅屋，傍有水碓臨山廚，秕穅既揚力輸稅，安有甔石存桑樞。大車檻檻四黃犢，疾馳下坂尋修塗，嗟爾農人歲已暮，婦子不得相懽愉。披圖恍見南渡日，北征甲士連戈殳，當年諸將猶四出，轉粟未乏軍中需。同仇大義在畎畝，輸將豈畏胥吏呼，始知繪事非漫與，堪與無逸豳風俱。古來工執藝事諫，斯人畫苑良所無，嗚呼！斯人畫苑良所無，不見宋之君臣定和議，笙歌晨夕游西湖。」曝書亭集

龔翔麟劉松年風雪運糧圖詩三首：「禿樹撐老鐵，瘦竹搖冬青，高下山積雪，野闊天沈冥。檻檻大犢車，轍蹟無留停，碾沙去流水，下坂來奔霆。衡寒人與騎，登頓良苦辛，

載此萬斛糧，星輓輸邊庭。」「行者亦勞止，居者何閑閑？場圃滌既畢，人與牛俱閒。幅巾攜短袖，開門對南山，優游以卒歲，婦子皆歡顏。太息古昔時，征調鮮横歛，戎馬雖在郊，未盡嗟痌瘝。」「工執藝事諫，于古信有諸，松年作此畫，意與古爲徒。我稽南渡日，相奸君頗愚，偷安仗和議，中原日淪胥。師武臣僇力，閭閻勤轉輸，廟堂反不講，笙歌遊西湖。良工獨心苦，誰復省其圖，空令千載下，覽者生嗟吁。」田居詩稿

劉松年春水圖、夏水圖、秋水圖、冬水圖、滕王閣圖。毛良舜臣書畫樓所藏。無聲詩

明謝晉題劉松年仙山圖：「羣山岧嶤紫翠封，樓臺縹緲煙霞重，青溪迴隔紅塵路，玉洞遙連絳府宮。溪邊洞口相隈隩，蹊徑深深映花竹，風散花香入酒瓢，日高松影開棋局。岩前偶坐二三翁，神氣蕭爽巾屨同，玲玲綠髮稀可數，皎皎雙瞳圓且濃。其間一仙如識面，憶在芙蓉城下見，曾將寶訣授長生，還引瑤池開小宴。別來倏忽三千秋，舊蹤那復更追遊，何當重跨軒間鶴，來會諸仙嶺上頭。」蘭亭集

附厲鶚劉松年溪山樓閣圖用坡公集中韻：「淳熙小字藏石邊，絹素微裂凝塵煙，暗門劉郎呼欲出，鶴歸城郭應悽然。劉郎自具擘山手，斷續飛下雲中泉，重樓面勢各向背，地非輞口非樊川。蔽虧綠樹露小閣，水紋山影闌干前，消搖白日不待遣，倚枰二叟全其天。

尋詩一老獨有意，目送去鳥窮幽姸，尤工遠勢寫村落，背崦或有桑麻田。丹青不讓李晞古，金碧直壓趙大年，畫史筆力在盤礴，無取小景爭便娟。關門聽雨品字坐，焚香掃地曲尺眠，落花將春作昨夢，主人與客俱列仙。只愁青壁太斗絕，畫裏欲學猿猱緣，莫言此畫非我有，他日想見哦長篇。」樊榭山房集

賓遴奇題劉松年岳陽樓圖：「丹崖翠壁江南有，數年相對亦非偶，岷江浩浩萬里來，予昔汎舟在京口。一時謝政歸故鄉，惟見浮伾與濁漳，雖然素有向平志，但苦千里難裹糧。少文臥遊亦可人，安見畫裏卽非眞，家無米家書畫船，揀得舊本劉松年。岳陽樓比黃鶴樓，懸來滿室生雲煙，我聞樓在瀟湘之尾，洞庭之口，下有長江蛟龍吼，有時風靜水如練，君山一點在兩肘，湘女梳頭對明鏡，水光山色入戶牖，黃陵廟裏人煙集，西邊欲落扶桑日，萬艘千航泊江頭，洞賓飛過人不識。一一傳神阿堵中，惟有范老一記畫不出。」本朝百名家詩選

南宋院畫錄卷四終

錢唐厲鶚太鴻輯

吳炳

吳炳，毘陵人。工畫花鳥，寫生折枝，可奪造化，采繪精緻富麗，光宗李后多愛其畫，恩賚甚厚。紹熙間畫院待詔，賜金帶。圖繪寶鑑

吳炳，工畫花鳥，采繪精緻富麗。卓爾昌畫髓元詮

吳炳畫之傳世者：春池睡鴨圖一，山茶鶺鴒圖一，鴛鴦瑞蓮圖一，寶珠玉蝶圖一，折枝絳桃圖三，折枝芍藥圖二，寫生荷花圖二，折枝寒菊圖四，寫生薔薇圖二，玫瑰圖二，長春圖二，探春圖一，水仙圖二，鶯粟圖一，茗花圖一。繪事備考

吳炳雞冠花圖，鏡面絹畫，簡易有生趣，上有「紹興」小璽。吳其貞書畫記

吳炳石榴圖，在維揚江孟明處。同上

吳炳敗荷白鷺圖，絹畫一幅，溪南吳氏藏。同上

吳炳桂花八哥圖，絹畫一方幅，精彩如生，識吳炳二字，覩于杭城翁氏。同上

常州吳中書夢竹家有畫花八幅，菊花枝上題吳炳二小字，佳。媛姝由筆

吳炳翎毛四幅。嚴氏書畫記

吳炳水紅野鳥圖，方絹本，著色，菱藻間亭亭紅蓼，水鳥上下。書畫彙考

張　茂　無畫跡可考

張茂，杭人，光宗時隸畫院。工山水花鳥，俱精緻，小景更佳。畫史會要

張茂，字如松，仁和人。善山水花鳥，甚爲精緻，小景甚佳。光宗朝隸畫院。沈朝宣仁和縣志

李　嵩

李嵩，錢塘人，少爲木工，後爲李從訓養子。工人物，尤精於界畫。光、寧、理三朝待詔。畫史會要

李嵩工作圖，巨幅絹本，淺絳色，筆法高古，韓太史存良之故物也。眞蹟日錄

戴生攜示項叉新藏卷李嵩錢唐觀潮，絹本，淺絳色，佳。同上

余家有從訓養子石壁松亭界畫，極工緻。柱上細款：「三朝供奉李嵩」。珊瑚網

李嵩服田圖，前卷絹本，重著色，凡十二段；後卷凡九段，宋高宗御題。鶚案：嵩爲寧、光時人，云高宗御題誤。

浸種云：「溪頭夜雨足，門外春水生；竹籃浸口碧，嘉穀抽新萌。西疇將有事，耒耜隨晨興；隻鷄祭勾芒，再拜期秋成。」耕云：「東皋一犂雨，布穀抽新萌；綠野暗春曉，烏犍

苦肩頳。我銜勸農字，杖策東郊行；永懷歷山下，法事關聖情。」耙耨云：「雨笠冒宿霧，風蓑擁春寒；破塊得甘霔，齧膝浸微瀾。泥深四蹄重，日暮兩股酸；謂彼牛後人，著鞭無作難。」耘云：「脫袴下田中，盎漿著膝尾；巡行遍畦畛，扶耖均泥滓。遲遲春日斜，稍稍樵歌起；薄暮佯牛歸，共浴前溪水。」碌碡云：「力田巧機事，利器由心造；翩翩轉圜樞，衮衮鳴翠淯。三春欲盡頭，萬頃平如掌；漸暄牛已喘，長懷丙丞相。」布秧云：「舊穀發新穎，梅黃雨生肥；下田初播殖，卻行手奮揮。明朝望平疇，綠針刺風漪；審此一寸根，行作合穗期。」淤蔭云：「殺草聞吳兒，洒灰傳自祖；田田皆沃壤，泫泫流膏乳。塍頭鳥啄泥，谷口鳩鳴雨；敢望稼如雲，工夫益如許。」拔秧云：「新秧初出水，渺渺翠毯齊；清晨且拔擢，父子爭提攜。既沐靑滿握，再櫛根無泥；及時趁芒種，散著畦東西。」插秧云：「晨雨麥秋潤，午風槐夏涼；溪南與溪北，嘯歌插新秧。拋擲不停手，左右莫亂行；我將教秧馬，代勞民莫忘。」一耘云：「時雨既已降，良苗日懷新；去草如去惡，務令盡塵根。泥蟠任犢鼻，膝行生浪紋；眷惟聖天子，儻亦思鳥耘。」二耘云：「解衣日炙背，戴笠汗濡首；敢辭冒炎蒸，但欲去良莠。壺漿與簞食，亭午來餉婦；要兒知稼穡，豈曰事攜幼。」三耘云：「農田亦甚劬，三復事耘耔；經年苦艱食，喜見芸薿薿。老農念一飽，對此生饞水；願天均雨暘，滿野如雲委。」斯卷止此，則耘復成闕典矣。崇禎己卯，予至姑溪，楊友翼眞招飲山樓，出書畫鑒賞，其一卷爲韓太沖田家風俗圖，余諦審之，故是李嵩服田圖後半，而高宗御題，與前卷無異，其跋俱僞筆也。因錄諸詩如左，以成全題云。

灌溉云：「揠苗鄙宋人，抱甕慚□□；何如銜尾鴉，倒流竭池塘。穲稏舞翠浪，蘧蒢□晝涼；斜陽耿衰柳，笑歌聞女郎。」收刈云：「田家刈穫時，腰鐮競倉卒；霜濃手龜坼，日永身罄折。兒童行拾穗，風色凌短褐；歡呼荷擔歸，望望屋中月。」登場云：「禾黍已登場，稍覺農事優；黃雲滿高架，白水空西疇。用此可卒歲，願言免防秋；太平本無象，村舍炊烟浮。」持穗云：「霜時天氣佳，風勁木葉脫；持穗及此時，連枷聲亂發。黃雞啄遺粒，烏鳥喜聒聒；歸家抖塵埃，夜窗燒榾柮。」簸揚云：「臨風細簸揚，糠秕臨風前；傾瀉雨聲碎，把玩玉粒圓。短裙箕帚婦，收拾亦已專；豈圖較升斗，未忘歌凶年。」礱云：「推挽人摩肩，展轉石礪齒；殷床作春雷，旋風落雲子。有如布山川，部婁勢相峙；前時斗量珠，滿眼俄有此。」春碓云：「娟娟月過牆，簌簌風吹葉；田家當此時，村舂響相答。行聞吹玉香，會見流匙滑；更須水轉輪，地碓勞蹴蹋。」籭云：「茅簷閒杵臼，竹屋細篩簸；照人珠琲光，奮臂風雨過。計功初不淺，飽食良自賀；西鄰華屋兒，醉飽正高臥。」入倉云：「天寒牛在牢，歲暮粟入庾；田父有餘樂，炙背臥檐廡。卻愁催賦租，胥吏來旁午；輸官王事了，索飦兒叫怒。」（珊瑚網）

項氏藏李嵩服田圖卷，係宋御府裝池，前後凡十二段，每段有思陵楷書詩。題詩中凡云雲耘等字，皆缺其點，未詳係某廟諱字，當考。畫上識以「紹興」小璽，乾卦圖書，井井可玩。其卷通幅長絹，以墨界斷，末有「李嵩畫」三字題名。按思陵雖係偏安之主，而能留心農事，亦可謂之賢矣。（眞蹟日錄）

李嵩骷髏圖，紙畫一小幅，畫在澄心堂紙上，氣色尚新。畫一墩子，上題三字曰「五里墩」，墩下坐一骷髏，手提一小骷髏，旁有婦乳嬰兒于懷，又一嬰兒指着手中小骷髏，不知是何義意。識二字曰「李嵩」。（吳其貞書畫記）

李嵩金盤承露圖，小紙畫一幅，畫法逼似元人錢舜舉。觀于汪天錫。（同上）

李嵩宮苑樓閣圖，絹畫斗方。又龍舟殿宇圖，畫法工細，不用界尺，而規矩準繩皆備。圖上空設御座，只內官多人，以俟出朝，意皆能品。每幅識曰「李嵩」。（同上）

李嵩樓閣積雪圖，能品，觀于榆村程子遜家，辛巳二月望日。（同上）

李嵩貨郎擔圖，絹畫一卷，氣色佳，識十字曰「嘉定辛未李從訓男嵩畫」。（同上）雖係養子，亦安可直呼父名，況從來

未見此等款識，此必妄人作僞毋疑。吳
係書畫賈人，不知鑒別，故著于錄。

李嵩夜潮圖，絹畫小斗方一張，畫法工緻，上有蠅頭小楷，題曰：「寄語重門休上鑰，夜潮留向月中看。」識二字曰「李嵩」，有坤卦圖書，觀于揚州張黃美家。（同上）

李嵩宮苑圖，上有宋內府璽。（好古堂書畫記）

又李嵩宮苑，一爲龍舟。（同上）

袁華題李嵩茶會圖：「穀雨初晴燕燕飛，金河春水漲凝脂；挈瓶小試龍團餅，想見東都全盛時。」（玉山草堂雅集）

張憲題李嵩觀潮圖詩：「磁州夜走泥馬駒，臥牛城中生綠蕪，炎精炯炯照吳會，大築錢唐作汴都。玉殿珠樓連翠閣，七寶簾櫳敞雲幕，坐移艮岳過江南，不數東京舊帷樂。茂樹盤盤連綠雲，龍飛鳳舞峯巒奔，玉牀下壓大江小，海水正入東華門。木犀花開秋可數，紞紞靈鼉振天鼓，海門一線截江來，雪壁銀城晝飛舞。吳商楚估千萬艘，黃龍戰船頭尾高，豈無海道走中土，長驅逐北乘風濤。烟霧荒荒繞城郭，屋瓦魚鱗互參錯，百萬驕民事醉醺，坐使中原厭羊酪。因循六帝不復讎，西風八月憑江樓，攢宮人飲白骨恨，洪波不洗青衣羞。邦基剗盡師臣逐，軹道人亡子嬰哭，繡胸文頸踏浪兒，反首誰能報君辱。

廟子沙頭卓大旗，天吳縮項不敢馳，行人指塔語楊璉，三十六宮秋草腓。」玉笥集

張憲李嵩觀潮圖跋：至正二十二年秋八月既望，自姑蘇來雲間，寓延慶，方丈雲谷禪師出宋宮觀潮圖徵詩。嘗記父老言，丞相伯顏駐師江上，潮不至者三日；又記庚午歲正月十四曉，有雷自北高峯飛至故宮塔頂，火不滅者三日。撫卷憶舊，不覺慨然，爲賦七言長詩一解。適宋仲溫至，遂命書之。七修類稿

楊維禎李嵩觀潮圖跋：練川嚴仁恭出宋宮觀潮圖索余詩爲首唱，且曰：「得奇語始可抗浙江之奇」。繼遺金露澆渴穎，飲酣爲之吐錦囊句，時至正二十年秋八月初，楊維禎在玄白亭試奎章龍香寶劑，奉鳳味者，玉瓏瓏也。同上

張仁近題李嵩觀潮圖詩：「神鰌怒決滄溟水，洄沸波騰亘天起，巨靈劈山山爲開，玉龍捲雪從東來。腥風撼地坤軸剖，長江萬古雷霆吼，雄威欲呑吳越軍，強弩三千皆縮手。金隄既成事已非，錢唐江上開皇畿，雕闌玉檻照東海，貪看秋潮忘黍離。中原不復民易主，百萬貔貅宿沙渚，倚樓望潮潮不來，六帝同歸一邱土。人間廢興何代無，誰能躭樂思艱虞，良工不解寫無逸，丹青卻作觀潮圖。」同上

楊維禎題李嵩觀潮圖詩：「八月十八睡龍死，海龜夜食羅刹水，須臾海擘龕赭門，地捲

銀濤薄于紙。艮山移來天子宮，宮前一箭隨西風，劫灰欲洗蛇鬼穴，婆留朽鐵猶爭雄。望海樓頭誇景好，斷鰲已走金銀島。天吳一夜海水移，馬蹀沙田食沙草。厓山樓船歸不歸，七歲呱呱啼軹道。」（鐵崖集）

楊基題李嵩觀潮圖詩：「君不見十五湖上月，十八江上潮，君王連日醉，伐鼓復吹簫。簫聲忽如天上落，大內臨江起飛閣，繡戶朱楹十二闌，嬪娥歲歲觀潮樂。潮水信可定，日日來朝宗，人心獨不如，而不思兩宮。兩宮未雪恥，屨下班師旨，白馬素車神，何不令天吳磔食大奸髓。奸髓不可食，國恥不可滌，嗟爾江上潮，雖雄復何益。潮無益于人，看潮徒損神，橫江鐵騎來，三日飛埃塵。歷數固有歸，爾潮胡不仁，致令鸞鳳雛，戚戚悲殘春。春光浩無主，花落隨暮雨，回首幾秋風，旌旗又如許。又如許，君忽悲，古來在德不在險，一抔之潮安足奇。」（眉庵集）

張寧李嵩觀潮圖跋：四海惟浙江潮最險，雖勇悍强厲如秦始皇者，猶畏從狹中渡。宋自慶歷以來，杭海屢溢，嘉定中潮衝鹽官平野二十餘里，論者皆以畿甸切近爲憂。當時每遇潮盛之時，傾宮出觀，顧反以爲太平樂事，獨不思建炎之初，苗傅劉正彥因觀濤起釁，幾危宗社，而復甘心于此。嗟夫！宴安酖毒，雖利害切身，亦不暇自謀，況其興復遠大之計哉。張思廉與二楊所題，皆載本集，謂李嵩之畫。嵩本錢唐人，歷光、寧、理三朝畫院待詔，丹青藻繪，宜有浮于世景者。今所畫略無內家人物，儀衞供帳，與吳俗文身戲水之流，惟空垣虛榭，烟樹淒迷，平坡遠山，上下與帆檣相映而已。披閱中欲使人心目遲回，有感慨弔惜之懷，無追扳壯浪之想，嵩意匠經營，情留象外，豈亦逆見將來，預存後鑒耶。杜陵詩曰：「江頭宮殿鎖千門，細柳新蒲爲誰綠？」殆爲此圖咏也。方洲集

顧景星追和玉笥生李嵩觀潮圖詩：「吳山翠洗城頭高，錢唐遠望翻秋濤，君王黃屋臨軒駐，峯頭玉殿連岧嶤。朱簾綠樹在雲表，石磴細路盤空寥，夾城直接鳳凰苑，飛檻欲通烏鵲橋。天空濤壯八月半，雷奔雪噴三山遙，大江超湧號羅刹，萬里吹倒來沃焦。潮頭蠻奴詭出沒，波心騁馬爭雄驍，彩棚緣岡列市肆，鈿轂隘路相遮邀。葛嶺羣姬傾府出，西湖此日停笙簫，海門不記備走舸，君臣半壁還宣驕。翟衣徙倚扈步輦，翚扇宛轉隨纖腰，何如東京作元夕，彷彿六院朝神霄。鐵甕江鳴剌罕入，金瓶酒盡英雄銷，捲天惡颶避不得，鱷啼淚哭崖山坳，天吳不靈海童怒，蟠龍翥鳳全蕭條。嗚呼！事往不足弔，何代不鼓鴟夷濤。李嵩摹畫到臨本，玉笥忼慨留長謠，展圖罷酒發長歎，山風白晝生哀號。」白茅堂集

按七修類稿云：「宋宮觀潮圖，在葉南屏家，載張思廉、楊廉夫、張仁近三詩，以玉笥集及張靖之跋考之，知爲李嵩筆也，郎仁寶偶未詳耳。珊瑚網亦收此圖，有張仁近、楊基二詩，而無張思廉、楊廉夫，或是後人割去。」

明太祖高皇帝題李嵩西湖圖：朕聞杭城之西湖，今古以爲美賞，人皆稱之，我亦聽聞，未見。一日閱李嵩之畫，見西湖圖一幅，其上皴山染水，界畫樓臺，寫人形而駕舟舫，舉棹擊橈，飛帆布網，抛綸擲釣，歌者音，舞者旋，管絃者則有笙簫鶯簧，其爲湖也，汪洋汗漫，致翫景者若是，可不樂乎。然斯湖之佳則佳矣，於中昂君子，卑小人，不難見也。夫君子之遊湖，當世泰之時，乘舟于湖，晝則推篷玩景，極目遐觀，覽佳氣于胸中，著以詩文，黼黻皇猷；夜則仰臥葉舟，覩皓月而品瓊簫，樂其樂而歌世之清泰。比狎小人者何若？小人之遊，會無知，務聲色，耗貲財而酣飲無厭，縱其欲而不絕，是有破家蕩產，身乏衣食者多矣。比君子遊，何如于昂君子卑小人，可不信乎。（御製文集）

斗南胡虛白題李嵩宋宮觀潮圖詩：「月殿雲窗倚碧霄，江聲雷動海鮮橋；如何邊將屯師處，三月錢唐不見潮。」（斗南詩集）

李嵩堯民擊壤圖，在絹上，着色人物卷，首隸書「堯民擊壤」四字，中書舍人程洛書。

李嵩堯民擊壤圖：右堯民擊壤圖，相傳韓滉本，爲南宋李嵩所摹。嵩在畫院最善界畫，昔人謂其折算無遺，今觀其人物，各盡態度，儼然太平氣象，信乎非滉不能作，非嵩不能摹也。文徵明題。珊瑚網

郡城楊氏一作湯藏李嵩龍宮海藏圖一。都穆鐵網珊瑚

李嵩春社圖，都穆云：「吾鄉崔靜伯，深鑒古畫，嘗見嵩畫村落之景，村巫降神，人有拜跪及環坐以飲，聯布障之；一丐者擔囊乞食其側，人與丐食，犬羣吠欲嚙，丐抵以杖；有老人醉走，媪曳之而歸，則誠春社圖也。」同上

張寧題李嵩小景詩：「水西山外淨無塵，樓閣東風萬樹春；獨倚闌干千里望，半醒半醉是何人？」「臺榭高虛淡月明，夜深風露起秋聲；無端別鶴傷人思，調得瑤琴曲未成。」方洲集

熊明遇題李嵩春溪渡牛圖詩：「一自桃林放牧年，幾朝風雨穩深眠；舊開南畝催春種，新漲東溪咽暮烟。野水照人騎背渡，平蕪隔岸跂蹄連；李師最識農家趣，畫出萋萋芳草天。」綠雪樓集

陸深李嵩西湖圖跋：此卷購得之長安，當是西湖圖，第有蘇隄而無岳墳，豈思陵時畫耶？或云李嵩手筆，然無題可考，觀其粉金題額，非宋人不能書也。予夙有山水之好，頗留

意錢唐之西湖，昨歲出持浙憲，輿舫往來，若爲己有，既去而未能忘之。今嘉靖戊戌臘日，邂逅此幅，恍如再到時，適有山林扈從之行，表弟顧世安從旁贊賞，以爲人世等鴻雪，爾正可臥游神往，槖中自合貯湖山也。予笑曰：「吾老矣，不復能有登臨之興。儻遂歸休，得從二三子於江海之上，左右圖書以樂餘年，是卷也，寧非予鑑湖之一曲耶？」聊記于此。陸儼山文集

王弇州藏李嵩內苑圖、採蓮圖、松下鼓琴、松間醉臥、霞嶺扁舟、風雨泊舟、柳陰放棹、劉阮天台、高閣燕思、雪景諸册。珊瑚網

李嵩內苑圖，或光堯德壽宮冷泉小景耶？若以擬宣和延福諸位，則大寂寥。弇州山人續稿

余有李嵩骷髏圖團扇，絹面，大骷髏提小骷髏戲一婦人，婦人抱一小兒乳之，下有貨郎擔，皆零星百物可愛。太平清話

吳來庭李嵩骷髏圖跋：李嵩精工人物佛像，觀其骷髏圖，必有所悟，能發本來面目意耳。顧氏畫譜

裱褙孫生家有人寄賣三官像三幅，每軸下有大方印曰「姑蘇曹迪孫」。嘗求鑒于石田翁，翁云：「是李嵩筆，曹氏蓋收藏者。」都穆鐵網珊瑚

近日于洪靜夫家見西湖圖四幅，款云李嵩作。寺觀峯隝，皆有標題，工巧絕倫，蓋當時進御物也。（西湖志餘）

李嵩四迷圖：「四迷粉圖誰手寫？乃是錢唐之李嵩，嵩當三朝應奉日，點染人物尤精工。建炎已後和議定，歲聘雜沓金源東，自茲民不識戈甲，江南花草春融融。寬衫大帽修眉翁，低頭高揖身鞠躬，輕裘緩帶竟莫顧，姓名卻倩長須通。阿鬟雙手闌前起，傾身送酒如當熊，就中老奴增意氣，鯨吸不覺金尊空。平康巷中月皎皎，溫柔鄉裏花叢叢，寶釵斜欹粉胸露，如此良宵偏惱公。蜀絲錦帳仙凡隔，微見凌波羅韈弓，更呼博塞相娛樂，靚妝夾座分靑紅。玉盆骰子呼五白，百萬一擲逡巡中，錦裾綉袂金條脫，瑤環瑜珥珠玲瓏。梟盧不成戰屢北，袒跣抱膝心忡忡，兩生格鬥氣力雄，手挾長劍星流紅。白日橫行都市裏，粗豪不數漢秦宮，翠鈿委地花狼藉，哀情已多樂未終。古人圖史置左右，善者可法惡者攻，躭淫鬥博古所戒，意匠彷彿箴規同。小窗展卷增感慨，嵩兮嵩兮，何不圖陳無逸兼豳風？」（袁華耕學齋詩集）

李嵩金谷圖並樓閣圖三軸，士農工商圖四軸。（嚴氏書畫記）

李嵩鬥茶圖，柳塘聚禽圖手卷。（同上）

劉子大藏李嵩殿閣一軸，絹素極精，用意高古，是法唐人。東圖玄覽

余參將有李嵩殿閣一筴，龍舟一筴。同上

宋李嵩寒林聚雁圖，絹本立軸，長三尺九寸，闊二尺五寸。焦墨喬柯，雙鈎密竹，蘆雁俱淡設色。上有董文敏公標題，下有黃琳藏印。江村銷夏錄

蘇堅

蘇堅，焯之子。善道釋人物。慶元間待詔。圖繪寶鑑

蘇堅畫之傳世者：藥師琉璃光如來像一，文殊維摩四，因緣圖一，弘濟眞人像一，玉闕眞人像一，玉樞上眞像二，眞誥事蹟圖八，游仙圖五。繪事備考

梁楷

梁楷，東平相義之後。善畫人物、山水、道釋、鬼神，師賈師古，描寫飄逸，青過於藍。嘉泰間畫院待詔，賜金帶，楷不受，挂于院內而去。嗜酒自樂，號曰梁風子。院人見其精妙之筆，無不敬伏，但傳于世者皆草草，謂之減筆。圖繪寶鑑

梁楷撇捺折蘆描。夷門廣牘

宋妙峯和尙住靈隱，嘗有四鬼移之而出，梁楷畫四鬼夜移圖，中峯爲之跋曰：「昔南泉

謂王老師修行無力，被鬼神覷破，殊不知鬼神不著，便白日被王老師熱瞞。相傳妙峯和尙住靈隱時，爲四鬼所肩而出，當時賴遇妙峯，若是王老師，未免又作修行無力會也。一種是謾神嚇鬼，顯異惑衆，今又被人描貌將來，不知面皮厚多少。」（孫治靈隱寺志）

釋居簡御前梁楷畫兩蟆贊（幷引）：一蟆逐蟻，一蟆攫飛不及，而擲於地。「攫而擲，鬭而舉之，一蟲請以戰喩。鬭毋忘于射鉤，攫無忘于在莒。蟻戰酣，蟆襲其後，非大嚼盡及相友，夢好忽同歸，一麾何足疑。」（北磵文集）

梁楷畫之傳世者：孫子牝牡八變陣圖一，太乙三宮用兵陣圖一，章賢十二時雲氣圖一，世室明堂宗廟位次圖一，天蓬像一，天猷像一，天王圖二，羅漢像六，鍾馗圖一。（繪事備考）

宋梁楷畫右軍書扇圖（楷上橫卷）：松雪翁嘗以紈扇三十握遺故人，訢笑隱拔其尤者分惠二把，遂賦詩一絕戲調之。子微出示此卷，事適相類，徵余語，就書以贈之云：「故人當暑遺紈扇，最愛千絲雪色新；輕薄王郎閒點污，宜教老媼也生嗔。」泰定初元，歲在甲子，上元後五日，張淵清夫。「道傍題扇出無心，晉世風流說到今；絕勝寫詞陶學士，故迷郵伎作知音。」吳興張世昌。右宋梁楷，東平相義之後，畫院待詔，賜金帶，不受，挂于院內，嗜酒自樂，亦號梁風子。但傳于世者皆草草，謂之減筆，今觀此水墨題箑圖，所作右軍立枯樹下，丰神俊逸，筆意蕭爽；老媼持扇俛僂，有欣悅之狀，想是賣後復來耳。畫在白宋紙上，闊二尺許，高不盈尺。天啓七年，龍集丁卯，十一月長至後三日，水西道人識。郁逢慶書畫題跋記

「畫法始從梁楷變，觀圖猶喜墨如新；古來人物爲高品，滿眼烟雲筆底春。」古汴趙由儁。

題梁楷右軍書扇圖詩：「右軍書扇眞偶爾，老姥無知敢再煩；松雪故人方外友，欣然寫贈可同言。」江村民錢良右。「山陰用筆妙如神，題扇行遭老媼嗔；莫怪祇今無別識，淸涇濁渭向誰陳？」汾亭石巖。「合作從來出偶然，蒲葵遺跡恨無傳；祇今尺素開圖畫，猶是衣冠識晉賢」。吳郡羅元。「蕺姥手持扇，邂逅成技癢，五字妙入神，百錢起貪想。妄求笑無知，競買遇眞賞，畫圖挹淸風，千載一俛仰。」珊瑚網

李日華梁楷右軍題扇圖跋：梁楷寫右軍題扇圖，筆力高古，所作右軍立枯樹下，風神灑然；媼捧扇俛僂以就，絕無懊强之色，想是得錢後再來耳。六硏齋筆記

梁楷高僧圖，紙畫一幅，畫法簡略，蓋效吳道子者。程正言家物。吳其貞書畫記

梁楷淵明圖小絹畫一幅，寫淵明把菊行松樹下，畫法工緻，精神逈出，爲楷之上作也。辛卯十一月望日，過嘉禾之長水，觀于姪孫于庭家。同上

梁楷黃庭經神像圖，紙畫一卷，畫法精工，後有趙松雪小楷，黃庭經則非也。同上

梁楷寒山拾得圖，小紙畫一幅，壬辰仲秋觀于鄒臣虎先生家。同上

梁楷花溪幽禽圖，精妙。同上

戴表元梁楷雪寒游騎圖詩：「聳肩攢蹄一駐鞍，氈衣韋帽白漫漫；祇應田舍騎牛者，無此風沙踏雪寒。」剡源集

釋大訢題梁楷田樂圖詩：「作勞田中歸，酒味薄可漉，人生一醉飽，良不負吾腹。牽攜影參差，歌吹非有曲，流風一胥靡，此樂不可復。吾人孰非古，亦有心與目，封倫恨不留，重睹貞觀俗。昔在唐虞世，苗民有不服，地墝知良農，畜瘠求善牧。願持畫史心，獻君比和玉，朝來愧斯圖，惻愴意未足。」蒲室集

賈似道藏梁楷蓮經變相、童氏六隱圖。悅生別錄

張憲題梁楷畫鍾馗詩：「虎口插虬髭，藍蔘髩脚垂；帽裙全破碎，袍袖半離披。夜雨高堂靜，秋風耗鬼悲；人間多大怪，不獨錦繃兒。」玉笥集

前人題梁楷鬼詩：「旣竊寧王笛，又盜妃子扇，雖曰情狀深，終爲端士見。」同上

吳能遠氏示余趙子昂臨黃庭經，前有梁楷經相，書畫皆精。眞蹟日錄

余曾見梁楷孔子夢周公圖、莊生夢胡蝶圖，蕭蕭數筆，神仙中人也。太平清話

宋濂梁楷羲之觀鵝圖跋：梁楷本東平相羲之後，善畫人物鬼神，學於賈師古。寧宗時爲畫院待詔，賜以金帶，不受，掛于院中而去，君子許有高人之風。或者但知其筆勢遒勁，爲良畫師，且又謂其師法李公麟，誤矣。宋學士集

梁楷布袋羅漢圖，紙畫一大卷，紙墨如新。畫法老蒼，識三字曰「梁楷作」。前有徐髯仙題「尊者」二字，後有杜檉居兩跋，觀于蘇城歸希之家。吳其貞書畫記

蔣主孝題梁楷畫鍾馗詩：「虎口蚪髯眞可怪，如何不解縛人妖？偷花竊笛渾閒事，忍見三郎萬里橋。」樵林摘稿

沈石田云：「余於友人處見梁楷鶴聽琴圖，雪中洞壑，意趣超曠。」珊瑚網

梁楷士女圖，毛良舜臣書畫樓藏。無聲詩

王世貞梁楷參禪圖跋：圖中苾蒭爲宰官說法，大有態，第未見的，然爲梁楷筆。考欒城公集，亦不見此三偈，結法遒逸瀟洒，與同叔欹傾沓拖體全不類，偈辭讀之，便堪拍碎金面。棋盤是徑山石頭本色，亦非此公所辦也。縫篆乃柯奎章家物，印文「眉山蘇氏」云，恐蘇後人收藏私識耳。伯起多米顚伎倆，强標之曰梁楷畫，同叔書，欲博予新集兩部，

而休承復依違其間，但令佳足矣，何必眞同叔梁楷哉。（弇州山人續稿）

梁楷應眞圖、黃庭經換鵝圖。（嚴氏書畫記）

梁楷虎溪三笑圖，是折蘆描法。（東圖玄覽）

宋陳著題梁楷畫村樂圖：「誰與畫者，糊塗蠢蓬，道古不古，一味山野，然今之時，亦無此嬉。天寒日薄，我心傷悲，閼逢涒灘，書于本堂。」（本堂集）

梁楷白描羅漢圖，紙畫一卷，紙墨如新。人物衣摺，皆爲釘頭鼠尾。有一衣巾老人，作迎送之意，胯下拖出一尾，是爲龍王也。（吳其貞書畫記）

梁楷垂釣圖，絹畫一大幅，氣色如新。畫一士人戴笠披蓑，垂釣于大柳之下，翩翩若神仙狀。（同上）

梁楷飛雪歸溪圖，紙畫一小幅，一漁父擔竹籃魚網，冒雪而行，上有枯木垂下。識二字曰「梁楷」。（同上）

余家藏宋梁楷畫孟襄陽灞橋驢背圖，信手揮寫，頗類作草書法，而神氣奕奕，在筆墨之外，蓋粉本之不可易得者。（張所望閱耕餘錄）

徐獻忠梁楷說劍圖跋：按說劍爲秦人薛燭對越王允常說所鑄五劍，而取純鈞、湛盧爲獨良者也。越聘歐冶子作之，蓋因破赤堇之山而出錫，涸若邪之溪而出銅，合二物於水火之齊，五精之陶，用陰陽之候，取剛軟之和而後成焉者也。劍器古所以防撿非常，備威儀，故君子之國，其人衣冠帶劍，然莊子因越文王喜劍而規之，其所說又出乎劍器之外，則君子之所尚，抑又可知已。此圖本出宋梁楷，其危然肅者，越王也；坐而傴恭而詳者，薛燭也；侍王而聳聽，佩劍而肅然者，以禮承君者也；曼胡之纓，短後之衣，遠在堂階，彪立虎視者，侍衛之力也；其規畫布列如是，而神氣不足以充之，識者一見知其模本。鳳林吳氏宗伯藏此，因識其詳云。（長谷集）

梁楷寫佛道像細入毫髮，而樹石點綴，則極洒落，若略不注思者，正以像既恭謹，不容不借此以助雄逸之氣耳。（紫桃軒雜綴）

平顯題梁楷雪禽圖二絕：「莫□梁風作酒徒，天機瀟洒雪禽圖；不知挂壁金腰帶，博得壚頭幾醉無。」「屋有丹光凍不寒，燕烏飛下集林端；高人正煑梅花雪，減筆描來畫裏看。」（松雨軒集）

陳居中

陳居中，嘉泰年畫院待詔。專工人物蕃馬，布景著色，可亞黃宗道。（圖繪寶鑑）

鈎葉柳，陳居中多畫之。畫鑑

陳居中畫，蜷蜿麗媚，如西崑詩法。太平山水畫譜

陳居中畫之傳世者，落日照大旗圖一。繪事備考

嘉興王庭槐藏陳居中蘇李泣別圖。寓意編

南京人家藏陳居中蕃馬圖。同上

吳江史明古藏陳居中五馬圖。同上

陳居中騎犢圖，小絹畫一幅，畫一牧童騎犢，手折一竹梢而行，筆法精俊，風韻動人。有王叔明等圖書。觀于溪南吳修遠家。吳其貞書畫記

陳居中胡孫圖，紙畫斗方四張，識曰「臣陳居中畫」。同上

陳居中胡笳十八拍圖，宋高宗題跋。南陽名畫表

陳居中較獵圖大軸。嚴氏書畫記

陳居中寫誌公像、胡笳圖二卷、百馬圖。同上

仇實父臨趙伯駒光武渡河圖，夷于李伯時單騎見虜，陳居中文姬歸漢二圖間。容臺集

陳居中絕塞嬉春圖，絹本。嘉泰畫院陳待詔專工人物蕃馬，此又多山坡綠野。珊瑚網

淩雲翰題陳居中女獵圖：「獵事應難屬女工，院人名盡說居中；蛾眉狐媚唐家婦，逐鹿何曾屬角弓？」柘軒集

前人題陳居中進馬圖：「明王慎德蠻夷賓，尺天寸土皆王臣，遠人重譯貢龍馬，流沙萬里來騏驎。金丸聲動拂郎國，寶劍氣接明河津，不知何年離榆塞，但見此日朝楓宸。毛騧生來玉琢鼻，淩驄簇起花攢鱗，最後赭白信無敵，如此丹青信有神。騰驤欲飛使者喜，控制不得奚奴嗔，我聞陳閎善匠意，無乃韓幹爲前身。按之圖中得所以，惜哉世上遺其眞，驪黃牝牡不易索，九方皐後知何人？」同上

熊明遇題陳居中綠茵牧馬圖詩：「爲問春洲岸岸紅，桃花昨夜得春風，扁舟未許漁郎渡，短策遙知牧豎通。芳陸喜看游赤驥，鹽車愁煞困花驄；馬羣一自居中寫，伯樂雖來野已空。」綠雪樓集

陳居中八駿圖，絹畫十大幅，丹墨鮮明，氣色如新。畫六人乘於馬上，一人將上踏鐙，一人立于馬之旁，內有乘紅纓白馬者。上有一株梅花盛開，有二株枯樹沖霄而上，有棲鳥，其飛者十有九隻。下有一株夾葉小樹，山石地坡，皆設青綠。人物精工，馬匹神駿，精彩逼人似唐畫，係臨史道碩、韓幹之輩，爲兩宋人物圖第一神品也。觀于嘉興秋水菴張

起生手。吳其貞書畫記

陳居中羌胡剪馬圖：陳居中嘉泰年供奉畫苑待詔，善畫人物，又工蕃馬，設色精妍，布置淸曠，評者比之黃宗道，吾恐宗道未易方駕也。丹邱柯九思跋。寶繪錄

附 厲鶚陳居中蠻王入貢圖詩：「開緘絹素凝烟霜，筆蹟纖妙窮毫芒，七國人物在右方，嘉泰待詔蕃馬長。丹邱博士官天章，八分題識俗頗詳，顧瑛私印謹所藏，職貢一一來梯航。嬋媛四騎君袂良，非畀彌呼名女王，侍兒手捧沈水香，鑑井而孕何荒唐。持衰渡澥不得望，眞臘風土文豹將，蠻奴對舁乘阮囊，前道獵獵旗飛揚。占城、浡泥耳垂璫，錦罽包裹百寶箱，負箱峩峩狒狒裝，扇飭氂旄隨侍傍。臣契髬鬀獻西洋，象齒如雪闍婆鄉，三佛齊致兩驌驦，一匹頓塵一騰驤，此皆鬈髮深目眶，向化慕義恭趨蹌。復有釋子偕雁行，得非奝然與頡頏，九譯之及古越裳，宋德如日出扶桑，願難任人無怠荒，畫史再拜陳明堂。」樊榭山房續集

高嗣昌 無畫跡可考

高嗣昌，珣之從子。師李唐，作山水，寒林古木。嘉定間畫院待詔。圖繪寶鑑

蘇顯祖

蘇顯祖，錢唐人。工人物山水，與馬遠同時，筆法亦相類，但筆法稍弱。嘉定年待詔，俗呼其畫爲「沒興馬遠」。圖繪寶鑑

蘇顯祖遊春圖絹畫一小頁，高三寸餘，長七寸。畫平遠花隄遊春之景，畫法頗韻。蓋倣馬遠未免筆弱，而謂之「沒興馬遠」，此則不然矣。吳其貞書畫記

蘇顯祖山水圖絹畫斗方一頁。同上

南宋院畫錄卷五終

南宋院畫錄卷六

錢唐 厲鶚 太鴻輯

夏珪 子森附見

夏珪，字禹玉，寧宗朝待詔，賜金帶，院人中山水，自李唐以下，無出其右。子森，亦善畫。畫史會要

夏森，字仲蔚，珪之子。運筆不及其父，獨林石差勝。繪事備考

夏珪，工人物山水，醞釀墨色，麗如染傳，筆法蒼老，墨汁淋漓。雪景學范寬。西湖志餘

夏珪，夾筆作樹梢，間有丁香枝，樹葉間有夾筆。人物面目，點鑿爲之，衣摺柳梢，間有斷缺。樓閣不用尺界，只信手爲之，筆意精密，奇怪突兀，氣韻尤高，故當爲一代名士。山水家法

夏珪師李唐、米元暉拖泥帶水皴，先以水墨皴，後卻用墨筆。妮古錄

夏珪山水布置皴法與馬遠同，但其意尚蒼古而簡淡，喜用禿筆。樹葉間有夾筆。樓閣不用尺界，信手畫成，突兀奇怪，氣韻尤高。格古要論

夏珪畫之傳世者：名山藏書圖一，灞滻徵行圖一，南宮避風圖一，柏人宵征圖一，博陸

問璽圖一，張陵叱劍圖一，秋風斜谷圖一，五月渡瀘圖一，峴首讀碑圖一，樓船濟江圖一，明皇吹笛圖一，羯鼓催花圖一，靈武分兵圖一，劍閣題詩圖一，右軍洗硯圖一，籠鵝道士圖一，王恭涉雪圖一，剡溪夜棹圖一，灞橋詩思圖一，溪橋暗雪圖一，千山暮雪圖一，雪夜歸帆圖一，雪景圖五，遠山圖三，小景十二。（繪事備考）

古人遠矣，論畫者當以耳目可考者爲準，言山水則李成、郭熙、石濬、夏珪、戴進、李在。（北窗瑣語）

夏珪溪山無盡圖，西紙所畫，其長四丈有咫，舊藏石田先生家，後歸陳道復氏，後在金閶徐默川家，蓋禹玉劇迹也。又入嚴分宜家，今藏錫山顧氏。（清河書畫舫）

歙吳氏有夏珪江閣觀潮圖一册，清勁可愛。（同上）

夏珪江山清遠圖，絹本，其長十丈。（南陽名畫表）

夏禹玉山水長卷，卷高二尺餘，其長五丈有奇，絹本，淺絳色，收藏得地可喜。卷前署曰「江山平遠，西湖春雨」，有「晚翠軒」、「蔣廷暉」印，廷暉筆也。畫前有「許氏廷美」圓印，「松皋清玩」方印，卷尾小楷云「臣夏珪進書畫」，皆屬眞筆無疑。設色尤古，所乏者士氣耳。（眞蹟日錄）

夏珪仙槎圖、玩月夜景圖二軸、烟村歸棹圖、丹霞訪靈照圖，山水人物共二十軸。嚴氏書畫記

夏珪鍾秀圖、江山無盡圖、山水奇觀圖、草堂十二景圖。同上

夏珪春日田園居一小卷，高六寸，長三尺。東圖玄覽

夏珪清溪園亭小景，筆簡而意殊遠。又懸崖飛瀑，一片秃筆山水。同上

松江曹涇楊氏，藏夏珪千巖競秀圖。都穆鐵網珊瑚

夏珪千巖萬壑圖在楊氏，精細之極，非殘山剩水之比。昔王履安道評馬夏山水，謂其粗也而不失于俗，細也而不流于媚，有清曠超凡之遠韻，無猥闇蒙塵之鄙格，其推尊之也至矣。清河書畫舫

夏珪長江萬里圖，長二丈四尺，絹墨如新。續書畫題跋記

夏珪烟江疊嶂圖、錢唐觀潮圖。珊瑚網

夏珪江山平遠圖、山水圖、捕魚圖、風雨圖，毛良舜臣書畫樓藏。無聲詩

夏珪夜潮風景圖團扇，絹本，淡色。高城傑閣，有客憑欄觀潮，風樹蕭瑟；金塗圓月，瀲灩喧豗中，聲色俱動。「定知玉兔十分圓，已作霜風九月寒；寄語重門休上鑰，夜潮留向月中看。」賜趙佑。宋理宗對題。「御書之寶」。珊瑚網

夏珪山雨欲來圖團扇，紙本。「溪雲初起日沉閣，山雨欲來風滿樓」，其景象盡于禹玉筆端矣。西吳菰蘆中人。同上

夏禹玉瀟湘晚渡圖小斗方，絹本。「高低蘊藉筆，寫出瀟湘色；竹浪晚山橫，歸帆不可忽」。同上

夏禹玉寒山行旅圖，絹本。禹玉筆法蒼老，而墨色如傅粉之色，觀此良然。玉水。同上

夏珪遠浦歸帆圖，三樹掩映斐亹，天際一帆，斷岫明滅，自足好致。弇州山人續稿

夏珪雪江歸棹卷，於浦漵曲岸間作麂眼短籬，叢竹蒙茸，雪屋數椽，掩映林薄中，極荒寒之趣。居易錄

程鉅夫題夏珪山水詩：「隱者多依泉石間，結廬相對共幽閒；誰知泉石更多事，日夜鬥聲來撼山。」雪樓集

夏珪晴江歸棹圖：「世稱夜光無與敵，何如夏君神妙筆，蒼然勁鐵腕有靈，開圖展對人愛惜。青山隱隱江重重，懸崖一澗飛晴虹，中流倚棹者誰子，隨風蕩漾開天空。柳隄高士來何處？時復攜琴過溪去，忽聞天外落虛鐘，一曲漁歌碧雲曙。當年畫院不乏人，紛紛丹碧失天眞，醉來漫瀉金壺汁，吮毫落紙無纖塵。古今世事如棋局，碌碌常懷看山福，推

窗長嘯天地秋，短句深慚爲尾續。」紫芝山人俞和。「漠漠江天吳楚分，幾重樹色幾重雲，客心已逐歸帆去，誰道溪邊有隱君。」大癡道人黃公望。　錢唐夏禹玉，畫筆蒼老，墨汁淋漓，畫院中人物山水，自李唐而下，無能出其右者。吾友邱世嚴有風雪歸莊圖，與此不相上下，但境界稍寥落耳。此卷醞釀墨色，麗如傅染，殆荆關以上人也。柯九思。　右晴江歸櫂圖，爲夏珪所作。禹玉其字，錢唐人也，爲宋寧宗朝畫院中待詔，有賜金帶之寵。善畫人物山水，醞釀墨色如傅染，筆法蒼古，氣韻淋漓，足稱奇作。又嘗學范寬，此卷或爲王洽，或爲董、巨、米顛，而雜體兼備，變幻間出，吾恐穠妝麗手，視此何以措置於其間哉。某公所藏禹玉畫卷不止四五，而未若此全以趣勝者也。嘉靖元年冬十月一日，文徵明題。寶繪錄

夏珪烟江疊嶂圖：「大江來自岷山遠，萬里東流幾深淺，洪濤巨浪自舂撞，一派西隨萬山轉。萬山巘巘翠黛浮，大孤小孤當中流，高城遠出武昌樹，衰草微連鸚鵡洲。茅屋人家住深島，雞犬不聞人跡少，幾行鴻雁日邊來，一幅征帆天際小。湘南雨歇秋風清，落木黯慘哀猿聲，荆門月出夜潮長，九疑山碧秋雲橫。我生自是優游者，足跡何曾半天下，長江萬里欲神游，卻喜今朝見圖畫。圖畫再展未能休，似有模糊寒具油，只恐通仙忽飛

去，驚絕當年癡虎頭。」康里不花。書畫彙考

金涓題夏珪江天霽雪圖詩：「小舟和雪載梅花，水氣吹寒拂鬢華；妙處人琴忘已久，不知乘輿到誰家？」青村遺稿

明太祖高皇帝跋夏珪長江萬里圖：洪武十三年春正月，奸臣胡惟庸權奸發露，令法司捕左右小人，詢情究源良久。人報左相贓貪淫亂，甚非寡慾，朕謂來者曰：「果何爲實，以驗贓貪？」對曰：「前犯罪人某被遷將起，其左相猶取本人山水圖一軸，名曰夏珪長江萬里圖。」朕猶未信，試遣人取以驗，去不逾時而至，吁！微物尚然，受贓必矣。傍曰：「乃夏珪之親筆也。」時左右內臣盡舒其軸，朕的視之，見皴山染水，落筆有方；陸有層巒疊嶂，岩谷幽冥，樹生偃蹇，藤挂龍蛇；水有江灣屈曲，其勢動蕩，彷彿萬里洪波。又山意足而平川蕩蕩，遠浦瀰漫，俄生培塿，突曠野以纍纍。觀相生血氣者則有寒雁穿雲，喬松立鶴，水陸崎嶇，僧俗半出雲岩，而似行似涉？若此者，非工夫一日以成其圖也。斯萬里也，造次不節，逡巡不成，若仁者體嵬山而聳拔，知者效流水以守常，不亦俊乎。御製文集

僧來復題夏珪風雨行舟圖詩：「君游南越我西秦，盡日江頭采白蘋；無限波濤起平陸，順

風休笑逆帆人。」蒲庵集

張昱題夏珪孤舟風雨圖詩：「此船載得許多愁，使我尊前感舊游；惆悵揚州十年夢，滿江風雨泊瓜洲。」廬陵集

倪瓚題夏珪紈扇圖詩：「孰識琴中趣，山峩水深深，□史妙于畫，無言會古音。」清閟閣稿

高啓題夏珪風雪歸莊圖詩：「江雲黏波晚模糊，青山忽失如亡逋，乾坤瑩淨冰作壺，春意散入千林枯，野橋古渡行人無，淸響瑟索鳴殘蘆。江天萬里一老夫，短蓑如蜎舟如鳧，魚寒入泥不上罛，歸來遠識漁村孤。柴門夜扣聞犬呼，徑行歷折誰撐扶？山妻自炊稚子沽，不羨炙肉圍紅爐。嗟予客游歲屢徂，詩囊隨驢尋髯奴，長安何處覓酒徒？飛花撲頭貌不烏，旅舍無夢遠江湖，慚對風雪歸莊圖」。青邱集

平顯次陳東之韻題夏珪畫：「畫家粉本尤精好，賞鑒誰能察毫杪？良由天質發自然，慘淡經營信揮掃。珪森父子鳴趙季，邱壑胸襟氣深杳，墨捲波濤滄海立，筆縮烟雲天地小。冥搜遠寄作此圖，繹思通靈古來少，東西四萬八千丈，玉寶瑤臺勢傾倒。北歸有客懷故鄉，悵望淸猿與幽鳥，只悲白髮歲年徂，不得癡兒公事了。神游翠壁攬長蘿，夢濯靈溪藉纖草，金庭之魂可些招，應躡玄蹤近一老。」松雨軒集

陳川題夏珪溪山淸遠圖詩：「我家東南邱壑好，曲折雲林護危杪，澗沙流水春自香，石楠碎葉秋如掃。縛柴野橋松雨涼，鳴鐘破寺茶烟杳，山椒茅亭如笠大，石脚漁舟似瓢小。人家制度太古前，雞犬比隣往還少，酒杯吹香小店門，落日漁樵多醉倒。六年不歸長夢見，白髮忘情貧魚鳥，晴窗見畫自摩挲，舊夢微茫今了了。不知何處得此圖，覺我山居殊草草，安得溪南寫石田，便攜妻子從茲老。」明詩綜

王直題夏珪風雪江村圖詩：「江天漫漫雲氣黑，江風蕭蕭雪花白，荒村古道人跡稀，惆悵津頭遠行客。黃蘆低折沙草平，遙望不見長安城，蹇驢凌兢縮如蝟，鞭驅還欲西南征。四山溟濛日應晚，辛苦羸僮未遑飯，深林歸鳥棲已定，茅屋人家去猶遠。吁嗟乎！夏珪之筆凌范寬，滿堂凜凜生晝寒；卷簾看罷重歎息，歲晏高歌行路難。」抑庵集

商輅題夏珪山水圖詩二首：「夾江山勢如削玉，夾岸人家結茅屋，屋頭挺挺多修竹，屋外垂垂楊柳綠；漁舟欸乃聲相續，得魚沽酒聊自足，就中高人美如玉，策騎時來訪幽獨。石壁當年天琢成，石逕迢迢縱復橫，近山松柏如列屏，遠山紺宇何崢嶸！方壺蓬萊緲杳冥，未若此境堪怡情，一見令人塵慮淸，乃知禹玉筆法精。」商文毅公集

夏禹玉長江萬里圖，長二丈四尺，絹墨如新：「雲山蒼蒼江漠漠，紹興年間夏珪作，珍重

須知制作難，卷尾書臣字端恪。卻憶當時和議成，偏安卽視如昇平。惟開緝熙較畫史，兩河淪棄無人爭。斯圖似寫南朝土，還有樓臺在烟雨，釣叟棋翁不可呼，漁舟野店誰能數？但覺層層境不同，林泉到處生清風，意到筆精工莫比，只許馬遠齊稱雄。中原殷富百不寫，良工豈是無心者，恐將長物觸君懷，恰宜剩水殘山也。畫中思效一得愚，更把飛鴻添在圖，願君更向飛鴻問，「五國城頭信有無？」一水村居士陸完書。（續書畫題跋記）

夏禹玉夏江汎棹小絹畫一幅，懸崖江上有白雲，古木藤蘿下有一艇，人皆仰望白雲而去。畫法高簡，景趣悠然。識二字曰「夏珪」，書在石壁上。（吳其貞書畫記）

夏禹玉雪岡樓閣圖，絹畫鏡面，氣色如新，邱壑緊密。畫在下段，上則空之，諺云「馬半邊，夏一角」，言不謬也。識二字曰「夏珪」。又秋山草橋圖，爲前圖對幅，精細無異，識二字亦然。（同上）

夏禹玉洞庭秋月圖絹畫一幅，畫法高簡，渺然遠觀。上有宋高宗題咏。（同上）

夏禹玉竹窗讀書圖小紙畫一幅，寫修竹數竿于坡上，一人讀書草屋內，畫法高簡。識二字曰「夏珪」，上有龍石元鼎題咏。老友陳君一贈予。（同上）

夏珪柳陰納涼圖絹畫一幅，畫法清簡。識二字曰「夏珪」。在金陵季升之家。（同上）

夏禹玉隔船烟火圖，畫法古雅，逼似唐人。（同上）

夏禹玉雪圍圖絹畫鏡面一頁，得于詹淡如手，己卯三月七日。（同上）

劉泰題夏珪山水圖詩：「夏珪丹青世無敵，遠近濃淡歸數筆，天機所到入神妙，此圖尤爲人愛惜。青山峩峩樹重重，高泉一派飛白虹，雲林烟谷互隱見，羊腸細路東西通。溪邊丈人清似玉，倚窗悠然吟不足，我役黃塵奔競途，勞生頗欠看山福。春風幾度薔薇開，舊時猿鶴相驚猜，有田可耕書可讀，家在山中歸去來。」（菊莊集）

張寧題夏珪松濤怪石圖詩二首：「巨靈鑿山翻地軸，老龍槎枒奮空谷，茫洋浩氣溢不收，一道奔騰鬼神哭。呂梁洪上孤月明，徂徠黛色參天橫，黃河一瀉幾千里，人道天潢東向傾。青陽使者膚如鐵，玄冥老翁頭似雪，雲根丈人勢敵虎，狹路相逢不相協。六和塔下天風來，孔明殿前雲水開，仰天俯地望不及，卻憶西山灩澦堆。」（方洲集）

前人題夏珪風雨圖詩：「長風吹折巓崖樹，江色愁雲雨聲暮，蒼茫野艇晚驚潮，交楫橫篙無住處。何人倚岸汎虛舟，風雨不動如安流，酒酣袒側篷窗底，忽憶瞿塘五月秋。」（同上）

田雯題夏珪畫詩：「高下數家村路好，落日鳴鴉盤木杪，田背雨痕龜兆坼，石床風過松花埽。穿崖縛屋酒旗斜，奔瀨曳船漁蓑杳，土牆半塌紅橘垂，牧豎橫騎黑犢小。港口柳陰

樵唱來，茅亭四面有飛鳥，吾家遠在高津西，紙上邱壑今了了。萬峯屼嵂一水灣，願築菟裘身將老。」古歡堂集

夏珪溪橋茅店圖，妙品，淡色，人物樓閣精細。書法紀年

宋夏禹玉山水卷，絹本，高七寸七分，長一丈六尺三寸，末尾著細楷書「臣夏珪畫」。共十二景，每景題字，皆理宗御筆。有雙龍小璽，內府大璽，前後鈐縫宋印三方，元印五方。絹素精堅完好，筆墨閒雅，位置淸曠，爲所見第一。

江皐玩遊　汀洲靜釣　晴市炊烟　淸江寫望　茂林佳趣　梯空烟寺

靈巖對弈　奇峯孕秀　遙山書雁　烟村歸渡　漁笛淸幽　烟隄晚泊

禹玉居錢唐。早歲專工人物，次及山水，筆意蒼古，墨氣明潤，點染烟嵐，恍若欲雨，樹石濃淡，遐邇分明，蓋畫院中之首選也。惟雪景更師范寬，自李唐之後，藝林可當獨步矣。在當時鄭重，況今代乎。嚴陵邵亨貞識。邵氏復孺　靑溪野史二印。右南宋夏珪禹玉畫一卷，禹玉錢唐人。寧宗朝爲待詔，賜金帶。善畫人物山水，筆法蒼老，墨氣淋漓，高低醞釀，遠近濃淡，不繁而意足，更有不窮之趣，院中畫山水者，自李唐以來，無出其右，眞奇作也。此卷乃經進之畫，其款書臣，其上各題皆有雙龍小印，當是理宗之筆，可爲妙品

矣，宜寶藏之。嘉靖壬戌仲春之望，王穀祥。夏珪師李唐，更加簡率，如塑工所謂減塑，其意欲盡去模擬蹊徑。而若滅若沒，寓二米墨戲于筆端，他人破觚爲員，此則琢員爲觚耳。天啓丁卯六月，董其昌題。（江村銷夏錄）

倪瓚夏珪千巖競秀圖跋：夏珪所作千巖競秀圖，岩岫縈迴，層見疊出，林木樓觀，深邃清遠，亦非庸工俗史所能造也，蓋李唐者，其源亦出于范荆之間，夏珪馬遠輩，又法李唐，故其形模若此；便如馬和之人物犬馬，未嘗不知祖吳生而師龍眠耳。錢唐詹仲華以端石一，華邦憲墨半丸，古玉璏一易此卷。至正四年十二月廿四日，倪瓚記。（清閟閣集）

宋夏禹玉長江萬里圖卷，絹本，高七寸許，長三丈三尺餘，水墨畫，款在起首石上，「臣夏珪」三小字。前後有天歷璽印。至元後六年立冬日，柯九思觀于復古齋。宋寧宗朝畫院待詔夏珪，山水師李唐，用墨如傅粉，今觀長江萬里圖，往往潑墨縱筆，濃淡醞釀，出于自然，眞奇筆也。夫大江發源于岷山，而珪畫泉流迴互，跳珠噴雪，可駭可愕。至于濫觴之後，直下一瀉，舟楫縱橫，旅店隱見，渡口漁舠，林邊鴉點，烟巒雲樹，戍樓城郭，無不極其精妙，所謂「李唐之下，無出其右者」，非邪。唐宋以來，君臣俱游心藝文，皆具畫院，以延攬名士良工，宋之南渡，馬夏稱首，若禹玉者，其可多得哉。（汪珂玉珊瑚網，此下有云「長幅如此卷，又可多得哉」。覽閱既畢，爲題其後。珊瑚網此下有云：「至于弧矢四方，曾經风波江濤之險者，又余所習見，不覺其身之飄然于三峽間爾。」成化三年仲春五日，珊瑚網作翰林承旨，無年月太原王汝玉敬題。夏珪長江萬里橫卷，乃分宜嚴相公物，後歸天府，償武臣俸，朱太傅得之，寶若琛貝，近韓敬塘學士購歸。其水勢欲濺壁，石欲出雲，樹欲含霧，人物舟楫，樓櫓室廬，種種悉具。氣韻但用水墨，而神采燦爛，如五色莊嚴，可與李唐並駕爭先，馬遠諸人，皆當北面。往時屢閱于朱公綠蔭亭上，今復見之，因誦「舊時王謝堂前燕，飛入尋常百姓家」，唾壺幾缺。太原王穉登題。江村銷夏錄

夏珪長江萬里圖，長六丈四尺，在絹上。此卷長江萬里圖，爲今大參張夏山先生所藏。予嘗于京口見米元章澄心堂紙一卷，筆勢奇怪，有意外象。家居時吳人持至一卷，夏珪所作，墨氣古勁可愛。此卷則規模郭熙，而平遠淸潤，有不盡之趣。宋室倚長江爲湯池，故當時畫手，多喜爲之，卒不能守而鐵騎飛渡矣，乃相與爲之浩歎。夏山字用載，家金華山下，景物絕勝。而宦囊半貯此物，將所謂行住坐卧，不離這箇耶，復相與爲之大笑。是歲嘉靖甲午八月吉，觀於江西布政司之紫薇樓下，遂書。雲間陸深。珊瑚網

董其昌夏珪錢唐觀潮圖跋：此幅畫錢唐觀潮圖，乍見之卽定爲閻次平，及諦視始得細款于柳梢，則夏珪也。又復展之於石角中亦注夏珪名，意禹玉自愛，不欲以姓名借客者歟。

然次平之去夏珪，乃不盈咫尺矣。丁酉秋九月廿一日，龍游舟中書。玄宰。（江村銷夏錄）

張寧夏珪畫卷跋：畫家長幅，難於深遠；褊幅，難於深高。此卷上下互見，前後相照，高低遠近，深淺大小，隱顯紆直，夷險靜躁，各得其宜，類不失一，而意趣之妙，能使觀者神游，眞所謂奇作。予生平僅見二卷，一近爲海鹽某家物，一故在溫州致仕都閫陳彥章所，意境皆不如此卷，而筆墨似尤老爛，但少觀老憶，不復親切，汝輝尙珍藏之。（方洲集）

徐渭書夏珪山水卷後：觀夏珪此畫，蒼潔曠迥，令人舍形而悅影。但兩接處墨與景俱不交，似有遺矣，惜哉。雲護蛟龍，支股必間斷，亦在意會而已。（徐文長集）

陳衎夏珪雲泉清話圖跋：馬夏同稱，然夏珪畫視馬遠爲少見，此尤奇絕。其法從王洽陶洗而出，雲氣淋漓，樹影蒼鬱，使人欲就蔭焉。（大江草堂集）

夏珪遠浦歸帆，劉松年溪隱山田，馬遠觀梅、觀瀑、松下揮扇，閻次平小景、松溪別業，李嵩內苑圖、采蓮圖、松間醉臥、霞嶺扁舟、風雨泊舟、柳陰放棹、劉阮天台、高閣燕思，皆畫冊。（珊瑚網）

馬逵

畫繼補遺作遠弟

馬逵，河中人。世榮之子遠兄，得家學之妙。畫山水、人物、花果、禽鳥，疏渲極工，毛羽燦然，飛鳴生動之態逼眞，他皆不逮。圖繪寶鑑

馬逵松窗讀書圖小絹畫一幅，畫法無殊于馬遠。識二字曰「馬逵」，在松樹上。吳其貞書畫記

馬逵畫之傳世者：教鸚鵡士女圖一、祝雞翁圖一、馴雉圖一、菊圃圖一、桃源圖二、梅岑圖一、柳村圖二。繪事備考

馬逵花鳥圖，毛舜臣書畫樓所藏。無聲詩

張英題馬逵松路小艇圖詩：大內觀書畫六幅之一「幽人寄跡水雲間，坐臥扁舟看曉山；倚櫂不知吟嘯久，松風吹過小溪灣。」存誠堂集

南宋院畫錄卷六終

南宋院畫錄卷七

錢唐 厲鶚 太鴻輯

馬遠

馬遠，號欽山，其先河中人，世以畫名，後居錢唐。光寧朝待詔。畫師李唐，工山水、人物、花鳥，獨步畫院。（畫史會要）

馬遠，興祖孫，世榮子。畫人物、山水、花鳥，種種臻妙，院人中獨步也。（圖繪寶鑑）

馬遠師李唐，下筆嚴整。用焦墨作樹石，枝葉夾筆；石皆方硬，以大劈斧帶水墨皴甚古。全境不多，其小幅或峭峯直上，而不見其頂，或絕壁直下，而不見其脚；或近山參天，而遠山則低，或孤舟泛月，而一人獨坐，此邊角之景也。（格古要論）

馬遠畫師李唐，筆數整齊；布境用焦筆作樹榦斗柄，樹葉夾筆。石皆方硬，以大劈斧帶水筆。人物衣摺，小者鼠尾，大者柳梢，有軒昂閒雅氣象。樓閣用尺界畫，襯分染色，極其精明。人謂馬遠全事邊角，乃見未多也。江浙間有其峭壁大障，則主山屹立，浦溆縈迴，長林瀑布，互相掩映。且如遠山外，低平處略見水口，蒼茫外微露塔尖，此全境也。（山水家法）

馬遠山是大斧劈兼釘頭鼠尾，松是車輪蝴蝶，水是門水。七脩類稿

馬遠樹多斜科偃蹇，至今園丁結法，猶稱馬遠云。西湖志餘

樹枝四等：丁香范寬，雀爪郭熙，火燄李遵道，拖枝馬遠。珊瑚網

馬遠水墨西湖，畫不滿幅，人號「馬一角」。姚雲東詩，「宋家內院馬一角」是也。曝書亭集

馬遠松多作瘦硬如屈鐵狀，間作破筆，最有豐致，古氣蔚然。畫傳

楊妹子，楊后之妹，書似寧宗。馬遠畫多其所題，語關情思，人或譏之。書史會要

理宗朝待詔馬遠畫三教圖：黃面老子則跏趺中坐，猶龍翁儼立于傍，孔子乃作禮于前，蓋內璫故令作此以侮聖人也。一日傳旨，俾古心江子遠作贊，公卽贊之云，「釋氏趺坐，老聃傍睨，惟吾夫子，絕倒在地」。遂大稱旨。齊東野語

馬遠畫之傳世者，石鼎聯句圖一、旗亭記曲圖一、終南招隱圖一、天台就徵圖一、沈香醉草圖一、蓮舟邀月圖一、山屏潑翠圖一、春波拍岸圖一、寫生花圖十五、折枝花圖四，水墨花圖十。繪事備考

馬遠松院鳴琴小幅，楊妹子題其左方云：「閒中一弄七絃琴，此曲少知音；多因淡然無味，不比鄭聲淫。松院靜，竹樓深，夜沈沈，清風拂軫，明月當軒，誰會幽心。」調寄訴衷

情，波撇秀穎，姸媚之態，映帶縹緗。姜紹書韻石齋筆談

好事家藏馬遠畫宋南薰殿屏障，淺色。許用國說（用國杭人，親見之也）。都穆鐵網珊瑚

馬遠秋月書屋圖，神品。月色人物，一團煙氣。畫法紀年

馬遠謝宣城澄江高望圖。錢江畫題

馬遠畫竹，下有冠者道士持酒杯，侍以二童一鶴，在煙泉之間。上有詩云：「不禱自安緣壽骨，人間難得是淸名；淺斟仙酒紅生頰，永保長生道自成。」賜王都提舉爲壽。上有辛巳長印，下有「御書之寶」。妮古錄

馬遠觀梅圖，老挺疎枝，秀出物表。對題御書一絕句，沓拖不成語。休承定以爲宋高宗，余謂高宗必不落夾乃爾，當是光寧所題也。弇州山人續稿

馬遠松下揮翰圖一，老人據案，絕似猶龍公，但不知定否五千言耳。覺天骨與天機並秀逸。同上

馬遠觀瀑圖，不敢當棲賢三峽，或于天竺六橋間，雨後得此徵倘。同上

馬遠參禪高士圖二軸，三仙傳道壽星圖三軸，淵明賞菊、和靖觀梅、春溪曉泛等圖，捕魚圖、月明千里故人來句圖，墨梅幷蕃馬三軸，山水人物共二十八軸。嚴氏書畫記

馬遠孝經圖一，高宗書。四景圖一，柳塘聚禽圖一，女孝經圖一。同上

馬遠善作三友圖。吳太素畫梅全譜

項玄度家馬遠探梅圖單條一幅，又梅花册二十六幅。太平清話

馬遠雲山採藥圖。寶繪錄

顧先生大有家藏宋馬遠鍾馗移家圖。王穉登雨航記

馬遠觀泉圖團扇，絹本，淡色。科頭一老，箕踞松下，兀對流泉，嗒然觀聽。「士介」「斧山」二印。珊瑚網

馬遠夜山圖團扇，絹本，淡色。絕壑奔泉，紅梅翠竹間一鶴立石窺泉，一鶴雲中欲下。同上

馬遠松澗盤桓圖，縑素本。松身墨痕堆起，應用易水輕煙也，畫法精妙不必言。同上

馬遠獨釣吟秋圖，絹本。馬氏世擅丹青，遠在畫院中尤稱獨步，觀此作墨氣淡蕩，灑然出塵，足徵家學之妙。同上

馬待詔春郊牧放圖，絹斗方：「蹬蹀無妨錦障泥，柳絲不綰且長嘶；落花好倩連錢色，寫出蕭蕭散牧蹊」。平陽龍惕子題。同上

馬遠松岸高逸圖。同上

董氏集古書册，有馬遠列子御風圖。同上

馬遠觀泉圖，長方絹本，淡色，奇峯壁立，飛泉直瀉，雙松下一客仰觀，童子二，抱琴持釣具。同上

馬遠山水，上一遠山，用水墨瀋成雲影。廷韓藏。東圖玄覽

馬遠小長條山水，有楊妹子題，又有遠紈扇，寫桂花，皆眞。又有蓮湖放舟圖、竹鶴圖，皆燈市見。珊瑚網

檇李項元汴一册，有馬遠二小片，闊未及四寸。一作雞引羣雛，一作二鵝。妙絕。同上

朱都督箑菴，以徑二寸長畫卷，集爲二大册。今一在嵇職方，一在吾歙殷二公子。予並得細閱。每部十八册，殷册中有馬遠數册，絕佳；嵇册獨有夏珪，缺馬遠。同上

余參將有馬遠山水二筴，樓臺二筴。同上

文待詔徵仲家藏馬遠松泉圖卷，絹本，淺絳色。上作五松甚奇古，點綴有法。卷尾題咏出勝國鄭元祐、高啓、王彝諸先輩。淸河書畫舫

崇禎戊辰暮春之望，過項氏觀楊妹子題馬遠花卉對幅及仇遠等跋。同上

董玄宰太史平生不喜馬夏畫本，及觀松泉圖卷，則又賞其清勁，爲之斂衽讚賞不能已云。

馬遠臨江村社會圖、待月圖，前元人跋踏歌圖，宋高宗題，前後璽。茅維南陽名畫表

馬遠折枝榴花梔子小幀。都穆鐵網珊瑚

馬遠山水圖：春山、夏山、秋山、冬山四圖。雲山圖。毛舜臣書畫樓藏。無聲詩

思陵題畫册，在絹素上，皆馬遠着色山水。「桃李無言春告歸，落紅如海亂鶯啼；西村渡口斜陽裏，渺渺煙波綠拍隄」。上有辛巳長印。郁逢慶續書畫題跋記

宋內院題馬遠四景圖詩：「花前小榻閑眠處，竹下明窗獨坐時，著甚語言名定泰，林間自有翠禽知。」「一霎催花細雨回，集芳堂下錦千堆；浪紅狂紫渾爭發，不待商量細細開。」「初晴月向松間出，盛暑風從竹裏來；已比他人多數倍，況能時復舉尊罍。」「同雲漠漠雪霏霏，安樂園中賞玩時，酒放半醺簾半卷，此情無使外人知。」珊瑚網

吳師道題馬遠仙壇秋月圖詩：自注：宮扇馬遠畫，宋寧后楊氏題詩，自稱楊妹子。「宮中美人秋思多，夜揖明月追仙娥，畫闌桂樹倚樓闕，碧落天壇飛缺二字。畫師不解西風夢，筆端便有華陽洞，更將姸畫寫清詞，輕扇君王心已動。炎精季葉堪歎嗟，矧尔妖麗傾其家，申生遺禍到濟濆，府中丞相眞奸邪。吳宮一埽荒煙冷，舊事凄涼誰復省，百年永鑒不可忘，留與人間看扇影。」吳禮部集

吳師道仙壇秋月圖詩，自注宮扇馬遠畫，宋寧宗后楊氏自稱楊妹子，詩中感慨濟王之事。以楊妹子爲楊后，誤。（香祖筆記）

高宗（遠非高宗時人誤）題馬遠畫册：「閒來洞口訪劉君，緩步輕□玉線裙，細白桃花擲流水，更無言語倚彤雲。」「高山流水意無窮，三尺雲絃膝上桐；點點此時誰會得，坐憑江閣看飛鴻。」「月午山空桂花落，華陽道士雲衣薄；石壇香散步虛聲，彩雲淸冷謫西鶴。」（珊瑚網）

又題馬遠畫册：「已過穀雨十六日，猶見牡丹開淺紅，曾不爭先及開早，能陪芍藥到薰風。」（同上）

陳旅題馬遠畫詩：「屋角東風吹柳絲，杏花開到最高枝，春來陌上多塵土，此老醉眠渾不知。」（安雅堂集）

葛邏祿迺賢題馬遠信州圖詩：「昔解靈溪纜，相將下信州，人家臨水岸，鼓角起城頭。雲積龜峯雨，江分蠡澤秋；開圖見山郭，千里思悠悠。」（金臺集）

池灣沈貞仲家藏馬遠漢宮春曉一幅。（太平淸話）

馬遠載鶴圖：右宋馬遠所畫載鶴圖，其寫夏山樓閣，長林豐草，景物悠然，較之平時應制之作，不啻逕庭矣。遠爲光寧朝畫院待詔。士人稱南宋畫院中之尤者曰劉、李、馬、夏，則遠居其三，蓋以其年數之先後，非以其畫之優劣也。今瑩之所藏此卷，什襲珍重，不敢屑越，可謂得所矣。既識而復題以短句：「載鶴輕舟湖上歸，重重樓閣鎖煙霏，仙家正在幽深處，竹裏雞聲半掩扉。」梅道人吳鎮。寶繪錄

張昱題馬遠宮廊雪霽圖：「畫在丹青事已非，碧山猶自繞朱旗，分明黃屋宸游處，千步宮廊雪霽時。」張光弼詩集

元王逢題馬遠小景圖：「半天飛殿壓金鼇，一島春雲護小桃，爭捧夜香薰御榻，君王來聽月中濤。」「斑管書殘女史箴，水精深殿樂登臨，荷花大得薰風意，一夏吹香上玉琴。」梧溪集

張雨題馬遠小景詩二首：「柳未藏鴉雪未消，春山游子馬蹄驕，去年沽酒樓前路，錯認桃花第一橋。」「玉砂卷海白模糊，千樹梅花掃地無，仿佛水仙祠下路，金枝翠帶不勝扶。」句曲外史集

錢惟善題馬遠商山四皓圖詩：「已剖巴陵橘，猶歌商嶺芝，避秦非避漢，一出繫安危。」江月松風集

陶宗儀題馬遠竹溪吟弈圖詩：「好詩應向過橋成，逸興還從對局生，此日山林無一事，竹香細細晚風清。」南村集

高啓題馬遠畫荼䕷黃葵詩二首：「春晚獨餘芳，風回帶酒香；美人多愛看，因似玉衣裳。」「池冷畫闌幽，芙蓉伴晚愁，金盤承露色，仿佛漢宮秋。」青邱集

馬待詔山居小景圖：「何處人家水繞門？白沙翠竹自成村，老翁最得昇平樂，韋曲看花引子孫。」釣鼇叟。「買斷雲山隔竹溪，此中高築釣魚磯；侯門稚子輕相笑，齷齪惟甘老布衣。」穮蓘生。「百折泉源遠，千莖竹樹幽；飛來何處雁？清影落芳洲。」立菴「獨民」朱文印。「水抱雲根淨，林含雨氣涼，征鴻飛杳渺，秋思滿瀟湘。」林鍾。「湍激石齒齒，驚飛雙睡鳧；平蕪秋色裏，對景獨思鱸。」鄭閎。「秋淨水逾碧，竹多山更雄；瀟湘無限景，都在一雙鴻。」沈德全。珊瑚網

馬待詔雪景圖：「今夕何夕興無涯，來訪山中宰相家，艇子衝寒撐一箇，還能煉雪爲烹茶。」盧彭祖。「萬里江天暮，冰花散冷風，卷簾看不足，呼酒坐孤篷。」沈文矩。「鳥絕千山暗六花，地靈珉布日韜霞；溪居有客圍爐坐，石鼎須烹鳳髓茶。」徐汝成。「地白風寒雪不開，枯梢屋外壓將摧；爐煨榾柮關門臥，應沒情人乘興來。」蕭規。「雪埋門徑失，壓樹白差差；知己年來少，無人訪戴逵。」武陵顧敬。「暮雲天一色，飛雪滿江干；野艇歸來晚，推篷不厭看。」沈中。「大雪天地閉，空江行旅稀；維舟且未出，高臥掩

柴扉。」立菴。「獨民」印。同上

王㑊題馬遠小景：「天際蛾眉淡欲消，樓臺染出襯層霄，玉簫吹徹鸞飛去，人在西湖第幾橋？」虛舟集

馬遠虛亭漁笛圖：「五月江南雨乍晴，看山如在畫中行：隔溪簾幙初飛燕，灌木池塘獨聽鶯。暑向乍宵風雨盡，詩從今日簟紋成；晝長睡起無何事，驀送滄浪漁笛聲。」至正丙申七月晦日，丹邱柯九思題。「虛閣延涼飔，唯聞芳草氣；漁艇出滄浪，弄笛仍遺世。山鳥爲飛鳴，游魚順流去；幽人午夢餘，翛然信高致。何物馬生圖，會得其中趣；展閱不能忘，賦得工五字。」至正辛卯七月十六日，梅道人吳鎭題。「扶疎灌木圍香閣，無數好枝生屋頭；白屋吹雲蘆渚晚，青松含雨石窗秋。漁舠自是玄眞侶，嘯客應知阮藉儔；一派瀟湘淸絕處，恍疑塵世有丹邱。」汝南袁凱。「笛聲隱約起平蕪，舟在深深蘆葦衢；蒼峽有猿巴樹合，碧天無雁楚山孤。藤蘿滿貯江湖字，粉墨時留洞壑圖；一段淒淸無着處，且隨詩夢落魚罛。」宋濤獻先生諱遠，善寫湘中山水樹石，大都本巨然，而尖峯斷靄，滅沒有無，遂開二米堂隧，妙處近人不知也。余昔年東原先生齋頭見其長幅，蒼松奇石，筆法神秀，仰想迄今。今觀是卷，馬先生人物精工，竟入唐人筆意耳。長洲沈周。

「喬松倒影罨虛亭，睡起匡牀午篆淸；長笛一聲何處響，應知漁棹出煙汀。」「潭潭草閣帶灣崎，山木蒼蒼結夏帷；最是晚涼初睡起，坐聽漁笛送斜暉。」嘉靖丁酉七月二日，觀於白龍潭綠雨亭，漫題二短句。祝允明。「石枕涼生草閣虛，已應梅潤入圖書；不嫌門巷多啼鳥，所喜林泉有僻居。粉竹亞梢垂宿露，碧蘆差影麗游魚；北窗睡起羲皇上，時聽滄浪一笛漁。」七十二翁南峯楊循吉題。宋馬遠爲光寧朝畫院中人，作畫不尙纖穠嫵媚，惟以高古蒼勁爲宗，誠一代能品也。此卷虛亭漁笛圖，風致幽絕，景色蕭然，對之覺涼颸颯颯，從澗谷中來也。士人盛稱周文矩避暑卷，視此又不足言矣。嘉靖丁亥六月二十一日，文徵明識。嘉靖壬子正月二十四日，過某公讀書房，出此相示，益歎馬遠畫法之妙，因識于後，以記余再閱之幸。徵明時年八十三。寶繪錄

袁華題馬遠所畫握扇，楊后題識于上：「金粟花攢璧樹開，月明露溼玉階苔；尙餘數疊香痕在，曾向坤寧殿裏來。」耕學齋集

吳寬題馬遠古松高士圖詩：「寄傲天地間，不爲俗士知，九衢紛車馬，有足難並馳，偶來長松下，時復一解頤，手持白羽扇，萬事付一麾。吾心在太古，身卽太古時，所以陶淵明，羲皇不我欺。須臾白雲起，青山變容姿，卽此見世故，長歌返茅茨。」匏翁家藏集

祝允明題家藏馬遠春山行樂大幅詩：「淑候媚川石，初景澹林霏，扶藤循石坂，楊柳共依依。朱紘臥行樸，隨往抱希微；無論遇高賞，器在道無違。」（京兆集）

明蘇正題馬遠淸溪道士圖：「璚島春風草色青，露華涼沁蕊珠經；洞門深鎖無人到，一曲瑤笙有鶴聽。」（懷悅士林詩選）

宋馬遠畫山水十二幅，楊妹子題字，賜大兩府，各幅同。雲生滄海、湖光瀲灩、長江萬頃、寒塘淸淺、層波疊浪、晚日烘山、雲舒浪卷、波蹙金風、洞庭風細、秋水迴波、細浪漂漂、黃河逆流。右馬遠畫十二幅，狀態各不同，而江水尤奇絕。出筆墨蹊徑之外，眞活水也。予不識畫格，直以書法斷之。長沙李東陽。馬遠不以畫水名，觀此十二幅曲盡水態，可謂多能者矣。全卿家江湖間，蓋眞知水者，宜有取於此。戊申十月晦日，吳寬在海月菴題。山林、樓觀、人物、花木、鳥獸、蟲魚皆有定形，獨水之變不一，畫者每難之，故東坡以盡水之變，惟蜀兩孫，兩孫死，其法中絕。今觀遠所畫水，紆餘平遠，盤迴澄深，洶涌激撞，輸瀉跳躍，風之漣漪，月之瀲灩，日之澒洞，皆超然有咫尺千里之勢，所謂盡水之變，豈獨兩孫哉。戊申歲長至後十日，王鏊題。又有陳玉東沂題語。（不錄）羅浮山人梁敬借觀。俞允文畫水記一篇。（不錄）馬遠水十二幅，楊妹子所題，往時陳道復嘗誇予，謂是世間奇物，今四十餘年矣，始得一見，豈勝快哉。馬畫盡水之變，俞記窮水之態；元美世居海上，其于水之變態，當自得之；予近寄寓包山，風帆往來，亦嘗領略，今觀此卷，頗會於中。元美方出爲世用，既有得于水之變態，尤宜觀水體以自致，瞽言狂妄，不知以爲然否。同在坐者：錢叔寶穀、顧季狂聖之、尤子求求。隆慶戊辰六月十八日，五峯山人文伯仁。「上帝兩帶垂，長江黃河流，崑崙觸天漏，下貯海一坏。震澤與洞庭，匯作東南漚，風雲出千變，日月浴雙輈。泓渟寫秋星，蕭瑟競素湫，木落淸淺出，石壓琤琮抽。其細抹貫珠，巨者膏九州，誰能傳此神，毋乃宋馬侯。解衣盤礴初，已動馮夷愁，天一臆間吐，派九筆底收。生絹十二幅，幅幅窮雕鎪，憶昔進御時，陡豁神龍眸。遂令大同殿，濤聲撼牀頭，六宮攝其魄，所以不敢留。楊妹卽大家，女史司校讐，朱瑱六玉箸，墨宛四銀鉤。錦縹賜兩府，靑箱潤千秋，晴窗下開閱，如練沾衣褠。恍作銀漢翻，浸我白玉樓，當其鬱怒筆，楣表騰蛟虬。及乎汩舒徐，遙頸延鷺鷗，動則開智樂，淵然與心謀。老思鑑湖曲，興盡剡溪舟，左壁桑氏經，右圖供臥游。那能學神禹，胼胝終荒邱。」隆慶庚午春日，吳郡王世貞詠此圖，得二十五韻，二百五十字。右馬河中遠畫水，馬不以水著，而所畫曲盡其情狀，吾不知于吳道子、李思訓、孫知微若何能？

自崑崙西來，至弱水之沼，中間變態非一，無復遺致矣。畫凡十二幀，幀各有題，如雲生滄海，層波疊浪之類，雖極柔媚而有韻。下書「賜兩府」三字。其印章有楊娃語，長輩云：「楊娃者，皇后妹也。以藝文供奉內庭，凡遠畫進御及頒賜貴戚，皆命娃題署云。」按遠在光寧朝，後先待詔藝院，最後寧宗后楊氏承恩，執內政，所謂楊娃者，豈卽其妹耶？又后兄石、谷，俱以節鉞領宮觀，位至太師，時稱「大兩府」、「二兩府」，則所謂賜大兩府者，疑卽石也。此卷初藏陸太宰全卿家，李文正、吳文定、王文恪諸公俱有跋，而不能詳其事，聊記以俟再考。世貞又識。竹嬾曰：凡狀物者，得其形不若得其勢，得其勢不若得其韻，得其韻不若得其性。形者，方圓平扁之類，可以筆取者也。勢者，轉折趨向之態，可以筆取，不可以筆盡取，參以意象，必有筆所不到者焉。韻者，生動之趣，可以神游意會，陡然得之，不可以駐思而得也。性者，物自然之天，技藝之熟，熟極而自呈，不容措意者也。馬公十二水，惟得其性，故瓢分蠡勺，一掬而湖海溪沼之天具在，不徒如孫知微崩灘碎石，鼓怒炫奇，以取勢而已。此可與靜者細觀之。六研齋筆記

邵亨貞題夏頤貞所藏王眉叟眞人馬遠溪月堂卷：「憶過餘不玉麈山，開元堂下水潺潺；只今惟見溪頭月，白鶴冲天不可攀。」蛾術集

沈夢麟題馬遠山水詩：「千尺雲根倚石牀，飛泉漱玉灑衣裳；兩翁自得棋中樂，不道人間有許忙」。（花谿集）

唐肅題馬遠畫宋理宗御題賜甘昇：「吮筆青蒲染素綃，御詩題罷賜甘昇；莎汀水沒彎迴處，松閣人登最上層。雨長徑苔封細石，雲隨谷鳥拂懸藤；海桑變後看遺軸，蔓草年年滿裕陵」。（息來稿）

朱德潤馬遠瀟湘八景圖跋：瀟湘八景圖，始自宋文臣宋迪，南渡後諸名手更相仿佛。此卷乃淳熙間院工馬遠所作，觀其筆意清曠，煙波浩渺，使人有懷楚之思。（存復齋集）

馬遠四皓弈棋圖，在宋楮上，淺色，山水橫卷，後款云，「臣馬遠」。四皓贊云：「四先生，天民也，天生先生於秦，而不使先生用于秦；天老先生于漢，而不使先生死于漢。焚書坑儒，非秦之暴也，天所以速先生之去也；卑辭厚禮，非漢之恭也，天所以挽先生之出也。」右胡牧仲先生之所作，先師楊鐵崖嘗三誦之，愛其文字簡而意趣高耳。虛白聞而善之，俾書諸卷中云。陳文東識。「白髮商山老，清風扇八垠；能安漢基業，賴此秦遺民。好爵非愛慕，長松相主賓；亦有種桃者，武陵溪水濱。」倪瓚。（書畫題跋記）

馬遠四皓弈棋圖：「落落四皓翁，山林養其靜，羞為漢家臣，欲避秦苛政。欻起佐儲皇，上前啓名姓，堪憐羽翼成，難將口舌爭。無語及扶蘇，空歌紫芝咏。」庚戌四月既望，雲間朱芾書。「商山巍巍，上有紫芝，採芝可療飢，何獨西山薇。西伯養老，去古遠而，獨夫殺士，吾將疇依。卯金之子海內威，羅絡齮齕將奚爲？平生一識下邳兒，肯隨漢邸同兒戲，用里綺里無人知」。抱遺老人會稽楊維禎在雲間草玄閣書。「白石蒼松歲月閑，紅塵飛不到青山，誤因一著爭先手，老使虛名滿世間。」於越江漸。「天下蒼生苦秦虐，高人多與許巢期，當時不墮留侯計，豈負山中咏紫芝。」敬亭謝儁。「谿翁袖圖舟雨泊，過我徵詩咏商確，時危每憶藍田山，白首長吟問寥廓。秦中四老是耶非。風塵于歸如可作，史稱爾皓逸姓名，采芝曾歌山漠漠。巴園橘叟何誕幻，自云不減商山樂，象戲寧爲黑白棋，畫手無稽傳乃錯。老夫逢人苦好弈，見畫應疑身有託，商山巴仙竟兩忘，姑遂平生一邱壑。賦詩獨也愧凡近，前楊後楊學能博，卷圖揖君往放舟，九峯無雲有鳴鶴。」青溪翁載雨相過，出此卷要予同賦，予不能詩，雖竭駑力，豈能追逸足之塵哉？愧亦甚矣。前楊後楊，浦城、會稽二先生云。隴右邾經識。「千年憐四皓，不悟世如棋，既脫秦坑慘，那扶漢鼎危。冥鴻心已屈，牝雉禍難追，何似商巖下，長歌茹紫芝。」河南程煜。「嬴氏肆其暴，黔首無寧居；五嶺已適戍，驪山方迸徒。如何商巖中，遺此四老夫，紫芝當餱糧，靑松爲屋廬，悠悠木石間，其樂殊有餘。姜叟在渭濱，伯夷居海隅，荷篠有丈人，耦耕見長沮，夫子復此舉，異世自同符。我願從之游，道遠不可踰，撫卷長太息，懷賢正躊躇」。海叟袁凱。「安劉無上策，來倩避秦人；駭俗衣冠古，扶顚羽翼新。寵加龍目送，怨人翠眉顰，莫擬巴園橘，飛騰自有神。」張溶。「四翁羽翼漫從游，不識安劉是滅劉；解使初心迴乃主，寧知善計在留侯。紫芝分合商山隱，黃鵠猶憐漢室憂，載展畫圖增忼慨，西風一曲感庭秋。」谷陽陳文東。書畫彙考

吳海馬遠商山四皓跋：「嘗觀李伯時畫商山四皓圖，意趣幽遠，筆力精妙，宛然千數百載，如見其人。因念少時讀西漢傳，四君子避秦亂以去，采芝賦詩，若遺世者。至漢高欲易太子，大臣不能止，呂后用留侯計，延致四君子復出，遂從太子見上。此卷爲馬遠作，余雖不能識，然韻度高古，亦足爲佳。觀其三人離立矍鑠，蒿目若深憂，攢眉若共語，一人仰空曳杖去之，豈計欲出山，三人已相唯諾，其一人尙未定耶？將昔人之見與余同，固因畫以見意耶？毋乃畫者不省其布置，偶若是耶？是足以發予衷而已。」聞過齋集

唐文鳳跋馬遠山水圖：自史皇作畫，創制之法，下逮秦漢間，混樸未散，古質尙存。唐以下則人文日滋，新巧雜出，所謂「上古之畫，迹簡而意淡，中古之畫，細密而精微」也。

至唐王潑墨輩，略去筆墨畦畛，乃發新意，隨賦形迹，略加點染，不待經營而神會，天然自成一家矣。宋李唐得其不傳之妙，爲馬遠父子師，及遠又出新意，極簡淡之趣，號馬半邊。今此幅得李唐法，世人以肉眼觀之，無足取也；若以道眼觀之，則形不足而意有餘矣。（西湖志餘）

吳寬跋馬遠柳塘聚禽圖：柳塘水漫，羣鳥翔集，咫尺中似來親人。晉簡文帝云，「會心處不在遠」，其言妙矣。（匏翁家藏集）

六月二十四日赴鑑臺叔招，出馬遠單條四幅，俱楊妹子題。其一白玉蝶梅：「重重疊疊染緗黃，此際春光已半芳；開處不經風日暖，亂飄晴雪點衣裳。」再題「晴雪烘香」四字。其一著雪紅梅：「銖衣翠蓋映朱顏，未悉何年入帝關？默被畫工傳寫得，至今猶似在衡山。」再題「朱顏傳粉」四字。其一煙鎖紅梅：「夭桃豔杏豈相同，紅潤姿容冷淡中；披拂輕煙何所似，動人春色碧紗籠。」再題「霞綃煙表」四字。其一綠蕚玉蝶：「渾如冷蝶宿花房，擁抱檀心憶舊香；開到寒梢尤可愛，此般必是漢宮裝。」再題「層疊冰綃」四字。後有「楊娃之章」一小方印，與余家所藏妹子題馬遠楊葉竹枝二册，字畫差大，然筆腕瘦嫩略相似。二册楊葉題「線撚依依綠，金垂裊裊黃」。竹枝題「雨洗娟娟淨，風吹細細香」。

項鼎鉉呼桓日記

馬遠鍾馗月下彈琴圖：「古柏蒼鬱，樹身屈曲如几，馗老坐其上撫琴，一鬼自後聽之，月影朦朧，景象幽怪。而衣摺木紋，俱作隸篆法，筆筆奇古可異，雖相沿爲馬遠，或超出其上，亦未可知。」夗上玉水汪子題。珊瑚網

都穆馬遠山水跋：馬遠山水一幅，絹畫。溪水數折亦有勢，兩岸竹樹，有煙雨態，水禽四。上有「宣和」、「天水」小璽，疑後人加之者，遠爲南宋人故耳。都穆鐵網珊瑚

王世貞馬遠山月彈琴圖詩：「與君試彈三兩絃，中有流水仍高山，與君試聽山與水，恍若泠泠合宮徵。試問此聲當屬誰？道人指爪如金錐，劃然一鳴天地白，初月無情爲誰色。丹青譜出無聲琴，却借青眼成知音，聲空色空今已矣，彼圖我歌皆幻耳。」弇州續稿

前人馬遠山月彈琴圖跋：馬河中畫，筆意楚楚，秀骨天發，不墮蹊徑，所小恨者，若孫虔禮之于書耳。此圖一道人焚香鼓琴於山月清泉間，尤自超絕。孔炎王孫走使二千里索余題鑒，余方清齋謝客，拈筆爲作數語。試於夾池讀之，此琴或能與衆山皆響也。同上

馬待詔三教圖卷：題跋刪去五首「絲不如竹，竹不如肉，一等是聲，各分題目。黃鶯啼不足，流水和不足，孔釋老聃兮，拗直作曲。咄西山，隱人懷玉。」嘗聞諸怪怪道人云，往年題三

教卷有曰，「五千言道德之祖，六百函慧命之書，而況于二百四十年之春秋，如天之至公而無私乎」。今此卷因書所記如右。李皓。江文忠公贊馬遠三教圖，有「坐地，立地，笑倒在地」之語，世傳以爲噱。今觀此畫，瞿曇前行，曳踵却顧，而吾夫子與柱下史比肩隨其後，若猶有遠餘意，惜世無江公爲作贊也。泰定元年八月二十又六日，金華黃溍書。近年吳興趙公子昂嘗自稱三教弟子，惜此公已去世，不及題此卷。虞集書。杜史惡周末之繁文，則有掊斗折衡之意；梵王子惡夫溺於富貴者，則有割愛獨淸之心；要之皆有激而然。至司寇則不然，慮其忘也，則曰「我愛其禮」，懼其瀆也，則云「禮云禮云，玉帛云乎哉」，今觀翛然遺世獨立，與夫垂拱者亦異矣夫。至正癸卯歲五月望日，三山林世濟書。珊瑚網

丁丑十二月，上出畫册一函，凡二十六幅，命講臣六人分賦，行所分者，宣廟汀鷺一幅，其三則馬遠、馬麟山水及鵪鶉也。于愼行穀城山房筆麈

于愼行應制題畫煙雨：「蕭蕭一幅上，秋氣滿楓林；半似隨風引，全疑夾霧陰。遠峯看處暝，疎樹望來深，筆底煙雲色，爭知用作霖。」穀城山房集

前人應制題畫雪景：「輕綃寒色動，不是月華開；鳥道千岩迴，江山一徑迴。虛無分玉

樹，彷彿思瑤臺；未擬歌黃竹，陽春徧九垓。」同上

前人應制題畫鵪鶉：「渺彼榆樹翼，丹靑畫作眞；靜眠宮草日，閒傍苑花春。顧影驕金距，逢場上錦茵；非同珠樹鳥，獨用羽毛眞。」同上

按于文定公集中三詩，不書畫人姓名，僅于筆塵中見之。又不分屬遠麟父子，故仍其舊。

熊明遇題馬遠觀梅圖詩：「畫院曾聞馬遠名，圖山畫石最幽淸；華林屋角浮檀暈，畸墅闌邊點玉英。疎影却從寒月渡，暗香還與熢風生；西湖岸上春光早，處士堂前照水明。」綠雪樓集

馬遠鶴荒山水圖：評畫者謂遠多剩水殘山，不過南渡偏安風景耳，又世稱馬一角。乃此獨大幅，淋漓滿志，瀑布從天而下，洄旋曲澗，波濤洶湧，水紋作孫位筆法，亭臺竹樹間幽人掀髯吟眺，山半立鶴昂然者，所云鶴荒也。崇禎丁丑爲黃越石持來，予以仇英南極呈祥圖及宋板國策一部易之。」汪砢玉識。珊瑚網

陳衎馬河中梨花圖跋：光寧朝李唐、劉松年、馬遠、夏珪爲四大家，如宋初之李、范、董、郭。遠尤有家學，於山水、花卉、翎毛、人物，皆變化古蹟，自成一家，至今五百年，尙私淑之不替焉。右梨花一枝，宛然日午，令人有麗陽春暮之思。大江草堂集

前人馬河中海錯圖跋：海錯，微物也，而筆墨精潤，逼眞若此；古人點蠅畫扇，皆可掇取，亦若是乎。觀者不待徐陵蛤蜊啓而口饞矣。同上

馬遠在畫院中最知名，余有紅梅一枝，蒨豔如生，楊妹子題一詩于上，字亦工。按楊妹子者，寧宗恭聖皇后之妹，書法類寧宗，凡御府馬遠畫，多令之題。此幀李梅公見而愛之，攜去竟燬于火。孫承澤庚子銷夏記

張英在內直見馬遠畫松風水月圖，只清古數筆，而神致完備。爲賦絕句：「隔岸松欹古澗濱，挂猿枝偃最風神；由來筆墨宜高簡，百頃風潭月一輪。」存誠堂集

惲格馬遠花圃春煙：「玉蘭花岸泛鴛鴦，綠滿空亭一徑香；柳外風來人不覺，落花如雪過迴塘。」南田詩存

馬遠鸂鶒圖小絹畫一幅，水泉石壁，有兩鸂鶒，游蕩其下，前有二小鳥飛去，畫法簡健。識三字，曰「臣馬遠」，得之兄元振。吳其貞書畫記

馬遠雪崖觀梅圖絹畫斗方，氣色粲然如新。一士子坐草屋下，望窗外梅花，一人踏雪沽酒而來，屋後有修竹高峯，筆法工細清俊，良可愛也。識三字，曰「臣馬遠」。同上

馬遠柳溪水閣圖絹畫斗方，筆法高簡。得之叢睦坊汪無方。同上

馬遠七十二侯圖絹畫冊一本，每册副頁上楷書題識，筆稍弱，是元人臨本。其蟋蟀，居壁繪一嬰兒，以耳聽於壁上；雷息聲，畫一雷公作睡狀。此二圖有意外思致，餘則直寫其事耳。乃龍灣黃氏收藏。同上

馬遠秋江垂釣圖絹畫斗方，雖爲水墨，實效小李將軍，超妙入神作也。觀于夏季遠。同上

馬遠危峯阻日圖絹畫一幅，氣色尙佳，惜其剝落太過耳。觀于仇斗垣。同上

馬遠天香月坂圖絹畫一幅，上有宋高宗題詠。同上

馬遠明月出海圖絹畫鏡面一頁，一片海水，浪中湧出明月，意思如眞。用筆淸潔可愛。同上

馬遠宮苑乞巧圖小絹畫一幅，高不及二尺，廣七八寸，畫宮中樓閣之景。臺上乞巧女人，身長半寸，畫法工緻，氣韻渾厚，效小李將軍，爲遠神品之畫。識三字，曰「臣馬遠」。同上

馬遠竹鸓圖絹畫一幅，雙鸓棲在枯槎，上下有飛白兩竹。識二字，曰「馬遠」。同上

馬遠蓮塘白鷺圖絹畫一大幅，畫法沈著古雅，識「馬遠」二字，得於紹興朱子容家。同上

馬遠老子圖絹畫一小幅，畫法高簡，意趣有餘。在杭城覺苑寺。觀于張黃美、吳肯仲二

人手。癸丑四月二日。同上

馬遠布袋和尙圖絹畫鏡面一頁，氣色如新。一胖僧將布袋挂在杖上肩之，露其腹，笑傲觀天而行。妙品上畫。同上

馬遠瀟湘八景圖絹畫一卷，高約六七寸，畫法淸潤，境界高簡，爲遠之妙作。識二字，曰「馬遠」。卷後有鄭元祐等十一人題咏，前有董氏圖書，項氏圖書。同上

李興宗

祝允明家藏李興宗毛女：「寶瑟無弦尙自隨，秦聲那復記當時；山頭剝棗分猿喫，雲裏巢笙喚鶴騎。見說劉郎駐項籍，空勞徐市覓安期；華陰萬樹長松葉，却笑君王未得知。」

南宋院畫錄卷七終

南宋院畫錄卷八

錢唐 厲鶚 太鴻輯

馬麟

馬麟，一作驎遠子，能世家學，然不逮父。遠愛其子，多於己畫上題麟，蓋欲其章也。畫史會要

馬麟爲畫院祗候。陳善杭州府志

馬麟畫，款書「臣馬麟」。「南望青山滿禁闈，曉陪鴛鷺正差池；共愛朝來何處雪，蓬萊宮裏拂松枝。」高宗御題。珊瑚網

馬麟弈棋圖。同上

馬麟高山流水圖，絹本。人謂馬麟之畫不逮父，猶夏森之于珪也。遠愛其子，多於己畫上題作馬麟，此幅則爲麟自款。作撫琴者於高山流水間，一松橫偃，如虬龍蟠空，筆意高古，奚必借重阿翁延譽耶。平陽里不因人熱者跋。同上

馬麟亭臺圖卷，景分遠近，水邊、林際、山陂多紅梅，梅中一亭，亭後積草如柳。臺前有池四，俱圭方若田，應有所本也。「後院深沈景物幽，奇花名卉弄春柔；翠華經歲無游幸，多少亭臺廢不修」。高宗題。同上

按此詩見楊后宮詞。麟，寧宗時人，當是楊后題。凡時非建炎、紹興，而云高宗題者，皆鑒者之誤也。

馬麟四梅：晴、雨、雪、月。豐道生華氏眞賞齋賦注

馬麟山水圖，毛舜臣書畫樓藏。無聲詩

乙巳三月八日，至九苞堂，主人出馬麟梅花四幅，華亭朱少司成物。快雪堂集

昔年於京師見馬麟畫稿如掌片者數十番，皆草草粗筆，略具林邱，而老韻溢出，正唐人點簇法也。六研齋筆記

馬麟山水四幅，梅花並山茶五幅，福祿壽圖、羊圖。嚴氏書畫記

馬麟雞鳴茅屋圖，清品。一團夜色，淡月蘆花。妙極。書法紀年

余有女誡一卷，爲馬麟畫；相傳爲寧宗書，實楊妹子書，用御書之印耳。此卷今在畿南士夫家。庚子銷夏記

宋馬麟西湖十景册，絹本，元班恕齋隸書標目四大字，骨肉停勻，有夏承碑遺意。明瞿宗吉楷書十景詩，亦精謹有法。惜內缺兩峯插漢一葉，庚午六月，江村銷夏，漫爲補書，遂成三十册，付之裝池。江村銷夏錄

元傅若金馬麟皇都春色圖詩：「客居棲霞山，自號棲霞子，平生好詩仍好畫，詩與蒼茫畫圖裏。昨日山中開酒壺，酒酣聽我說皇都，坐聞皇都好春色，引至東家觀古圖，東家古圖長一四，數字猶題馬麟筆，上有宋皇飛白之草書，舞鳳回鸞弄雲日。」傅與礪詩集

前人題宋尙義所藏馬麟畫皇都春色圖跋：宋高宗皇帝以飛白書唐吏部侍郎韓愈早春詩一首，其臣馬麟以其意作皇都春色圖一卷進之，今流傳人間，爲新喻宋氏所葆藏。余惟此圖，合韓吏部詩，宋君臣書畫爲三絕，宋氏葆之宜也。獨因是有感焉，唐之都，至汴宋已墟，宋南渡，汴之都亦墟矣，當是時君臣能無黍離之歎耶。今距宋南渡又二百餘歲，宋故都之墟，益可感矣，而書畫獨傳，其流風可想見，然國之所恃以久遠者，有大于此，豈徒書畫之傳哉。同上

王惲跋理宗題馬麟畫折枝木犀圖詩：「花中神品趙昌師，又向臣麟見折枝；不惜一天風露潤，百杯樓晚要新詩。」秋澗集

薩天錫終南進士行和李五峯先生題馬麟畫鍾馗圖：「老日無光霹靂死，玉殿啾啾叫陰鬼，赤脚行天踏龍尾，偷得紅蓮出秋水。終南進士髮指冠，綠袍束帶烏韡寬，赤口淋漓呑鬼肝，銅聲剝剝秋風酸。大鬼跳梁小鬼哭，豬龍飢嚼黃金屋，至今怒氣猶未消，髯戟參差

努雙目。」（雁門集）

袁桷題馬麟野芳佳木圖：（上有理皇題「丙午歲」三字。）「重慶城頭翠木圍，陽羅堡畔野花稀；卅年竟換人間世，弦管西湖認落暉。」（自注：丙午至乙亥，恰卅年。）（清容居士集）

凌雲翰馬麟長春蛺蝶幷楊太后撲蝶圖二小幅成一卷：「蝶駭花飛春事無，扇羅又見內家姝；昆蟲草木端平畫，不是豳風七月圖。」（柘軒集）

鄭東題馬麟梅詩：「龍樓鳳閣美人歌，賞盡璚花碧玉柯；驛使去時渾浪折，江南春色已無多。」（鄭氏聯璧集）

陳基題馬麟梅詩：「內家春色少人知，玉蕊冰蕤看轉宜，說與宮中小兒女，畫樓瓊琯莫輕吹。」（夷白齋集）

高啓題馬麟夜景美人圖詩：「燕睡簾前夜未深，羅衣應怯輭寒侵；風傳漏板還堪數，月混梨花不易尋。翠館紅樓還裊裊，華鐙繡闥正沈沈；畫中一片春宵景，寫出幽人悵望心。」（青邱集）

陸深題馬麟畫蘭詩：「秋風九畹正離離，畫裏相看一兩枝，欲寄所思無柰遠，閒拈湘管對題詩。」（儼山續集）

馬麟蝶戲長春、美人撲蝶圖合卷：「宸翰分明轉化機，宮花委露蝶參差，江南動植皆春意，點染誰言在一枝。」「澹妝小步出椒房，回首薰風戲蝶雙；香汗未同花蕊露，不須羅扇重揮揚。」會稽朱瑾。「蛺蝶復蛺蝶，戀花還戀人，戀花顏色似人好，戀人那及花長春。回頭歲月改，漫與蝶相親，新裁紈扇尙在手，飛裾輕盈不動塵。當時寫姿妙絕品，見花想容尤逼眞，若憑飛夢繞蒼梧，可擬湘靈非洛神，於戲！往事空歎息，粉墨浪傳人不識。」闕

馬賁以畫爲宣和待詔，至興祖，亦以畫爲紹興待詔，其二子公顯、世榮，又皆待詔于畫院。世榮生逵與遠，畫山水、人物、花果、禽鳥，精妙稱爲絕品。遠待詔光寧兩朝，院中稱爲獨步，麟乃遠之子也。馬氏之畫，相傳數世，其默契神會，而若共成者，豈他可及哉。然麟不逮父，而遠愛之，多以己畫得意者題作馬麟，故麟聲亦張，得爲祗候。此幅麟自爲者也，若美人圖，氣韻閒逸，則若賈師古之筆，師古學伯時，紹興畫院祗候。宋學士謂二畫舊嘗在宮掖，其信然矣。廬山陳繼。蜨戲長春圖，乃院中馬遠子名麟者所畫；美人撲蝶圖，筆勢圓勁，意非李伯時不能到，皆絕品也。舊時嘗在宮掖，故其間有上兄永陽郡王及楊妹子之字，題者專指祐陵以爲言，恐未然也。翰林學士宋濂題。書畫彙考

馬麟松下課經圖：馬麟，馬遠子也。繪事甚精巧，嘗作小幅人物花卉，種種妙絕，卽遠

亦當退讓，此課書圖，足見一斑矣。紫芝山人俞和。（寶繪錄）

明高得賜題馬麟長春蛺蝶圖詩：「何處香風送蝶來，長春小苑報花開；太湖石畔闌干角，欲去先教掃綠苔。」「見花長是爲花羞，一度花開一度愁；好在春風長管領，手中團扇不禁秋。」（節庵集）

馬麟雪梅圖小絹畫一幅，氣色如新。梅花一枝，清瘦伶仃，有不勝雪壓之狀，爲妙品也。上有楊妹子題五言絕句一首，有坤卦印。此乃楊后印，后卽妹子姊也。觀于方公瓚家。（吳其貞書畫記）

馬麟梅溪泛棹圖絹畫一幅，畫法清潤，景趣簡略，上有楊妹子題詠。（同上）

馬麟西湖圖大絹畫二幅，高七尺，廣三尺。此圖原有四幅，向藏叢睦坊，分爲兩處，此是保叔塔、孤山二景也。畫法淋漓，雲煙呑吐，爲生平第一。（同上）

馬麟秋塞晚晴圖絹畫一大幅，畫法清潤曠遠，上有理宗題「秋塞晚晴圖」五字。（同上）

馬麟雪崖寒禽圖絹畫一頁，有無名氏題曰：「踠枝潛綴粉，並翅不禁寒。」（同上）

陳衎跋馬麟畫吸露蟾蜍：麟，遠之子，四世皆以畫知遇。右作蟾蜍露坐殘蓼中，生氣若不可觸，觀者始覺東方朔之賦，未爲工矣。（大江草堂集）

宋馬麟蝶戲長春袖卷，紙本，高五寸餘，連跋長四尺五寸。設色月季花一枝，彩蝶迴旋其上。右方楷書「蝶戲長春」四字；左方「馬麟」二字，細楷書。「蜨戀花枝久，親王墨未乾；春光常在畫，不似舊時看。」「停扇觀飛蝶，徐行似惜春；芳容雖入畫，終不犯沙塵。」河東張愚。「美質奇葩足並稱，聯翩蛺蝶不勝情；若教飛入湘花裏，非是娥皇卽女英。」麟溪八十翁題於武林寓舍。金華 雲山深處 「春日花開御苑西，芳叢曾許蝶雙棲；畫圖寫出東風意，留得親王彩筆題。」「緩步昭陽東殿頭，翠衣紈扇最風流；夢中曾識羊車路，笑逐飛飛蛺蜨游。」會稽楊維賢。思齋之印 「熙熙春暖日初長，內苑名葩簇豔妝；何處飛來雙粉蝶，翩然花上戲春花。」「翩翩蛺蝶忽交飛，紈扇停揮蝶不疑；縑素祗嫌傳吮墨，內庭淑德後人知。」北山樵者。「花開上苑得長春，天近能沾雨露新；蛺蝶相隨雙戀戀，愛渠顏色往來頻。」「深宮新試薄羅衣，獨立瑤階扇不揮；細看無知兩蝴蝶，春來猶自得雙飛。」古虞俞常。時中之印 「蜨戲花開淑景長，侍臣染翰豈尋常；誰知事去人猶歎，不是梧桐集鳳皇。」「宣和花月樂當年，玉貌多于彩筆傳；何似漢宮辭輦者，溫溫令德照靑編。」錢唐皇甫暕。江村銷夏錄

高士奇題馬麟蝶戲長春圖，調寄華胥詞：「雙雙飛蝶，灼灼穠花，寫成矮卷。舊紙澄心，

題名細字傳畫院。別有書格簪花，牖一行柔翰，梅雨惺忪，踞牀長日消遣。聞說深閨掩鰕鬚，綺窗閒玩。粉痕脂印，依稀餘香可辨。葉子泥金消夜，鳳衾慵展。留與人間，幾回看罷增歎。」竹窗詞

附厲鶚題馬佩兮所藏馬麟摹黃筌春波鸂鶒圖：「江南別岸風蘭密，宛頸文禽水中出，迴眸不異錦城春，內家最賞臣麟筆。浮沈一對常相見，漢宮應有顯房燕；可憐未得辟寒金。夜夜羈雌怨秋扇。」樊榭山房集

白良玉 無蹟可考

白良玉，錢唐人。工畫道釋鬼神，寧宗朝畫院待詔。圖繪寶鑑

孫覺

孫覺，善水墨，白描毛女，筆力細巧。寶慶年畫院待詔。圖繪寶鑑

孫覺畫之傳世者：撲蝶仕女圖一，香紈侍女圖一，詩女圖三。繪事備考

戚仲 無蹟可考

戚仲，畫院祗候。畫山水平遠，頗工於常畫。嘗於畫上反手題其姓名。畫繼補遺

魯宗貴

魯宗貴，錢唐人。工花竹、鳥獸、窠石，尤長寫生，雞雛鴨黃，最有生意。紹定間待詔，出入楊駙馬家。畫史會要

魯宗貴妙于用筆，意趣有餘，非特點染之工。顧炳畫譜

魯宗貴畫之傳世者：金葵翠羽圖一，竹枝山鵲圖二，梨花白鷴圖二，酴醿香夢圖一，玉茗圖三，海紅圖三，鷺鷥圖二，鵪鶉圖二，山雞圖四，竹雞圖一，鬥雞圖二，松梟圖二，鬥鴨圖二，乳鴨圖三。繪事備考

魯宗貴黃鶯海棠圖絹本：紹定魯待詔，善畫花鳥窠石，描染極佳，是幅正所長。珊瑚網

陳宗訓

陳宗訓，杭人。師蘇漢臣，描染未佳，人呼爲「鐵陳」。紹定畫院待詔。畫史會要

陳宗訓，善作三友圖。畫梅全譜

俞珙

俞珙，錢唐人。師梁楷，人物山水，布景著色逼眞，筆法差弱。紹定待詔。畫史會要

俞珙畫之傳世者，載酒尋山圖。繪事備考

胡彥龍

胡彥龍，儀眞人。善畫人物、天神、寒林、水石、窠木。紹定間苗安撫薦入朝，爲畫院待詔。圖繪寶鑑

胡彥龍描法用大落墨，自成一家。畫史會要

胡彥龍畫之傳世者，摩醯首羅天王像一，北方毘沙門天王像一，摩利支天菩薩像一，諸矩羅尊者像一，菩提達摩像一，托塔天王像一，藥叉神將像一，天龍神鬼像四，散花神女像二，僧伽像二，棲禪圖一，煉丹圖一，修竹圖一，竹石圖三，窠石圖二，怪石圖一。繪事備考

史顯祖

史顯祖，杭人。工人物仕女，青綠山水。端平間畫院待詔。畫史會要

史顯祖，仁和人。善畫美女人物，宛然如生，其青綠山水，富麗可愛。端平間待詔。沈朝宣仁和縣志

史顯祖畫之傳世者：踏雪尋梅圖一，醉仙圖一，舉杯邀月圖一，山居圖二，陸羽品泉圖一，鬥茶圖五，香山九老圖一。繪事備考

史顯祖南屏秋色圖絹畫斗方一頁，沈著古雅。吳其貞書畫記

吳俊臣

吳俊臣，江南人，淳祐間畫院待詔。善人物山水，多作雪景，師朱銳。圖繪寶鑑

吳俊臣畫之傳世者，李愬雪夜渡吳房圖一。繪事備考

李德茂

李德茂，迪之後。善畫花禽鷹鶻，野景不逮其父，淳祐畫院待詔。圖繪寶鑑

李德茂畫之傳世者：靈鵲圖二，鷺黃圖一，白鷳圖一，啄木圖二，白鷹圖二，黑鷹圖四，俊鶻圖二，佳鵨圖一。繪事備考

孫必達 無蹟可考

孫必達，錢唐人。善畫道釋鬼神，師蘇漢臣。淳祐間待詔。畫史會要

顧興裔 無蹟可考

顧興裔，錢唐人。專師馬和之，筆法設色俱不逮。淳祐待詔。畫史會要

張仲

張仲，工畫花禽，筆法可並林椿。寶祐年待詔。亦善人物山水。圖繪寶鑑

張仲畫之傳世者，紺珠蓮交頸鴛鴦圖一。繪事備考

王士禎題文姬歸漢圖詩（自注：南渡祗候司張某畫。）「大漠茫茫沙草枯，天蓋四野如穹廬，朔風中人金僕鐔，高飛鵃轉追韓盧。前行一馬建隼旟，後有數馬鳴相呼，尾鬣蝟縮慘不舒，馬蹄流血冰裂膚。蕃兒漢兒手口瘏，相顧不能鼓嚨胡，文姬玉面貂襜褕，聳肩顰黛愁不娛，越燕向日思南徂，君獨何爲苦嗟吁？兜離窈停非故都，魂消影絕悲兩雛。歸來爲公寫遺書，名在列女丹青俱，老瞞睨鼎目睢盱，破壁牽后如收拏，獨能千金歸蔡姝，吁嗟高義今已無」。（漁洋續集）

按南宋院人祗候，無姓張者，只張浹、張仲、張茂三人，俱待詔也，聊附于此。

崔友諒

崔友諒，金陵人，寶祐中馬光祖薦補畫院待詔。多作大幅雪景，及小簇子。（圖繪寶鑑）

崔友諒畫之傳世者：春山圖四，雪景圖十。（繪事備考）

馬永忠（無法蹟可考）

馬永忠，錢唐人，寶祐待詔。師李嵩，嵩多令代作。（畫史會要）

陳清波

陳清波，錢唐人，多作西湖全景，兼工鍾馗三教。寶祐待詔。（畫史會要）

陳清波多作西湖全景，爲大幅，敍致典雅，筆墨嫣潤。有求其方册者，則以七圖界之，畫之傳世者，斷橋殘雪圖三，三潭映月圖一，雷峯夕照圖一，麯院荷風圖一，蘇隄春曉圖二，南屛晚鐘圖二，石屋煙霞圖二，句漏丹砂圖一，函關遇眞圖二，鍾馗圖四，桃源問渡圖一，詩僧圖二，拈花微笑圖一，醉僧圖二，貝葉註經圖一，盃渡圖一，南澗授衣圖一，禪定圖五，岩谷棲眞圖一。繪事備考

范安仁

范安仁，錢唐人，寶祐待詔。善畫魚，俗呼「范獺子」。一作獺。畫史會要

宋人范安仁魚一片，形肖生動，水藻亦佳。予見范魚前後凡五片，並佳。東圖玄覽

陳可久

陳可久，寶祐待詔。工畫魚，四時花木師徐熙，上花下魚，筆力尚淺，用色鮮明。畫史會要

陳可久畫之傳世者：晴原花柳圖一，槐蔭清池圖一，秋山桂樹圖二，松柏歲寒圖二，歲寒三友圖二，桃花戲魚圖三，芙蓉游魚圖二，柳絲魚影圖一，游魚圖十二。繪事備考

陳珏 子琳附見

陳珏，錢唐人，字桂岩，工人物著色山水，寶祐待詔。畫史會要

陳琳，字仲美，珏次子，善山水、人物、花鳥，無不臻妙。見畫臨摹，咄咄逼眞，蓋得趙魏公相與講明，多所資益，故畫不俗。論者謂南渡以來，無此手也。（圖繪寶鑑）

陳珏觀瀑圖，錢唐陳桂岩，寶祐年待詔。善著色山水人物如此圖。（珊瑚網）

陳琳畫之傳世者：高士圖三，會仙圖一，畫眉圖一，鶺鴒圖一，松梟圖二，紅樹圖一，麗春圖一。（繪事備考）

陳仲美仿夏珪竹岸漁翁圖。（珊瑚網）

陳趙合作水梟小景跋：大德五年辛丑秋仲，仲美訪子昂學士於鳥英松雪齋，霜晴溪碧，作此如活，使崔艾復生，當讓出一頭地，修飾潤色，子昂有焉，昔人有以千金換能言鴨者，此雖不能言，亦非千金不輕與。是夕除夕，題于躬行齋。南陽仇遠。又詩云：「良工苦思可心降，底事文禽不解雙，欲采芳華波浪闊，芙蓉朵朵隔秋江。」（同上）

楊載題應中父所藏陳仲美山水小景詩：「層巒疊嶂倚晴空，松檜相連秀色同；下有幽人茅屋在，浩歌宜屬紫芝翁。」（楊仲弘集）

明釋守仁題仲美畫詩：「仙山高五臺，縹緲出蓬萊；梵苑金沙布，春湖玉鏡開，乘舟無李郭，入社有宗雷，擬借松風口，焚香掃綠苔」。（夢觀集）

張雨題陳琳摹董源漁樂圖詩：「小筆誰臨北苑圖？蘭亭玉枕最難摹，連峯秀樹□□□，□莌雲遠欲無。泊向小孤緣愛石，望從春草別名湖；□□□□如相借，暫卸南風十幅蒲。」句曲外史集

倪瓚題陳仲美畫，次張貞居韻：「杜老茅堂倚石根，往來西瀼與東屯；一庭秋雨青苔色，自起鉤簾盡綠尊。」「斜日西風吹鬢絲，披圖弄翰學兒嬉；釣竿拂著珊瑚樹，張祐題詩我所思。」淸閟閣集

李宗表陳仲美山水詩：「山中古樹色冥冥，茅屋斜連薜荔靑，昨日雲深貪採藥，野猿偷誦太元經。」草閣集

張羽題陳仲美夏木圖詩：「董元夏木不復見，俗本紛紛何足觀；陳郎筆力能扛鼎，寫此千章生晝寒。陰森似有神靈會，偃蹇直作蛟龍盤，天雞曉鳴淸籟發，木客夜渡雲旌翻。林下丈人行杖藜，石根葉落失舊蹊，孤童襆被向誰宿？山風蕭蕭日薄西。商巖紫芝自可食，武陵桃花原易迷，人間澒洞不可處，莫畏虎嘯幷猿啼。」靜居集

蔣廷錫題陳仲美筍竹乳雀圖詩：「古人寫意不寫形，後人見畫如見眞，花竹翎毛小技耳，此中妙理難遡臻。嗚鳩乳燕寒不起，玉堂素壁挂好春，兩枝綠竹抱粉節，兩枝高筍干靑

雲。霜籜斑斕半落地，仰昂一雀閒且馴，雛兒引領顧其母，舒張雙足行逡循。老雀授意聳而立，雀雛接食翅轉伸，誰其畫者陳仲美，傳是至正能詩人。以畫能詩詩細膩，以詩作畫畫入神，至今三百有餘載，粉光墨氣常如新。嗟予亦好弄顏色，無柰見與兒童親，安知此種本天趣，發揚英妙含精勻。願借壁根臥三日，芒角洗我胸中塵。」江左十五子詩選

朱　玉

朱玉，杭人，號柳林，朱善畫天神雷部兵將。寶祐待詔。畫史會要

朱玉畫之傳世者：凌霄四，帥圖四，翊聖眞君像一，北帝從官圖二。繪事備考

白用和　無畫蹟可考

白用和，良玉子，寶祐年畫院待詔。圖繪寶鑑

宋汝志　無畫蹟可考

宋汝志，錢唐人，景定間畫院待詔。歸附後爲開元宮道士，號碧雲，善人物、山水、花鳥，師樓觀。圖繪寶鑑

毛允昇

毛允昇，益之子，能世家學，景定年畫院待詔。圖繪寶鑑

唐肅題毛允昇畫薔薇詩：「色是昭陽第一人，縷金衣薄不勝春；毛生能畫非延壽，不得黃金也逼眞」。丹崖錄

侯守中

侯守中，畫花竹翎毛，韻致嫣潤。景定畫院待詔。繪事備考

侯守中畫之傳世者：白鳩圖一，翠雀圖一，文禽圖一。同上

曹正國 無畫蹟可考

曹正國，字良有。善畫佛像天神，描法入格。景定年待詔。圖繪寶鑑

王華 無畫蹟可考

王華，景定間畫院待詔。工花鳥。圖繪寶鑑

方椿年 無畫蹟可考

方椿年，錢唐人。工人物、釋道、山水、神仙故實。紹定待詔，景定陞祇候。畫史會要

豐興祖

豐（一作曾）興祖，錢唐人。工畫人物、山水、界畫、花鳥，師李嵩。景定待詔。畫史會要

豐興祖畫之傳世者：照殿紅山茶圖二，鵁鶄圖一，正宮山茶圖二，會禽圖二，鎭淮南芍

藥圖一。繪事備考

錢光甫

錢光甫，一作普杭人。專科畫魚帶景，精妙如活。景定間待詔。陳善杭州府志

錢光甫，字隱之，仁和人。善畫小景，精妙流動，令人耽玩。景定間畫院待詔。沈朝宣仁和縣志

錢光甫畫之傳世者：桃花流水鱖魚圖二，唼藻魚圖四。繪事備考

徐道廣

徐道廣，號古岩，杭人。花鳥師樓觀。景定待詔。畫史會要

徐道廣畫之傳世者，華清宮圖一。繪事備考

徐道廣，仁和人，號古岩。善畫花鳥，師樓觀。景定待詔。沈朝宣仁和縣志

謝昇 無畫蹟可考

謝昇，杭人。工花竹仕女。景定年待詔。畫史會要

謝昇，字東暉，仁和人。善畫花竹，尤長美女。景定待詔。沈朝宣仁和縣志

顧師顏

顧師顏，杭人。師李嵩畫道釋人物。景定待詔。畫史會要

顧師顏畫之傳世者：龍步鸞音佛像一，佛鋪圖一，日月珠幢佛像一，繡佛圖二，如意輪菩薩像一，維摩像一，不空羂索菩薩像一。繪事備考

俞行之題顧師顏畫西湖二首：「西湖湖上可憐春，煙柳風花最惱人；羅袖淚乾無好思，畫船歌舞爲誰新。」「秋來碧草漲平湖，荷葉菱花取次枯；惟有斷隄殘柳樹，淡煙猶鎖亂啼烏。」列朝詩集

朱懷瑾

朱懷瑾，錢唐人，寶祐待詔，景定時爲福王府使臣，咸淳賜金帶。工人物、水山、樹木、窠石，多畫雪景，筆法用墨師夏珪，謹守規矩，不敢肆筆，陳善杭州府志

朱懷瑾畫之傳世者：林樹初霜圖一，寒花待雪圖一，響泉圖一，窠石圖二。繪事備考

王輝 子用之附

王輝，錢唐人，理宗朝畫院祗候。工人物、山水、釋道，與李嵩同家。間用左筆，人目爲「左手王。」西湖志餘

王用之，輝子。畫釋道人物。圖繪寶鑑

王用之畫之傳世者：佛會圖二，列眞圖一。繪事備考

樓觀

樓觀，錢唐人。工花鳥、人物、山水，學馬遠。咸淳祗候。畫史會要

樓觀霽雪行旅圖，能品。用小斧劈，樹枝草上，俱用粉作雪。畫法紀年

樓觀映月梅花圖，方絹本，著色。梅花如雪，明月懸枝，清光一輪，恍如特照。款書「臣樓觀」細字，書梅枝隙處右角上。「黔寧王子子孫孫永保之」白文印。「芳意饒呈瑞，寒光助照人。」理宗對題，方絹本，「御畫之寶」。珊瑚網

李永年 無畫蹟可考

李永年，嵩之姪，世其家學。咸淳畫院祗候。圖繪寶鑑

李權 無畫蹟可考

李權，一作瓘 錢唐人。工山水人物，師梁楷。咸淳年畫院祗候。圖繪寶鑑

梁松 以上三人無代可考

梁松隸畫院，師賈師古，描寫飄逸，青過于藍。圖繪寶鑑

朱紹宗

朱紹宗，工人物、貓犬、花禽，描染精邃，遠過流輩。隸籍畫院。圖繪寶鑑

朱紹宗，隸籍院中，當補祗候，而恬退不仕，日作墨畫數幅，以爲酒資。同列有供御筆墨，輒擕酒就商焉。（繪事備考）

朱紹宗畫之傳世者：梁武帝寶誌公論法圖一，摹蕭翼賺蘭亭圖一，薄荷醉貓圖二，蓮沼文禽圖一，乳貓圖二，梔子禽雀圖一，獵犬圖一。（同上）

李永

畫家有兩李營邱：北宋李成，人皆知之；南宋李永，亦稱營邱，知之者殊少。王穉登云「李營邱以山水擅名，爲南宋畫院第一」，謂永也。（居易錄）

李永桃花三兔圖，絹本，設色，高八寸餘，闊一尺五寸。前有「天歷之寶」，下有「隴西郡記」、「清白傳家」等印。款書「營邱李永」，蠅頭小楷，書圖左角下。「營邱深得忘歸趣，直向崔徐妙處參；三窟爲謀太狂狡，思量東甫漫清談。」明昌乙卯正月二十六日，磐溪隱士題。「宮花蔌蔌宮庭暮，東風蝴蝶飛無數；褐衣老穎眼迷離，獨臥花陰戲雙兔。」「八月燕山沙草枯，柳林鷹犬醉相呼；明昌天歷須臾事，空對桃花看畫圖。」海雪居士題，「楊基印」。「春入輕風綠尙斑，斑雛相倚思安閑；畫師想亦便邱壑，寫出長林豐草間。」「抑庵」。「王直印」。「絕憐雌兔眼迷離，芳草春眠對兩兒；誰道姮娥曾作伴，廣寒孤宿已多時。」槎軒。「高季迪印」。「玉杵無聲桂官冷，老蟾夜泣餘孤影；元霜不自脫塵胎，一墮白雲雙目炯。」「龍沙廢苑草如煙，故物金源二百年，令人追憶當時事，雙兔花陰傍母眠。」東山樵者。「不從東閣困韓盧，亦任田中笑守株；千載獨傳毛穎傳，常留姓氏與人呼。」李營邱筆力絕高，而寫生更少，觀尺素間具見動植之態，宜前賢之樂爲題詠也。展玩久之，率爾續貂，庶得附驥云。長洲張鳳翼。「玉兔將雛下廣寒，畫師名手借毫端；姮娥杵就長生藥，乞與人間一兩丸。」李營邱以畫山水擅名，爲宋畫院第一，出其餘技，時作寫生，便覺風神高逸，非李迪諸人所得齊驅也。前代名流，篇咏奕奕，故知眞賞之士，不妄許可。太原王穉登。（書畫彙考）

乾隆癸未秋，從樊榭山房稿本清出。

樊榭先生鈔撮古書，往往以意刪削，如此書中所引六研齋筆記、寶繪錄之類是已。重鈔清本，必須覔原書對過，不可草草。（知不足齋記）

道光庚戌七月二十日，以原本及他本對校，越五日校畢，羅以智鏡泉甫識。

南宋院畫錄卷八終

鄉先哲厲太鴻徵君，箸作等身，如遼史拾遺，東城雜記，增修雲林寺志，玉臺書史，湖船錄，宋詩紀事，樊榭山房文集，詩集，詩續集，游仙詩，南宋雜事詩，秋林琴雅，迎鑾新曲。或生前付梓，或歿後補刊。獨此南宋院畫錄，雖邀天家搜采，祕府儲藏，而藝林終未雕梨，傳本絕稀。咸豐辛酉，浙省再罹兵燹，故家舊帙，失墜殆盡，同治紀元之歲，丁竹舟、松生兩兄得此稿於四明書肆，審視跋語，知爲羅鏡泉先生校本，復乞歸安淩君麈遺重爲勘閱，補正甚多，疑者闕之，愼之至也。維嘉久羈江北，今夏甫歸，而是刻適成，竹舟昆仲謂維嘉於徵君夙有桑梓之敬，首貽初印本，屬製跋語。竊維昔之品六法者，謂北宋李營邱、范華原、郭河陽輩，其規格雄渾而深密，法備而力宏；南宋諸君，固未可相與雁行也。然泉石蕭爽之概，溪林回互往復之妙，至南宋又獨臻其勝。繄自六代以還，扶輿淸淑之氣，遞相更嬗，而畸士負絕藝者，咸卽境冥搜潛索，以發其祕，其造詣與詩文箸錄同科，在作者亦不知其所以然也。茲就是錄，按其所長，自李唐以下，其足與北宋相肩隨者，尙不止三四輩，若蕭氏之中興瑞應圖，其鋪陳事實，卽稗史之權輿也。其中縑楮無傳，賴此表見其姓氏者，復更僕難數。幾湮沒而幸存之稿，一旦付諸剞劂，不獨天水畫苑掌故，藉以流傳，在徵君生平博稽載籍，思力所萃，亦可無遺珠之憾矣。時同治甲申孟秋之月，里後學張維嘉謹跋。

書評

〔浙江採集遺書總目〕南宋院畫錄八卷（寫本）。右國朝厲鶚撰，首卷總述，二卷以下錄李唐迄李永凡九十又四人，皆掇拾羣書爲之。

〔四庫全書總目提要〕南宋院畫錄八卷。國朝厲鶚撰。鶚有遼史拾遺，已著錄。南宋自和議既成以後，湖山歌舞，務在粉飾太平，於是仍仿宣和故事，置御前畫院，有待詔、祗候諸官品，其所作卽名爲院畫，當時如李唐、劉松年、馬遠、夏珪有四大家之稱。說者或謂其工巧太過，視北宋門徑有殊；然其初尙多宣和舊人，流派相傳，各臻工妙，專門之藝，實非後人所及，故雖斷素殘縑，收藏者尙以爲寶。鶚嘗撰宋詩紀事、南宋雜事詩，于宋事最爲博洽，因臚考院畫本末，作爲此書。首總述一卷，次自李唐以下凡九十六人，每人詳其事蹟，而以諸書所載眞蹟題咏之類附於其下，敍次頗爲賅贍。其間如楊妹子題趙清獻琴鶴圖絕句，一以爲馬和之畫，一以爲劉松年畫，諸畫參錯不同，此類亦未悉加考證，然其徵引淵博，於遺聞佚事，殆已采摭無遺矣。

〔胡敬國朝院畫錄序〕昔錢塘厲鶚著南宋院畫錄八卷，採摭該博，已邀四庫館收入，惜其書沿武林舊事之誤，兼收馬和之畫幀。和之紹興間登第，官至侍郎，非畫院流，其失與畫徵錄之稱王時敏爲畫院領袖等。蓋畫院名手，不離工匠，詞臣供奉，皆科第之選，流派迥別，比而同之，舛已。

〔余紹宋書畫書錄解題〕是書先列小傳，次記畫蹟，俱詳出處，信而有徵。所得凡九十有六人，蒐討可云無遺矣。首卷院人年表已佚，深爲可惜。其作此書之旨，具詳其自序中。四庫稱是書爲賅瞻，亦非溢美。作於康熙六十年，後有張維嘉跋。

二

作者事略

厲鶚，浙江錢塘人，康熙五十九年舉人。少貧，性孤峭，不苟合。始學爲詩，卽有佳句，於書無所不窺，所得皆用之於詩，故時多異聞軼事。內閣學士李紱典浙江試，闈中得鶚卷，閱其謝表，曰：「此必詩人也。」亟錄之。計偕至京，尤以詩見賞於侍郎湯右曾。試禮部報罷，右曾欲止而授之館，比遣迎之，則已襆被出都矣。十餘年間，再上公車，乾隆元年，浙江總督程元章薦應博學鴻詞科，試日誤寫論在詩前，又報罷，而年老矣。値部銓期近，復入京，行次天津，舊友查爲仁留之水西莊，觴詠數月，不就選而歸。卒年六十一。鶚搜奇嗜博，館於揚州馬曰琯小玲瓏山館數年，肆意探討。所見宋人集最多，而又求之詩話說部，山經地志，爲宋詩紀事一百卷，南宋院畫錄八卷，又著遼史拾遺、東城雜記、湖船錄諸書，皆博洽詳贍。先世本慈谿，徙居錢塘，故仍以四明山樊榭名其居。所著樊榭山房集二十卷，幽新雋妙，刻琢研鍊。尤工五言，取法陶謝及王孟韋柳而別有自得之趣。兼長餘詩，擅南宋諸家之勝。（國史文苑本傳。）

國朝院畫錄

二卷

清 胡 敬撰

國朝院畫錄序

國朝踵前代舊制，設立畫院，凡象緯疆域，撫綏撻伐，恢拓邊徼，勞徠羣帥，慶賀之典禮，將作之營造，與夫田家作苦，藩衛貢忱，飛走潛植之倫，隨事繪圖，昭垂奕禩。材藝之士，先後奮興，百數十年，祕笈琅函，載在御府圖編者，難以悉數。高廟時兩次命詞臣纂輯歷朝名畫，均以四朝院畫附後；皇上纘承前緒，於嘉慶乙亥春詔輯三編，一如往例。昔錢塘厲鶚著南宋院畫錄八卷，採摭該博，已邀四庫館收入，惜其書沿武林舊事之誤，兼收馬和之畫幀。和之紹興間登第，官至侍郎，非畫院流，其失與畫徵錄之稱王時敏爲畫院領袖等。蓋畫院名手，不離工匠；詞臣供奉，皆科第之選，流派迥別，比而同之，舛已。古畫史之供職內廷者，自漢迄明，其官秩尚可條舉：後漢有待詔尚方；劉旦、楊晉。南齊有待詔祕閣；毛惠秀。梁有直祕閣知畫事；張僧繇。北齊有待詔文林館；蕭放。唐有開元館畫直，楊昇、張萱、邵欽齊。史館畫直，楊寧。供奉內教博士，吳道玄。武德、南薰中尙等使，陳義。直集賢，朱抱一、任直亮、倪麟。召入供奉，韓幹、陳閎、盧珍。翰林供奉，常重胤。翰林待詔；李士昉、呂嶤、高道興、趙德齊、竹虔。石晉有待詔；王仁壽。前後蜀有翰林待詔，前蜀房從眞、杜子瓌、宋藝、杜齯龜，后蜀趙忠義、蒲師訓、蒲延昌、張玫、阮知誨、阮惟德、杜敬安、高從遇、黃筌、黃居寶、李文才。翰林祗候；後蜀徐德昌。南唐有翰林待詔，顧閎中、周文矩、高太沖、朱澄、曹仲元、王齊翰、梅行思。翰林供奉，常粲。翰林司藝，解處中。內供奉，衛賢。畫院學士，趙幹。後苑副使；董源。北宋有翰林待詔，黃居寀、黃惟亮、王瓘、王靄、高文進、高懷節、牟谷、荀信、卑顯、任從一、裴文睍、侯文慶、董祥、鍾文秀、臺亭、王可訓。翰林應奉，張戩。翰林畫史，張擇端。翰林入閣供奉，戴琬。圖畫院待詔，高益、董羽、王擬、燕文貴、王道眞、蔡潤、黃宗道、朱漸、高克明、和成忠、馬賁。圖畫院祗候，厲昭慶、呂拙、勾龍爽、李雄、陶裔、屈鼎、高元亨、陳用志、支選、梁忠信、葛守昌、高懷寶。圖畫院藝學，趙元長、夏侯延祐、劉文通、崔白、李吉。御畫院藝學，郭熙、徐易、徐白。圖畫院學生，趙光輔、侯封、石珏、劉堅。畫學諭，張希顏。畫學正，陳堯臣。試宗室藝業賜進士出身；趙士暕。南宋——見厲鶚錄；遼有翰林待詔，陳升。同知南院宣徽事；耶律褭履。金有御前應奉；黃謁。元有諸色人匠提舉，楊叔謙。藝文監照磨，宋敏。金門待詔，周朗。祕書監丞，何思敬。提舉梵像監；葉可觀。明有文淵閣待詔，陳遠。武英殿待詔，邊文進。華蓋殿供御，馬時暘。直仁智殿，上官伯達、戴文進、謝廷循、石銳、李在、周文靖、沈政、張乾、林時詹、鍾禮、詹林亭、朱端、曾和。供奉翰林文字，唐肅。供事內殿，顧炳。供事內府，盛著、郭純、張廣。內供奉，郭文通。直祕殿，呂文英。直內殿爲序班，楊節。文思苑副使，許伯明。試畫品中書，鍾士昌。錦衣指揮，商喜、呂紀。錦衣鎮撫，周鼎、鄭時敏、鄭文英、林郊、錦衣千戶，謝環、王鍔、張一奇。錦衣百戶，賜畫狀元；吳偉。外此被徵召，承恩寵，登畫學，隸畫院而官秩無考，及官他秩者，未備載焉。漢及唐雖無院畫名，而實與院畫等。惟是唐以前流傳多釋道圖像，與政體無關，不足紀，唐畫史頗涉時事。而韋無忝之圖開元十八學士，贊美止於文學侍從，豈若乾隆中平定準部，錫宴紫光閣，丹毫親御，爲五十功臣像贊之聲教赫濯也。陳閎之圖上黨十九瑞，見張說潞州祥瑞頌，末述大人跡，神人傳慶，事屬傅會，豈若乾隆中日月五星之同度同道，雖聖德謙沖，不允宣付史館，而禎符炳煥，垂象在天，形諸圖繢之占候足信也。十九瑞中之金橋圖，鋪陳玄宗封禪，後還次上黨，旌纛羽衛，緜亘數千里間，其言涉夸，豈若康熙中恭繪六旬萬壽盛典，百官黎庶，自宮門至御園，張樂祝釐，捧觴候駕之雲日昭布也。曹霸之圖玉花驄，韓幹之圖拳毛騧、照夜白，所產止於大宛，豈若昭代之開疆闢土，拔達山、愛烏罕以及色爾克斯之神駿，來自大宛西北，爲從古邊圉所未通，仰見聖天子之憺威稜於無外也。韋無忝、曹霸，玄宗時以畫供御，見唐藝文志及歷代名畫記。無忝官侍郎、霸官左武衛將軍，故前未敘入。夫韋無忝、陳閎、曹霸、韓幹皆唐畫史之傑出者，而所狀止此，則以域於見聞，格於運會使然也。唐以後品目更繁，非蒙賞過優，卽罹禍不測；宋則例賜金帶，甚至賜紫，賜緋；明多假以錦衣衞銜，以繪技畫工，概授武職，徑準襲替，其失也濫。宋太祖之于郭忠恕，太宗之于李雄，明太祖之于趙原，宣宗之于郭文通、戴文進，偶因忤旨，遂干嚴譴，甚且殺身，其失也刻。當時倖進者，妒才而騰謗，遠害者，辭職以鳴謙，則以在上喜怒不常，鑒別不眞之所致也。欽惟列聖幾餘游藝於畫院，優其錫賚，限以資格，備承指示，嘉予品題。如唐岱、焦秉貞等臣所繢，咸榮荷宸章，獎勵裁成，前無與儔，遭遇極千載一時之嘉會也。伏讀聖製詩文集，諸臣畫幅蒙睿題而石渠失收者，無慮數百，或因頒賞不存，或因甄錄未徧，其著錄者仿宣和畫譜式，於各名下備載幅數。有睿題者，恭載年月，睿題嘉獎者，謹遵纂明鑑諭旨，準節錄御批通鑑輯覽之例，恭載嘉獎數語，以著諸臣造詣之深淺。題涉掌故者，恭載聖製集中詩注識語，兼采皇朝通志諸書，神皋靈囿物土之宜，以昭該備。至於諸臣仿古之筆，皆按照內府所藏元本縑素修短，邱壑位置，不爽豪釐，是以一代而兼綜數十代之墨妙也，豈徒模範山水，傳寫人物已哉。敬忝預編纂之末，得周覽羣工墨妙，並追紀初續編所錄，排比成卷，亦思綜輯前代院畫，以補厲鶚之闕，有志未逮，且快覩羣工之秉制勅摹景慶，卷軸浩衍，望洋而驚，持較漢代以至明季所流傳，畦徑險而眞僞雜糅，悉等諸自檜以下可矣。嘉慶二十一年，歲在丙子孟冬望日，胡敬謹識。

姓氏總目

卷上

黃應諶　焦秉貞　冷　枚　唐　岱
嚴宏滋　孫　祜　李　鱓　錢中鈺
劉九德　沈　源　金　昆　周　鯤
盧　湛　陳　枚　丁觀鵬　丁觀鶴
余　省　余　穉　郎世寧　張雨森
王幼學　張廷彥　吳　桂　沈　崳
姚文瀚　曹夔音　張爲邦　張問達

卷下

金廷標　顧　銓　賈　全　程　梁
張宗蒼　沈映輝　陸授詩　陸遵書
王致誠　張　鎬　賀清泰　徐　揚
方　琮　楊大章　袁　瑛　王　炳

黃　增　謝　遂　李秉德　門應兆

艾啓蒙　羅福旼　黎　明　馮　寧

沈慶蘭

合筆附見

徐　玫　顧天駿　鄒文玉　金永熙

李　和　佘熙璋　樊　珍　劉餘慶

楚　恆　賀　銓　永　治　徐名世

戴正泰　陳　善　戴　洪　吳　璋

葉履豐　程志道　福隆安　陳永价

王方岳　陳　基　杜元枚　莊豫德

沈　煥　程　琳　蔣懋德　張　舒

國朝院畫錄卷上

預修祕殿珠林 石渠寶笈三編 唐文 明鑑總纂 翰林院編修臣胡敬恭輯

黃應諶 字敬一，號創菴，順天人，爲上元縣丞。工人物。順治中祗候畫院。康熙中聖祖命擬閱武圖稿，賜官中書。石渠著錄一。

宴桃李園圖一軸。左方書李白原序，款「順治戊戌秋日，小臣黃應諶奉旨恭畫幷書」。

以上初編

焦秉貞 濟寧人，官欽天監五官正。工人物、山水、樓觀，參用海西法。伏讀聖祖御臨董其昌池上篇識云：「康熙己巳春，偶臨董其昌池上篇，命欽天監五官焦秉貞取其詩中畫意。古人嘗讚畫者曰落筆成蠅，曰寸人豆馬，曰畫家四聖，曰虎頭三絕，往往不已。焦秉貞素按七政之躔度，五形之遠近，所以危峯疊嶂中，分咫尺之萬里，豈止于手握雙筆，故書而記之。」臣敬謹案，海西法善於繪影，剖析分刌，以量度陰陽向背，斜正長短，就其影之所著，而設色分濃淡明暗焉。故遠視則人畜、花木、屋宇皆植立而形圓，以至照有天光，蒸爲雲氣，窮深極遠，均粲布於寸縑尺楮之中。秉貞職守靈臺，深明測算，會悟有得，取西法而變通之，聖祖之奬其丹青，正以奬其數理也。石渠著錄六。

二

耕織圖一冊。凡四十六幅：第一至二十三幅耕圖，第二十四至四十六織圖，末幅款「臣焦秉貞恭畫」。每幅上方，聖祖御書題句。前副頁聖祖御製序文，款「康熙三十五年春二月社日題幷書」。

列朝賢后故事一冊。凡十二幅：一孝事周姜，二葛覃親採，三麟趾貽休，四濯龍躬織，五身衣澣服，六約束外家，七戒飭宗族，八教訓諸王，九含飴弄孫，十禁苑種穀，十一女中堯舜，十二親披鸞輿。每幅楷書標目，並節錄本事一則，末幅款「臣焦秉貞恭畫」。

山水樓閣一冊。

池上篇圖一軸。上方「康熙己巳春御製」。

以上初編

摹王維雨中春望詩意一軸。

以上續編

仕女圖一冊。

以上三編

冷枚　字吉臣，膠州人。工人物。焦秉貞弟子，石渠著錄十有八。內合筆一，見後。

耕織圖一冊。凡四十六幅，末幅款「臣冷枚恭畫」。每幅上方有刻本聖祖御題詩句曁序文。

莊子故事圖一冊。凡十二幅，白描南華篇：一姑射神人，二庖丁解牛，三支離鼓莢，四壺子示機，五列子食豕，六儵忽鑿竅，七象罔得珠，八輪扁斲輪，九東施捧心，十濠梁觀魚，十一痀僂承蜩，十二伯昏論射。款「臣冷枚恭畫」。左方張照書高宗御製題詩十二首，每幅署篇目，後署「御題」二字，下署「臣張照敬書」。

列朝賢后故事一册。凡十二幅，每幅節錄故實一則。款「臣冷枚恭畫」。

聖帝明王圖一册。書畫各十二幅，款「臣冷枚恭畫」。左方梁詩正節錄各書傳故實，末幅款「乾隆己未孟秋之月，臣梁詩正敬書」。

仿李公麟十八羅漢一册。凡二十幅，前幅畫大士像，後幅畫護法像，每幅左有諸人題贊。

又一册。

仿仇英漢宮春曉圖一卷。款「癸未春三月，奉勅仿仇英漢宮春曉圖，乾隆甲子仲春御題，臣陳邦彥敬書」。

仿唐人高士賞梅圖一軸。款「癸巳秋日，仿唐人高士賞梅圖，東滇冷枚」。詩塘乾隆丙辰秋七月御題。

春夜宴桃李園一軸。款「臣冷枚恭畫」。左方陳邦彥書本文，上方御題「妙」字。

避暑山莊圖一軸。款「小臣冷枚恭畫」。

得果圖一軸。款「東滇冷枚畫」。

成衣圖一軸。

擁爐圖一軸。

折桂圖一軸。

采桑圖一軸。

紙鳶圖一軸。以上款同前。

人物一軸。「臣冷枚恭畫」。

以上初編

唐岱 字毓東，號靜巖，一號默莊，滿洲人。以蔭官參領。工山水，與華鯤、金明吉、王敬銘、黃鼎、趙曉、溫儀、曹培源、李爲憲同出王原祁之門。聖祖御賜畫狀元。伏讀高宗樂善堂集與唐岱詩，有「范緩倪迂自古人，而今繪事數唐寅」句。題岱千山落照圖，有「斜陽映天末，咫尺有萬里，暝對意彌遙，煙浮暮山紫。位置倪黃中，誰能別彼此」句。聖製詩初集，題岱山水畫册，有「畫師創新格，恩波圖萬頃。故知寓意深，筆諫吾須領」句。題岱谿山雪霽圖，有「唐岱筆法老尤勁，鼻祖摩詰追范寬」句。五集題岱寒山萬木圖，有「畫院當年供奉人，識其筆意此誠眞，喜其已落人間久，又入石渠弆賞頻」句。臣敬謹案：唐岱荷兩朝知遇，山水宗法宋大家。少時名動公卿，暨入內廷，指示親承，筆法倍進，人間藏弆者絕少，卽有亦與尺壁同珍矣。

石渠著錄二十有八。內合錐三，見後。

秋山不老圖一卷。款「秋山不老，雍正十一年八月朔，唐岱敬畫」，引首高廟御題。

山水一卷。款 乾隆四年春日，臣唐岱恭畫。

仿關仝廬山白雲一卷。款「關仝廬山白雲圖，爲海內名蹟，林巒位置，迥出意匠之外。廿年前偶於蘇郡友人齋中展閱數過，卷尾有董文敏題識，至今追憶，恍在目前。適得勝國宣紙，摹仿其意，恭呈王殿下誨正。董跋錄于右，時乾隆四年五月朔，唐岱敬畫」。印記四：「北窗」、「毓東」、「御賜畫狀元」、「到處因循綠嗜酒」。

仿黃公望浮嵐暖翠一卷。款題「浮嵐暖翠，乾隆六年寒露，仿黃公望，臣唐岱恭畫」。

仿關仝翠嶺丹楓一卷。款題「翠嶺丹楓，乾隆六年秋，仿關仝，臣唐岱恭畫」。

仿關仝溪山雪霽一卷。款「溪山雪霽，仿關仝，臣唐岱恭畫」。上方乾隆壬戌夏日御題。

松陰撫琴一軸。款「雍正十一年春日，唐岱敬畫」。上方圓幅，高廟、潛邸題。

仿李成山水一軸。款「乾隆八年四月朔，仿宋李成，臣唐岱恭畫」。

仿范寬山水一軸。款「乾隆八年孟夏，仿范寬，臣唐岱恭畫」。

仿范寬秋山瀑布一軸。款「摹范寬法，臣唐岱恭畫」。上方御題「神」字。

仿趙孟頫筆意一軸。款「仿趙孟頫，臣唐岱恭畫」。

仿趙孟頫山水一軸。款「仿趙孟頫，臣唐岱恭畫」。右方上御題。

風雨歸舟一軸。款「風雨歸舟圖，唐岱敬畫」。

以上初編

千山落照圖一軸，款「『萬葉秋聲裏，千山落照時』。雍正十年九月望，擬黃鶴山樵筆意，靜巖唐岱」。

仿范寬山水一軸。款「『萬葉秋聲裏，千山落照時』。乾隆元年奉勅擬范寬法，許渾句，臣唐岱恭畫」。御題「神」字。

秋林讀易一軸。乾隆癸亥御題

仿王蒙山水一軸。乾隆丙寅御題

寒山萬木一軸。乾隆丙午御題

夏日山居一軸。

秋山行旅一軸。

以上續編

山水一冊。凡七對幅：右山水，設色，水墨相間；左蔣溥、梁詩正、汪由敦、嵇璜、董邦達、錢維城、張若澄分題；前副頁御題。此間有句。

又一冊。凡十二對幅：右山水，設色，水墨相間。標題：一仿關仝，二仿董源，三仿趙令穰，四仿巨然，五仿趙伯駒，六仿王蒙，七仿范寬，八仿吳鎮，九仿趙孟頫，十仿倪瓚，十一仿黃公望，十二仿李成，每幅左梁詩正分題。

歸隱圖一軸。款「康熙六十年二月，靜巖唐岱爲會川高士歸隱作」。收傳印記，「映璣私印」，「張瑢之」，「穆菴秘玩」，「翠岫清谿」。

仿倪瓚清閟閣一軸。款「乾隆九年孟夏，仿倪瓚，臣唐岱恭畫」。

仿巨然山水一軸。

以上三編

嚴宏滋 字丕緒，號蓉江，江陰縣國子監生。工人物，石渠著錄五。

應眞圖一卷。
白描獻壽圖一卷。
三元星官圖三卷。宣和畫譜載，唐范瓊、孫位，五代左禮、朱繇、杜䶨龜，俱有天、地、水三官像。
竹林七賢圖一卷。
採芝仙圖一卷。
以上續編
孫祜 江蘇人。工人物，石渠著錄十有二。內合筆十，見後。
仿王維關山行旅一軸。
秋山樓閣一軸。
以上續編
李鱓 字宗揚，號復堂，興化人。康熙辛卯舉人，官滕縣知縣。工花鳥，高其佩弟子。
石渠著錄一。
四季花卉一卷。款「臣李鱓恭畫」。
以上初編

錢中鈺　字守之。工花鳥，石渠著錄一。

花卉一卷。

以上續編

劉九德　字陽升，順天人。官中書。工人物。石渠著錄一。

摹張擇端清明上河圖一卷。

以上續編

沈　源　工人物。石渠著錄三。內合筆二，見後。續編載有恭摹聖製冰嬉賦圖一軸。敬紀于首。

清明上河圖一卷。

新月詩意一軸。款「乾隆十年春正月，臣沈源恭畫」。右上方御書新月詩，後識「今年正月哉生魄，天角一痕，遠明積素，致可愛玩，因成新月長律一章，勅院臣沈源繪爲圖，以志風光節物之佳，非誇詩句工好也。乙丑上元後八日，御識」。

以上初編

金　昆　畫徵錄載，「賀金昆，錢塘人，武解元。工人物花草」。未識即其人否。石渠著錄九。內合筆八，見後。

白描人物一冊。凡十二對幅：右白描人物，一宋元君畫圖畫史解衣般礡事，二公輸般削竹木爲鵲事，三列禦寇爲伯昏無人射事，四熊宜僚弄丸事，五東方曼倩射覆事，六嚴君平賣卜識織女支機石事，七蔡文姬辨琴絃事，八張桓侯破賊張郃立馬勒銘事，九王右軍戲山書六角扇事，十唐明皇羯鼓判花事，十一李謩天津橋讀笛事，十二紅線劍術事。左梁詩正楷書，分錄圖中事蹟。

以上續編

周鯤字天池，常熟人。工山水。伏讀聖製詩初集題周鯤山水册頁，有「我愛大癡筆，煙雲無匠痕，畫師求罔象，之子得其門」句，「題周鯤畫，因書賜之」；有「我愛周鯤筆，天然淡間濃，江鄉治病返，畫苑獻詩重。疾苦閭閻狀，尋常幾許逢，監門遺故事，咨爾溯其蹤」句，注「鯤頗能詩」。臣敬謹案：周鯤以閭閻疾苦情形，託藝事以上達，周語所謂士獻詩，瞽獻曲也。宸章以監門相況，於此見聖心之虛懷若谷，視民如傷焉。石渠著錄十有一。內合筆五，見後。

山水一册。凡十二幅，款「周鯤恭畫」。

豳風圖一卷。款「臣周鯤恭畫」。前幅楷書豳詩全篇，款「臣張照敬書」。

河山獻瑞圖一軸。款「臣周鯤恭畫」。

以上初編

摹唐寅終南十景圖一册。一金碧潭，二草堂，三倒景臺，四樾館，五枕煙廷，六雲錦淙，七洞元室，八滌煩磯，九羃翠庭，十期仙磴。乾隆戊辰御題。

倣王翬山水一册。凡十幅：一溪村春曉，二湖陰泛鴨，三松壑鳴泉，四招提煙暝，五江帆秋影，六黃葉村莊，七柳橋春漲，八松篁峭蒨，九漁莊晚霽，十秋樹煙雨。

以上續編

升平萬國圖一卷。款，小行楷書「歲在乙丑，我皇上御極之十年，當重熙累洽之際，沛千古未有之恩，蠲免直省正賦，俾普天億兆，均沐鴻施，海澨山陬，咸懷帝德。臣草茅微賤，生長偏方，來自閩閣，同深鼓舞，一隅如此，萬國同心，不揣筆墨蕪疎，實就見聞所及，繪之尺幅，用誌輿情，并綴小詩，藉聲鼓腹云爾：殊恩新向日邊來，賦免周天及草萊，欲祝三多酬聖德，秋場滌處管絃開。紅豆莊邊聽野歌，尚湖隄畔舞婆娑，七星老檜千年翠，願比君王聖壽多。祇盡時節值西成，萬寶倉箱慶阜盈，早十來年調玉燭，杏花菖葉樂春耕。分得恩膏被海隅，含哺處處詠康衢，鵝溪尚有千尋絹，擬繪升平萬國圖。臣周鯤恭進。」

以上三編

盧湛　工花木。石渠著錄三。內合筆二，見後。

東籬高隱圖一軸。

以上三編

陳枚　字殿掄，號載東，晚號枝窩頭陀，婁縣人。官內務府員外郎。工人物山水花鳥。初學宋人，折衷唐寅，以海西法於寸紙尺縑圖羣山萬壑、峯巒林木、屋宇橋梁、往來人物，色色俱備。雍正間給假歸娶，藝林榮之。後以傷目假歸，居郡之清河橋，晚年復構廬於杭之西溪以終。石渠著錄五。內合筆四，見後。

耕織圖一册。凡四十六幅。第一至二十三幅耕圖：一浸種，二耕，三耙耨，四耖，五碌碡，六布秧，七初秧，八淤蔭，九拔秧，十插秧，十一耘，十二二耘，十三三耘，十四灌溉，十五收刈，十六登場，十七持穗，十八礱，十九舂碓，二十篩，二十一簸揚，二十二入倉，二十三祭神。第二十四至四十六幅織圖：一浴蠶，二二眠，三三眠，四大起，五捉績，六分箔，七採桑，八上簇，九炙箔，十下簇，十一擇繭，十二窖繭，十三練絲，十四蠶蛾，十五祀謝，十六絡絲，十七經，十八緯，十九織，二十染色，二十一攀華，二十二剪帛，二十三成衣。乾隆四年夏四月既望，御筆分題并書。又御筆序云：「昔我聖祖仁皇帝，嘗譔農功蠶事之始終，繪圖各二十三幅，繫以詩序而刻之以示子孫臣庶。予少見而慕之，及長少知文律，口詠心惟，於序所稱衣帛思織女之寒，食粟念農夫之苦，未嘗不三復流連而不能自已也。爰依次布潤，以闡敎思之深，志景行之切。竊惟我皇祖臨御天下六十有一年，實政深仁，淪浹於四海，皆重農桑，勤恤民隱之心所充積而四達也，因命工繪前圖，每幅書舊作于上，自惟辭義甚淺，不足以續聖製之高深，而朝夕披覽，庶幾無忘初志，於我皇祖勤恤民隱之實心實政，孜孜不敢怠云耳。」

以上初編

丁觀鵬工人物，尤擅長釋道畫像。伏讀聖製文初集觀鵬摹丁雲鵬羅漢贊，有「四大本幻，作麼傳神？雲鵬觀鵬，前身後身」句。聖製詩初集，題觀鵬羅漢圖，有「雲海遨遊覩聖僧，觀鵬筆妙貌雲鵬，依然誰認前身是？可畏端知後者能」句。二集題觀鵬仿仇英乞巧圖，有「經營卻喜青出藍，神珠象罔宛能探，汝宗雲鵬工變相，家雞野鶩何妨兼」句。三集命觀鵬仿顧愷之洛神圖成，卽用題顧元韻，有「見說後生畏，誰云前藝空」句。題觀鵬白描十六羅漢卷，有「觀鵬此日之雲鵬，又復氏族同爲丁，疑是三生薰白業，解與淨土傳眞形」句。臣敬謹案：明丁雲鵬之畫釋像，其法本宋人，與梁唐畫壁之以奇詭擅能者，流派自別。觀鵬克傳家學，仰蒙睿題出藍之奬，其所造者深矣。石渠著錄八十有三。內合筆十一，見後。

羅漢一卷。

太平春市圖一卷。款「乾隆七年四月，臣丁觀鵬奉敕恭畫」。

以上初編

仿張僧繇五星二十八宿圖一冊。乾隆九年春三月御識：張丑清河書畫舫云：「張僧繇五星二十八宿眞形圖，畫固奇絕，而篆文星法更妙，故松雪翁跋語，極稱許之」。又注云：「原圖上下二卷，今五星幸全，其二十八宿止存起角訖危十二位，後有本身空絹，識以宣和大璽。」今此冊筆墨精微，設色濃古，與丑書所載脗合，定爲眞蹟無疑。趙跋無存，殆後人改卷爲冊，又竊取眞跋，以別售贗畫耳。自室宿以下，舊闕十六位，爰命畫院仿其筆法補繪之，幷勅汪由敦補書篆文全冊，左幅張照書釋文，庶幾古今至寶，復成完璧也。

中秋月色圖一卷。款「乾隆丙寅春，蒙賜觀王獻之中秋帖眞蹟，令臣觀鵬繪圖卷尾，秋色平分，梧梢月上，臣輒擬議此景。伏惟前賢墨妙，重以天題，臣仰陟上清，足運靈氣，翹瞻閬苑，目眩星辰，自愧鴉塗，眞成貂續。臣丁觀鵬恭紀」。

摹丁雲鵬羅漢一卷。乾隆丁卯御題。

又一卷。

又一卷。

十六羅漢一卷乾隆戊子御題。

仿陸探微佛母圖一卷。

摹張勝溫法界源流圖一卷。

摹張勝溫蠻王禮佛圖一卷。

摹郭忠恕四獵騎圖一卷。

九歌圖一卷。

仿仇英漢宮春曉圖一卷。

摹李公麟唐明皇擊鞠圖一卷。

仿元人四孝圖一卷。王武子、陸績、王祥、曹娥。

摹邱文播登瀛圖一卷。

摹仇英乞巧圖一卷。

愛蓮圖一卷。

仿韓滉七才子過關圖一軸。韓滉原幅，標題止宋之問、史白、李白、高適、崔顥五人。御製詩二集，七才子詠韓滉畫卷序：「七才子過關事，不見書傳，而前代畫家，每傳爲藍本，其姓氏紛紛聚訟，迄無確據，近得韓滉所繪長卷，卷故膾炙人口，特標有姓名者五，而闕其二，旁稽博証，卽李東陽、楊愼諸說而折衷之，當以王維、岑參爲近似，爰補其闕，而各系以詩。」

摹仇英西園雅集圖一軸。乾隆庚午御題。

摹宋人漁樂圖一軸。乾隆戊辰御題。

無量壽佛一軸。

畫佛及羅漢像十七軸。

蓮座文殊像一軸。

文殊像一軸。

又一軸。

羅漢十六軸。

應眞一軸。

極樂世界一軸。

楞嚴對佛說偈一軸。

摹宋人羣仙祝壽圖一軸。

以上續編

飲中八仙圖一卷。分段寫圖，款「乾隆十三年五月，臣丁觀鵬奉勅恭摹周文矩筆意」。御筆分書杜甫飲中八仙歌。

摹顧愷之洛神圖一卷。依賦逐段分繪，款「乾隆十九年四月臣丁觀鵬奉勅恭摹顧愷之筆意」。丙子初冬，御題前幅。御臨十三行。

爛柯仙蹟一卷。

摹李公麟醉僧圖一卷。

伯牙撫琴圖一卷。

蒔竹圖一軸。乾隆丙寅秋御題，汪由敦、錢陳羣、嵇璜、董邦達恭和。

摹宋人明皇夜宴圖一軸。款「乾隆十三年七月，臣丁觀鵬奉勅恭仿宋人筆意」。玉池，乾隆戊辰仲秋月下澣御題。

摹丁雲鵬掃象圖一軸。

人物一軸。

以上三編

丁觀鶴 觀鵬弟。工人物。石渠著錄一。

摹宋人四獵騎圖一卷。

以上續編

余省 字曾三，號魯亭，常熟人。工花鳥蟲魚。伏讀聖製詩初集題余省菊花有「能知花外趣，堪作畫中詩」句。二集題省仿宣和三思圖，有「余省寫生手，仿摹亦稱頗；稍命展擴之，宛見薪傳火」句。題省雜花草蟲卷，有「寫生有如此，傳神亦云得」句。臣敬謹案：余省善於寫生，摹仿亦肖，蒙高廟命以展擴，許其所造，而勉所不能，訓迪親邀，榮踰華袞矣。石渠著錄三十有七。（內合筆二，見後。）續編載有恭仿御筆盆橘圖一軸，三編載有恭摹聖製種秋花詩意圖一軸，敬紀于首。

鳥譜十二册。（每册三十幅，每册末幅款「臣余省恭畫」。每幅左王圖炳楷書譜文，每册末幅款「臣王圖炳奉勅敬書」。案續編有省與張爲邦合摹蔣廷錫鳥譜，是册殆省先專畫後，又與爲邦合摹也。）

寫生花卉一册。（凡十二幅，款「臣余省恭畫」。每幅題句：一、「圓荷擎露曉淋漓，蕩漾清風皺碧漪，正是芙蕖初照日，愛看點水雨琉璃。」二、「奇花長發玉階東，綽約如蓮妙化工，萬里來庭應有意，願同蛺蝶舞薰風。」三、「郊原風物有餘清，貌得如桀玉幾莖，何限露叢霑溼澤，聲聲絡緯報秋成。」四、「秋花猶借牡丹名，野蔓柔枝上竹生，何事小蟲同羽士，躍花還作步虛聲。」五、「蛛絲密處搆金房，露作瓊漿花作糧，愛是綵冠分部伍，也隨鸞鳳集修篁。」六、「玉砌淩晨帶露光，翠雲碎剪麗霓裳，更宜珪月秋成夜，促織聲中囊冷香。」七、「舞盡春風到素秋，絲絲煙裊未全休，居高飲露鳴逾盛，時有清吟達鳳樓。」八、「村落秋深八月天，豆花開綻短籬邊，螳螂翳葉身輕捷，驤首濃陰卻復前。」九、「陂上牽牛引蔓開，翠柔紅軟絕纖埃，露珠微沁秋風冷，時有金蟲兩兩來。」十、「秋風剪出新花樣，絕似僧鞋喚菊名，併採螽斯入圖畫，昆蟲草木荷生成。」十一、「三起三眠雖仿彿，如雲如蓋不模糊，聖人正重蠶桑日，寫出豳風七月圖。」十二、「紫薇花發清秋日，朵朵宵承湛露濃，枝畔有蟲名八角，也忻芳蔭一重重。」

仿林椿花鳥一卷。款「乾隆六年春，臣余省奉勅恭仿林椿筆」。「乾隆辛酉夏五御題，臣梁詩正分段敬書」。

仿劉永年茶竹雀兔一卷。款「乾隆七年春，臣余省奉勅恭臨劉永年筆」。

仿林椿四季梅花一卷。凡四幅：一、梅椿杜鵑，二、梅花反舌，三、宵梅畫眉，四、黃梅翠雀。款「乾隆七年四月，臣余省奉勅恭仿林椿筆」。「乾隆壬戌夏五御題，臣梁詩正敬書」。

臨劉寀羣魚戲荇一卷。款「乾隆七年春，臣余省奉勅恭臨劉寀筆」。「乾隆壬戌夏六月御題，臣梁詩正敬書」。

百蝶圖一卷。款「乾隆十年七月，臣余省恭畫」。卷首有御題。

東籬秀色圖一軸。款「乾隆九年九日，臣余省奉勅恭畫」。右方上御題，左方上御筆署「東籬秀色」四字，右方中梁詩正，左方中張照、勵宗萬，張若靄恭和。

以上初編

瑞樹圖二冊。皇朝通志：「產長白山，自頂至根，合十餘丈，大數百圍。上分十有二大枝，垂葉各異，具松、檜、白楊、遮勒穆期、紫樺、白樺、密克特、白榆八種，並生靈芝。其上萬木環衛，如星拱北。」聖製四集，恭謁永陵詩注：「瑞榆一株，輪囷盤鬱，圓覆城匡，實兆我大清萬年景祚。向曾尊曰神樹，爲賦，敬紀之。」

嘉產薦馨一冊。畫盛京土產香草四種：一、白茅香，二、排草香，三、靈香，四、芸香。

海西集卉一冊。畫洋卉八種：一、檀羅結，二、朝陽鳳，三、瑞珠盤，四、曉霞酣，五、茜秋韻，六、鏤金英，七、白香芸，八、紫香芸。

秋花一册。

花卉一册。

又一册。

花卉、草蟲一卷。乾隆癸酉御題。

魚藻圖一卷。乾隆癸酉御題。

蘆鴈一卷。

又一卷

海天羣鶴一軸。

以上續編

摹王冕梅花一卷。款「乾隆壬申春王，臣余省奉勅恭摹王冕筆意」。

花雉一軸。御題花雉行，無年月。

雲龍一軸。玉池，乾隆庚辰新正，御題。

花鳥一軸。

以上三編

余穉　字南州，省弟。工花鳥。石渠著錄一。

喬松雙鶒一軸。

以上三編

郎世寧　海西人。工翎毛花卉，以海西法爲之。伏讀聖製詩二集，題準噶爾所進大宛馬，名之曰如意驄，命郎世寧爲圖，而繫以詩，有「凹凸丹青法，流傳自海西」句。注：「唐尉遲乙僧善凹凸花畫法，乙僧亦外國人也。」龍馬歌題世寧所畫，有「我知其理不能寫，爰命世寧神筆傳」句。三集命金廷標摹李公麟五馬圖法，畫愛烏罕四駿，有「泰西繪具別傳法，沒骨曾命寫褒蹏，著色精細入毫末，宛然四駿騰沙隄。似則似矣遜古格，盛事可使方前低；廷標南人擅南筆，摹舊令貌銳耳批。驄騮騋駿各曲肖，卓立意已超雲霓，副以于思服本色，執靮按隊牽駃騠。以郎之似合李格，爰成絕藝稱全提」句。注：「前歌曾命郎世寧爲圖，世寧所畫，有馬而無人，茲各寫執靮人一，如伯時卷中法。」四集題畫詩，有「寫眞世寧擅，績我少年時」句。注：「郎世寧，西洋人，寫眞無過其右者。」臣敬謹案：世寧之畫本西法，而能以中法參之，其繪花卉具生動之姿，非若彼中庸手之詹詹於繩尺者比。然大致不離故習，觀愛烏罕四駿，高廟仍命金廷標仿李公麟筆補圖，於世寧未許其神全，而第許其形似，亦如數理之須合中西二法，義蘊方備，大聖人之衡鑒，雖小道必審察而善擇兩端焉。石渠著錄五十有六。內合鐫二，見後。

寫生花卉一册。凡十二幅，款「郎世寧敬畫」。高廟潛邸分題，後署「梁詩正謹書」。

寫生一册。凡十二幅，用海西法寫生，末幅款「乾隆五年正月，臣郎世寧奉勅恭畫」。第一幅畫馬，乾隆辛酉夏五月御題，餘十一幅任蘭枝、蔣溥、梁詩正、汪由敦、嵩壽、鄂容安、彭啓豐、介福、金德瑛、秦蕙田、莊有恭諸臣題句。末幅款「乾隆六年夏六月，臣梁詩正奉勅敬書」。

百駿圖一卷。款「雍正六年，歲次戊申仲春，臣郎世寧恭畫」。

十駿圖十軸。每軸款「乾隆癸亥孟春，海西臣郎世寧恭畫」。每幅隸書分署，一萬吉驦，下注：「喀爾喀郡王多爾濟札爾進，高四尺二寸，長七尺一寸五分。」二闞虎駵，下注：「喀爾喀郡王澄文札布進，高四尺六寸，長七尺二寸八分。」三獅子玉，下注：「喀爾喀折布尊丹巴呼圖克圖進，高四尺三寸，長七尺三寸。」四霹靂驤，下注：「喀爾喀親王固倫額駙策楞進，高四尺三寸，長七尺二寸。」五雪點鵰，下注：「科爾沁郡王諾們額爾和圖進，高四尺三寸，長七尺。」六自在驈，下注：「和拖輝特貝勒誠溫札布進，高四尺三寸，长七尺二寸六分。」七奔霄驄，下注：「翁牛特貝勒彭蘇克進，高四尺二寸，長七尺五分。」八赤花鷹，下注：「喀爾喀親王德欽札布進，高四尺六寸，長七尺二寸八分。」九英驥子，下注：「和拖輝特貝勒誠溫札布進，高四尺三寸，長七尺五分。」十籋雲駃，下注：「科爾沁公達爾馬達杜進，高四尺一寸，長七尺。」一、三、五、七、九軸，張照恭贊，二、四、六、八、十軸，梁詩正恭贊，每軸滿州蒙古字各一行，譯同。

畫鴿一軸。

以上初編

準噶爾貢馬圖一卷。乾隆丁卯御製宴準噶爾夷使詩，注：「準噶爾接哈薩克部落，古大宛也。準噶爾向惟貿貂，今加進馬，以表其敬，蓋自大宛得之。乾隆丙午，御題，郎世寧繪。」準噶爾獻馬圖詩，注：「噶爾丹策楞所貢馬，其一純白有靑文，高八尺，長丈有二尺，賜名如意驄，命西洋人郎世寧繪圖，並命內廷翰林梁詩正、汪由敦、蔣溥、莊有恭、嵇璜、張若澄爲之序讚，復命沈德潛題什。」

阿玉錫持矛蕩寇圖一卷。 乾隆乙亥，御製平定準噶爾告成太學碑文：「達瓦齊於格登山麓結營以待，兵近萬，我兩將軍議以兵取則傷彼必衆，彼衆皆我衆，多傷非所以體上慈也。丁亥遣阿玉錫等二十五人，夜斫營覘賊向，賊兵大潰，相蹂躪死者不可勝數，來降者七千餘，我二十五人無一人受傷者，達瓦齊以百餘騎竄。六月庚戌，回人阿奇木霍集斯伯克執達瓦齊來獻軍門，準噶爾平。銘辭略曰：予有前諭，所禁侵陵，以茶交易，大愉衆情。衆情既愉，來者日繼，蠢達瓦齊，擁兵自衛。依山據淖，惟且夕延，有近萬人，其心十千。勇不目逃，掄二十五，曰阿玉錫，率往賊所。銜枚夜襲，直入其郛，揮矛拍馬，大聲疾呼。彼人既離，我志斯台，突將無前，縱橫轄轕。案角鹿埵，隨種東竄，自相狼藉，孰敢攖鋒。狐竄鼠逃，將往異域，回部遮之，兇渠斯得。」謹案乙亥爲乾隆二十年夏五月。阿玉錫厄魯特人，舊隸準噶爾部下，雍正十一年獲罪來歸，其勇絕倫。高廟召見，賜銀，擢侍衛。

哈薩克貢馬圖一卷。 乾隆丁丑，御製哈薩克稱臣內屬，遣使進貢，詩以紀事序：「哈薩克卽大宛也，從古不通中國，雖漢武勞師動衆，僅得其馬。我師因追叛寇阿睦爾撒納，直入其境，哈薩克撤帳驅畜，遁去數千里。今春我師重入伊犁問罪，哈薩克汗阿布賚隨遣使稱臣入貢。」乾隆戊寅御製右部哈薩克歸化，遣使朝貢，詩以紀事序：「右部哈薩克，其汗曰阿比里斯，與塔什罕城回人等接壤雜居，地廣人稠，不下左部阿布賚所屬。向爲厄魯特間阻，未通聲教，今年秋參贊大臣都統富德追捕準夷餘孽哈薩克錫拉，兵至其地，會塔什罕與右部哈薩克搆釁互擊，因遣侍衛蒙固爾岱等宣諭威德，哈薩克叩首輸誠，卽日遣使朝貢。」

瑪瑺斫陣圖一卷。 瑪瑺隨副將軍富德討準噶爾，先衆獨進，三箭殪賊，瑺亦陷陣中，馬斃步戰，我軍隨進，得拔陣出，身被十創，裹創復戰，將軍入奏，命爲護軍統領。乾隆己卯有御製墨爾根巴圖魯瑪瑺斫陣歌。

拔達山八駿一卷。 一逘喜驄，二堅昆鵤，三洱海騮，四紫電騋，五服遠騮，六玉題駿，七祥霞驥，八翻雲駿。乾隆庚辰御題。

愛烏罕四駿一卷。 乾隆癸未御題愛烏罕四駿歌序：「愛烏罕在拔達山西，所進四馬，曰超洱騧、徠遠騮、月騙騋、淩昊白；均高逾七尺。」

天威服猛圖一卷。

八駿圖一卷。

聚瑞圖一軸。 皇朝通志：「雍正元年八月，河南山東二省瑞穀兩岐雙穗，又內池蓮房同莖分蒂；諸瑞疊呈，命宜付史館。」五年，諭曰：「今歲各省俱產嘉禾，自古聖帝賢王，皆專務實心實政，不以祥瑞爲尙，朕深明此理，擯斥虛文，但恐嗣後地方有司未必人人深悉朕心，競尙嘉禾之美名，或借端粉飾，致有隱匿旱潦之事，亦未可定，著將雍正五年以後各省田畝產嘉禾之處，俱停其進獻，奏聞。」

摹元人秋林羣鹿一軸。乾隆丁卯，御題。

海西知時草一軸。乾隆癸酉，御題知時草詩序：「西洋有草名僧息底斡，譯漢音爲知時也。其貢使攜種以至，歷夏秋而榮，在京西洋諸臣，因以進焉。以手撫之則眠，逾刻而起，花葉皆然，其眠起之候，在午前爲時五分，午後爲時十分，輒以成詩，用備羣芳一譜。」

白鷹一軸。乾隆壬午，御題白鷹歌序，「霍罕額爾德尼伯克所進，歌以紀事。」

佶閑騮一軸。乾隆戊寅御題佶閑騮歌注：「凡馬遇獸近身，未有不駭軼者，時有麞奔從胯下竄過，騮飛馳如故，蹙之而仆，迴鞚輒命中。」

鷟鸑爾一軸。乾隆癸未，御題鷟鸑爾詩序：「尚書阿桂還自伊犁，以所獲鷟鸑爾鳥進，色正黝，尾中散白點如雪糝，赤睛黃匡，翎戢戢騂半雉扇，然詢其名，既無義可索。或請按鳥譜近似者當之，予曰：否否。昔夏后羽毛作貢，寰中土職方恒產，厥後吉光生翠，又不越嶺表炎洲而止，且名率侈靡弗深考。乃者新域既屯既城，綏遠所徽，翳誌實是賴，則思彜日刓笴之雄風，紀今時鳴岐之雅則，不其韙乎。爰仍其名，命郎世寧爲之圖，而系以詩。」

白海青一軸。乾隆甲申，御題白海青歌序：「霍罕汗額爾得尼轢風款塞，獻白海青一，重數譯而達京師，所謂積雪全映，飛花碎點，信鷙鳥之奇特者也。金元以來，賦海青者，率目爲海東之產，故有扶餘東濱之詠，今林丞所掌，金眸玉爪，迴異凡材者，蓋習見習聞。玆霍罕地在玉門萬里外，於古爲大荒以西，順秋氣而應瑤光，其精明俊竦，爲金方之英固宜。既命郎世寧繪圖狀其神貌，更賦七言長句，以紀其實。」

白鷹一軸。乾隆乙酉，御題白鷹詩序：「喀爾喀貝勒阿玉爾所進。」盛京通志：「鷹種類不一，古以出遼海者爲上。」新唐書：「黑水靺鞨傳出白鷹。」一統志：「白鷹尤爲鷙猛，吉林寧古塔諸山有之。」

白鶻一軸。皇朝通志：「產海上，毛色獨異，實爲鷙鳥中之最俊者。」盛京通志：「鶻，大曰兎鶻，小曰鴉鶻。」

火雞一軸。熱河志：「火雞亦雉類，宋陸佃埤雅曰：鶡似雉而大，黑黃色，本草謂靑黑色者名鴆，今塞外山中所產火雞，黑身白尾，紅冠赤足，蓋卽鶡雞之屬。」

蘋野鳴秋一軸。秋林雙鹿。

雪坂牧歸一軸。

魚藻一軸。

坰牧蕃孳一軸。

盆蘭一軸。

交阯果然一軸。皇朝通志：「產交阯，能自呼名，愛其羣，行則大者居前。其皮可爲坐具。」

玉花鷹一軸。

洋菊一軸。

錦春圖一軸。

蓮花一軸。

以上續編

東海馴鹿一軸。乾隆乙丑，御題馴鹿歌序：「寧古塔將軍巴靈阿奏進。東海使鹿部所產馴鹿，勝負載似牛，堪乘騎似馬，依媚於人，乃又過之，其飲食性則仍麋麑之羣也。造物神異，無所不有，命繪以圖，而繫之詩。」皇朝通志：「馴鹿東海鄂羅春奇稜部所產，牝亦有角，與常鹿稍異。」

八駿圖一軸。伊犁哈薩布魯所進。御題「騣錦星材」。玉池，御題天馬歌，于敏中書。

瑞麞圖一軸。乾隆辛未，御題瑞麞詩序：「秋獮塞上，蒙古合必力滾達賴以此來獻，色純白如雪，目睛如丹砂，抱朴子稱鹿壽千歲，滿五百歲則色白，此殆其類。今來恭逢聖母皇太后六旬萬壽，適靈獸應時而至，爰命曰瑞麞，而紀以詩。」皇朝通志：「壬申歲又於巴顏河洛圖中生致一白麞，性特馴擾。」

蒼猊犬一軸。

花底仙龍一軸。

花陰雙鶴一軸。

池蓮雙瑞一軸。

蒼雪鷹一軸。

花鳥一軸。

孔雀開屏一軸。

開泰圖一軸。畫三羊：一跪乳，二齕草。

瓶花一軸。插折枝並蒂牡丹。

以上三編

張雨森　初名雨，字作霖，號蒼野，淮安人。工山水。伏讀聖製詩初集題雨森山水圖，有「懸之高堂六月涼，助我清興生吟席」句。題雨森摹沈石田山水幅，有「吳中沈周清狂客，雨森筆似人亦肖。」又「雨森勉參詩畫禪，會當示汝無形妙」句。注：「雨森頗能詩，故云。」臣敬謹案：雨森善潑墨，恭繹睿題，想見宋畫史就舍解衣槃礴之概，而餘藝又能詩，洵非舐筆和墨之衆史所可企及。石渠著錄一。

摹燕文貴江干雪霽圖一卷。

以上初編

王幼學 工花木。石渠著錄二。內合筆一，見後。

瑞樹圖一軸。

以上續編

張廷彥 工人物樓觀。石渠著錄六。內合筆一，見後。

平定烏什戰圖一軸。乾隆戊子，御題烏什戰圖詩序：「自庚辰西師凱旋之後，伊犁則築城墾野，回部則減賦薄征，視地之大小險夷，各駐以大臣，戍以兵卒，晏然無事矣。越五年乙酉，而有烏什之變。烏什者，介於阿克蘇、喀什噶爾之間，爲四部適中之地。依山爲城，有險可恃，田肥饒，水充足，又有牧場，可滋長馬、牛、羊，故變亂之後，逆賊守至六越月，始食盡力窮，縛其酋以獻。於是誅戮其精壯，遷徙其婦稚，凡烏什之城，及其所附村落，皆爲官有，駐以大臣，戍以兵卒，如前制，而更申明紀律焉。」謹案：烏什小伯克賴黑木圖拉爲變，伊犁將軍明瑞平之。

中秋佳慶一軸。

以上續編

仿宋人越王宮殿一卷。宋人越王宮殿圖，見董其昌容臺集，其昌謂「向爲嚴分宜物，後籍沒，朱節菴國公以折俸得之，流傳至予處。其長有三丈餘，皆沒骨山，予細撿，乃蜑錢鏐王宮，非勾踐也」。

慶燈市集一卷。

登瀛圖一軸。乾隆戊子仲春上澣，御題。

以上三編

吳　桂　工山水人物。石渠著錄五。內合筆四，見後。

仿宋人折檻圖一軸。

以上續編

沈　嶮　官內務府司庫。工山水人物。石渠著錄一。

平林遠岫一軸。款「臣沈嶮恭畫」。左方聖祖書唐人七言絕句一首，識云：「暨松」。

以上初編

姚文瀚　工人物，兼善釋道畫像。伏讀聖製詩三集，題文瀚仿清明上河圖，用舊題沈德潛所進張擇端清明簡易圖韻，有「詩人奏進石渠內，展觀結搆眞純粹；因教畫苑畢仿摹，如從花譜掄姚魏。攜來行笥便披閱，二月東巡近瞻泰；比張縮小益見能，即景佳節逢清明」句。注：「此卷較擇端原本尺幅縱橫倍減，而臨摹畢肖，人物益小，尤見精能。」臣敬謹案：珠林所載，善繪釋道者，以嚴宏滋、丁觀鵬爲最，文瀚堪肩比，亦工仿古。清明上河圖之摹本衆矣，文瀚於羣工角藝之時，胸具別裁，搆成縮本，特邀睿賞，許以精

能，其榮幸殆如戴憑說經，連奪五十餘席也。石渠著錄四十有一。內合箑四，見後。續編載有恭摹

聖製十二月宮詞詩意一冊，敬紀于首。

紫光閣錫宴圖一卷。乾隆辛巳，御製紫光閣寫功臣像及諸戰圖畢，集讌落成詩注：「閣中圖功臣像，勳績顯著者五十人，朕親製題贊，餘命儒臣擬爲者又五十人，視雲臺二十八將，不啻倍蓰。」御製紫光閣曲宴外藩紀事詩注：「每歲宴朝正外藩，例於豐澤園設大幄次，茲以紫光閣落成，遂移筵宴於此」。御製文初集紫光閣五十功臣像贊序：「西師之役，賴天佑，乘時運，資衆力，拮据擘畫，幸底厥績，固非予一人所敢逆料，敢期必也。然稍可以謝衆論愜深衷者，無他，則以賞罰信而應機速耳。茲者專定功成，寫諸功臣像於紫光閣，朕親御丹鉛，各系以贊，不過譽，不尚藻，惟就諸臣實事錄之，並闡其義如右：一、大學士一等忠勇公傅恒，二、定邊將軍一等武毅謀勇公戶部尚書兆惠，三、原定北將軍一等誠勇公兵部尚書班第，四、原靖逆將軍三等義烈公工部尚書納木札爾，五、定邊右副將軍親王品級超勇郡王策布登札布，六、定邊右副將軍一等靖遠成勇侯理藩院尚書富德，七、原定邊右副將軍二等超勇伯內大臣薩拉爾，八、原大學士三等忠勤伯陝甘總督黃廷桂，九、參贊大臣和碩親王固倫額駙色布騰巴爾珠爾，十、參贊大臣固山貝子札拉豐阿，十一、參贊大臣札薩克多羅郡王羅卜藏多爾濟，十二、參贊大臣多羅郡王額敏和卓，十三、參贊大臣工部尚書舒赫德，十四、參贊大臣一等果毅公兵部尚書阿里袞，十五、原參贊大臣三等襄勤伯總督鄂容安，十六、參贊大臣一等承恩毅勇公戶部侍郎副都統明瑞，十七、參贊大臣工部侍郎副都統阿桂，十八、原參贊大臣三等子戶部侍郎副都統三泰，十九、原參贊大臣前鋒統領騎都尉又一雲騎尉鄂實，二十、領隊大臣內大臣博爾奔察，二十一、原領隊大臣安西提督總兵官豆斌，二十二、原領隊大臣甘肅提督總兵官高天喜，二十三、領隊大臣副都統塔什巴圖魯端濟布，二十四、領隊大臣護軍統領愛隆阿，二十五、領隊大臣前鋒統領墨爾根巴圖魯瑪瑺，二十六、領隊大臣內大臣副都統巴圖濟爾噶爾，二十七、散秩大臣穆爾德木圖巴圖魯齊淩札布，二十八、散秩大臣哈坦巴圖魯噶布舒，二十九、副都統噶畢雅爾巴圖魯額爾登額，三十、郡王霍集斯，三十一、貝子鄂對，三十二、內大臣鄂齊爾，三十三、散秩大臣喀喇巴圖魯阿玉錫，三十四、原散秩大臣騎都尉達什策淩，三十五、副都統鄂博什，三十六、副都統圖布巴圖魯溫布，三十七、副都統克特爾克巴圖魯由屯，三十八、原副都統騎都尉又一雲騎尉三格，三十九、原頭等侍衛舒布圖鍇巴圖魯奇徹布，四十、頭等侍衛博克巴圖魯老格，四十一、頭等侍衛墨爾根巴圖魯達克塔納，四十二、頭等侍衛薩穆坦，四十三、原二等侍衛固濟爾巴圖魯雲騎尉瑺綽爾圖，四十四、二等侍衛哈郎圭巴圖魯塔瑪鼐，四十五、原二等侍衛哈布台巴圖魯富錫爾，四十六、二等侍衛額爾克巴圖魯海蘭察，四十七、原二等侍衛雲騎尉富紹，四十八、三等侍衛賽音博勒克巴圖魯札奇圖，四十九、三等侍衛什倫哈什哈巴圖魯阿爾丹察，五十、三等侍衛卓里克圖巴圖魯五十保」。御製文二集平定金川五十功臣像贊，首定西將軍一等誠謀英勇公協辦大學士吏部尚書阿桂，終貴州副將奢持陳巴圖魯興奎。御製文三集平定臺灣二十功臣像贊，首大學士一等誠謀英勇公阿桂，終散秩大臣贊巴巴圖魯四川土副將穆塔爾。平定廓爾喀十五功臣圖贊序：「武臣圖功，逮此凡四」注：紫光閣圖功臣像，各爲之贊。自平定西域、兩金川、臺灣，逮此凡四次。首大學士一等忠銳嘉勇公兩廣總督福康安，終副都統銜駐劄西藏協辦事務大臣賽尚阿巴圖魯成德。

仿宋人文會圖一卷。

無量壽佛一軸。

佛及天王羅漢二十三軸。

華嚴香海圖一軸。

文殊像一軸。

觀音像一軸。

達摩相一軸。

賣漿圖一軸。

以上續編

撫琴仕女一卷。

臨宋人維摩像一軸。乾隆丁卯仲夏，御題。

仿宋人梧陰清暇一軸。

歲朝歡喜一軸。上方皇上御題，趙秉冲書。

春朝嬰戲一軸。

以上三編

曹夔音　江寧人。工山水。伏讀聖製詩初集，題夔音山靜日長圖，有「日長山靜幽懷愜，石谷雲西妙處兼」句。注：「是圖臨王翬仿曹雲西筆意。」題夔音秋林亭子，有「無多邱壑有多趣，妙處天然是老迂」句。注：「是幅法倪瓚。」臣敬謹案：夔音善摹古，恭繹天藻品題，蓋能集諸家之長，而不專守一格者也。石渠著錄七。

臨趙黻長江萬里圖一卷。

摹許渾詩意一軸。「溪雲山雨」句。

溪亭浮翠一軸。

以上續編

法諸家山水一册。

摹瀟湘秋意圖一卷。

臨項聖謨後招隱圖一卷。

擬關仝筆意一軸。款「臣曹夔音恭擬關仝筆意」。乾隆戊辰清和，御題。

以上三編

張爲邦　工人物翎毛。石渠著錄七。內合錄五，見後。
上元中元下元圖一卷。
歲朝圖一軸。
以上三編
張問達　工畫馬。石渠著錄一。
馬圖一軸。
以上初編
馬圖一軸。
以上續編

國朝院畫錄卷上終

國朝院畫錄卷下

預修祕殿珠林　石渠寶笈三編　唐文　明鑑總纂　翰林院編修臣胡敬恭輯

金廷標　字士揆，烏程人。工人物花卉。高廟南巡，恭進白描羅漢册，命入畫院祗候。數年，卒於都中。伏讀聖製詩二集，題廷標人物詩，有「蹇驢性怯蹭蹬呵，奴子長繮儘力牽；騎者鞭驅復懷懼，旅情一段畢神傳」句。題廷標放鶴圖，有「是謂善寫照，傳神在阿堵」句。題廷標江村圖，有「七情畢寫皆得神，顧陸以後今幾人」句。用庾信詠畫屏風二十四首元韻，卽效其體，並命金廷標爲圖，各題其上。序有「緬庾信當日，催花番番遞進；看廷標此時，完璧落落無雙」句。三集題廷標桐陰把蘭圖，有「繪事不難難得神，精描粗寫每超倫；足稱世畫無雙畫，可惜斯人做古人」句，注：「時廷標病歿」。題廷標金絲桃，有「去年命寫尋常事，今日誰知珍惜加」句。四集題廷標溪亭疏影，有「不爲連林爲獨樹，慘淡雅識逋翁趣；逋翁去今七百年，髣髴亭中猶或遇」句。題廷標松陰牧馬圖，有「不加鞍勒適其性，故識伊人用意高」句。題廷標琵琶行圖，詩後識語：「內府弆唐寅畫琵琶行，於江邊扁舟直寫一女抱琵琶。廷標此圖，不畫琵琶女，而畫居易等屬耳之情，便覺高出其上。此與宋人畫『踏花歸去馬蹄香』，以數蛺隨騎意同。向未題句，茲偶見之，因拈其妙，然畫院中能作如此解者實少也。」題廷標梅村小卷，有「欲知作者神來候，展看惜他卷易窮」句。五集題廷標雪中三友，有「神來規矩準繩外，意寓多聞直諒乎，可惜斯人成古畫，徒珍過後自嗤吾」句。題廷標仙館澄秋圖有「多年漫黏壁，此日惜收幬」句，注：「命裝掛幅，續入石渠寶笈。」題廷標吹簫召鶴圖，有「柏枝入水翻青靄，正是筆隨興到時」句，注：「廷標此幀甚奇，故再詠之。」臣敬謹案：廷標筆不尙工緻，以流動機趣寫生，頰上添毫，栩栩欲活。其派沿自藍瑛、董旭、謝彬輩，而能不染其習氣，匠心獨運，神解超然，有契聖心，良以人物貴傳神，吳帶曹衣，無關阿堵間小三昧也。石渠著錄八十有一。內合錄一，見後。續編載有恭繪聖製用庾信詠屏風體詩意一冊，聖製雜詠吳下故蹟詩意一冊，聖製詠月詩意一軸，敬紀于首。

仿陳書畫一冊。凡十幅：一、古木修篁，二、蘆塘霜菘，三、仙果珍禽，四、雜果，五、眠犬，六、胡蝶鳳仙，七、怪石古松，八、春溪水族，九、梅溪，十、花籃。乾隆丙戌，御題女史陳書畫頁十種識後，「此冊爲錢陳羣父母手澤貽留，今陳羣欲登之石渠，以永其年，朕思石渠所藏陳羣母各種畫頗多，不忍更留此，因各題一絕，仍以賜陳羣，俾其家什襲爲傳世之寶，並命金廷標倣寫成冊，錄原題收入石渠，藝林當增此一段佳話也。」首詩注：「元時管道昇畫多有趙孟頫題，此冊乃尙書錢陳羣母陳書所畫，每幅俱有其父錢綸光題句，相莊風雅，故不減趙管云。」

白描羅漢一冊。

人物一冊。

臨馬遠商山四皓一卷。乾隆丙戌，御題。

仿陳容九龍圖一卷。乾隆丁亥，御題陳容九龍圖。又題金廷標仿陳容九龍圖，卽用題陳畫韻。

摹李公麟五馬圖法畫愛烏罕四駿一卷。

九芝呈瑞一卷。

竹溪六逸一卷。

洗硏烹茶一卷。

暮津問渡一卷。

秋江雨艇一卷。

放鶴圖一軸。乾隆庚辰，御題。

鬻茶圖一軸。乾隆庚辰，御題。

溪彴扶笻一軸。乾隆丁亥，御題。

種竹圖一軸。乾隆己丑，御題。

松陰牧馬一軸。乾隆丙申，御題。

爾泥圖一軸。乾隆辛丑，御題。

花卉一軸。乾隆乙巳，御題。
仙館澄秋一軸。乾隆庚戌，御題。
品泉圖一軸。乾隆辛亥，御題。
寒山拾得一軸。
春野新耕一軸。
仙山樓閣一軸。
扁舟載鶴一軸。
楓林晚坐一軸。
芍藥一軸。
碧桃一軸。
人物一軸。
仙舟笛韻一軸。
罌粟一軸。
曳杖看雲一軸。

漁樵耕讀一軸。

以上續編

人物事蹟一冊。凡十二幅，隸書標題：一、琴歌南風，二、橘梓喻教，三、漢陰抱甕，四、過仙掬翠，五、子猷種竹，六、青溪邀笛，七、折梅寄友，八、廬山觀瀑，九、蕉葉臨書，十、彈鬢綸袍，十一、金蓮歸院，十二、映雪讀書，乾隆丁亥夏六月下澣，御筆分題。

山水一冊。凡十二幅，隸書標題：一、溪亭疏影，二、石壁淙流，三、雲海浮嵐，四、層岩疊瀑，五、山城春晚，六、松磴花宮，七、繡嶂晴濤，八、垂虹煙雨，九、江船上峽，十、荻舟楓岸，十一、沙舟艤渡，十二、玉峯寒翠，乾隆癸巳仲春月御筆分題。

十八學士圖一卷。乾隆庚辰春日，御題。

塞宴四事四卷。分繪御製詐馬、什榜、相撲、敎駣詩圖。乾隆庚辰九秋，御題詐馬詩序：「詐馬爲蒙古舊俗，今漢語俗所謂跑等者也，然元人所云詐馬，實咱馬之誤，蒙古語謂掌食之人爲咱馬，蓋呈馬戲之後，則治筵以賜食耳。所云只孫，乃馬之毛色，卽今蒙古語所謂積蘇者是，亦屬魚魯。玆札薩克於進宴時擇名馬數百，列二十里外，結束鬘尾，去鞍韉，馳用幼童，皆取其輕捷致遠。以鎗聲爲節，遞施傳響，則衆騎齊騁，飆馳山谷，騰躍爭先，不踰晷刻而達。掄其先至者三十六騎，優賚有差，所以柔遠人，講武事也。」御題什榜詩序：「什榜，蒙古樂名，用以侑食，今俗所謂十番，或因此。楊萬里詩有『全番長笛橫腰鼓，一曲春風出塞聲』之句，蓋樂曲名，番本塞外語，而傳譌耳。其器則笳、管、箏、琶、絃阮、火不思之類，將進酒，輒於筵前鞠跽奏之，鼓喉而歌，和雅赴節，有太古之遺音焉。」御題相撲詩序：「相撲之戲，蒙古所最重，筵宴時必陳之，國朝亦以是練習健士，謂之布庫，蒙古語謂之布克。脫帽短褌，兩兩相角，以搏跌仆地決勝負，勝者勞以卮酒。卮酒時則袒裼而撲，雖蹶不釋，必控首屈肩至地，乃爲勝彼。嘉其壯，賜之羊臛，則扺臂探掬，顧盼呿呑，聲若飲歠，其舊俗如此，因以示惠云。」御題敎駣詩序：「敎駣攻駒，周禮雖載，然後世僅知攻駒，而不能敎駣。蒙古則熟習其法，謂之騎額爾敏達，騂馬三歲以上曰達，騂額爾敏，則未施銜勒者也。每歲扎克薩於所部驅生馬多羣至宴所，散逸原野，諸王公子弟雄傑者執長竿馳繫之，加以羈韉，始則怒騁驟趯，或豨突人立，嘶齧嚙股，馭者騰踔而上，控馭自如，須臾調良，率得名馬。」引首御筵分題「情聯御馭」、「鞠𣿬和聲」、「洪勝旌能」、「選良服阜」。

柳艇讀書一軸。乾隆戊寅淸和月，御題。

雨景一軸。乾隆己卯淸和月，御題。

策蹇渡河一軸。乾隆己卯新秋，御題。

江村圖一軸。乾隆庚辰仲夏，御題。

嗜酸圖一軸。乾隆辛巳春日，御題。

醉八仙一軸。乾隆癸未新春上澣，御題。

戲嬰圖一軸。乾隆甲申，御題。

馮倢伃當熊圖一軸。乾隆丙戌暮春之初，御題。

長至添線一軸。畫女伴停繡，以綵線量日影。乾隆丙戌長至月，御題。

桐陰把蘭一軸。乾隆丁亥淸和月中澣，御題。

仿宋人宮市圖一軸。乾隆戊子春日，御題。

選梅接枝一軸。乾隆戊子仲夏，御題。

移桃課植一軸。乾隆戊子仲夏，御題。

秋色一軸。乾隆戊子新秋中澣，御題。

墨牡丹一軸。乾隆戊戌初夏，御題。

聞喜圖一軸。畫鵲噪于林。乾隆壬寅暮春，御題。

摹高啓梅花詩意一軸。乾隆乙巳仲冬，御題。

歲朝圖一軸。乾隆丙午新正，御題。

鍾馗探梅一軸。乾隆丙午，御題。

歲朝圖一軸。乾隆己酉新正，御題。

瑤圃採芝一軸。乾隆己酉新正，御題。

吹簫召鶴一軸。乾隆辛亥，御題。

濠梁圖一軸。御題，無年月。

絲綸圖一軸。畫漁人理網狀。

山水人物二軸。

山水一軸。

人物一軸。

寒江獨釣一軸。

採藥圖一軸。

聽泉圖一軸。

虎溪三笑一軸。

秋山行旅一軸。

桃花山鳥一軸。

負擔圖一軸。

春元瑞兆一軸。

羅漢一軸。

曹大家授書圖一軸。

人物一軸。

以上三編

顧銓 工人物。伏讀聖製詩四集，題顧銓摹阮郜女仙圖，有「阮學周昉王朏顧摹阮，後生師法視前人；不因新舊裝池異，咄咄憐他欲逼眞」句。臣敬謹案：顧銓止四皓圖爲三編所收，四皓自唐韋渠牟、前蜀支仲元、南宋劉松年、馬遠諸家，均有圖傳世。奎章於摹阮郜圖，許以逼眞，蓋效法前賢，宗派相承，能不懈而及於古者。石渠著錄一。內合軸一，見後。

摹馬遠四皓圖一卷。

以上三編

賈全　工人物。石渠著錄十。內合筆二，見後。

游香山二十七老一卷。乾隆辛巳，御題九老會詩序：「九老會昉於唐，而繼於宋，然宋自別名爲耆英，而唐亦始以七，後乃成九。且彼或朝野雜廁，文武錯參，甚至緇流並預，益無取焉。恭值聖母七旬慶辰，命舉九老之會，用晉萬壽之觴，蓋諸王與在朝文臣爲一班，武臣爲一班，致仕者別爲一班，各得九人，統名一會，並勅畫院繪圖。」又注：「履親王、顯親王，並年逾古稀，爲是會領袖，視漢柏梁聯句，首賡者宗臣惟梁孝王一人，實已過之。大學士來保、史貽直，皆康熙間舊臣，年逾八袠，較宋富弼、文彥博之列耆英會，榮有過焉。乾隆辛卯，皇太后萬壽慶典，恩賜文臣、武臣、致仕諸臣，年七十以上者三班二十七人遊香山，景各標名，自顯親王衍潢起，至國子監司業衔王世芳止。」御製四集，「辛卯命九老等遊香山，再用白居易詩韻。」注：「顯親王及錢陳羣、鄒一桂三人於辛巳恭逢皇太后七旬慶典，已入九老會中，今復康强預列，洵爲異數。」

平定烏什戰圖一卷。

八駿圖一卷。

以上續編

應眞雲集一册。

摹嚴宏滋上元中元下元圖三卷。

詠梅圖一軸。乾隆乙巳仲多，御題。

以上三編

程梁　工人物。石渠著錄三。內合筆二，見後。

款「臣程梁奉勅敬摹周文矩飲中八仙圖」。乾隆丁卯五月，御筆分書杜甫飲中八仙詩。

飲中八仙一卷。

以上三編

張宗蒼　字默存，一字墨岑，號篁村，自號太湖漁人，橫渠十七世孫，吳縣黃村人。工山水，出黃鼎之門。乾隆間以主簿銜需次河工，十六年南巡，獻册受特知，供職畫院。十九年授戶部主事，踰年以老乞歸。伏讀聖製詩二集題宗蒼畫，有「學王無刻劃，似米不糊塗」句。題宗蒼山水畫歌，有「從來詩畫要法古，不貴形似貴得神，藝苑於今誰巨擘，中吳宗蒼眞其人」句。惠山歌題宗蒼畫，有「宗蒼畫伯亦吳人，經營慘淡其傳眞」句。江山秋霽歌題宗蒼畫，有「他人之畫畫其法，宗蒼之畫畫其理，求之於今幾莫儔，求之於古竟堪比：黃大癡、倪高士，之二子中得神髓」句。題宗蒼山水幅，有「不拘繩墨妙獨出，斯人始能他豈能」句。題宗蒼畫，有「宗蒼謝病南歸去，著壁雲烟昔偶忘，披索應教題句徧，笑予當面失馮唐」句。題宗蒼春山圖，有「著壁未題聊補詠，斯人繪事自今稀」句，注：「時宗蒼謝病南歸。」題宗蒼摹郭熙筆意詩注：「內府所藏宗蒼手蹟，搜題殆徧，故末句及之」。戲題宗蒼松陰清話圖，有「宗蒼供奉內廷日，選壁令圖不解珍；今率裝池更題句，從來當面失其人」句。題宗蒼畫，有「宗蒼雖物故，畫自有精神；

逢著便題句，笑今始解珍」句。三集題宗蒼補惠泉圖三疊舊韻詩注：「昔與宗蒼論畫法，每稱當以氣韻爲要。」題宗蒼畫，有「泉上山房幽且恬，宗蒼神韻撲毫尖」句。題宗蒼青峯紅樹圖，有「尙餘佳蹟闕題句，雅以名山尋不窮」句。題宗蒼仿董源萬木奇峯，有「江鄉般礴際，獨步實空吳」句，注：「是圖乃宗蒼未入內廷時所畫。」四集題宗蒼畫，有「孰謂宗蒼爲古客，山房與畫永千秋」句；同題有「莫道山房無長物，宗蒼畫可匹倪黃」句。五集題宗蒼畫，有「油然氣韻蔚屏端，那作尋常圖畫看」句，同題有「本欲默然捨之去，未能神韻捨宗蒼」句，同題有「杜老傳名語，曰惟能事遲；宗蒼得其祕，神繪對斯奇。山聳天如接，雲低樹帶滋；憶前看畫就，曰氣韻來時」句；注：「昔每觀宗蒼畫，問成否？曰『氣韻未至。』少旋，曰『氣韻來』則畫就矣，此最得畫法三昧，庸史不知此也。」題宗蒼仿黃公望山水口號，有「成畫之時人未識，茲看畫似識人時」句，注：「此幀作於乾隆丁卯，其時宗蒼猶未入畫苑。今觀其畫，如覩其人，而宗蒼久已作古矣。」題宗蒼畫五疊壬寅詩韻注：「是處婉孌草堂，因懸董其昌婉孌草堂圖得名。壁間宗蒼畫，氣韻深成，洵堪媲美。」臣敬謹案：宗蒼山水氣體，深厚沈著，多以皴擦筆鈎取韻致，胸次高卓，一洗畫院甜熟之習，卽使伏處衡茅，亦當傳世，矧遭際盛時耶。羣工一藝之長，高廟靡不節取，獨於宗蒼賞鑒尤摯。曰氣韻、曰精神，比以倪黃，定爲藝苑中巨擘，聖懷特契，恩遇殊常，曠代一時，垂名千古矣。石渠著錄百十有六。續編載有恭繪

聖製舟行雜興詩意一册。

聖製平山堂詩意一卷。

聖製渡江詩意一卷。

聖製上巳日詩意一卷。

聖製蕉石鳴琴詩意一卷。

聖製萬松嶺詩意一卷。

聖製永濟寺花笑軒小憩詩意一軸。敬紀于首。

避暑山莊三十六景圖二册。避暑山莊三十六景：一、烟波致爽，二、芝徑雲隄，三、無暑清涼，四、延薰山館，五、水芳巖秀，六、萬壑松風，七、松鶴清越，八、雲山勝地，九、四面雲山，十、北枕雙峯，十一、西嶺晨霞，十二、錘峯落照，十三、南山積雪，十四、梨花伴月，十五、曲水荷香，十六、風泉清聽，十七、濠濮間想，十八、天宇咸暢，十九、暖溜喧波，二十、泉源石壁，二十一、青楓綠嶼，二十二、鶯囀喬木，二十三、香遠益清，二十四、金蓮映日，二十五、遠近泉聲，二十六、雲帆月舫，二十七、芳渚臨流，二十八、雲容水態，二十九、澄泉繞石，三十、澄波疊翠，三十一、石磯觀魚，三十二、鏡水雲岑，三十三、雙湖夾鏡，三十四、長虹飲練，三十五、甫田叢樾，三十六、水流雲在。乾隆壬申御題避暑山莊三十六景詩序：「我皇祖建山莊於塞外，錫以三十六景之名，蓋一邱一壑，向背稍殊，而半窗半軒，領略各異。向曾恭和御製原韻，茲以駐蹕清暇，復各題五言近體，雖不足以窺測高深，然劉昭禹所云四十賢人者，或庶幾云爾。」避暑山莊後三十六景：一、麗正門，二、勤政殿，三、松鶴齋，四、如意湖，五、青雀舫，六、綺望樓，七、馴鹿坡，八、水心榭，九、頤志堂，十、暢遠堂，十一、靜好堂，十二、冷香亭，十三、採菱渡，十四、觀蓮所，十五、清暉亭，十六、般若相，十七、滄浪嶼，十八、一片雲，十九、蘋香沜，二十、萬樹園，二十一、試馬埭，二十二、嘉樹軒，二十三、樂成閣，二十四

宿雲簷，二十五、澄觀齋，二十六、翠雲巖，二十七、罨畫窗，二十八、凌太虛，二十九、千尺雪，三十、寧靜齋，三十一、玉琴軒，三十二、臨芳墅，三十三、知魚磯，三十四、涌翠巖，三十五、素尚齋，三十六、永恬居。乾隆甲戌，御題避暑山莊後三十六景詩序：「避暑山莊者，玉塞之神皋，金庭之奧域也，我皇祖聖祖仁皇帝，肇斯靈囿，標三十六景，題句繪圖，垂示册府，朕既恭次元韻，附刻篇末。前秋周覽勝槪，復各賦五律一章，仍就舊題成詠。今年敬奉安輿，來駐於此，自夏至初過，訖於處暑，登臨眺結，乃知三十六景之外，佳勝尙多，萃而錄之，復得三十六景，各題二十八字。統前後計之，得列仙福地之數，蓋即由舊之中，寓知新之旨云爾。」

山水一册。

蒼松紅樹一卷。乾隆辛未，御題。

蘭亭修禊圖一卷。乾隆壬申，御題。

秋塘漁艇一卷。乾隆壬申，御題。

飛閣流泉一卷。乾隆壬申，御題。

惠山園圖一卷。乾隆壬申，御題。

雪景一卷。乾隆癸酉，御題。

山水一卷。乾隆甲戌，御題。

竹隝林亭一卷。乾隆癸未，御題。

松溪烟艇一卷。乾隆癸未，御題。

湖山霽色一卷。乾隆戊子，御題。

雲棲寺圖一卷。乾隆壬寅，御題。

杜甫詩意一卷。返照、歸雲句。

仿黃公望筆意一卷。

層樓曲棧一卷。

雪溪帆影一卷。

濤聲琴韻一卷。

新秋霽景一卷。

仿王蒙山水一卷。

畫山水一卷。

雲林寺圖一卷。

雲棲勝景一卷。

姑蘇十六景十六軸。一、萬笏朝天，二、寒山曉鐘，三、支硎翠岫，四、千尺飛泉，五、法螺曲徑，六、華山鳥道，七、天池石壁，八、石湖霽景，九、靈巖積翠，十、滙湧一峯，十一、鄧尉香雪，十二、光福山橋，十三、穹窿仙觀，十四、包山奇石，十五、莫釐縹緲，十六、蘇臺春景。乾隆辛未二月，御筆分題。

雪景一軸。乾隆壬申，御題。

摹吳鎮筆意一軸。乾隆壬申，御題。

竹亭觀瀑一軸。乾隆癸酉，御題。

靈巖山圖一軸。乾隆癸酉，御題。

松陰水閣一軸。乾隆癸酉，御題。

雲林烟艇一軸。乾隆乙亥，御題。

白雲紅樹一軸。乾隆乙亥，御題。

江潮圖一軸。乾隆乙亥，御題。

秋山壽色一軸。乾隆丙子，御題。

雲嵐松翠一軸。乾隆丙子，御題。

秋山行旅一軸。乾隆庚辰，御題。

水軒吟眺一軸。乾隆庚辰，御題。

雨景一軸。乾隆辛巳，御題。

青峯紅樹一軸。乾隆己丑，御題。

仿董源萬木奇峯一軸。乾隆庚寅，御題。

仿黃公望山水一軸。乾隆辛亥，御題。
西湖圖一軸。
秋雲紅葉一軸。
仿倪瓚筆意一軸。
寒灘漁泊一軸。
水亭對瀑一軸。
仿王蒙山水一軸。
山水一軸。
黃葉村樓一軸。
柳溪放艇一軸。
雪溪聯句一軸。
林下擕笻一軸。
松陰清話一軸。
山水一軸。

又一軸。

溪齋延客一軸。

草堂趺坐一軸。

仿董北苑筆意一軸。

雲嵐磵閣一軸。

虛齋鶴夢一軸。

以上續編

梧館新秋一卷。乾隆辛未夏月，御題。

疎林雲岫一卷。乾隆壬申春月，御題。

山樓浮翠一卷。乾隆壬申首夏，御題。

峯迴平遠一卷。乾隆壬申夏日，御題。

仿黃公望江山勝覽一卷。乾隆壬申立秋日，御題。

千尺雪圖一卷。

山水一軸。乾隆壬申仲夏，御題。

雲巘山樓一軸。乾隆壬申上伏，御題。

松陰高士一軸。乾隆壬申仲夏，御題。

雲峯飛瀑一軸。乾隆癸酉仲夏，御題。

秋林燕坐一軸。乾隆癸酉長夏，御題。

雲匡錦樹一軸。乾隆癸酉秋日，御題。

荻浦秋帆一軸。乾隆癸酉，御題。

花隝春泉一軸。乾隆癸酉，御題。

瑤林冬岫一軸。乾隆癸酉，御題。

柳塘夏雨一軸。乾隆癸酉，御題。

千巖積雪一軸。乾隆甲戌，御題。

山水一軸。乾隆乙亥、丁亥、己丑、甲午、乙未、己亥、壬寅、癸卯、乙巳、丁未、戊申、庚戌、辛亥：十三次御題。幅內山石上，御書「神」字。

松壑攜琴一軸。乾隆乙亥夏四月，御題。

松雲溪館一軸。乾隆乙亥仲秋月，御題。

摹郭熙筆意一軸。乾隆丙子春月，御題。

雪景一軸。乾隆戊寅長夏，御題。

溪亭漱玉一軸。乾隆己卯夏，御題。

山水一軸。乾隆庚辰、庚寅、壬寅、乙巳、丁未、己酉、辛亥、癸丑，八次御題。

盤山別墅一軸。乾隆癸未春月，御題。

秋嵐飛瀑一軸。款「癸酉春二月，臣張宗蒼恭繪」。乾隆丁亥仲春月，御題。

佃漁樂事一軸。款「癸酉春二月，臣張宗蒼恭繪」。乾隆丁亥仲春御題。

松風溪閣一軸。乾隆乙巳、甲戌，兩次御題。

山水一軸。御題，無年月。

仿黃公望山水一軸。御題，無年月。

山水一軸。自題：「雨過秋山日欲曛，白雲如雪擁山根，高松浥露和烟冷，迸水穿山出谷渾。擬向谿陰緣石徑，卻尋花片入桃源，畫圖應有神通處，他日相逢子細論。乾隆甲子中秋，寫北苑意於寶江之萍華書屋，吳郡張宗蒼」。印記五：曰「張宗蒼印」，曰「墨岑」，曰「原宇猷存」，曰「博君一笑」，曰「館娃宮畔人」。收傳印記三，曰「陳履中印」，曰「執夫」，曰「潁川郡圖書印」。乾隆戊申仲冬月，御題。

溪橋策杖一軸。

山水一軸。

又一軸。

以上三編

沈映輝　字朗乾，一字庚齋，號雅堂，婁縣人。工山水。官內務府司庫。南巡獻詩畫，

上親擢第一，給事禁中，畫避暑山莊三十六幅。旋移疾歸里。石渠著錄二。

山水一卷。

又一卷。

以上續編

陸授詩　字昌雅，嘉定人。工花木，與弟遵書同祗候畫院。早卒。石渠著錄一。

花卉一册。

以上三編

陸遵書　字扶遠，號芙苑，工山水花木。乾隆戊子舉人，入畫院祗候有年。歸里後復游

山左，主聊城講席。石渠著錄三。

山水一册。

花木一册。

以上續編

山水一册。

以上三編

王致誠 工畫馬。石渠著錄一。

十駿馬圖一册。

以上續編

張鎬 字武遷，號仰山，錢塘人。工人物。石渠著錄二。

瀛臺錫宴圖一卷。乾隆丙寅，御製詩序：「歲在丙寅，序行金昊，有秋叶慶，景物咸和，敬稽皇祖時曾舉瀛臺錫宴之典，宗親咸與，爰循舊制，集王公宗室等，於八月二十七日瀛臺宴賞，用展周親，因成三律。」又序：「我皇祖時曾集大小臣工於瀛臺宴賞，甚盛典也。茲因西成豐稔，百物蕃昌，於八月二十八日，賜宴公卿庶僚於臺，以昭繼繩宣豫之意，得詩四首，并示諸臣，其欲賡韻聽。」

連昌宮圖一軸。

以上續編

賀清泰 工翎毛。石渠著錄五。

白海青一軸。

貢鹿一軸。

白鷹一軸。

白海青一軸。
黄鷹一軸。
以上續編
徐揚　字雲亭，吳縣人，工山水人物。乾隆中供職畫院，欽賜舉人，官內閣中書。石渠著錄三十有五。續編載有恭繪
南巡圖十二卷。
聖製見新耕者詩意一卷。
聖製天寧寺小憩詩意一卷。
聖製初登金山詩意一卷。
聖製玉帶橋詩意一卷。
聖製再遊支硎詩意一卷。
聖製烟雨樓詩意一卷。
聖製高旻寺行宮卽事詩意一軸。敬紀于首。
摹黄公望山水一卷。乾隆癸酉，御題。

平定回部獻俘禮圖一卷。乾隆乙亥，有御製六月十八日午門受俘詩。

西域輿圖一卷。乾隆丙子，御題輿地圖詩注：「輿地圖自康熙年間皇祖命人乘傳詣各部，詳詢精繪而後定，或有不能身履其地者，必周諮博訪而載之。既成，鐫以銅版，垂諸永久。上年平定準噶爾，迤西諸部，悉入版章，因命都御史何國宗率西洋人由西北兩路分道至各鄂托克，測量星度占候節氣，詳詢其山川險易，道路遠近，繪圖一如舊制。」再題輿地圖疊前韻詩注：「乾隆乙亥年，平定準噶爾各部，既命何國宗等分道測量，載入輿圖，已卯諸回部悉隸版籍，復遣明安圖等前往按地以次釐定，上占星朔，下列職方，備繪全圖，永垂徵信。」

日月合璧五星聯珠圖一卷。款「上御極之二十六年正月初一日午初一刻，日月同在元枵宮，躔女宿，如合璧，水星附日躔牛宿，木、火、土、金四星同在娵訾宮躔危室二宿，如聯珠。羣臣奏請宣付史館，聖德謙讓弗居，勤政勅幾，不言符瑞，然儀象昭然，萬目共覩，臣民慶洽，朝野懽騰，臣執事藝苑，敬謹繪圖以紀。」皇朝通志：「乾隆二十五年十二月諭大學士等曰：據欽天監奏，『明年元旦午時，日月合璧，五星聯珠，繪圖呈覽，請宣付史館』。朕以七政同躔，互運淩犯，或所時有，靈臺占候者輒指爲瑞，以飾聽聞，則大不是。因召諸王大臣及監臣等面詢，據勒爾森等稱，『五緯連貫相生，不侵次舍，實叶吉占，並非以沴爲祥』等語。朕於天文象緯，素未深究，從不強不知以爲知，但思日月五星，行有常度，史館所載高陽氏時五星聚於營室，年代荒遠，已難具論。即如漢高祖元年五星聚東井，宋開寶元年五星聚奎，殆千有餘年始一遇，而其爲實爲僞，亦莫可究。及我朝雍正二年，日月合璧，五星聯珠，相距宋時已七八百年，今自乙巳至辛巳，章蔀甫及兩周，何以瑞應再覯耶，據監臣奏稱：『較前度爲尤昭明』，則安知將來不有躋此度之亦不昭明者耶。邇日西陲大功底定，版圖式廓遠踰二萬餘里，海宇宴安，年穀順成，內外諸臣，大法小廉，人民樂業，此則祥瑞之實而可徵者，固不在乎合璧聯珠，始足彰上蒼符應也。若必宣付史館，垂爲慶牒，則各省文武大吏必競以甘露慶雲等事紛紛入告，將日事虛文，轉致貽誤實政，殊非朕敬天勤民，宵旰圖治之至意，所奏不必行。」

盛世滋生圖一卷。畫靈巖至虎邱景物。

墨法集要圖一卷。畫製墨法式。

載梅圖一軸。

以上續編

人物一册。

歸莊圖一卷。乾隆癸酉孟春月，御題。

慶燈衢樂一卷。自題：「『萬歲千秋保太平，歡爲聖母慶長生：吾皇仁孝天人格，雲集嘉祥景運亨。』『梯航絡繹貢神京，萬歲千秋保太平，率土年年歌大有，史書海宴與河淸。』『天邊月窟包無外，突鼻凹睛奉冠帶，萬歲千秋保太平，朝元嘉會三陽泰。』『會看黄童白叟迎，江南處處望龍旌，衢歌巷舞歡無極，萬歲千秋保太平。』甲申歲除得太平詞四章，并圖村童嬉戲，物阜年豐，伏臘迎春之象以紀盛。臣徐揚恭寫。」

瑞雪圖一卷。

澗筑松濤一軸。乾隆壬申上伏，御題。

換鵞圖一軸。乾隆戊寅孟夏之月，御題。

梨花雙燕一軸。乾隆己卯淸和，御題。

應眞一軸。

花卉一軸。

以上三編

方琮　字黄山，張宗蒼弟子。工山水。伏讀聖製詩二集題琮桃蹊春靄圖，有「亦云工位置，吳苑此規模」句。三集題琮仿王蒙松路仙巖圖，有「昔實得門自文貴，今虛授業者宗蒼，詎惟溪壑肖曲折，端在精神合混茫」句。注：「方琮從張宗蒼學畫有年。」題琮仿黃鼎羣峯雪霽圖，有「持將淨垢原圖看，一例寒光射眼昏」句。題琮山水詩，有「畫家筆法學宗蒼，氣韻居然合渺茫；小幅山川稱遊目，竟教難辨孰王羊」句。臣敬謹案：方琮受業於宗蒼，經其講畫，精神氣韻，有契師傳，買王得羊，宜聖心之嘉予也。石渠著錄四十有八。

山水一冊。凡八幅，隸書標題：一、桃源延客，二、江帆綠漲，三、雲山過雨，四、松泉清聽，五、溪館生涼，六、繡巖錦樹，七、歲寒吟興，八、扁舟釣雪。乾隆丙戌六月上澣，御筆分題。

江山勝概一卷。

以上續編

山水一冊。凡十二幅，一、松籟水樂，二、春江帆影，三、雲關飛棧，四、溪閣歸航，五、峽泉疊雪，六、水泉來雨，七、渡口秋深，八、潮平風正，九、錦林繡壁，十、梧庭步月，十一、林鴉晚照，十二、雪溪訪友。乾隆戊子季夏，御筆分題。

山水一冊。凡八幅：一、春原驅牧，二、澄潭泛艇，三、水樹納涼，四、竹樓過雨，五、曲港秋深，六、松濤清聽，七、澗閣風泉，八、溪橋吟雪。乾隆戊子，御筆分題。

摹黃公望富春山居圖一卷。

烟嵐古刹一卷。

溪橋深翠一卷。

山水二軸。桃蹊春靄、楓林秋意。乾隆乙亥，御題。

仿文伯仁聽雨樓圖一軸。乾隆甲申夏日，御題。

雲隖泉聲一軸。乾隆丁亥春日，御題。

松巖飛瀑一軸。乾隆戊子孟秋，御題。

竹閣晴窗一軸。乾隆己丑仲春月，御題。

山水一軸。乾隆己丑季夏下澣，御題。

又一軸。乾隆庚寅暮春，御題。

松閣聽泉一軸。乾隆乙卯清和中澣，御題。

玉泉畫屏八軸。每軸分上下幅，繪玉泉山十六景。標題：一、廓然大公，二、芙蓉晴照，三、玉泉約突，四、竹爐山房，五、聖因綜繪，六、繡壁詩態，七、溪田課耕，八、清涼禪窟，九、采香雲徑，十、峽雪琴音，十一、玉峯塔影，十二、風篁清聽，十三、鏡影涵虛，十四、裂帛湖光，十五、雲外鐘聲，十六、翠雲嘉蔭，御筆分題，無年月。

扁舟載鶴一軸。

晴巒溪閣一軸。

秋山紅葉一軸。

石壁秋林一軸。

松泉幽館一軸。

山水十六軸。

仿倪瓚松林亭子一軸。

秋山行旅一軸。

山水一軸。

以上三編

楊大章　工人物花鳥。伏讀聖製詩三集題大章綠竹紅桃，有「精神雅契風人趣，疑是匡來善說詩」句。四集題大章花鳥，有「金壺滴露淨娟娟，不以形傳以神寫」句，同題有「鳥意輕盈花態鮮，眞教院體奪黃筌」句。五集題大章仿趙幹江行初雪圖，有「是爲善學柳家法，豈許獨推趙氏精」句。臣敬謹案：國朝花卉，當以惲壽平爲第一，淡冶秀逸，仙骨珊珊，如藐姑之不食人間烟火。其次鄒一桂推能品，於壽平筆意，深有悟入處。大章稍遜一桂，而設色修潔，亦足名家，體奪黃筌，聖裁固無虛嫩也。石渠著錄十有六。

仿刁光胤寫生一册。

仿宋院本金陵圖一卷。

白鷹一軸。

又一軸。

又一軸。

又一軸。

額摩鳥一軸。乾隆甲午，御詠額摩鳥詩後識語：「西洋人所記額摩鳥圖說云：額摩鳥古今圖籍未載，西洋舊無此種，於其國一千五百九十七年，當明萬曆二十五年丁酉，紅毛國人始得自嘎拉巴海島，攜來西洋，云即彼國亦罕覯也。後六年，紅毛國人復於嘎拉巴得二鳥，皆不能畜。當本朝康熙十年辛亥，有勝老楞佐海島頭目，自印度國佔船購得獻之佛朗機亞國王，畜之四年死，國王命工詳圖其狀。鳥高五尺五寸，自頂至頸一尺五寸，俱無毛，惟腦後短毛甚稀。頭綠頸翠，其連脊處及嗉皆紅紫色，嗉下垂贅肉兩片，長寸二分，廣六分許，下圓如茄袋，亦紅紫色，嘴上下略同他鳥，頂冠高三寸，骨自頂稜起至嘴左右三分如裂，形色堅緻若牛角，近嘴兩孔爲鼻。其目大六七分，睛正圓，外黃暈，類獅子睛，其光色如金剛石也。目上眉彎如月，兩耳孔大三四分，顯豁呈露，其旁微有黑毛。舌入喉間，長可五分許。翅藏兩脇毛下，甚小。有大管五，黑色而無翎，排次如人指，長約三四寸。自脊至膝上，毛皆鬔散，作黑絳色，仿彿熊豕毛，長數寸。兩毛生一管中，不類他鳥翎羽，故僅足蔽體，無助飛騰也。尻形如鶴，而不生長翎，脛以下皮如鱗甲，圓徑寸許，似鶴脛而大。足三趾，無距爪，堅實有力。紅毛人言能向後擲物。又言每歲脫毛時，冠亦隨脫。又言無舌無翅，驗之皆不足信也。此鳥在嘎拉巴名額摩，在佛朗機名格素爾，性極馴，以手撫之，輒依人而立，與以諸物，皆就食，而常飼則惟蔬轂，亦愛食魚。飲啄必仰首而吞，蓋以舌在喉間，不能舐取耳」。

以上續編

花卉二十四種一册。凡八幅：一、蘭、桃、梨，二、蠟枝、玉蘭、紫藤，三、紫荊、綬帶、木香，四、紫蘭、珍珠、繡球、金絲桃，五、牽牛、梔子、石榴，六、山丹、石竹、金銀花，七、夾竹桃、翠梅、珍珠蘭，八、鳳仙、翠雀、桂。乾隆丙戌季夏月御筆分題。

花鳥一册。凡十二幅：一、海棠、燕子，二、豆花、絡緯，三、山樝、馬蘭、相思鳥，四、稻穗、螳螂，五、纏枝牡丹、黃脰雀，六、豇豆花、草荔枝、蜻蜓，七、野薔薇、子規，八、翦秋紗、細腰蜂，九、蓼花、翡翠鳥，十、秋海棠、胡蝶，十一、翠梅、烏柏、黃雀，十二、藍雀花、蜜蜂。乾隆戊子新秋月，御筆分題。

花卉四册。

羅漢一卷。

碧桃翠雀一軸。乾隆丁亥季春，御題。

仿趙幹江行初雪一軸。乾隆丁未，御題。

以上三編

袁瑛　字近華，號二峯，元和人。工山水花木。乾隆乙酉以薦祗事畫院者二十餘年。歲乙巳，告養歸里。石渠著錄九。丙合筆一，見後。

山水一卷。

以上續編

攜尊問字圖一軸。乾隆丁亥春仲，御題。

山水六軸。隸書標題：一、迴磯帆影，二、山寺朝嵐，三、池館延涼，四、漁莊雨蓑，五、紅葉村扉，六、溪橋詩思。

以上三編

王炳　工山水，受業於宗蒼之門。伏讀聖製詩二集，題炳仿王蒙松路仙巖圖詩注：「炳學畫未十年臻此，以爲難矣。」題炳仿李唐江山小景，有「求師當於古人好，進斯更當師大造，畫禪室裏祕笈貽，炳也試一研精討」句。三集題炳仿趙伯駒春山圖詩注：「王炳爲畫院學手中可造就者，惜纔成藝而歿。」臣敬謹案：王炳與方琮同受學於名師，高廟期

以有成，惜其早卒。師承有得，名蹟能摹，天語謂臻此爲難，則炳畫之於宗蒼，非徒虎賁貌似已也。石渠著錄七。續編載有恭繪

聖製來鳳亭詩意一軸。敬紀于首。

仿王希孟江山千里圖一卷。

仿趙伯駒桃源圖一卷。

仿趙伯駒春山圖一軸。乾隆戊子仲夏，御題。

天平山景一軸。

澄波月泛一軸。

以上續編

山水一册。

以上三編

黃增 字方川，號筠谷，長洲人。工山水及寫眞。乾隆戊子被召入直畫院，敬寫六旬

御容，賞給八品頂帶。壬辰告養歸。伏讀聖製詩四集，題增嬰兒鬭草圖，有「春園巧盡羣兒態，休說鄜州有戲泥」句。注：「鄜州泥孩兒獨妙，見陸游集中。」臣敉謹案：宋元貨

郎圖多繪嬰嬰，嬉戲笑啼，曲盡情態。金廷標會其旨趣，而用筆蕭散，尤善傳神。前此黃應諶亦擅長。增所圖可謂能傳家學者矣。石渠著錄一。

火井鹽井圖一卷。乾隆庚寅，御詠火井詩注：「火井昔著於臨邛，今則富順山中尤盛。居民每鑿一井，即擅爲恆產，於井旁穿穴，刳竹去節，塗以鹽泥，可引火供炊爨，其竹不爇也。」又注：「就井列竈，引火至竈中，汲鹽井水煮之，水一斛可得鹽數斗，然以家火則少減。火井深不過五六丈，鹽井深二三十丈，鹽井有水，而火井則無，詢諸蜀人之仕於朝者，其言較載籍所傳尤爲明確。」

以上續編

謝遂 工人物。石渠著錄三。

仿宋院本金陵圖一卷。

仿唐人大禹治水圖一軸。御製文三集，大禹治水圖題語：「大禹治水圖，上下左右邊幅都似截去不全，故無作者及收藏家姓名印識。按宣和畫譜有晉顧愷之夏禹治水圖，郭若虛圖畫見聞誌有隋展子虔禹治水及五代朱簡章禹治水圖，又王世貞弇州續集，有宋趙伯駒大禹治水圖，而疑以爲非千里所能辨，似周文矩云云。夫既爲割裂之餘，無姓氏可考，則其爲顧、爲展，爲周，爲朱，爲趙，不能以臆斷。徒觀其三峽底柱之雄壯，棼林烈峯之綢繆，架木撐鐵，拽杵撞石，推之擁之，析之擣之，剔之鑿之，釃之奠之，衆役並力，各極其致，而大禹則免收祗坐，躬持斧鑿，共勞竭誠之意，如可想見。虛空金神，遂有驅鬼怪，飛雷掣電，以爲之陰助，其工用奏地平天成之績，信有非趙宋以下畫工所能摹擬者。」

以上續編

仿明人清明上河圖一軸。

以上三編

李秉德 字蕙紉，號涪江，自稱龍池山人，吳縣人。以諸生獻册，供職畫院。工山水，兼善寫生花鳥。乾隆間充四庫館謄錄，議敍鹽大使。石渠著錄一。

臨張偉花果魚鳥一冊。

以上續編

門應兆 字吉占，正黃旗漢軍人。工人物花卉。由工部主事派懋勤殿修書，充四庫館繪圖分校官，補工部員外郎，升郎中，授寧國府知府。石渠著錄六。

補繪蕭雲從離騷圖三冊。乾隆壬寅，御題補繪蕭雲從離騷全圖八韻詩注：「雲從踵李公麟九歌爲離騷圖，頗合古人左圖右書之意。但今畫止存卜居漁父合繪一圖，九歌九圖，天問五十四圖，其餘或原本未備，或舊有今闕，因命南書房翰林等逐一考訂，令門應兆補繪九十一圖，合之原畫六十四圖，共一百五十五圖，俾臻完善。」

又三冊

以上續編

艾啓蒙 海西人。工翎毛。石渠著錄九。

十駿犬圖一冊。

百鹿一卷。

寶吉騮一軸。乾隆癸巳，御題寶吉騮詩序：「土爾扈特親王策伯克多爾濟所進色爾克斯騮馬也。色爾克斯爲洪豁爾所屬，界鄰俄羅斯，土爾扈特歸順時攜以來者。貢至天閑，調習經歲，玆御以行圍，性果馴良，因錫之名，并成是什。」又注：「向稱哈薩克產良馬難得，今其部長貢獻，及以帛市易善者，充物天閑，不爲希覯。若色爾克斯之地，更在哈薩克西北，從未通中國，玆名馬遠徠，尤爲難得云。」

白鷹一軸。乾隆癸巳，御詠白鷹詩注：「土爾扈特貝子錫喇扣肯所進」。

風狸一軸。口篇颯㹱獸名。小打即死，因風更生。

山貓一軸。盛京通志：「野貓，居山谷中，狐類，口方，色蒼黃有斑，善搏，亦曰野狸。」

白鷹二軸。

以上續編

考牧圖一卷。

以上三編

羅福旼 工山水人物樓觀，參用西洋法，筆意極細。石渠著錄一。

清明上河圖一卷。

以上三編

黎明 工人物翎毛。石渠著錄三。內合筆一，見後。

白鷹海東青一册。四對幅：第一幅，右畫白鷹，標題嘉慶五年十二月，科爾沁札薩克和碩卓里克圖親王拉旺進。第三幅，右畫海東青，標題嘉慶五年十二月科爾沁札薩克和碩達爾漢親王丹怎旺布進，欽「臣黎明奉勅恭畫」。第一幅左及次幅「臣朱珪、彭元瑞、文寧敬題」。第三幅左及四幅，「臣周興岱、趙秉沖、黃鉞敬題」。前副葉董誥題「賞俊存眞」。

仿金廷標竹溪六逸一卷。

以上三編

馮　寧　工人物樓閣。石渠著錄三。內合筆一，見後。

白鷹一冊。左幅畫白鷹，標題嘉慶九年十一月吉林將軍秀林進，款「臣馮寧奉勅恭畫」。右幅皇上御題，後幅臣董誥、朱珪、劉權之、戴衢亨、英和、趙秉沖、黃鉞恭和。前副葉董誥題「厲霜英采」。

仿楊大章畫宋院本金陵圖一卷。

以上三編

沈慶蘭　工人物。石渠著錄二。內合筆一，見後。

良吉騮一軸。隸書標題「良吉騮，喀爾喀親王固倫額駙拉旺多爾濟進，高四尺五寸，長六尺六寸，嘉慶庚午季秋，臣沈慶蘭恭畫。」

以上三編

合筆

唐岱、孫祜合仿李唐寒谷先春圖一軸。款題「寒谷先春，乾隆九年春王月，奉勅仿李唐。臣唐岱、孫祜恭畫。」乾隆甲子仲春，御題并書。御製詩初集，題唐岱、孫祜合仿寒谷先春圖，有「李唐古之人，藝圃堪稱伯，繼踪羌孰能？丹青空滿架。我欲傳其神，求諸其四亞，是圖合作成，其集柰與蔗」句。

唐岱、孫祜、沈源、丁觀鵬、王幼學、周鯤、吳桂合畫新豐圖一卷。款「臣唐岱、孫祜、沈源、丁觀鵬、王幼學、周鯤、吳桂奉勅恭畫」左方上「乾隆甲子春月，御題。臣張若靄敬書」。

孫祜、周鯤、丁觀鵬合畫陶冶圖一冊。凡二十則，末幅款「臣孫祜、周鯤、丁觀鵬恭畫」。左方戴臨書陶冶說款「臣戴臨敬書」。冊前幅書序，並錄畫目，後署「督理九江鈔關內务府員外郎臣唐英恭繡」。書畫各廿幅。

冷枚、徐玫、顧天駿、金昆、鄒文玉、金永熙、李和、佘熙璋、樊珍、劉餘慶、楚恒、賀銓、永治、徐名世合畫萬壽圖二卷。上卷凡三十一段，下卷凡十九段，小楷標記。每卷末款「康熙五十六年春正月，臣冷枚、徐玫、顧天駿、金昆、鄒文玉、金永熙、李和、佘熙璋、樊珍、劉餘慶、楚恒、賀銓、永治、徐名世奉勅恭畫」。每卷隔水前別幅楷書萬壽圖記各一篇，上卷記文前又識云：「皐上御極五十二年，德深仁厚，久道化洽，三月十有八日恭遇六旬萬壽，自畿輔各省以至遐陬僻徼，莫不衢歌巷舞，擊壤呼嵩。時京師九門內外張樂然燈，建立錦坊綵亭，層樓寶榭，雲霞瑰麗，金碧焜煌，萬狀千名，莫能殫述。百官黎庶，各省耆民，捧觴候駕，塡街溢巷。琳宇珠宮，鐘鼓迭宣，火樹銀花，笙歌互起，祝嘏之盛，曠古未有。於是依鑾路經行之處，繪爲圖畫，自神武門至西直門爲上卷，自西直門外至暢春園爲下卷，依圖之次爲記二，詳載臣民慶祝之所，各書於卷首。徐玫，字采若，號華塢，吳人。工人物，善臨摹古本。金永熙，字明吉，蘇州人。王原祁弟子。佘熙璋，宛平人。工山水人物，爲王翬高弟。」

孫祜、周鯤、丁觀鵬合畫十八學士圖一卷。款「乾隆辛酉年十二月，臣孫祜、周鯤、丁觀鵬奉勅恭畫」。前隔水：「乾隆壬戌夏五月，御題。臣梁詩正敬書。」

孫祜、周鯤、丁觀鵬合畫漢宮春曉圖一卷。款「乾隆六年長至月，臣孫祜、周鯤、丁觀鵬奉勅恭畫」。

孫祜、戴正泰、丁觀鵬、陳善、陳枚、戴洪、吳璋、張爲邦合畫壽意圖八冊。每冊十二幅，第四冊十幅。一、樓閣，簽題「上苑長春」。款「臣孫祜恭畫」。二、果樹，簽題「上林興爽」。款「臣戴正泰恭畫」。三、人物，簽題「壽比神仙」。款「臣丁觀鵬恭畫」。四、山水，簽題「壽山福海」，款「臣陳善恭畫」。五、人物，簽題「羣仙獻壽」。款「臣陳枚恭畫」。六、翎毛花卉，簽題「壽齡萬年」。款「臣戴洪恭畫」。七、花卉，簽題「千日長春」。款「臣吳璋恭畫」。八、花卉蝙蝠，簽題「洪福齊天」。款「臣張爲邦恭畫」。陳善，大興人。工山水人物。康熙間供職內廷。吳璋，字漢田，鄞縣人。善花鳥。

金昆、盧湛、丁觀鵬、葉履豐、吳桂合畫蓬閬雲蹤一冊。款「臣金昆、盧湛、丁觀鵬、葉履豐、吳桂奉勅恭畫」。每幅左頁梁詩正書列仙小傳。

金昆、陳枚、孫祜、丁觀鵬、程志道合畫慶豐圖一冊。款「慶豐圖。乾隆五年嘉平月，臣金昆、陳枚、孫祜、丁觀鵬、程志道、吳桂奉勅恭畫。乾隆辛酉五月，御題。臣梁詩正敬書」。程志道，字又川，吳縣諸生。工山水。

金昆、盧湛、程志道、吳桂合畫漢宮春曉圖一卷。款「乾隆三年，臣金昆、臣盧湛、臣程志道、臣吳桂奉勅合筆恭畫」。

陳枚、孫祜、丁觀鵬合畫丹台春曉圖一卷。款「臣陳枚、孫祜、丁觀鵬奉勅恭畫」。前隔水：「乾隆甲子仲春，御題。臣陳邦彥敬書。」

陳枚、孫祜、金昆、戴洪、程志道合畫清明上河圖一卷。款「乾隆元年十二月十五日奉勅，臣陳枚、孫祜、金昆、戴洪、程志道恭畫」。乾隆壬戌春三月，御題詩注：「圖始於雍正六年，成於乾隆二年，城郭山林人物，各工其藝，亦繪林佳話云」。臣梁詩正敬書。前隔水：御題「繪苑璚瑤」。

以上初編

金昆、程志道、福隆安合畫冰戲圖一卷。

丁觀鵬、賈全、金廷標、姚文瀚、程梁合畫職貢圖一卷。

余省、張爲邦合摹蔣廷錫鳥譜十二册。

余省、張爲邦合畫獸譜六册。

郎世寧、張廷彥合畫馬技圖一卷。

吳桂、程志道、陳永价、程梁、王方岳、陳基合畫大駕鹵簿圖一卷。

姚文瀚、袁瑛合畫盤山圖一軸。

張爲邦、姚文瀚合畫冰嬉圖一卷。

張爲邦、周鯤、丁觀鵬、姚文瀚合畫漢宮春曉圖二卷。

以上續編

郎世寧、唐岱、沈源合畫豳風圖一軸。 款「臣郎世寧畫廬舍，唐岱畫山水，沈源畫人物」。上方張照書豳風七月全篇。

孫祜、丁觀鵬合仿趙千里九成宮圖一軸。

顧銓、賈全、杜元枚合仿嚴宏滋三元星官圖一卷。 杜元枚，字友梅，長洲人。

莊豫德、沈煥、黎明、程琳、沈慶蘭、馮寧、蔣懋德、張舒合補職貢圖四卷。 第一卷補圖朝鮮至景海，七十三段官民人男婦，款「臣莊豫德恭繪」。第二卷補圖關東鄂綽至廣西省西隆州土人，六十段，蕃苗男婦，款「臣沈煥恭繪」。第三卷補圖甘肅省河州土千戶韓玉麟等所轄撒喇族土民至四川省阜和營轄咱里番民，九十二處番夷男婦，款「臣黎明、程琳、沈煥、沈慶蘭恭畫」。第四卷補圖雲南省雲南等黑玀玀至貴州省貴定、都勻等處猺人，七十八處番苗男婦，款「臣馮寧、蔣懋德、張舒恭畫」。第一前幅，乾隆二十有六年歲在辛巳秋七月，御題職貢詩八韻。第一次幅，嘉慶十年乙丑仲冬下澣，御題「補職貢圖」。第一後幅補書，大學士臣劉統勳、協辦大學士尚書臣梁詩正恭和。第二前幅補書，尚書臣劉綸，左都御史臣金德瑛恭和。第二後幅補書，侍郎臣董邦達、侍郎臣裘日修恭和。第三前幅補書，侍郎臣于敏中、侍郎臣介福恭和。第三後幅補書，侍郎臣觀保、侍郎臣王際華恭和。第四前幅補書，侍郎臣錢汝誠、侍郎臣錢維城恭和，第四後幅補書，大學士尚書公臣傅恆、大學士臣來保、臣劉統勳、協辦大學士尚書公臣兆惠、尚書公臣阿里袞、尚書侯臣富德、尚書臣劉綸、都統侍郎臣納延泰、侍郎臣于敏中恭跋。第四後次幅，大學士臣慶桂、董誥、朱珪、尚書臣戴衢亨、侍郎臣趙秉中、贊善臣黃鉞恭和。引首標題：一、「疆圖式廓」，二、「卉服咸賓」，三、「琛贄雲從」，四、「梯航星集」。款「臣董誥奉勅敬書」。謹案：職貢圖舊藏乾清宮，爲丁觀鵬等合畫，已不存，而諸臣恭和及跋，則載在續編，皇上因命補圖補書，並命廷臣繼和焉。

以上三編

無名氏

農器圖一册。 凡十對幅：一、犁，二、耙，三、耬車，四、礰礋，五、鋤，六、水車，七、銍艾，八、連枷，九、鏟，十、杵臼。乾隆癸未御題農器圖詩序：「我皇祖題耕織圖，於凡耕夫織婦力作情狀之時之事，無不繪其神而詠其苦，以示衣食爲生民要計也。語曰『工欲善其事，必先利其器』，玆於多稼軒中命工寫農器十具，各系以詩。農之器多矣，然自初耕以至納稼，十器大段已具。書不云乎，『惟土物愛，厥心臧，俾日月厥艱，心厥勞』，較之圖豳風而書無逸者，此物此志也。」

天閑馴良平安八駿圖一卷。一馴良驄，二平安驄，三慶雲驄，四超閑驄，五履安驄，六雲錦驄，七安吉黃，八吉雲騮，前幅嘉慶癸酉冬日，御製贊，臣趙秉沖敬書。後幅臣桂芳果、齊斯歡、盧蔭溥、英和恭贊。引首御題，「天驥呈才」，臣英和敬書。

又一卷。

三陽開泰圖一軸。

百子榮昌圖一軸。

豐綏先兆圖一軸。

以上三編

右石渠著錄五十三人，合筆附見又二十八人，皆按三次所編排纂。伏讀聖製詩文集，題院臣畫幅唐岱畫，詩初集：仿各家山水畫册，萬柳含烟、萬頃恩波、萬笏朝天、萬松疊翠、萬點青荷、萬林秋色、萬壑祥雲、萬水朝宗、萬竿烟雨、萬峯瑞雪，又仿郭熙山水。又山水便面、又山莊春曉。金昆畫，詩初集：虎邱待月圖。周鯤畫，詩初集：山水八幀，仙山樓閣、赤壁載月、夕陽牧留、風雨歸舟、柳塘烟靄、楓溪寒渡、秋江漁樂、雪窗清課。二集山水十幀：溪村春曉、湖陰泛鴨、松壑鳴泉、招提烟暝、江帆秋影、黃葉村莊、柳橋春漲、松篁峭蒨、漁莊晚霽、林巒烟雨。丁觀鵬畫，詩三集：竹林七賢圖。又九成宮圖。文初集：不二圖。又初祖像。又大士像。又降龍羅漢。又四天王像。丁觀鶴畫，文初集：羅漢圖。余省畫，詩初集：秋芳圖。又海天霽鶴。二集：仿宣和三思圖。郎世寧畫，詩五集：寫眞。張雨森畫，詩初集：山水圖。又氍屏十景，孤山逸趣、花源牧笛、蕉雨清吟、溪塘銷夏、荻浦秋漁、松臺月鏡、楓冷歸帆、晚籟茶話、村齋冬課、篷窗對雪。又摹沈石田山水。吳桂畫，詩四集：長城嶺。五集：仿吳彬山陰道上圖。姚文瀚畫，詩三集：仿宋人宮市圖。又仿清明上河圖。又竹林七賢。文初集：掃象圖。曹夔音畫，詩初集：仿董邦達匡廬圖。又仿曹知白雪景。又山靜日長圖。又山水十二幀：春山新霽、層巒疊翠、蒼山飛瀑、秋江漁隱、山靜日長、秋林亭子、攜琴訪友、夏山聳秀、古木竹石、秋江晚渡、烟雲蕭寺、霖崧積雪。又江山秋意圖。二集：溪山秋意圖。金廷標畫，詩二集：寫意秋英十八種：晚香玉、山丹、鳳仙、雞冠、藍雀、石竹、老少年、玉簪、秋葵、紫薇、錦葵、翠菊、萬壽菊、蘭金盞、秋海棠、丹桂、翦紅紗。又懸崖採芝圖。三集：秋英十二種：文殊蘭、老少年、雞冠、玉簪、秋海棠、萬壽菊、秋葵、藍菊、金錢、藍雀、山丹、僧鞋。又醉菊圖。又仿蘇漢臣貨郎圖。又羣嬰鬬草圖。又羣嬰撲棗圖。又罶帶圖。又清溪漁艇。又髻鉦圖。又雜花四種：石榴、蜀葵、百合、金絲桃。又仿李公麟擊壤圖。又仿趙孟頫八駿圖。又畫八幀；漁舟、樵徑、水車、夜罾、撫琴、款鶴、書課、横簫。又溪橋策蹇。又新秋景。四集：雪梅高士圖。又山水十二册：溪亭疎影、石壁淙流、雲海浮嵐、層巖疊瀑、山城春曉、松磴花宮、繡嶂晴濤、垂虹烟雨、江船上峽、荻洲楓岸、沙汀鱶渡、玉峯寒翠。又琵琶行圖。又莊惠論魚樂圖。又梅村小卷。五集：雪中三友。又紈扇畫景。文初集：畫古佛。顧銓畫，詩四集：摹阮郜女仙圖。張宗蒼畫，詩二集：雪溪飛瀑。又絕壁精藍。又李白詩意圖。又萬峯晴雪。又雪漁圖。又秋景。又吳山春曉。又夏山圖。又雲峯登眺。又補惠泉圖。又松陰對語。又春山圖。又林巒幽居。三集畫二幀；春塢耕漁、秋巖雲瀑。又溪橋雪霽。又山水畫八幀：巖屏俯瀑、雲塢春遲、村橋犁榼、烟溪釣艇、短彴尋詩、秋林雲海、松岡晚眺、梅灣吟泛。又秋景山水。徐揚畫，詩三集：芙蓉水閣圖。又春遊圖。又白鷳花卉。又仿趙伯駒春山圖。文初集：伏獅羅漢像。二集：仿貫休羅漢。方琮畫，詩三集：仿王蒙松路仙巖圖。又秋景。又山水二幅：夏樹重陰、秋林萬紫。又山水二幅：春山過雨、夏嶺含雲。又山水二幅：柳岸艤舟、楓溪鳴瀑。又仿倪瓚獅子林圖。又畫顧愷之詩意。又溪邊策杖。又風雨歸舟。又山水四幅：花塢烟嵐、清溪曲樹、秋山蕭寺、竹窗晴雪。又仿黃鼎羣峯雪霽圖。又四時山水畫。四集：山水畫：春溪瀠洄、秋林瀟瑟。又山水：春景、秋景。又雪景。楊大章畫，詩三集：牡丹。又四季花卉：碧桃、長春、木香、虞美人、萱花、夾竹桃、山丹、萬壽菊、鳳仙、秋海棠、牽牛、雞冠、臘梅、水仙、山茶、梅。又綠竹紅桃。又喜鵲花卉。又紫白丁香。又文杏雙禽。又秋景花卉。四集：花鳥：臘梅、天竺山茶、水仙錦雞。又花鳥：羅漢松、水仙山茶。臘梅天竺錦雞。又四時花卉：牡丹、荷、菊、梅。袁瑛畫，詩三集：關山行旅圖。王炳畫，詩二集：仿李唐江山小景。又仿王蒙松路仙巖圖。又山水：桃塢春耕、竹樓烟雨、楓林晚坐、板橋風雪。三集：雪崖高士。又水村春色。黃增畫，詩四集：嬰兒鬬草圖。莊豫德畫，文三集：摹貫休補盧楞伽十八應眞。石渠皆未著錄。或失載，或甄錄有遺，均未可定。有聖製集祗書題某畫，某山水，某人物、花鳥，無由別爲著錄與否者，不備紀誌，愼也。所紀各幅款識題跋，難免漏略，然大要具是矣。其中邀累朝睿賞而履貫未詳者，當再考。至於石渠未著錄，曾入畫院，其姓氏散見志乘，文集，及譜錄諸書，如順治中孟永光、字月心，山陰人。王國材、號崑山，大興人。康熙中葉洮、洮一作陶，字金城，號秦川，青浦人。顧銘、字仲書，嘉興人。顧見龍、字雲程，吳江人。湯祖祥、字允誾，武進人。程鵠、字昭黃，徽州人。王雲、字漢藻，高郵州人。華鯤、字子千，無錫人。張然、嘉興人。周道、字履坦，吳縣人。劉源、字伴阮，祥符人。沈澍玉、澍，一作樹。號蘧夫，杭州人。楊芝茂、字子瑞，順天人。鄒元斗、字少微，號春谷，婁縣人。王崇節、字玉筠，宛平人。王簡、字維文、吳縣人。吳棫、字偉山，婁縣人。姚匡。字石村，常熟人。雍正中謝淞洲、字滄榍，號林村，長洲人。沈永年、字青原，號息非，華亭人。袁江、字文潮，江都人。乾隆中徐璋、字瑤圃，婁縣人。陸燦、字星山，婁縣人。俞榕、字範倫，號學禪，嘉定諸生。嚴鈺、字香樹，嘉定縣國子監生。畢大椿、字澗雲，號松友，婁縣楓涇人。劉公基、字松年，常熟人。許佑、字辟塵，一字彌臣，號寶菴，常熟人。趙九鼎、字蘭凝，興化人。薛周翰、號松崖，常熟人。繆炳泰、江陰人。何榕。字容木，號竹圃，蕭山人。亦略紀履貫，以資參考。

他若因獻册蒙恩賚，未嘗供事畫院，特膺異數，畫家自有表彰，是編槪不敍入焉。

國朝院畫錄卷下終。

書評

〔余紹宋書畫書錄解題〕以莊嘗預修祕殿珠林、石渠寶笈三編，因得窺中祕之藏。是編卽就石渠寶笈所藏院畫而考其姓氏里貫略歷，凡得五十有三人，各系以傳。其合作附見者二十八人，至石渠未著錄而其姓氏散見於他書者，則附記於卷末，甄錄頗爲矜愼。凡其畫曾經御題褒賞者，必摘入於傳中，間加案語，評其得失。末載石渠著錄若干種，一一記其欵識，體例亦尙周密。雖其評論恆多頌聖之辭，亦其時勢使然，不得不爾。前有嘉慶二十一年自序，詳考歷代畫院諸人，足資參考之用。

作者事略

胡敬，仁和人，字以莊，號書農，嘉慶進士，官翰林院侍講學士。有崇雅堂文集。中國人名大辭典